Das Buch

Eine Freundschaft, die außergewöhnlicher kaum sein könnte: Ona Vitkus ist 104 Jahre alt, hat viel erlebt und ist eine Meisterin in Kartentricks. Der Junge ist Pfadfinder, gerade 11 Jahre alt geworden und liebt die *Guinness World Records*. Jeden Samstag kommt er zu Ona, um für sie Dinge rund um Haus und Garten zu erledigen. Gemeinsam erraten sie Vogelstimmen und schmieden aberwitzige Pläne. Doch dann stirbt der Junge unerwartet, und Ona ist wieder allein.

Quinn war nie der perfekte Vater. Jetzt hat er die Chance vertan, seinen zarten, verschlossenen Sohn besser kennenzulernen. Aus Einsamkeit und Trauer, aber auch aus Neugier übernimmt er dessen Pfadfinderdienste bei Ona. Zusammen begeben sie sich auf eine ungewöhnliche Entdeckungsreise – zu Onas wilden Geschichten aus dem Leben, zurück zu dem letzten Wunsch seines Kindes und bis zu dem Punkt, an dem aus Quinns tiefer Verzweiflung neue Hoffnung wächst.

Die Autorin

Monica Wood wuchs in Mexico auf, einer Stadt im Bundesstaat Maine. Sie ist Autorin mehrerer Romane und Ratgeber übers Schreiben. Zuletzt erschien *When We Were the Kennedys*, ein Memoir über ihre Kindheit. Monica Wood lebt in Portland, Maine, und betreut unter anderem ein Schreibprogramm für weibliche Häftlinge.

Monica Wood

Bevor die Welt erwacht

Roman

Aus dem Amerikanischen
von Elfriede Peschel

Ullstein

Besuchen Sie uns im Internet:
www.ullstein-taschenbuch.de

Deutsche Erstausgabe im Ullstein Taschenbuch
1. Auflage August 2016
© für die deutsche Ausgabe
Ullstein Buchverlage GmbH, Berlin 2016
© 2016 by Monica Wood.
By arrangement with the author. All rights reserved.
Titel der amerikanischen Originalausgabe: *The One-in-a-Million Boy*
(Houghton Mifflin Harcourt, New York)
Umschlaggestaltung: bürosüd° GmbH, München,
nach einer Vorlage von Houghton Mifflin Harcourt
Titelabbildung: © Christopher Silas Neal
Satz: Pinkuin Satz und Datentechnik, Berlin
Gesetzt aus der Kepler
Druck und Bindearbeiten: CPI books GmbH, Leck
Printed in Germany
ISBN 978-3-548-28780-5

Für
Joe Sirois,
der unsere Familie vervollständigt hat,
und
Gail Hochman,
die den ganzen Weg zurückgelegt hat

INHALT

TEIL EINS
Brolis (Bruder)

Dies ist Miss Ona Vitkus. Dies ist ihre Lebensgeschichte
auf Band. Dies ist Teil eins.

Ist es an?

...

Ich kann das gar nicht alles beantworten. Dann sind wir
ja am Sankt-Nimmerleins-Tag noch hier.

...

Die erste werde ich beantworten, aber damit hat es
sich dann.

...

Ich wurde in Litauen geboren. Im Jahr neunzehn-
hundert. An den Ort erinnere ich mich nicht. Aber ich
habe, oh, ich habe eine verschwommene Erinnerung an
Hoftiere. Ein Pferd oder ein anderes großes Tier. Weiß mit
Flecken.

...

Vielleicht eine Kuh.

...

Ich habe keine Ahnung, was für eine Art von Kühen es
in Litauen gibt. Aber ich scheine mich zu erinnern – du
kennst doch diese gefleckten Milchkühe, die man überall
siehst?

...

11

Holsteiner. Danke. O ja und Kirschbäume. Wunderschöne Kirschbäume, die im Frühling wie Seifenlaugenschaum aussahen. Große schaumige Blüten.

...

Dann gab es da eine lange Reise und eine Schiffspassage. Ich erinnere mich bruchstückhaft daran. Du hast auf diesem Blatt ja tausend Fragen ...

...

Fünfzig, ja. Gut. Ich sage ja nur, dass du sie nicht der Reihe nach zu stellen brauchst.

...

Weil die Geschichte eines Lebens niemals am Anfang beginnt. Bringt man euch denn auf der Schule gar nichts bei?

KAPITEL 1

Sie wartete auf ihn – oder auf jemanden –, obwohl er vorher nicht angerufen hatte. »Wo ist der Junge?«, rief sie von ihrer Veranda.

»Hat es nicht geschafft«, erwiderte er. »Sind Sie Mrs Vitkus?« Er war gekommen, um die Futterröhren für die Vögel aufzufüllen, ihren Müll rauszutragen und ihr anzubieten, sich sechzig Minuten lang der Pflege ihres Grundstücks anzunehmen. Das war das mindeste, was er tun konnte.

Sie betrachtete ihn gereizt, ihr Gesicht ein verschrumpelter Apfel, dem alle Farbe fehlte, bis auf die kleinen beunruhigenden Augen, die wie Kerne leuchteten. »Meine Vögel sind hungrig«, sagte sie. »Ich kann nicht mehr auf die Leiter.« Ihre Stimme klang wie splittriges Glas.

»Mrs Ona Vitkus? Sibley Street zweiundvierzig?« Er überprüfte die Adresse noch mal. Um hierherzukommen, hatte er mit zwei Buslinien die Stadt durchquert. Der grüne Bungalow stand am waldigen Rand einer Sackgasse, zwei Häuserblocks von einem Baumarkt und ein paar Schritte von einem Wanderweg entfernt. Als er in der Einfahrt stand, konnte Quinn gleichermaßen Vögel als auch Verkehrslärm hören.

»Es ist ›Miss‹«, antwortete sie herablassend. Er nahm einen ganz schwachen Akzent wahr. Davon hatte der Junge nichts gesagt. Vermutlich war sie zusammen mit den geballten Massen über Ellis Island gewankt. »Letzte Woche ist er auch schon nicht gekommen«, sagte sie. »Diese Jungs bleiben nicht bei der Sache.«

»Dafür kann ich nichts«, entgegnete Quinn und war plötzlich misstrauisch. Er war in dem Glauben hergekommen, eine bezaubernde rotwangige Person anzutreffen. Das Haus mit seinen armseligen Blumenbeeten, den spitzen Dachgauben und den strohfarbenen Schindeln erinnerte an die Bruchbude einer Hexe.

»Die sollten diesen Jungs doch Gehorsam beibringen. Willig, freundlich und gehorsam ... freundlich und gehorsam und ...« Sie klopfte sich dabei leicht an die Stirn.

»Zuverlässig«, bot Quinn an.

Der Junge war tot: zuverlässig tot. Aber Quinn brachte es nicht über sich, das zu sagen.

»Zuverlässig und ehrerbietig«, sagte die Frau. »Das versprechen sie. Sie geloben es. Und ich dachte, der hier sei der wahre Jakob.« Wieder das schwache Echo eines Akzents: etwas Struppiges in den Konsonanten, nichts, was einem gewöhnlichen Ohr auffallen würde.

»Ich bin sein Vater«, erklärte Quinn.

»Hab ich mir schon gedacht.« Sie bewegte sich unter ihrem gefütterten Parka. Sie trug auch eine Bommelmütze, obwohl es dreizehn Grad warm war, Ende Mai und die Sonne schien. »Ist er krank?«

»Nein«, gab Quinn zurück. »Wo ist das Vogelfutter?«

Die alte Frau fröstelte. Ihre bestrumpften Beine sahen aus wie die Stiele eines Rechens, die man in kleine schwarze Schuhe gerammt hatte. »Hinten im Schuppen«, antwortete sie. »Gleich neben der Tür, wenn der Junge es nicht woanders hingestellt hat. Der hat manchmal solche Ideen. Da steht auch eine Leiter. Aber Sie sind groß. Sie brauchen sie vielleicht gar nicht.« Sie musterte Quinn, als überlegte sie, ihm gleich an die Wäsche zu gehen.

»Wenn ich die Futterröhren tiefer hänge«, schlug er vor, »dann können Sie sie selbst auffüllen.«

Sie stemmte ihre Fäuste in die Hüften. »Jetzt haben Sie mich aber verärgert«, sagte sie. Auf einmal klang sie, als wäre sie den Tränen nah, ein unerwarteter Stimmungswechsel, der Quinn zur Eile antrieb.

»Dann lassen Sie es mich tun«, erwiderte er.

»Ich werde drinnen sein.« Sie zeigte mit einem knotigen Finger auf ihre Tür. »Ich kann Sie durchs Fenster genauso gut überwachen.« Dies sagte sie mit einer Vehemenz, die im krassen Widerspruch zu ihrem zerbrechlichen Körper stand, und zum ersten Mal meldeten sich bei Quinn Zweifel an Belles Behauptung, dass Ona Vitkus hundertvier Jahre alt war. Seit dem Tod des Jungen hatte sich Belles Blick auf die Realität ein wenig getrübt. Quinn hatte Ehrfurcht vor ihrer Trauer, und die verändernde Wirkung, die sie auf Belle hatte, schüchterte ihn ein. Er wollte sie gern davor retten, aber sein Talent für alles, was zwischenmenschlich etwas komplizierter war, beschränkte sich darauf, Befehlen als einer Form von Wiedergutmachung nachzukommen. Und aus diesem Grund war er auch hier gelandet, um auf Befehl seiner zweimaligen Exfrau die gute Tat ihres gemeinsamen Sohnes fortzusetzen.

Die Doppeltüren des Schuppens, von denen die Farbe abblätterte, ließen sich leicht öffnen. Offenbar waren die Scharniere kürzlich geölt worden. Drinnen fand er eine Trittleiter mit einer kaputten Sprosse. Es roch nach Tieren – nicht nach Hund oder Katze, eher nach etwas mit Körnern –, Mäuse vielleicht. Oder nach dürren, räudigen Ratten mit scharfen Fangzähnen. Rostige Gartengeräte hingen in einer diagonalen Reihe an der hinteren Wand und zeigten mit ihren Spitzen, Zinken und Schneiden in den Raum. Er überlegte, auf welche Weise der Junge sich während seiner wöchentlichen Mission der Barmherzigkeit hätte verletzen können: hinterhältig von herabfallendem Holz erschlagen, von Ungeziefer angenagt – was man beim Pfadfindertrupp 23 wohl als Anreiz verstand.

Aber der Junge war nicht verletzt worden. Er war, wie er es selbst ausdrückte, »inspiriert worden«.

Quinn fand das Vogelfutter in einem Plastikeimer, der ihm bekannt vorkam. Darin waren früher mal die zwanzig Liter Spachtelmasse gewesen, mit der er die Wände von Belles Garage ausgebessert hatte – vor ihrer endgültigen Trennung, bevor sie seinen Proberaum in eine Abstellkammer für Farbverdünner und Pflanzengifte und Ersatzreifen umfunktionierte. Im Eimer fand Quinn eine riesige Schaufel in glänzendem Kirschrot, so fröhlich wie ein Requisit für ein Weihnachtsspiel. Auf dem Regal daneben entdeckte er neun weitere identische Schaufeln. Der Junge hortete. Er bewahrte Dinge auf, für die es keine Erklärung gab. Am Tag vor der Beerdigung hatte Belle die Tür zum Zimmer des Jungen geöffnet und Quinn aufgefordert, nachzusehen, ob er etwas behalten wollte, aber ohne etwas zu entfernen oder zu berühren. Also zählte er. Vogelnester: 10; Ausgaben von *Sein Freund Jello*: 10; Taschenlampen: 10; Sparschweine: 10; Pfadfinderregeln: 10. Er hatte Eiskremstiele aufbewahrt, Miniaturgarnrollen, wie man sie im Taschennähzeug von Frauen findet, alles in ordentlichen Zehnerpacken. Ein Computer, zehn Mousepads. Ein Schreibtisch, zehn Federmäppchen. Horten, hatte Belle behauptet, sei eine vernünftige Reaktion auf einen Vater, dessen Zuwendung tröpfchenweise kam wie Wasser aus einem leckenden Hahn. »Überleg doch mal«, hatte sie einmal zu ihm gesagt. »Warum sonst sollte ein Elfjähriger sich in all den Dingen, die er benötigt, derart absichern?«

Weil mit ihm was nicht stimmt, lautete Quinns stillschweigende Antwort. Aber an jenem ernsten Tag hatten sie den Raum schweigend in Augenschein genommen. Belle verließ ihn als Erste, und Quinn ließ das Tagebuch des Jungen in seiner Hand verschwinden – ein einzelnes Notizbuch mit Spiralbindung im A7-Format, schwarz – und schob es dann in seine Jacketttasche. Neun weitere blieben zurück, eingeschweißt in Folie.

Als Quinn das Vogelfutter nach draußen zu Miss Vitkus' Futterröhren schleppte, stellte er sich den Rest von Trupp 23 vor, der seine guten Taten sicherlich frohgemut bei freundlicheren Sozialfällen ableistete, von der Sorte, die rosafarbene Bettüberwürfe strickte. Der Gruppenleiter Ted Ledbetter, ein Mittelschullehrer und alleinerziehender Vater, der nach eigener Angabe Waldwanderungen liebte, hatte Miss Vitkus sehr wahrscheinlich dem Kind zugedacht, bei dem am wenigsten mit einer Klage zu rechnen war. Jetzt klopfte sie ans Fenster als Appell an Quinn, endlich loszulegen.

Zwischen dem Haus und einer riesigen Birke hatte Miss Vitkus eine zehn Meter lange Wäscheleine gespannt, an der die Futterröhren wie Girlanden hingen. Mit seinen eins fünfundachtzig benötigte Quinn keine Leiter, der Junge allerdings dürfte eine gebraucht haben, so klein, wie er war, elfenhaft und von zartem Knochenbau. Auch Quinn war im Alter von elf Jahren klein gewesen und hatte erst im folgenden Sommer einen Wachstumsschub gemacht, der ihm nicht nur Schmerzen bereitete, sondern ihn auch tatsächlich aus seinen Kleidern herauswachsen ließ. Vielleicht wäre auch der Junge groß geworden. Ein großer Hamsterer. Ein großer Zähler geheimnisvoller Dinge.

Quinn begann an der Baumseite, und sobald er beim ersten Futterrohr die Kappe abnahm, kamen die Vögel angeflogen und ließen sich im Laub der schwankenden Äste nieder. Meisen, vermutete er. Alles Wissen, das er sich in den vergangenen zwei Wochen angeeignet hatte, verdankte er der sorgfältigen, ordentlichen Handschrift seines Sohnes, die der eines alten Mannes ähnelte. Als zukünftiger Eagle Scout und rätselhafter Frucht von Quinns nichtsnutzigen Lenden hatte der Junge, wie er seinem Tagebuch anvertraute, gehofft, sich mittels Vogelidentifikation ein Verdienstabzeichen zu sichern.

Miss Vitkus schob ihr Fenster hoch. »Sie halten Sie für den Jungen«, rief sie ihm zu, als die Vögel heruntergeflattert kamen. »Selbe Jacke.« Frischluft grub sich ungefiltert und gnadenlos in seine Lunge. Miss Vitkus beobachtete ihn, ihr Pullover bauschte sich über ihrer eingesunkenen Brust. Als er keine Antwort gab, schloss sie das Fenster wieder.

Nachdem er mit den Futterröhren fertig und einmal mit dem Handrasenmäher über ihren Rasen gegangen war, kehrte Quinn zum Haus zurück, wo Miss Vitkus ihn an der Tür erwartete. Ohne nennenswerte Haare auf dem Kopf, nur mit einem weißen Flaum, der ihn an Pusteblumen erinnerte. »Er bekommt danach immer Kekse von mir«, sagte sie.

»Nein, danke.«

»Es gehört zu meinen Pflichten.«

Also ging er hinein, behielt aber seine Jacke an. Sie war, wie Miss Vitkus richtig bemerkte, die Entsprechung der Jacke, die der Junge trug: eine Leder-Bomberjacke mit Nieten, die aus Quinn einen Rock 'n' Roller machte und den Jungen wie ein Erdmännchen aussehen ließ, das sich aus einer Falle befreite. Belle hatte ihn darin beerdigen lassen.

Er rechnete mit Katzen und Schnickschnack, aber das Haus von Miss Vitkus war hübsch und luftig. Auf ihrer Küchentheke stapelten sich zwar an einem Ende Zeitungen, ansonsten aber glänzte sie weiß. Die Armaturen am Spülbecken waren spiegelblank. Bestimmt hatte es von außen einmal so ausgesehen wie auch die anderen Häuser auf der Straße – ordentlich und gepflegt und von exakt geschnittenen Rasenflächen eingefasst –, aber sie war offensichtlich nicht mehr in der Lage, es in Schuss zu halten.

Bis auf zwei ungleiche Teller, eine Schachtel mit Tierfigurenkeksen, einem Kartendeck und einer hässlichen Lesebrille aus dem Drogeriemarkt war ihr Tisch leer geräumt. Die Stühle rochen nach Zitronenpolitur. Er konnte sich gut vorstellen, dass der Junge sich hier wohl gefühlt hatte.

»Ich habe gehört, dass Sie hundertvier sind«, tastete Quinn sich vor, um die Leere zu füllen.

»Und hundertdreiunddreißig Tage.« Sie verteilte die Kekse einen nach dem anderen auf die beiden Teller, als würde sie Karten ausgeben. Milch gab es offenbar keine.

»Ich bin zweiundvierzig«, sagte er. »Das macht in Musikerjahren vierundachtzig.«

»Sie sehen älter aus.« Ihre grünlichen Augen schimmerten über ihm. Der Junge hatte in seiner makellosen Orthographie geschrieben: *Miss Vitkus beeindruckt mit ihren AUSSERORDENTLICHEN magischen Kräften und ihrer ERSTAUNLICHEN Lebenserfahrung!!!* Die Tagebucheinträge umfassten neunundzwanzig Seiten und waren eine Chronik von Listen, unterbrochen von kurzen atemlosen Beschreibungen der Welt von Miss Vitkus, seiner neuen Freundin.

»Bekommen Sie Hilfe«, erkundigte er sich, »abgesehen von den Pfadfindern?«

»Ich bekomme Essen auf Rädern«, antwortete sie. »Ich

muss es auseinandernehmen und neu kochen, aber es erspart mir Lebensmitteleinkäufe.« Sie hielt einen Dinosaurierkeks hoch. »Das ist deren Vorstellung von einem Nachtisch.« Sie musterte ihn wieder. »Ihr Junge erzählte mir, Sie seien berühmt. Sind Sie das?«

Er lachte. »In meinen Träumen.«

»Welche Art von Musik machen Sie?«

»Alles außer Jazz. Für den Jazz muss man geboren sein.«

»Elvis?«

»Aber ja.«

»Cowboysongs?«

»Wenn man mich nett darum bittet.«

»Mir hat Gene Autry immer gut gefallen. Perry Como?«

»Perry Como oder Gene Autry oder Led Zeppelin oder Werbung für Katzenfutter. Solange man mich dafür bezahlt.«

»Ed Zeppelin kenne ich nicht, aber ich habe schon jede Menge Werbung für Katzenfutter gesehen.« Sie blinzelte ein paarmal. »Also ein Tausendsassa.«

»Ein Handwerker«, erwiderte er. »Auf diese Weise bleibt man im Geschäft.«

Sie betrachtete ihn erneut. »Dann müssen Sie ziemlich talentiert sein.«

»Geht so.« Was hatte der Junge ihr erzählt? Er kam sich vor wie ein aufgespießter Käfer. »Seit ich siebzehn bin, hab ich immer gearbeitet.«

Dazu fiel ihr nichts ein.

»Als Gitarrist meine ich. Ich habe hauptsächlich als Gitarrist gearbeitet.«

Wieder nichts, also wechselte Quinn das Thema. »Ihr Englisch ist ausgezeichnet.«

»Warum sollte es das nicht sein? Ich lebe schließlich

schon hundert Jahre in diesem Land. Und Sie müssen wissen, dass ich Sekretärin eines Schuldirektors war. Lester Academy. Haben Sie davon gehört?«

»Nein.«

»Dr. Mason Valentine? Brillanter Mann.«

»Ich habe öffentliche Schulen besucht.«

Sie zog an ihrer Strickjacke, einem Relikt aus den Vierzigern mit großen Glasknöpfen. »Diese Jungs bleiben nicht bei der Sache. Bei uns ging es das ganze Jahr durch.« Sie sah ihn finster an.

»Ich gehe dann wohl lieber«, sagte Quinn.

»Wie Sie möchten.« Sie trommelte mit den Fingern auf die abgegriffenen Karten, die ein wenig kleiner als normal zu sein schienen.

»Mein Sohn sagt, Sie können Tricks«, warf er ein, weil er nicht widerstehen konnte.

»Umsonst mache ich das nicht.«

»Er muss dafür zahlen?«

»Er nicht. Er ist ein Kind.« Sie setzte sich ihre Brille auf – sie war viel zu groß für ihr Gesicht – und inspizierte die Karten.

Der Junge hatte geschrieben: *Miss Vitkus ist ÄUSSERST talentiert. Sie lässt Karten und Vierteldollars VERSCHWINDEN. Und dann TAUCHEN sie wieder AUF!!! Sie lächelt nett.*

Genauso hatte er auch im wirklichen Leben gesprochen.

»Wie viel?«, fragte Quinn.

Sie mischte die Karten, und ihre Laune änderte sich. »Ich werde Sie ergötzen«, erklärte sie, die Irreleitung eines Magiers. Quinn hatte im Lauf der Jahre Bekanntschaft mit allen möglichen Schwindlern gemacht, und die Alte hier war ein Champion.

»Ein Trick würde mir schon reichen«, sagte er und schielte auf die Küchenuhr.

»Sie haben's eilig«, stellte sie fest. »Immer sind alle in Eile.« Sie zog die Karten nun wie ein Akkordeon auseinander, von einer Hand in die andere, was aber weniger beeindruckend war, als sie zu glauben schien, doch eindrucksvoll war es trotzdem. »Im Sommer 1914 bin ich mit einem Jahrmarkt durchgebrannt und habe die Kunst der Fingerfertigkeit gelernt.« Sie hob den Blick, als würde allein schon das Wort einen Zauber bewirken. »Drei Monate später kam ich wieder nach Hause und lebte für den Rest meiner Tage das normalste Leben, das man sich vorstellen kann.« Ihr Ausdruck war intensiv, aber zweideutig. »Ich tue dies, um mich daran zu erinnern, dass ich mal ein junges Mädchen war.« Und errötend fügte sie hinzu: »Ich habe Ihrem Jungen eine Menge Geschichten erzählt. Womöglich zu viele.«

Er hatte zu Recht Angst gehabt hierherzukommen: Der Junge war allgegenwärtig. Quinn hatte nie Kinder haben wollen, war ein unbeholfener, weitgehend abwesender Vater gewesen, und jetzt, nachdem der Junge tot war, blieb ihm weder die eisglatte Lähmung des Schocks noch der kristalline Fokus der Trauer, sondern nur ein lähmendes Bündel undurchsichtiger und elender Ironien.

Miss Vitkus breitete fächerartig die Karten aus und wartete. Ihre Zähne waren lang, quadratisch und noch immer ziemlich weiß, ihre knotigen Finger bemerkenswert flink, die Nägel glänzend und ohne Rillen.

»Fünf Dollar«, sagte Quinn und holte seine Brieftasche heraus.

»Sie können Gedanken lesen.« Sie nahm den Geldschein und verstaute ihn in ihrer Strickjacke.

»Und wo bleibt der Trick?«, sagte Quinn kurz darauf.

Sie beugte sich über den Tisch und sammelte die Karten ein. »Mit fünf kommen Sie ins Zelt.« Er sah, was jetzt in ihren Augen stand: Wut. »Für fünf weitere bekommen Sie die Show.«

»Das ist Erpressung.«

»Ich bin nicht von gestern«, gab sie zurück. »Beim nächsten Mal bringen Sie den Jungen mit.«

* * *

Dies ist Miss Ona Vitkus. Dies ist ihre Lebensgeschichte auf Band. Dies ist auch Teil eins.

Achtundachtzig weitere Minuten? Auf dem kleinen Gerät?

...

Ich nehme dich beim Wort. Dann schieß los.

...

Nun, es gab Radio. Das war gut. Und Kopierer. Klettverschlüsse. Den Elektromixer. Oh, und ein paar wunderbare Verbesserungen für die Damenunterwäsche. Es ist schwer, nur eine davon herauszupicken.

...

Dann entscheide ich mich für die Waschmaschine. Auf jeden Fall die Waschmaschine. Aber mir fällt nicht mehr ein, wann ich den Wechsel vollzogen habe. Gerade noch rubbelst du die Petticoats auf einem Waschbrett und schon hast du zwei Teenager und eine brandneue *Maytag*. Und dazwischen ist nur ein Wimpernschlag.

...

Das ist es. Das ist alles, was ich für dich habe.

KAPITEL 2

Quinn verließ Miss Vitkus' Haus um fünf Dollar ärmer und um den Zauber beraubt. Er fuhr mit dem Bus bis in Belles Viertel von North Deering, wo er sie beim Harken eines Tulpenbeets hinter einem Klischee von einem Zaun antraf – lauter lächelnde Latten. Für ihn war das Haus immer Belles Zuhause gewesen – was es juristisch gesehen auch war –, trotz der fünfeinhalb nicht aufeinanderfolgenden Jahre, die er selbst dort gelebt hatte. Die Erkerfenster erinnerten ihn an die Sitcoms in den Sechzigern, die sich der Junge eine nach der anderen so begeistert auf einem dieser miesen Fernsehsender angeschaut hatte, mit richtigen Ehemännern und Vätern, verlässlichen Typen, die abends zu Hause bleiben, um das häusliche Schiff zu verankern.

»Und?«, fragte sie. Selbst ihre Stimme war dünner geworden, die Stimmlagen ausgelöscht.

»Es ist in der Nähe von Westbrook«, antwortete er. »Ihr Grundstück ist in einem katastrophalen Zustand.«

»Er hat sich bis Mitte Juli verpflichtet. Ich habe Ted gesagt, dass wir uns darum kümmern werden.«

»Sie hat an die zwanzig Futterröhren, die viel zu hoch hängen. Die Arbeit war wie geschaffen für ihn.«

Belle warf einen Blick auf die Straße. »Bist du zu Fuß unterwegs?«

»Ich habe den Honda verkauft.« Er zog einen Scheck aus

der Tasche und gab ihn ihr. Seit ihrer zweiten Scheidung hatte er ihr jeden Samstag einen Scheck für den Unterhalt des Kindes zugeschickt, und eine Zahlung stand noch aus.

Sie betrachtete ihn mit unbeweglicher Miene. »Ich sagte es dir doch, Quinn. Es ist nicht mehr ... nötig.«

Er fragte sich nicht zum ersten Mal, ob jemand tatsächlich aus Kummer sterben konnte. Sie trug eine rosafarbene Bluse, die so unglaublich verknittert war, dass sie aussah, als wäre sie aus einer Waschmaschine in einem öffentlichen Waschsalon geklaut worden.

»Belle«, sagte er, »lass mich.«

Sie ließ ihn nicht, jedenfalls anfangs nicht, aber er hielt ihr den Scheck so lange hin, wobei das Blut in seinen Schläfen rauschte und der Scheck sich im schwachen Lufthauch hob, bis er ihr seine Absicht verdeutlicht hatte, hartnäckig zu bleiben. Sie gab nach, nahm wortlos den Scheck, und es wurde ruhiger in seinem Kopf.

Das Grundstück wirkte auf trügerische Weise erneuert. Überall blühten die späten Frühlingsblumen auf, die Fenster blitzten, und wieder standen einige Sachen für den Sperrmüll bereit.

»Räumst du wieder aus?«, fragte er.

»Nur die Sachen, deren Anblick ich nicht ertrage.«

Was sie damit meinte, blieb rätselhaft. Er machte eine Bestandsaufnahme der ausgemusterten Sachen: ein Polstersessel, ein Mixer, eine Tischlampe, etwas Besteck. Und dann entdeckte er ihn, abgetrennt vom Rest: seinen ersten Verstärker, zwei Watt, ein Geschenk zu seinem dreizehnten Geburtstag.

»Ist das nicht mein Marvel?«

Sie starrten gemeinsam darauf, als würden sie ein totes Tier inspizieren. Es war ein billiger Japan-Import in einem

Gehäuse, das so dick lackiert war, dass es selbst unter einer drei Jahrzehnte alten Schmutzschicht noch feucht aussah.

»Er ist hässlich«, erklärte Belle, »und er funktioniert nicht. Keiner will ihn.«

»Den hat meine Mutter mir geschenkt.« 15-Zentimeter-Lautsprecher, drei Knöpfe, ziemlicher Müll, aber das einzige noch vorhandene Relikt seiner Jugend. Und in diesem Fall auch von seiner Mutter.

»Er funktioniert noch immer«, verteidigte er sich. Er hatte diesen Verstärker geliebt. Er hatte Bedeutung für ihn gehabt.

»Wie wär's, wenn du ein für alle Mal deinen Müll aus meinem Haus entfernen würdest? Es gibt nichts mehr, was dich jetzt hier noch hält.«

»Belle«, sagte er verletzt. »Nicht.« Er hatte die letzten beiden durch das Sorgerecht geregelten Besuchstermine nicht eingehalten, und das würde sie ihm nie verzeihen. Gewisse Dinge waren im kalten Licht des Rückblicks einfach unverzeihlich.

Er schaute sich um. Zwei Wochen lang hatte sich Belles Familie, angeführt von Amy, Belles Schwester, wie ein Hornissenschwarm im Haus breitgemacht. Dazu Ted Ledbetter, ein ganz anderer Fall. Aber heute war das Haus ruhig, die Einfahrt leer.

»Ist Ted hier?«

»Nein. Aber was hat dich das zu interessieren?«

»Entschuldige. Und wo sind die anderen alle?«

»Die Tanten sind nach Hause gefahren. Amy ist unterwegs, um die Danksagungen zur Post zu bringen. Ich habe vorgeschoben, ein paar Sachen zu benötigen, damit ich mal ein paar Sekunden Ruhe finde.« Sie lehnte die Harke an einen Baum und stöhnte dabei so, dass es ihn an die Pressatmung bei der Geburt erinnerte. Er folgte ihr ins Haus, wo seine Anwesenheit sie zu überraschen schien.

»Kann ich einen Schluck Wasser bekommen?«, bat er.

Sie ging in die Küche und schenkte ihm ein Glas ein. Das Haus war im Cape-Cod-Stil erbaut, ein klassisches Vorortshaus, obwohl sie sich in Wahrheit noch innerhalb der Stadtgrenzen von Portland befanden. Der einstmals unebenen Landschaft hatte man Rasenflächen verpasst. Schaukeln, Baumhäuser und jede Menge Hundezwinger. Das Haus hatte Belles Eltern gehört, die es ihr unter der Bedingung überschrieben hatten, dass Quinns Name nirgendwo in den Papieren auftauchte.

»Hat sie ihn erwähnt? Die alte Frau?«

Er schüttelte den Kopf. »Sie hat mir fünf Dollar abgeluchst.«

»Sie hatten beeindruckende Gespräche«, sagte sie. »Ich zitiere ihn.«

»Ich weiß nicht, wie er mit ihr klargekommen ist.« Er war um einen leichten Ton bemüht, aber in letzter Zeit kam alles mit der Wucht des Zu-sehr-Bemühten an.

»Hast *du* ihn denn erwähnt?«

Er leerte sein Glas. Die Kekse hatten ihn durstig gemacht. »Ihr gegenüber?«

»Ja, ihr gegenüber. Vor wem denn sonst, Quinn?«

»Hab ich nicht.« Und fugte dann hinzu: »Konnte es nicht.«

Die eisige Oberfläche ihrer Wut – sie war ganz umhüllt davon – taute schrittweise. »Es spricht nicht gegen seinen Charakter, dass er mit ihr klarkam«, meinte sie schließlich. »Sie ist so absurd alt.«

»Das habe ich berücksichtigt.«

Sie legte ihm eine Hand auf den Arm. »Das ist das Einzige, worum ich dich gebeten habe. Er ist diese Verpflichtung eingegangen, und ihm bedeutet dieses Wort etwas. Ich würde es selbst tun, aber das« – sie suchte in der Luft nach Worten –, »das ist die Aufgabe des Vaters.«

Quinn sagte nichts. Was gab es da auch zu sagen? Er war abgehauen, als der Junge drei war, und zurückgekommen, als er acht war. Fünf Jahre weggeschnippelt vom zarten Kern der Vaterschaft. Sie könnte ihn jetzt darauf ansprechen, tat es aber nicht. Boston, New York und schließlich Chicago, bis ihm bewusst wurde, dass er das gleiche Leben führte, das er verlassen hatte, nur einsamer. Danach eine lange, demütigende Busfahrt nach Hause. Er hatte ein angemessenes Auskommen – hatte immer ausreichend verdient, das Einzige, worauf er stolz sein konnte –, aber ihm war nicht wohl dabei, seinen früheren Bandmitgliedern und den Schichtaufsehern seines Tagesjobs mit der vorhersehbaren Nachricht unter die Augen zu treten, dass er, haha, es nicht geschafft hatte und ja, nun wieder zurück war.

»Ich hab nicht gesagt, dass ich es aufgebe. Ich sagte nur, dass sie kein zwinkerndes altes Mädchen in einer Kittelschürze ist.«

»Du Armer«, sagte Belle. »Und was hast du heute sonst noch vor?«

»Eine Hochzeit um fünf.«

»Du hast immer eine Hochzeit um fünf. Ein gefragter Mann.«

Das war ihr alter Streitpunkt, und dass sie jetzt bereit war, ihn wieder auszugraben, gab ihm das Gefühl, weniger allein zu sein. Belle hatte sein chronisches Umherziehen von Gig zu Gig mit dem täglichen Bedarf eines Alkoholkranken verglichen. Für Quinn, der auf den Vergleich mit Alkohol empfindlich reagierte, war die Wahrheit eine andere: Nur indem er Gitarre spielte, hatte er in seinem unbedeutenden und verworrenen Leben die Chance, genau das zu liefern, was ein anderer Mensch von ihm erwartete.

Er folgte Belle ins Wohnzimmer, wurde aber nicht aufgefordert, Platz zu nehmen. Er blickte sich um, spürte eine Unstimmigkeit, und dann fiel es ihm auf: Sie hatte ihre Bücher weggeräumt. Sie war eine richtige Leseratte und las immer vier bis fünf Bücher gleichzeitig, die überall herumlagen, die Buchrücken plattgedrückt von ihrer Leidenschaft. Wie viele Nächte hatte sie damit zugebracht, ihm Plots nachzuerzählen, wobei er sie lachend darum bat, doch nicht schon alles vorwegzunehmen? Aber sie tat es jedes Mal wieder, denn wenn ihr eine Geschichte gefiel, gab sie ihm diese ganz wieder. Und jetzt waren diese Bücher der Größe nach geordnet in einem Bücherregal verstaut, das frisch geputzt aussah.

»Es sind nur noch ein paar Samstage«, sagte sie jetzt.

»Sieben, um genau zu sein.«

»Dann eben sieben. Das kostet dich, was, zwei Stunden von deinem arbeitsreichen Tag?«

»Ja, aber dann muss man auch noch vergiftete Kekse essen.«

Sie lachte, ein kurzes Bellen, das sie beide erschreckte. Er nahm ihre Hände und hielt sie fest, und sein Mitleid war so groß, dass es ihn fast zerriss. Es war bodenlos, dieses Mitleid.

»Darf ich noch mal sein Zimmer sehen? Nur für eine Minute?« Er hätte gern das Tagebuch zurückgelegt, bevor sie es vermisste. Dass sie von dessen Existenz nichts wusste, konnte er sich nicht vorstellen, denn schließlich hatte sie das Leben des Jungen beobachtet, als glaubte sie daran, er würde eines Tages einen Biographen benötigen.

Sie zog ihre Hände zurück. »Jetzt nicht.«

Sie bestrafte ihn, diese wilde einsame Frau, seine wahrhaftigste Freundin. Und er verdiente es, aber er kannte sie gut, wusste, dass sie es nicht über sich brachte, ihre Wut aufrechtzuerhalten.

»Ich muss noch Karten schreiben«, sagte sie. »Dein Vater hat geschrieben. Und Allan hat angerufen, obwohl er in Hongkong ist.« Sie wartete. »Allan wusste nicht, dass wir geschieden sind. Vielleicht wusste er nicht mal von unserer ersten Scheidung.«

Er zuckte mit den Schultern. »Du kennst uns ja.« Sein Vater lebte jetzt ganzjährig in Florida, sein Bruder auf der anderen Seite der Welt. Sie sprachen kaum miteinander.

Es war zehn Uhr. Er hatte noch viel Zeit totzuschlagen. »Isst du was?«, fragte er.

Die Frage schien sie zu verwirren. »Vielleicht«, antwortete sie. »Muss wohl sein.«

»Brauchst du irgendwas?«

»Quinn«, sagte sie sanft, »du kannst jetzt nichts für mich tun.«

Diese Wahrheit schmerzte ihn wie ein weicher blauer Bluterguss. Belle begleitete ihn nach draußen bis zum Gehweg, als hätte er dort sein Auto stehen. »Ich bin jetzt eine andere«, sagte sie, und wenn es einmal einen Zeitpunkt in seinem Leben gegeben hatte, wo er mit so einer Antwort etwas hätte anfangen können, war dieser lange vorbei. Er sah ihr in die Augen, bis sie ihn mit einem leichten Kopfschütteln entließ.

Er hob den Verstärker auf – er wog praktisch nichts –, nahm ihn mit aus seinem alten Viertel und trug ihn die Washington Avenue entlang, bog dann mit ihm auf den Boulevard ein und lief die Steigung der State Street hoch bis zur

Peninsula und schließlich zur Brackett Street. Dann stieg er die drei dunklen Treppenfluchten hinauf in seine Wohnung, die mit seinem bestens gepflegten Musikequipment, ein paar Secondhandmöbeln und einem gerahmten Foto von einem Jungen in Pfadfinderuniform ausgestattet war, der in ernster Kooperation seine kurzen Zähne zeigte. Jemand hatte ihn aufgefordert zu lächeln, und er hatte sein Bestes gegeben.

VÖGEL

1. Kleinster Vogel. Bienenkolibri. 5,7 Zentimeter und 1,6 Gramm.
2. Schnellster flugunfähiger Laufvogel. Strauß. Bis zu 95 Kilometer in der Stunde.
3. Vogel, der am höchsten fliegt. Gänsegeier. 11 270 Meter.
4. Gesprächigster Vogel. Prudie. Afrikanischer Graupapagei. 800 Wörter.
5. Vogel mit den meisten Federn. Zwergschwan. 25 216 Federn.
6. Vogel mit den wenigsten Federn. Rubinkehlkolibri. 940 Federn.
7. Langsamster Flugvogel. Kanadaschnepfe. 8 Kilometer in der Stunde.
8. Längster Schnabel. Brillenpelikan. 47 Zentimeter.
9. Hübschester Vogel. Meiner Meinung nach. Schwarzkopfmeise.
10. Längste Vogelflugstrecke. Küstenseeschwalbe. 36 000 Kilometer.

KAPITEL 3

An jenem ersten Samstag der Tauperiode Anfang März traf der Junge in einem grauen Kleinbus ein, an dessen Steuer ein gutgebauter Gruppenleiter in gebügelter Uniform saß. Das Wasser tropfte von Onas Regenrinnen, ihrem Verandageländer, ihren Futterröhren und den Seitenfenstern des Kleinbusses. Der Gruppenführer trennte den Jungen vom Rest der Truppe – allesamt größer und beschränkter als der Junge – und marschierte (ganz wörtlich, wie ihr schien) die Treppe hinauf. Er stellte sich als Ted Ledbetter vor und präsentierte dann den schlanken Jungen mit den kurzgeschorenen Haaren, dessen bemühte Zurückhaltung sie ganz unmittelbar irritierte.

Das erste Wort, das ihr durch den Kopf schoss, so seltsam wie ein verirrtes Hagelkorn, war: *brolis*. Sie musste blinzeln, als hätte dieses Wort sie tatsächlich am Kopf getroffen.

Bruder.

Elf war er, aber so klein, dass er auch für acht durchgegangen wäre. Über seiner Uniform trug er eine lächerliche wasserfleckige Lederjacke, aus der sein dünner nackter Hals in einem unheimlichen Weiß herausragte. Er wirkte so unglaublich verletzlich. Der Gruppenleiter ließ den Jungen nach einigen wohlgesetzten Anweisungen zurück und versprach, ihn in zwei Stunden wieder abzuholen, indem er die Uhrzeit militärisch verkündete.

Nachdem der Bus weitergefahren war, blieb der Junge wortlos stehen und wartete dünn und arglos wie ein Grashüpfer. »Es ist mir eine Freude, Sie kennenzulernen«, sagte er.

»Hm«, meinte Ona.

Der Junge starrte sie an. »Wie alt sind Sie?«

Da fiel das zweite Wort: *šimtas*.

Er blinzelte kurz. »Wie bitte?«

»Einhundert.«

»Welche Sprache ist das?«

»Ich weiß es nicht«, antwortete Ona verdutzt. »Litauisch vermutlich. Ich bin einhundert*vier*, keine einhundert.«

Sie standen zusammen in der tropfenden Welt und nahmen einander in Augenschein, der Junge scheinbar verwundert über ein zusätzliches Jahrhundert, wohingegen Ona sich fragte, wieso zum Teufel sie zwei Worte ausgegraben hatte, die nichts miteinander zu tun hatten und zu einer Sprache gehörten, die jemals gesprochen zu haben sie sich nicht erinnern konnte.

»Nun komm mal mit rein«, bat sie, und er tat es, blieb aber in seinen tropfenden Schuhen höflich auf der Matte stehen.

»Ich habe mehrere Aufgaben für dich«, sagte sie, »und wenn du diese nicht erledigen kannst oder willst, dann wüsste ich das gerne jetzt gleich.«

»Ich kann sie erledigen.«

»Ich habe dir doch noch gar nicht gesagt, was es ist.«

»Ich kann sie trotzdem erledigen.« Er artikulierte wunderschön, obwohl zu seinem Sprachduktus kaum wahrnehmbare Pausen an den falschen Stellen gehörten, als wäre er ein Fremder oder kurzatmig.

Aber er erwies sich als guter Arbeiter, willig und ausdauernd und durch und durch angenehm. Am Samstag wurde der Müll abgeholt, er rollte ihre große Mülltonne den ganzen Weg von der Bordsteinkante zurück zum Schuppen, womit sie gerechnet hatte, und brachte dann das Gummiseil wieder am Deckel an, womit sie nicht gerechnet hatte. Er nahm alle Futterröhren ab, füllte sie bis zum Rand und hängte sie dann mit der gewissenhaften Sorgfalt eines Schaufensterdekorateurs wieder auf. Er befreite ihren Gehweg von den letzten Schneeresten. Bis sie so weit kam, ihm einen Keks anzubieten, war der Gruppenleiter bereits zurückgekehrt.

Ona willigte ein, den Jungen zu beschäftigen. Mr Ledbetter wirkte erleichtert, die anderen hatte sie nämlich gleich am ersten Tag wieder zurückgeschickt.

Am zweiten Samstag – nachdem er aufgeräumt und die Futterröhren mit solcher Präzision gefüllt hatte, als wollte er seine Handgriffe der vergangenen Woche imitieren, und sie sich wunderte, ob er sich Notizen auf die Hand gemacht hatte – gestand ihr der Junge seine Leidenschaft für Weltrekorde. Sie saßen an ihrem Tisch und aßen Kekstiere, die der Junge in ihre Einzelteile zerlegte: Schwanz, Beine, Kopf, Körper. Eins wie das andere.

»Aber keine sportlichen Höchstleistungen«, versicherte er ihr. »Rekorde wie etwa ... Erstens, wie lange kann man eine Münze drehen. Zweitens, größte Sammlung der kurzen Bleistifte von Golf. Drittens, längstes Ohrhaar.« Er holte kurz Luft. »Viertens ...«

»Guinness-Rekorde«, warf sie ein. Sie hatte keine Mühe, ihn zu verstehen, was sie sehr freute.

»Sie haben davon gehört!« Er schien sich darüber absurderweise zu freuen. »Es ist viel schwerer da reinzukommen, als man denkt.«

Normalerweise langweilten Pfadfinder sie mit ihren Gameboy-Statistiken und erzielten Fußballtoren und ihrer faulen Art, in Abkürzungen zu sprechen. Dieser hier jedoch weckte in ihr geradezu eine zweite Kindheit: Sie hatte das Gefühl, als würde sie mit einem Kind sprechen, das sie gekannt haben könnte, als sie selbst elf war. Mit Leichtigkeit konnte sie sich ihn vor dem weißen Getränkespender aus Marmor bei MacGovern's vorstellen, wo er eine Schokobrause trank. Sie konnte ihn inmitten der Jungs in ihren weißen Hemden sehen, die auf der Wald Street Stickball spielten und an der Tür von Joe Prebles schwarzem REO zerrten. Irgendwas an ihm war verstörend, so dass er ihr wie ein Besucher aus einer anderen Zeit und einem anderen Ort erschien.

Sie zog einen Vierteldollar aus ihrer Tasche. Nach ein paar unsicheren Versuchen brachte sie ihn dazu, dass er sich drehte. »Gute fünf Sekunden«, sagte sie, nachdem er sich wackelnd der Schwerkraft ergeben hatte. »Wie sieht der Rekord aus?«

»Neunzehn-Komma-drei-sieben Sekunden«, sagte der Junge. »Mr Scott Day, Land Großbritannien. Ihr Tisch ist nicht glatt genug.«

Sie schielte auf die Schärpe, die er über seiner Brust trug und auf der sich glänzende Aufnäher reihten. »Hältst du etwa den Rekord für Verdienstabzeichen?«

»Mr John Stanford, Land USA, erwarb einhundertzweiundvierzig Verdienstabzeichen.« Er blickte aus dem Fenster. »Es gibt ein Abzeichen für Vogelstudien.«

»Tatsächlich?« Sie zeigte mit dem Finger nach draußen. »Das ist ein Goldzeisig.« Die entsprechenden Grundlagen hatte Louise ihr damals beigebracht, als das Leben noch kleine Überraschungen bereithielt. Zehn Jahre lang hatte sie eine Liste geführt, konnte sich aber nicht erinnern, wann sie das letzte Mal tatsächlich einen Vogel *beobachtet* hatte. Sie fütterte sie aus Mitleid.

»Die ganz gewöhnlichen kenne ich bereits«, sagte er. »Erstens, Krähe. Zweitens, Rotkehlchen. Drittens, Kardinal. Viertens, Meise. Aber erstens muss man zwanzig Vögel kennen, um ein Abzeichen zu bekommen. Zweitens muss man ein Vogelhaus bauen. Drittens muss man fünf Vögel an ihrem Gesang erkennen.« Sein weicher Mund wurde schlaff.

»Ich bin schlecht in Musik.«

»Ernsthaft? Denn ich habe wegen meines Ehemanns Howard, der ein gescheiterter und frustrierter Sänger war, auch ein zwiespältiges Verhältnis zur Musik.« Ona klopfte sich ans Ohr. »Vogelgesang ist was anderes, aber ich habe die hohen Töne verloren. Als ich das letzte Mal eine Grasmücke hörte, war ich zweiundsiebzig. Selbst die Rotkehlchen fallen manchmal aus wie ein kaputtes Radio.«

»Das ist aber schlimm«, meinte er. Sein ganzer Körper erstarrte auf eine Weise, die sein Mitgefühl vermittelte, und sie wurde von Traurigkeit übermannt, all diese Vögel verloren zu haben, deren Flötentöne offenbar für immer durch eine altersschwache Klappe ihres Innenohrs entwischt waren. Nachdem sie Louise durch die Endphase ihrer Krebserkrankung gepflegt hatte, fand Ona nicht mehr zu ihren früheren Freizeitbeschäftigungen zurück und ging davon aus, dass diese buchstäblich zusammen mit Louise in das Große Unbekannte Irgendwo geflüchtet waren. *Werde nicht zu einer alten Nörglerin*, hatte Louise sie in jenen letzten Tagen gewarnt. *Das ist so naheliegend.* Aber genau das war aus Ona geworden: eine alte Nörglerin.

»Mr John Reznikoff, Land USA, kam ins Guinness-Buch der Weltrekorde, indem er Haare sammelte«, erzählte der

Junge. »Erstens, Haar von Abraham Lincoln. Zweitens, Haar von Marilyn Monroe. Drittens, Haar von Albert Einstein. Viertens ...«

Die Liste war sehr lang, aber sie wartete, bis er sie beendet hatte. Dabei nahm er seine Blicke nie von ihrem Gesicht. Er hatte eine erstaunliche Anzahl von Rekorden auswendig gelernt, alle in so abwegigen Bereichen wie Haaresammeln/ Münzendrehen. Auch er selbst sammelte Dinge – aber erfolglos, wie er zugab. Um ernsthaft zu sammeln, brauchte man offenbar Gelder und Möglichkeiten, die einem durchschnittlichen Fünftklässler nicht unbedingt zur Verfügung standen. »Mr John Reznikoff kauft seine Haare«, wie er sie informierte. »Er hat nicht etwa Lincolns Grab geöffnet.«

»Oh! Ich wunderte mich schon.«

»Mr Ashrita Furman, Land USA, lief 130,29 Kilometer mit einer auf dem Kopf balancierten gläsernen Milchflasche.«

»An einem Stück?«, fragte Ona ungläubig nach.

»Mr Ashrita Furman hält den Rekord dafür, viele Rekorde zu halten.« Er machte eine Pause. »Erstens, woher sollte ich eine Milchflasche aus Glas bekommen? Zweitens, wie sollte ich hundertdreißig Kilometer messen? Drittens, meine Mutter würde mich niemals hundertdreißig Kilometer mit einer Flasche auf dem Kopf laufen lassen, selbst wenn ich es wollte.« Er unterbrach sich erneut. »Was ich gerne täte.«

Obwohl er kaum mehr über sich preisgab, stand für Ona fest, dass die Schule ihn auf eine harte Probe stellte und er sich Tag für Tag in der hintersten Reihe versteckte aus Angst davor, aufgerufen zu werden. Womöglich stand er auch in den Pausen allein herum. Ihren eigenen Jungs war der Umgang mit ihren Freunden immer leichtgefallen, vor allem Frankie mit seinem sonnigen Gemüt, das ihn überall beliebt machte. Dieser Junge mit seiner bedächtigen Stimme und seinem geduldigen Auftreten gab ihr eher das Gefühl, jemand zu sein, mit dem sie wirklich verwandt war.

»Ich kannte mal einen Mann, der mit Mäusen jongliert hat«, erzählte sie ihm.

Er riss die Augen auf, und sie holte aus zu ihrer Jahrmarktsgeschichte.

»Sie sind durchgebrannt?«, staunte der Junge. Sie fühlte sich auf sehr behutsame Weise aufgewertet. »Sie haben Ihre *Mutter* verlassen?«

»Es waren verrückte Zeiten, Krieg lag in der Luft. Ich kürzte in diesem Jahr die Säume meiner sämtlichen Röcke, alle Mädchen zeigten plötzlich ihre Waden.« Unter dem beifälligen Blick aus den grauen Augen des lauschenden Kindes fuhr sie fort: »Mr Holmes war der Betreiber des Jahrmarkts, ein Profitmacher, wie mir keiner mehr untergekommen ist. Sein Jahrmarkt war nichts Besonderes, was er zeigte, siehst du heute auf jedem Rummel eines Einkaufszentrums.«

»Oh«, sagte der Junge. »Ich war mal auf einem.«

»Und, wie war's?«

»Die Fahrgeschäfte waren ziemlich schnell.«

»Nun, wir hatten ein altes Karussell, das Mr Holmes bei einem Pokerspiel gewonnen hatte – ein zweireihiges tragbares solides Armitage Herschell –, das man aufstellen und wieder abbauen konnte. Hast du schon mal eins gesehen?«

»Nein«, erwiderte der Junge mit großen Augen. »Aber ich möchte gern.«

Ona hatte ihre Karten herausgeholt und begann zu mischen. »Wir begnügten uns mit diesem Karussell, einigen drittklassigen Jahrmarktsspielen und einem Papagei, der die Sophie-Tucker-Version von ›Some of These Days‹ sang. Schon mal gehört?«

»Kann ich?«

»Mein Victrola-Grammophon hab ich schon lange nicht mehr«, sagte sie. »Ich ging jeden Abend auf den Jahrmarkt, sieben Nächte hintereinander. Und am siebten Abend verliebte ich mich direkt vor dem Karussell.«

Was auch sonst? Der schwüle Abend, der Geruch von Erdnüssen und trocknendem Schlamm, das Dampfkarussell mit seinen angemalten Pferden, die für alle Ewigkeit in die Pose versuchter Flucht gebannt waren. »Ich sehe die weißen Augen dieser Pferde noch immer vor mir«, erzählte sie dem Jungen. »Du kannst dir die Farben nicht vorstellen, das war nichts im Vergleich zu den dummen Dingern, die du heute siehst. Zieh eine Karte.«

Der Junge sah sie erschrocken an. »Jetzt?«

»Wann immer du bereit dazu bist. In der Zwischenzeit werde ich dich ergötzen.« Sie hatte das Wort *ergötzen* von Maud-Lucy Stokes gelernt, der Lehrerin ihrer Kindheit, die sich einer makellosen Grammatik befleißigte und damit den anfänglich ungenauen und letztendlich enttäuschenden Eindruck der kleinen Ona von Amerika als einem Land der Präzision beflügelt hat. Ona liebte Englisch von Anfang an und passte gut auf, so dass ihr das Prinzip von Ursache und Wirkung der Sprache auffiel: die syntaktischen Schiffsbrüche ihrer Eltern, die hemdsärmelige Obszönität des Hausierers, der seine Töpfe anpries, Maud-Lucys makellose Aussprache. Der Stil bestimmte darüber, ob die Zuhörer mit Mitleid oder Ehrerbietung reagierten oder einen Kochtopf kauften, den sie gar nicht benötigten. Maud-Lucy brachte Ona bei, ihre Sätze planvoll zu bilden, und letztendlich entschied Ona sich für ein Stilgemisch, das ihrer ambivalenten Haltung gegenüber der Menschheit entsprach.

»Ich stand da also«, fuhr sie fort, »in einem Haufen

Mädchen aus meinem Viertel und verfolgte, wie die schönen Pferde ihre Runden drehten, als Viktor, der Lehrling des Tätowierers, angeschlendert kam, als hätten wir uns bereits in einem Traum kennengelernt. Der wunderschöne blonde Russe Viktor.« Er stahl ihr erst das Herz, dann ihre Tugend und am Ende ihr Geld. »Ich hatte noch nie die Hand eines Jungen gehalten. Zu der Sorte Mädchen gehörte ich nicht.«

»Und welche Sorte Mädchen waren Sie?«

»Oh«, sagte sie. »Na ja. Unschuldig. Wie du. Aber warum um Himmels willen erzähle ich dir das alles überhaupt?«

»Ich weiß nicht.« Der Blick des Jungen fiel auf sie wie ein kräftiger Sonnenstrahl. Und für einen kurzen Moment fühlte sie sich nackt. Es war die Erwähnung von Viktor, die sie in diesen Zustand versetzte. Viktor, der jetzt hundertneun wäre. Tot und begraben und aus dem Grab heraus mit ihr flirtete.

Endlich zog der Junge eine Karte. Er studierte sie ganze dreißig Sekunden lang und gab sie dann zurück. Sie tat so, als würde sie die Karte wieder unter den Stapel mischen.

»Simsalabim«, sagte sie und klatschte die Karte dann aufgedeckt auf den Tisch.

Dem Jungen blieb der Mund offen stehen.

»Herr im Himmel, hast du noch nie einen Kartentrick gesehen?«

»Noch keinen guten. Bei uns in der Klasse haben wir einen Jungen, der schlechte macht.« Und stirnrunzelnd ergänzte er: »Und alle denken, Troy Packard sei der Größte.«

Ein Tyrann, vermutete Ona. »Also dann«, sagte sie und breitete die Karten aus. »Pass gut auf.«

Sie legte die Karten in einer einfachen von Unten-nach-oben-Anordnung, wie sie das in ihrer Funktion als Sekretärin des Direktors für eine ganze Generation kribbeliger Schuljungs an der Lester Academy getan hatte. Den Jüngsten, Kleinsten und besonders Ängstlichen brachte sie genau den Trick bei, den sie jetzt dem Jungen zeigte.

Er hatte bemerkenswerte Finger, war willig und begierig, hatte aber überhaupt nicht das Zeug zum Schwindeln. »Du hast keine Schliche drauf«, stellte sie fest. »Also versuch das nicht in der Schule.«

»Der Weltrekord für ein Kartenhaus liegt bei hunderteinunddreißig Stockwerken.«

»Vielleicht kannst du das ja anstreben. Stell einen neuen auf.«

»Ich hab ja versucht, einen neuen aufzustellen.«

»Und wie viele hast du geschafft?«

»Elf.«

»Das ist ein Stockwerk pro Jahr.«

Das schien ihm zu gefallen, und er sagte: »Sie haben sehr schöne Hände, Miss Vitkus.«

Am dritten Samstag offenbarte Ona ihm aus Dankbarkeit für die ersten Komplimente, die sie seit Jahrzehnten bekam, das ganze Arsenal ihrer Kartentricks – mit allem Drum und Dran und ganz umsonst. Aber der Junge erwies sich als zu gutgläubig, um den Unterschied zwischen dem offensichtlichen schrittweisen Vorgehen bei den Heiligen Drei Königen und dem mehrschichtigen Legen bei Morning Mail zu erkennen. Obwohl sich die Ablenkungstaktik, während jedes Ziehens und Mischens Geschichten zu erzählen, als gänzlich überflüssig erwies, beantwortete sie seine Fragen dennoch. Es war schon sehr lange her, wenn überhaupt, dass ein anderes menschliches Wesen ein so großes Interesse an den gewöhnlichen Fakten ihres Lebens gezeigt hatte.

Die Art und Weise, wie der Junge ihr lauschte, war ihr bisher noch nicht begegnet: Nichts an ihm regte sich. Nicht seine Augen, nicht seine Schultern, nicht seine Beine oder Füße. Nur seine Finger – ein gezügeltes, aber wahrnehmbares Ritual, das wie Zählen aussah. Aus seiner locker geschlossenen Faust schnellte ein Finger heraus, dann ein zweiter, ein dritter, ein vierter und ein Daumen, dann kam die andere Hand dran: eins, zwei, drei, vier, Daumen. Dann schlossen die Fäuste sich wieder, und die Finger sprangen wieder heraus, vorhersehbar, systematisch. Er schien ihre Geschichten in Punkte auf einer Liste zu zerteilen, eine Form der Fingerfertigkeit, die aus einer gewöhnlichen Information eine Beschwörungsformel machte.

1. Miss Vitkus kam als vierjähriges Kind nach Amerika.
2. Mit ihren Eltern Jurgis und Aldona.
3. Aus dem Land Litauen.
4. Das von den Russen regiert wurde.
5. Die versuchten, alle litauischen Männer in die Armee zu stecken.
6. Also zogen Jurgis und Aldona nach Kimball, Maine, wo es sieben Fabriken gab.
7. Jurgis bekam einen Job als Säurekocher und Aldona als Lumpensortiererin.
8. Und sie beschlossen, ihr kleines Mädchen zu einer Amerikanerin zu machen.
9. Weshalb sie mit ihr kein Litauisch sprachen.
10. Aber sie konnten mit ihr kein Englisch sprechen.

»Sind Sie da nicht einsam gewesen?«, erkundigte sich der Junge. »Wenn meine Mom nicht mit mir redete, wer würde dann mit mir reden?« Er ballte die Finger und wartete auf eine weitere Zehnerreihe. Sie fühlte sich verpflichtet, sie ihm zu liefern.

»Meine Eltern sprachen mit mir«, sagte sie.

Eins.

»Allerdings war ihr Wortschatz begrenzt.«

Zwei.

Aus den hinter einem Schleier verborgenen Jahren kam der Klang ihres Namens: *Ona, was ist, Ona? Ona freundlich lächeln Ona. Ona hübsches Kleid. Ona*: das Einzige ihnen erlaubte Wort in ihrer Muttersprache, ein schwacher Trost, eine Erinnerungsblase. Eine frühe Erinnerung schwebte heran, Ona, die ihr Ohr an die Schlafzimmertür ihrer Eltern presste und panisch und sehnsüchtig lauschte, als diese sich flüsternd in ihrer Muttersprache unterhielten: *pushka-pushka-pushka*, geheimnisvolle Wiederholungen, die wie zitternde Bäume klangen.

Außerhalb dieses Zimmers galt nur Englisch, Englisch, Englisch. Aldona arbeitete den ganzen Tag in der Sackfabrik, Jurgis die ganze Nacht in der Papiermühle, und beim Schichtwechsel tauschten sie auf der Fußgängerbrücke frische Worte und Sätze aus. Als Ona sechs Jahre alt war, bauten sie ihr eigenes Wohnhaus, einen dreigeschossigen Holzbau mit offenen Veranden. Auf einem fünfhundert Quadratmeter großen Grundstück Ecke Wald und Chandler Street stieg der Vitkus-Block Brett um Brett in die Höhe, ein Zeugnis von Vorausschau und Mut. Im winzigen Hinterhof holten sie sich ein kleines Stück ihres geliebten Litauen in die neue Heimat, indem sie ihn mit einem Garten belebten, der so klug angelegt war, dass sie von Frühjahr bis zum Herbst Gemüse ernten konnten.

»Welche Art von Gemüse?«, wollte der Junge wissen.

»Ich erinnere mich an jede Menge Kohl.«

»Kohl!«, sagte der Junge. Offensichtlich brauchte es nicht viel, um ihn in Erstaunen zu versetzen.

1. Jurgis und Aldona sparten Geld, um in Kimball ein Haus zu bauen.
2. Das drei Etagen hatte.
3. Und ein Block genannt wurde.
4. Im Hinterhof des Vitkus-Blocks wuchs Kohl.
5. Auch Pastinaken.
6. Die kleine Ona Vitkus und ihre Eltern wohnten im Erdgeschoss.
7. Im ersten Obergeschoss wohnten andere Leute.
8. Und im zweiten Obergeschoss wohnte eine junge Dame aus Granyard, Vermont.
9. Sie hieß Maud-Lucy Stokes.
10. Sie unterrichtete Klavier und brachte Immigrantenkindern Englisch bei.

Gut sprechen, sagte Jurgis, als er seine kleine Tochter zu Maud-Lucy in den dritten Stock brachte. Die brillante, kultivierte Maud-Lucy Stokes. Jurgis wollte damit sagen: *Bringen Sie ihr was bei! Wir sind sprachlos.*

»Mein eigenes Englisch war grauenhaft«, erzählte sie dem Jungen.

»Ihre Grammatik ist ausgezeichnet«, entgegnete er.

»Damals nicht. Mein Englisch war ein Mischmasch aus amerikanischem Slang, gewürzt mit italienischen und französischen Brocken, die ich auf der Straße aufgeschnappt hatte. Meinen Eltern war klar, dass ich es nicht weit bringen würde, wenn ich wie ein Schmelztiegel sprach.«

»Aber Ihre Eltern sprachen kein Englisch. Woher wussten sie, dass Ihres schlecht war?«

»Sie waren Ausländer, aber nicht taub«, sagte Ona. »Maud-Lucy unterrichtete mich kostenlos, einfach, weil sie es wollte. Sie unterrichtete mich jeden Tag.«

»*Zusätzlich* zur Schule?«, fragte der Junge und wich erschrocken zurück, und die Liste war vergessen.

»*Anstatt* Schule. Schule roch nach ungewaschenen Jungs und Holzrauch. Die Schulleiterin verachtete Mädchen.« Stattdessen war Ona Tag für Tag die Stufen in den zweiten Stock zu Maud-Lucy hinaufgestiegen. Zur selbstbeherrschten Maud-Lucy mit ihrem schweren Körper und dem frechen Kurzhaarschnitt, die das Passiv nicht leiden konnte und ein Klavier, eine Katze und eine Bibliothek besaß, deren Bücher dunkel und robust gebunden waren. Maud-Lucy, deren Räume nach Tinte und Lavendel dufteten. Die behauptete, für einen Mann keine Verwendung zu haben. Die sich nach Kindern sehnte und in Ona einen Ersatz dafür sah. Die Ona mit Adjektiven fütterte, als wären es Drops oder Schokolade.

»Du meine Güte«, sagte Ona und betrachtete ihre Finger. »Jetzt hast du mich damit angesteckt.«

Abrupt versteckte der Junge seine Hände. Gleich darauf fragte er: »Haben Sie nicht Ihre Mom und Ihren Dad vermisst? Als Sie mit dem Zirkus abgehauen sind?«

»Es war kein Zirkus«, sagte sie. »Mal dir bloß nicht aus, dass ich auf einem Elefanten herumstolziert bin.«

»Tue ich nicht.«

»Aber du stellst dir gerade vor, wie ich auf einem Elefanten herumstolziere, oder?«

Da lachte er, ein freudiges Jaulen. Dass er auch Humor hatte, war ihr bisher verborgen geblieben, gezeigt hatte er nur verschiedene Stufen der Ernsthaftigkeit. »Sie zu verlassen war leichter, als du dir das vorstellen kannst«, meinte sie. »Ich fühlte mich damals als Kind von Maud-Lucy. Aber in jenem Sommer musste sie sich um ihre Tante zu Hause in Granyard, Vermont, kümmern. Und ich ging damals davon aus, dass meine Eltern eine Rückkehr in die Heimat planten. Also fiel mir das Weglaufen nicht schwer. Ich war vierzehn, alt genug. Maud-Lucy war diejenige, die ich vermisst habe.«

Der Junge schwieg einen Moment lang. »Es gibt da jemanden, von dem ich glaube, dass er meine Mom mag. Ist ein Geheimnis.« Er wandte sich ab. »Er könnte eines Tages mein Dad sein.«

»Oh! Also das war anders.«

»Manchmal habe ich das Gefühl, als wäre diese andere Person wirklich mein Dad. Genauso wie Sie Maud-Lucy für Ihre richtige Mom hielten.«

»Ich verstehe, was du meinst.«

»Mein richtiger Dad ist ein ausgezeichneter Musiker.« Er zeigte aus dem Fenster. »Was ist das für einer?«

»Ein Hausgimpel«, antwortete sie. Der Junge rannte zu seinem Rucksack, holte ein nagelneues Notizbuch heraus und ergänzte »Hausgimpel« auf seiner Liste. »Das sind jetzt acht«, stellte er fest. »Zwölf fehlen noch.« Er spähte hinaus zu Onas Spiersträuchern, die jetzt, da der Frühling endlich kam, bereits das erste Grün zeigten.

»Ich vermisse das morgendliche Vogelkonzert«, erzählte Ona ihm. »Die Vögel haben alle eine viel zu hohe Tonlage.«

»Ich muss mir fünf Vogelstimmen merken.«

»Nun, da kann ich dir nicht helfen.«

»Würden die Vögel tiefer singen, könnten Sie sie hören.«

»Das wirst du mit Gott regeln müssen.«

Der Junge dachte darüber nach. »Sind Ihre Mom und Ihr Dad noch am Leben?«

»Herr im Himmel! Rechne nach.«

Er hielt kurz inne und rechnete. »Was wurde aus ihnen?«

Es gab nur wenige Geschöpfe auf Erden, die sie so etwas gefragt hatten. »Ihr Englisch wurde besser«, sagte sie. »Sie haben die Fabriken verlassen und einen Gemüseladen aufgemacht. Sie arbeiteten, bis sie in den Ruhestand gingen, lebten noch etwas länger und starben dann. Dasselbe, was jedem widerfährt.«

»Nicht jedem«, entgegnete er. »Sehen Sie sich an.« Seine Berechnungen führten plötzlich zu einer überhitzten Klarheit, die sich in seinem ganzen Körper widerspiegelte. »Hey«, sagte er und stand auf. »Mir ist gerade was eingefallen.« Seine Wimpern bebten. Seine schmalen Hände wanderten an seinen Kopf, als versuchte er, ihn auf seinen Schultern festzuhalten. »Was wäre, Miss Vitkus, was wäre, wenn Sie ... der älteste Mensch auf der Welt wären?«

Ona fand, dass man diese Nachricht so oder so sehen konnte. »Du meine Güte«, erwiderte sie. »Das hoffe ich nicht.«

Er hüpfte jetzt in ihrer Küche herum, hielt sich dabei noch immer den Kopf und versuchte seine mit ihm durchgehende Begeisterung im Zaum zu halten. »Hey, Miss Vitkus, Sie könnten eine *Guinness ... Welt ... rekord ... halterin* sein!«

»Gibt's dafür ein Preisgeld?«

»Erstens bekommen Sie ein *Zertifikat*«, erklärte er hingerissen.

»Zweitens bekommen Sie *Respekt*. Drittens werden Sie *unsterblich*!«

»Gut«, sagte sie, »ich denke, darauf lässt sich kein Preis festsetzen.«

Und dann tauchte dieser lästige Gruppenleiter an der Tür auf, und für den Jungen war es Zeit, nach Hause zu gehen.

KAPITEL 4

Im Jailbreak Brew Pub roch es nach abgestandenem Bier, die Gäste jedoch brannten vor Vitalität: Es war eine Gruppe von etwa dreißig Leuten, Frauen mit Strähnchen im Haar und billigen Blusen, Männer mit gut trainierten Oberarmen und Sonnenstudiobräune. Und diese Männer waren begeisterte Tänzer, die mit ihren an die wackelnden Hüften eines Mädchens gelegten Händen den Eindruck erweckten, hinter einem Lenkrad zu sitzen. Sie liebten den guten alten Rock'n'Roll, die Musik ihrer Eltern.

Quinn war zu seinem wöchentlichen Gig mit seinen ältesten Freunden hergekommen, zusammen waren sie die Band, die sich Benders nannte. In ihrem jugendlichen Leichtsinn hatten sie ein paar ganz leidliche eigene Songs geschrieben, waren inzwischen jedoch als Coverband unterwegs.

»Vielleicht arbeitest du zu viel«, sagte Rennie jetzt zu ihm. Die Benders machten gerade Pause, und Quinn stand an der Theke und trank ein Sprite mit viel Eis – sein Getränk der Wahl seit seinem Versprechen, von heute auf morgen das Trinken aufzugeben, das er Belle vor elf Jahren in der Nacht gegeben hatte, als der Junge zur Welt kam.

»Ich arbeite nicht zu viel, Ren.« Er hatte einen Einsatz verpasst und ein Intro verpatzt, was sonst nie vorkam. Er schlief nicht mehr, das war alles, aber das behielt er für sich.

Mitgefühl war das Letzte, was er wollte.

»Wann hattest du zum letzten Mal einen freien Abend?«, bohrte Rennie nach.

»Ich brauche nicht weniger Arbeit, Ren, ich brauche mehr. Ich habe … eine Schuld abzutragen.«

»Schuld? Du besitzt doch gar nichts.« Bei ihm klang es wie ein Kompliment.

»Die Dinge haben sich verändert.«

»Ich kann dafür sorgen, dass du ein paar Schichten bekommst«, sagte Rennie. Ihm gehörte ein Unternehmen für Postwurfsendungen, das Quinn mehr als einmal über eine Durststrecke hinweggeholfen hatte. Im Lauf der Jahre hatte er gelernt, seinen Lebensunterhalt als Musiker zu lenken, indem er sich diesen als Flussbett vorstellte, das in der einen Saison überflutet, in der nächsten ausgetrocknet war. Der Trick bestand darin, sich in diesem wechselhaften lebensspendenden Gewässer zu behaupten, während es stieg und fiel. Und das war ihm besser als den meisten gelungen. *Du scheust keine Arbeit, Liebling,* hatte seine junge Mutter ihm gesagt, bevor sie starb. *Das wird dich einmal auszeichnen.*

»Es ist keine Schuld in diesem Sinne, Ren.« Er konnte Gary und Alex hören, die an einem Tisch Geburtstag feiernde junge Lehrer anquatschten. Seine Bandkollegen waren im selben Viertel wie er auf dem Munjoy Hill aufgewachsen. Jetzt hatte Rennie sein Postimperium, Alex seine Anwaltskanzlei, Gary seine Praxis als Chiropraktiker. Jailbreak war der Höhepunkt ihrer Woche. Sie waren Väter von lebhaften, bestens gedeihenden Kindern, kümmerten sich um ihren Rasen und Steuerrückzahlungen und Rechenhausaufgaben, aber wenn sie mal die Verzweiflung packte, glaubten sie, ein Leben wie das von Quinn führen zu wollen: als Vollzeitmusiker.

»Ist ja gut, ich lass dich in Ruhe«, erklärte Rennie und zog sich in das Geplapper des Raums zurück.

Nie hatte Quinn einen Drink nötiger gehabt als seit der Nacht nach der Beerdigung, in der er sich wie jeden Montagabend mit den voraussichtlichen Einkünften und Ausgaben der kommenden Woche befasst hatte. Und da hatte er mittendrin innegehalten, weil ihn eine Erkenntnis wie ein Telegramm aus der Hölle heimsuchte: Seine größte Ausgabe, ein Junge, der Krankenversicherung und Schulsachen und Essensgeld und Haarschnitte und Schuhe und Rücklagen fürs College benötigte, war nun nicht mehr relevant. Er holte tief Luft und berechnete, was er Belle geschuldet hätte, wenn der Junge achtzehn Jahre alt geworden wäre. Die Summe war gigantisch, aber er beschloss, sie zu bezahlen, und zwar so bald wie möglich, wie eine Strafe. Ein Zehnt. Sein Leben sollte jetzt, da der Junge tot war, nicht einfacher werden.

Das war sein letzter freier Abend gewesen.

Jetzt vibrierte das Telefon in seiner Gesäßtasche. Quinn überlegte, ob er rangehen sollte – er hatte darauf gewartet –, und sein Magen verknotete sich, als er sie hörte. Als er ihrer wütenden Stimme lauschte, stellte er sich ihre Telefonverbindung als einen violetten Faden vor, eine feuchte Nabelschnur, die sie verband.

»Ich wollte es ja zurückbringen«, versicherte er. »Gestern. Aber du wolltest mich nicht in sein Zimmer lassen.« Er versuchte langsam die Augen zu schließen, um bei ihr zu sein, selbst jetzt. Aber sie blökte den Namen des Jungen, einmal, zwei-, dreimal. Quinns Lider schnellten bei jedem quälenden Bellen auf, schnapp-schnapp-schnapp, als würde sie ihn aus dem Koma wachrütteln.

»Belle«, sagte er sanft, »beruhige dich.«

»Ich will mich nicht beruhigen. Ich will nicht! Außer du gibst mir Unterricht, Quinn? Würdest du mir vielleicht Unterricht erteilen, du, der du so ein Experte im Beruhigen bist? Kannst du das bitte tun? Das wäre in meiner Stunde der Not eine echte Wohltat, eine Lektion von einem verdammten *Roboter*, eine Lektion, wie man sich beruhigt.«

»Belle. Mein Gott.« Er schielte auf den Barmann.

»Du hättest es mir doch sagen können, dass du es mitgenommen hast. Aber du hattest Angst, immer hattest du Angst.« Jetzt brüllte sie, feuchte, schleimige Klumpen der Verzweiflung bewegten sich zitternd durch die Leitung.

»Ich bringe es dir zurück, Belle«, sagte er jetzt. »Noch heute Abend, ich bringe es dir, versprochen. Ich weiß nicht, warum ich es mitgenommen habe.« Und das war die Wahrheit. Aber nachdem er das Tagebuch des Jungen hatte, wollte er es für sich behalten.

Am Rande seines Gesichtsfelds entdeckte er Gary, der mit seinen Sticks wedelte, das Signal für Quinn, auf die Bühne zurückzukehren. Belle hatte zu schreien aufgehört und sprach nun in normaler Lautstärke. »Das waren seine privaten Aufzeichnungen«, sagte sie mit belegter Stimme. »Es stand dir nicht zu, sie mitzunehmen. Dieses Recht hast du dir nie verdient.«

»Ich weiß, ich weiß«, erwiderte er in dem verzweifelten Bemühen, beschwichtigend auf sie einzuwirken. Wie dürftig seine Fähigkeit zu lieben auch entwickelt war – die Frau, die nach Belle kam, hatte ihm gesagt, dass das Messgerät kaum einen Ausschlag registrierte –, er hatte alles an sie verschwendet. »Ich bin zum Haus von Miss Vitkus gegangen, Belle«, sagte er und fühlte sich dabei so verzweifelt, wie er sich anhörte. »Hab getan, worum du mich gebeten hattest. Du batest mich hinzugehen, und ich ging.«

»Das war deine Pflicht. Wie es deine Pflicht war, deinen Sohn zu besuchen. Das machen Menschen so.«

Wenigstens sprach sie mit ihm. Wie oft hatten sie um diese späte Stunde miteinander gesprochen, Quinn hellwach, Belle gegen den Schlaf ankämpfend, um einen Weg zu ihm zu finden? Er wollte jetzt mit ihr sprechen, sich ihr wie früher in der Nacht anvertrauen, wenn sie mit gedämpften Stimmen sprachen, um ihren unruhig schlafenden Sohn nicht zu wecken.

»Ich bringe es zurück, Belle.« Fünf Meter von ihm entfernt standen beispielhafte Väter und Ehemänner, die genau wüssten, was man sagen musste. Ihre Frauen hielten sie für einfühlsam. Ihre Kinder waren ihre ständige Freude. Sie glaubten an die Liebe und an Gott, sie glaubten, dass Tiere eine Seele hatten, sie glaubten, dass ihre toten Großmütter über ihnen wachten.

»Diese Jahre, in denen du weg warst?«, sagte sie. »Diese Jahre, in denen du deinem dicken fetten Durchbruch hinterhergejagt bist?« Ihre Stimme klang jetzt ganz ruhig. »Ich habe so viel mehr von dir erwartet.«

»Belle, bitte.«

»Ich wollte, dass du uns mehr als nur Geld schickst, dich mehr kümmern würdest. Wir vermissten dich – nun, *er* vermisste die Vorstellung von dir. Ich vermisste dich ganz real.«

»Ich spürte seine Gegenwart«, sagte Quinn. Dies fiel ihm aus dem Mund wie ein ausgebrochener Zahn – woher kam das?

»Was?«

Er spürte nun ihre volle Aufmerksamkeit. »Im Haus der alten Dame. Es war genau so, wie er es in seinem Tagebuch beschrieben hat. Da war, Zitat, Magie im Gange.«

Belle gelang trotz ihrer Trauer so etwas wie ein Lachen, denn die syntaktischen Eigentümlichkeiten ihres Sohnes hatten ihr immer gefallen. Er hatte wie ein Besessener gelesen – Gebrauchsanweisungen, Bücher über Rekorde, Romane, für die er viel zu jung war – und dabei linguistische Spielereien aufgepickt wie eine Krähe, die den Seitenstreifen durchforstet.

»Erzähl's mir«, bat sie.

Er wollte ihr die Last abnehmen, sie wieder heile machen und von jenem lichtlosen Ort zurückholen, in den sie gefallen war. Und dabei verstärkte die Tatsache, dass er genau wusste, wie unqualifiziert er für diese Aufgabe war, seinen Entschluss nur noch. »Es war, als wäre er dort in ihrem Haus«, sagte er. Atemlos improvisierte er wie verrückt, und dabei kam eine Mischung dessen heraus, was er tatsächlich fühlte, was er gern gefühlt hätte und was seiner Vorstellung nach Rennie oder Alex oder Gary fühlen könnten. »Eine Sekunde lang war es, als käme er zurück von« – er tastete nach Worten – »von seinem Verschwinden.«

Nach einer langen angespannten Pause sagte Belle: »Unser Sohn ist nicht verschwunden.« Es kam wie ein Aufschrei. »Was ›der Junge‹ tat, Quinn, ist sterben. Er stand an einem wunderbaren Maimorgen auf, fuhr ohne ersichtlichen Grund mit seinem Fahrrad los und fiel tot um, noch bevor die Sonne es ganz über den Horizont geschafft hatte.«

Warum machte sie das immer wieder? Immer und immer wieder. Warum? Wie sehr wünschte er sich diesen ersten warmen Schluck, diesen beispiellosen Trost.

»Wenn du vielleicht mit mir dorthin mitkämst«, sagte er. »Vielleicht könntest du ihn spüren, dort in ihrem Haus.« Das hörte sich für ihn im Kopf richtig an, aber die gesprochenen Worte kamen so anders heraus. Sein Bemühen verfehlte seinen Zweck so spektakulär, dass es fast schon einem Volltreffer auf ein anderes Ziel entsprach.

»Ich spüre ihn *hier*«, entgegnete sie. »In *seinem* Haus. Dem Haus, in dem du selbst zweimal gelebt hast, als Ehemann und Vater. Du hast ihn hier nicht gespürt, in seinem eigenen Haus? Und das findest du nicht seltsam? Bist du von der Existenz deines Sohnes so losgelöst, dass du seine sogenannte Präsenz im Haus einer Fremden gefunden hast?«

In ihrer Stimme lag ein für sie neuer Ton, eine eisige Abkoppelung, die er mit einem ganz anderen Typ von Frau in Verbindung brachte. Vor drei Jahren auf der Busfahrt, die ihn aus Chicago zurückbrachte, hatte er, während er von Bedauern erfüllt an sepiafarbenen Depots vorbeifuhr, sich der für die Lebensmitte typischen naiven Hoffnung hingegeben und beschlossen, ein besserer Mensch zu werden. Belle und der Junge hatten ihn am Busbahnhof abgeholt, der Junge reglos vor Zweifel. Aber Belle kannte keine Zweifel, hatte nie welche gehabt. *Komm zurück zu mir*, hatte sie ihm im tropfenden Nebel zugeflüstert. *Sei sein Papa.* Und binnen weniger Wochen hatten sie geheiratet.

»Von allen Dingen, die du mir nimmst«, sagte sie jetzt, und ihre Stimme war wie ein trockenes Rascheln, »nimmst du mir jetzt auch noch seine letzten Worte.«

»Es tut mir leid, Belle.« Er hörte, wie die Jungs ihre Instrumente stimmten. Sein Telefon piepte. »Warte, Belle, ich hab gleich keinen Saft mehr.«

»Das ist ja ganz was Neues«, erklärte sie und legte auf.

Er taumelte zurück auf die Bühne, wo die Jungs es vermieden, mit ihm Blickkontakt aufzunehmen. Der Barmann stellte die Musik ab, die über die Hausanlage lief, und Gary nahm hinter seinen Drums Platz. Als Quinn sich seine Gitarre umschnallte, sagte er zu Rennie: »Ich übernehme ein paar Schichten«, worauf Rennie erwiderte: »Geht klar.«

Quinn wandte sich der schimmernden Menge zu und stimmte auswendig ein Eröffnungsriff an, das er spielte, seit er siebzehn Jahre alt war. Er nahm das Mikro und brüllte los.

KAPITEL 5

An seinem vierten Samstag präsentierte der Junge, bevor er sich seinen Aufgaben widmete, Ona die Personenstandsstatistik einer Madame Jeanne Louise Calment aus Arles, Frankreich, die 1997 mit dem offenkundig unschlagbaren Titel starb, die Person mit dem höchsten erreichten Lebensalter zu sein.

Aller Zeiten.

»›Einhundertzweiundzwanzig Jahre‹«, las der Junge mit einer Stimme vor, die besser ins siebzehnte Jahrhundert für Bekanntmachungen gepasst hätte, »›einhundertvierundsechzig Tage.‹«

»Das ist unglaublich«, erwiderte Ona. »Lass mich mal sehen.« Da war eigentlich nicht viel, Madame Calments Leben bestand wie die meisten Leben aus einer Anhäufung von ganz gewöhnlichen Tagen, was sie aber, wie die meisten Menschen, nicht davon abhielt, Ratschläge zu erteilen. »Täglich Schokolade?«, sagte Ona. »Das soll ihr Rezept für ein langes Leben sein?«

Indem er diese unsterblichen Verkündigungen überprüfte, erkundigte der Junge sich: »Was ist Port?«

»Wein. Die Franzosen mögen ihren Wein.« Sie blickte hoch. »Woher hast du das denn?«

»Haben Sie schon mal vom Internet gehört?«

»Natürlich habe ich vom Internet gehört. Im Frühjahr

2000 habe ich in der Leihbücherei eine Einführung mit-
gemacht. Viel Gedöns um nichts. Schlimmer als Fernsehen.«
Sie musterte ihn: Unter seinem irreführenden manierlichen
Gebaren und der adretten Uniform war er doch ein Junge
des einundzwanzigsten Jahrhunderts. Sie war seit ihrer
Geburt Augenzeugin gewesen, als Automobile, Flugzeuge,
Waschmaschinen, Atombomben, Spaceshuttles, Wegwerf-
windeln und Tonwahltelefone auftauchten, und hatte alle
diese Errungenschaften als etwas Selbstverständliches hin-
genommen. Ihre Fähigkeit, sich zu wundern, erreichte ihren
Höhepunkt um 1969 mit der Mondlandung, aber dieser un-
zeitgemäße Junge, der ein Telefon von der Größe einer Ba-
byrassel mit sich führte und Informationen aus Frankreich
aus einer Maschine in seinem Schlafzimmer holte, war ihr
ein Rätsel. Sie strich sich mit den Händen über den Kopf,
als wollte sie die Technologie ordnen, die dieser bereits auf-
gesogen hatte.

Er förderte noch weitere Ausdrucke zutage – Interviews
mit Madame Calment, die Ona von Anfang bis Ende las,
während der Junge ihr über die Schulter blickte. Sein Atem
war warm und roch süßlich. »Deine Madame Calment ist ja
eine echte Frohnatur, würde ich sagen.«

»Lesen Sie das hier«, bat der Junge und zeigte ihr, was er
meinte.

Ona las: »›Ich habe nur eine Falte, und auf der sitze ich‹?
Das sind die Worte, für die deine berühmte Rekordhalterin
sich entschieden hat? Für die gesamte Nachwelt? Oder sollte ich lieber sagen für den Allerwertesten?«

Der Junge lachte laut – es war wieder sein nerviges Jaulen. Es begann und hörte auf, als hätte er eine Zeitschaltuhr
eingebaut.

Ona machte nur Tss! »Wenn man bedenkt, dass eine

so große Ehre an eine Person verschwendet wurde, die so wenig Klasse hat.« Sie vertiefte sich erneut in das Foto der Frau – aufgenommen am hundertzwanzigsten Geburtstag des armen Dings. »Dieses Gesicht könnte einen Amboss mitten im Fall stoppen.« Sie versuchte die teigige Visage von Madame Calment mit anderen zu vergleichen, die sie gesehen hatte, aber ihr fiel keine Menschenseele ein, die auch nur annähernd an ihr eigenes Alter heranreichte, geschweige denn an das von Madame Calment. Sie hoffte, dass ihr Haar nicht ganz so schlimm aussah. »Wie hat dieses alte Wrack das nur geschafft?«

Der Junge zeigte wieder auf Madame Calments Seite mit den Erklärungen.

»Šokoladas ir vynas.« Schokolade und Wein. Die Worte rasselten aus Ona heraus, und der Junge hielt seinen Kopf schief wie ein lauschender Vogel.

»Da haben Sie's wieder«, meinte er.

»Ich weiß.« Sie klopfte fest gegen ihren Schädel.

»Wann ist Ihr Geburtstag?«, fragte er und zog ein Notizbuch aus seinem Rucksack.

»Zwanzigster Januar.«

Er warf ein paar Zahlen aufs Papier und verarbeitete diese langsam. »Das macht achtzehn Jahre und neunundneunzig Tage, um den Rekord zu brechen.«

»So lange halte ich nicht durch«, sagte Ona. »Diese Frau ist eine Monstrosität.« Aber selbst als sie diese Worte aussprach, schien ihr die Zeit zwischen jetzt und dann überwindbar zu sein. Seit ihrem neunzigsten Geburtstag war sie jeden Morgen mit dem Gedanken aufgewacht: *Das könnte der Tag sein.* Und jetzt definierten diese französischen Hängebacken die Regeln der Lebensbahn neu. Wer vermochte schon den Kalender Gottes zu ergründen? »Aber«, erklärte sie dem Jungen, »ich hätte nichts dagegen, Madame Parlez-Vous den Rang abzulaufen.«

Es fehlte nicht viel und der Junge hätte vor Begeisterung Feuer gefangen. »Erstens«, sagte er, »Bewerber müssen klare Ziele setzen. Zweitens, Bewerber müssen den Wettbewerb verstehen.« Er kehrte zu seinem Rucksack zurück, öffnete den Reißverschluss einer seiner unzähligen Taschen und holte ein weiteres Blatt Papier heraus. »Die älteste derzeit lebende Frau ist Mrs Ramona Trinidad Iglesias-Jordan. Alter einhundertfünfzehn. Land Puerto Rico. Mrs Ramona Trinidad Iglesias-Jordan ist auch der derzeit älteste lebende Mensch.« Er stolperte über die Aussprache. »Der derzeit älteste lebende Mann ist Mr Fred Hale. Alter einhundertdreizehn. Land USA.« Er blickte auf, um zu sehen, wie seine Nachrichten ankamen.

»Gibt's auch einen Rekord für die älteste alte Krabbe?«

Der Junge griff diese Frage wie alle Fragen ohne jede Ironie auf. »Erstens, ein Rekordversuch muss genehmigt werden. Zweitens, ein Rekordversuch muss durch Zeugen beglaubigt werden. Drittens, ein Rekordversuch muss innerhalb der Grenzen des Gesetzes erfolgen.«

»Puerto Rico ist kein Land, sondern ein Freistaat, der zu den Vereinigten Staaten gehört.«

»Danke.« Er blätterte sein Notizbuch durch und machte sich in einer Liste einen kurzen Eintrag, dann in einer anderen.

Um Gleichgültigkeit bemüht, aber kläglich scheiternd, überflog Ona das Blatt mit den kurzen, aber grundlegenden Statistiken. Madame Calments Rekord war wirklich grotesk, aber die anderen könnten vielleicht zu überbieten sein. »Mrs Puerto Rico wird sich vielleicht wacker schlagen«, sagte sie, »aber wie viele Menschen kann es noch geben, die zwischen mir und Mr Hale stehen? Männer haben eine Lebenserwartung von Rennmäusen. Ich könnte an dritter oder vierter Stelle stehen.«

»Das finde ich heraus!«, rief er heiter und machte sich eine weitere Notiz. Er sah erfüllt aus, wie sie sich später erinnerte. Er entblößte alle seine kurzen, strahlenden Zähne.

»Älteste derzeit lebende Person«, sagte Ona. »Durch das ›lebend‹ bekommt das einen beruhigenden Klang.«

»Dann streben Sie also nach dem Höchstrekord. Für alle Nachwelt.«

»Nun lass uns das mal nicht übertreiben. Erst mal müssen wir uns ein paar andere Mitspieler herauspicken.«

Der Junge schloss die Augen und rezitierte: »›Wettbewerber für die Guinness World Records müssen die für die Rekordbrecher festgelegten Anforderungen voll und ganz erfüllen.‹«

»Was ist da ...?«

»Erstens bekommt man die offiziellen Guinness-World-Records-Instruktionen. Zweitens bekommt man offizielle Zeugenformulare. Drittens bekommt man ...« Er schüttelte den Kopf und spulte im Geiste zurück. »Erstens bekommt man ein offizielles *Bewerbungs*formular. Für den normalen Weg oder Fast Track.« Er schielte in sein Notizbuch. »Wir nehmen den Fast Track.«

»Wie oft hast du das schon gemacht?«

»Achtmal. Aber es gibt immer Leute, die mir bei meinen Ideen zuvorkommen.«

Während der Junge energisch schrieb – eine Aufgabenliste, die Ona daran erinnerte, wie Dringlichkeit sich einmal angefühlt hatte –, beobachtete sie in einem Gefühl angenehmer Heiterkeit die Futterspender durch das Fenster und malte sich ihren Namen in einem Buch der Rekorde aus. All die zurückhaltenden runden Buchstaben ihres Vornamens, gefolgt von der in die Höhe strebenden Überraschung ihres Nachnamens. Ona Vitkus. Sie beglückwünschte sich zu ihrem Weitblick, ihren Mädchennamen wieder anzunehmen, was 1948 kein leichtes Unterfangen gewesen war. Plötzlich war sie stolz auf ihr unbedeutendes Leben, diese eintönige Halskette aus Kunstperlen, zwischen denen gelegentlich eine echte aufblitzte. Der Junge wandte seinen Blick nicht von ihr ab, als wäre sie eine Preisfärse, und so fühlte sie sich auch: rund und gesund, sauber und gut gebürstet, eine todsichere Gewinnerin.

Nachdem er die Aufgaben für den Tag erledigt hatte, schenkte sie ihm sein Glas Milch ein und bot ihm Kekse an. »Die von Essen auf Rädern haben mir eins ausgewischt«, erzählte sie. »Kaum hatte ich mich an diese Tierkekse gewöhnt, bringen sie mir diese unechten Makronen.«

Der Junge kaute eine und verzog das Gesicht.

»Ich weiß«, sagte Ona. »Aber man erwartet trotzdem von mir, dass ich brav schnurre wie eine Tigerkatze, die sich die Tischabfälle grabscht.« Wenn es etwas gab, was ihr in ihrem zweiten Jahrhundert auf Erden gar nicht passte, dann die Annahme, dass sie bedürftig war, die Erwartung, Dankbarkeit zu zeigen, und die allgemeine öffentliche Enttäuschung darüber, dass sie sich weigerte, überschwänglich zu werden. Seit wann war ein einfaches Dankeschön denn nicht mehr genug? Sie hatte im Lauf der letzten fünfundzwanzig Jahre hier jede Sorte von Gutmenschen ein und aus gehen sehen, von den Daughters of Isabella bis zu den Sozialdiensten der Gemeinde, und jeder Einzelne von ihnen, bis auf diesen kleinen Jungen, hatte sie in der Wertschätzungsabteilung als ungenügend eingestuft.

Erst später, nachdem er seine Milch getrunken und noch mal seine ins Stocken geratene Liste mit den Vögeln durchgegangen war, offenbarte der Junge, wie weitreichend er seine Mission verstand. Jeder seiner Aktionen lag eine interne Logik zugrunde, die ihr jedoch verschlossen blieb. Es war schon fast Zeit zum Aufbruch, als er ein kleines Gerät aus einer Geheimtasche seines Rucksacks holte.

Das Aufnahmegerät hatte die Größe eines halben Schokoriegels und war ein Geschenk seiner Tante, die in Kalifornien für eine Zeitung arbeitete. »Wir haben die Aufgabe, die Lebensgeschichte eines alten Menschen zu erzählen«, sagte er. »Mr Linkman meinte, alte Menschen würden gerne reden.«

»Oh, meint er das?«

»Mr Linkman schlug vor, die Großeltern zu interviewen, aber ich habe mir Sie ausgesucht.«

Ona betrachtete das winzige Gerät, das der Junge genau zwischen sie beide legte. Sie schüttelte den Kopf.

»Sie haben mir doch schon zehn Geschichten erzählt«, erinnerte er sie.

»Das ist was anderes.«

»Ich werde es Ihnen nicht vorspielen«, versprach er. »Sie brauchen es sich nicht anzuhören.« Er sah sie flehend an, während er auf den Knopf drückte.

»Ich weiß nicht.«

»Und wenn sich nun herausstellt, dass Sie eine Guinness-Rekordhalterin sind?«, gab er zu bedenken. »Da wird jeder Sie interviewen wollen, und Ihre Stimme wird müde werden.« Er legte seine Hand auf das Gerät. »Sie brauchen nur auf den Knopf zu drücken. Simsalabim und Sie erzählen Ihre Lebensgeschichte und essen gleichzeitig eine Brezel.«

Schließlich willigte sie ein, und sei es auch nur, um zu verhindern, dass er wieder außer Rand und Band geriet, sein Herumgehopse in der Küche letzte Woche hatte ihr ziemlich zugesetzt. Er bewegte sich nicht so, wie andere Kinder sich bewegten – er bewegte seine Handgelenke und Schultern mit der Präzision einer Marionette –, und das hatte ihr Mitgefühl für ihn geweckt.

Der Junge spulte das Band zurück und klickte es wieder an. »Dies ist Miss Ona Vitkus«, sagte er hoffnungsvoll. »Dies ist ihre Lebensgeschichte auf Band. Dies ist Teil eins.«

Ona inspizierte die winzigen sich drehenden Räder. Teil eins? Sofort begann sie, ihre Jahre aufzuteilen.

»Ist es an?«, fragte sie.

Der Junge legte den Finger auf seine Lippen und nickte. Offenbar hatte er vor, unsichtbar zu bleiben. Er schob ihr ein Blatt Papier mit vorgedruckten Fragen hin – vorbereitet vermutlich von Mr Linkman – und deutete auf Nummer eins. *Wo wurden Sie geboren?* Darauf folgten noch neunundvierzig weitere Fragen.

»Die kann ich nicht alle beantworten«, entgegnete sie. »Dann sind wir ja am Sankt-Nimmerleins-Tag noch hier.«

Der Junge sagte nichts und starrte auf das Gerät, als könnte dieses an ihrer statt sprechen.

»Was erwartest du von mir?«, fragte sie.

Der Junge blickte auf. Er artikulierte die Antwort lautlos: *Ergötzen Sie mich.*

Obwohl Ona diese Wende der Ereignisse ein wenig vermessen fand – es war schließlich eine Sache, am Küchentisch zu plaudern, eine ganz andere aber, die Gedanken auf eine Weise zusammenzufassen, die Mr Linkman für gut befinden könnte. Aber ihre Freundschaft war so weit gediehen, dass sie ihm dies unmöglich abschlagen konnte. Freundschaft hatte ihr geholfen, an sich selbst zu glauben.

»Ich werde die erste beantworten«, sagte sie. »Aber damit hat es sich dann.«

Es hatte sich nicht.

Sie patzte sich durch die Vorrunde, konnte vor Lampenfieber kaum sprechen. Schließlich schaltete er freundlicherweise das Gerät aus. Er lächelte und zeigte seine gepflegten Zähne. »Das war ausgezeichnet.« Er schaltete das Gerät wieder ein. »Dies ist Miss Ona Vitkus. Und dies ist ihre Lebensgeschichte auf Band. Dies ist auch Teil eins.«

KAPITEL 6

Quinn nahm einen frühen Bus zu Rennies Firma, die hinter dem Einkaufszentrum in einem schnittigen Gebäude untergebracht war, das an einen Hangar erinnerte und unter dem Namen Great Universal Mail Systems als drittgrößtes Unternehmen für Postwurfsendungen in New England bestens florierte. Das Firmengebäude stand auf dem grünen Rasen, der als Picknickfläche diente. Der Eingang aus Glaspaneelen, zur Sicherheit von floral gemusterten Trägern gestützt, gab dem Gebäude einen familiären Anstrich, als wäre der Hauptsitz eines Konzerns für Inneneinrichtung darin untergebracht. An sonnigen Tagen funkelte das Glas den ganzen Tag.

Eine junge Empfangsdame begrüßte ihn mit dem Elan, der sich aus einem hervorragenden Paket an Zusatzleistungen speist. Auf ihrem Schreibtisch stand eine Vase mit Iris. »Sie sind gekommen, um ...?«, fragte sie. Mit ihrem Bubikopf sah sie so sexy aus wie ein Flapper-Mädchen aus den Zwanzigern. Und ihn überfiel dabei ohne Vorwarnung das berauschende Bild von Miss Vitkus, wie sie damals ausgesehen haben mochte: Sie tanzte Charleston in einem dieser hautengen Kleider, ein unbekümmertes Mädchen mit leuchtenden Wangen.

Quinn stellte sich vor und wünschte sich dabei, sich besser rasiert zu haben. »Rennie meinte, er habe ein paar freie Schichten.«

»Oh, tut mir *leid*«, plapperte sie und erhob sich. »Sie sind zum falschen Eingang reingekommen.«

Sie begleitete ihn zurück zur Tür und tippte mit einem purpurnen Fingernagel gegen das Glas. »Sehen Sie, wo das Gebäude abknickt? Wie ein L? Da wollen Sie hin.«

»Rennie ist ein Freund«, sagte Quinn. »Ich dachte ...«

»O Mann, der hat heute den ganzen Tag Besprechungen«, flötete sie. »Ist wahnsinnig beschäftigt.«

»Wir kennen uns seit der Junior High.«

Die Empfangsdame nickte. »Ist ja toll.«

Quinn wartete einen Moment. Das lächelnde Mädchen stand vor einem pastellfarbenen Wandschirm, hinter dem sich die Büroarbeit in wohltuender Geschäftigkeit entlud: Türen, die sich leise öffneten und schlossen, Highheels, die über Teppiche klapperten, gedämpftes höfliches Gelächter. Irgendwo dort hinten war auch Rennie, und Quinn wünschte sich nicht zum ersten Mal, mit dessen Talent zur Genügsamkeit geboren worden zu sein.

»Gleich da unten, große schwarze Türen«, erklärte das Mädchen klopfend. »Wenn Sie vorne geparkt haben, müssen Sie Ihren Wagen umsetzen. Der Parkplatz für die Fließbandarbeiter ist dort drüben, sehen Sie die Flutlichtmasten?« Sie flitzte zurück an ihren Posten und versuchte, ihn zur Tür hinaus zu lächeln.

»Das weiß ich«, gab er zurück. »Richten Sie Rennie aus, dass ich hier war.«

»Mach ich! Vergessen Sie nicht, Ihren Wagen wegzufahren.«

In dem ihm gezeigten Gebäude traf Quinn auf eine weitere Empfangsdame, allerdings in Jeans und einem roten T-Shirt mit der Aufschrift GUMS: WIR MEINEN ES ERNST. »Ich bin bereits in der Kartei«, erklärte er ihr.

»Das ist schon über ein Jahr her.« Sie händigte ihm ein Klemmbrett aus. »Sie müssen das noch mal ausfüllen.«

Am Ende der Einführung für den neuen Angestellten, einer eintönigen Prozedur, zu der auch gehörte, dass er einen Spind zugewiesen und eine Zugangskarte für die Cafeteria bekam, folgte Quinn dem Abteilungsleiter in die Werkshalle, ein offenes Gebäude mit ausgezeichneter Beleuchtung und dem üblichen Maschinenlärm, an den man sich entweder wie an alle anderen Geräusche auch gewöhnen kann oder von dem man langsam wahnsinnig wird. Er wurde einer Frau zugeteilt, die Dawna hieß, mit einem Gesicht wie ein Huhn und einer durchdringenden gackernden Stimme. Weil Quinn viele dieser Aufgaben schon mal gemacht hatte – nachdem der Junge geboren war, nach der ersten Scheidung, nach seiner großen Rückkehr und überstürzten Wiederverheiratung, und dann wieder nach seiner zweiten Scheidung –, ging Dawna davon aus, dass er über eine besonders schnelle Auffassungsgabe verfügte. Gemäß dem Rennie-System waren sie Kumpel, ein fabelhaftes Duo, dem man eine komplizierte Station anvertraute, welche die Postsendungen säckeweise sortierte und etikettierte und weiterleitete. Um ihn herum vibrierte es von den Getriebe-, Zündungs- und Bandgeräuschen und altmodischer menschlicher Anstrengung.

In den ersten fünfzig Minuten etikettierte er Versandtaschen, in den zweiten fünfzig Minuten bestückte er die Etikettiermaschine. In den dritten fünfzig Minuten zog er die mit dem passenden Zipcode versehenen Broschüren vom Band und fixierte sie mit Gummibändern. Dann war es Zeit für das Mittagessen, das er mit seiner Karte kostenlos bekam. Und dann schlenderte er in der Zeit, die ihm noch blieb, über die im Fischgrätmuster verlegten Pfade zu einem sonnigen Areal, das man den »Campus« nannte. Rennies Angestellte hatten Anspruch auf regelmäßige Pausen, Fußstützen, Englischunterricht und neun Dollar in der Stunde Startgehalt. Es gab so gut wie keine Fluktuation. Eine Gruppe somalischer Frauen war Quinn noch von seinem letzten Arbeitseinsatz bekannt.

Um zwei Uhr hatte Dawna ihn befördert und ihm eine Station zugewiesen, wo ein Katalog für Büromöbel versandfertig gemacht werden musste. Die Maschine übernahm verschiedene Aufgaben in sich ergänzenden Intervallen, was auf seinen Geist eine fast einschläfernde Wirkung hatte, bis es beim Sortierer zu einem Papierstau kam, der ein Eingreifen von außen nötig machte.

Um drei Uhr spuckte die Fabrik ihn aus. Er setzte sich nach hinten in den Bus und stellte sich auf einen langen tristen Abend ohne Gig ein. Normalerweise würde er einen der Jungs anrufen, irgendwo einen Burger essen oder sich bei einer ihrer plappernden Familien zum Abendessen einladen, aber plötzlich fühlte er sich wie ein Mann mit durchsichtiger Haut. Er schreckte davor zurück, von Leuten, die ihn kannten, betrachtet – oder durchschaut – zu werden.

Bei der ersten Umsteigemöglichkeit stieg er spontan in die Nummer 4 in westlicher Richtung über die Sibley Street. Er drückte den Halteknopf, stieg aus und ging im kühlen Sonnenlicht auf Miss Vitkus' Haus zu. An den Telefonpfosten entlang der Straße klebten limettengrüne Flyer, die ein NACHBARSCHAFTSTREFFEN ankündigten. Sie flatterten wie gefangene Insekten.

Das Haus sah ordentlich aus. Der Rasen war gemäht, und an den Futterröhren drängten sich die Vögel. Alles wirkte wie frisch gewaschen, und stolz sagte er sich, dass er daran mitgewirkt hatte.

»Sie«, sagte sie, als sie ihn auf ihrer Türschwelle stehen sah. Ihr Blick richtete sich auf die Straße. »Wie kommt es, dass Sie kein Auto haben?«

»Ich hab's verkauft«, antwortete er. »Ich brauchte das Bargeld.« Es war ihm egal, wie sich das anhörte, in ihrem Alter dürfte sie schon alles gehört haben.

»Wofür? Alkohol?«

»Eine Gewissensschuld.« Warum erzählte er ihr das? »Hat nicht funktioniert. Funktioniert nicht.«

»Geld funktioniert selten.« Dabei ließ sie es bewenden.

Er reichte ihr einen Fünfer. »Sie schulden mir noch einen Zaubertrick.«

Sie nahm das Geld, musterte ihn von Kopf bis Fuß und ließ ihn dann in ihre Küche ein.

Quinn nahm Platz, seine Füße pochten von den Betonböden bei Rennie. Ihr Kartenstapel lag genau dort, wo sie ihn das letzte Mal abgelegt hatte, aber die Vierteldollar und die Zeitungen waren bis auf einen einzigen Ausschnitt, der ordentlich gefaltet war, von der Arbeitstheke verschwunden.

»Mein Sohn sagt, Sie beflügeln ihn.«

Sie betrachtete ihn mit undurchdringlicher Miene. »Haben Sie getrunken?«

»Seit elf Jahren nicht mehr.«

»Ich habe hier eine Klingel«, verkündete sie und klimperte mit der dünnen Kette, die um ihren Hals hing. »Unten an der Straße wurde eingebrochen.« Aus den Tiefen ihres zerknautschten Pullovers zog sie eine Plastikvorrichtung, einen dieser Notfallknöpfe, wie alte Menschen ihn tragen, die sich vor einem einsamen Tod fürchten.

»Ich drücke auf den Knopf und Bingo.« Sie zeigte dabei auf einen Kasten, der wie ein Gerät aus einem Aufnahmestudio der Vierziger aussah. »Und auf der Stelle kommt jemand und rettet meinen Arsch.«

Sah er so verunsichert aus, wie er sich fühlte? Er stupste die Karten an. »Tun Sie was.« Er wusste selbst nicht, was er von ihr wollte. Sie war der älteste Mensch, dem er je begegnet war – sollte sie sich nicht in einigen Dingen auskennen?

Sie zögerte und bewegte sich dann knirschend zur Küchentheke und griff nach dem Zeitungsausschnitt. »Sie haben mich ausgetrickst«, sagte sie. »Sie sind der Trickbetrüger, nicht ich.« Sie wedelte mit dem Zeitungsausschnitt, die Augen groß und wutblitzend.

Er wusste, was das war.

»Ich hatte vor ihm schon Jungs hier«, fügte sie hinzu, »und nicht einem von ihnen war die Arbeit wichtig. Am Ende landen die Väter hier, aber die kommen mit tausend Entschuldigungen. Der Junge habe zu viele Hausaufgaben, der Junge sei dem Baseballteam beigetreten.« Sie hob ihr sich bauschendes Kinn. »Sie haben mich glauben lassen, Ihr Junge sei einer von denen.«

Quinn starrte auf Miss Vitkus' Hals, Haut wie knittriger Satin.

»Dann hatte ich eine Eingebung. Etwas, das ich halb gelesen, halb gehört hatte. Ich höre Nachrichten. Ich lese meine Zeitungen, aber nicht die Todesanzeigen. Bin nicht mehr religiös, wie ich mal war. Fast jeder, den ich jemals kannte, ist tot.« Sie griff zu ihrer Brille und setzte sich diese umständlich auf. »Unerwartet, steht hier.« Sie blickte hoch. »Das kann man wohl sagen.«

Quinn vermochte kaum, ihrem Blick standzuhalten, in dem sich Kränkung und Kummer mischten. »Man nennt es Long-QT-Syndrom«, erklärte er ihr. »Da stimmt was nicht mit der Elektrik im Herzen.«

»Ein zwinkerndes elektrisches System.«

»Ja, im Herzen«, bestätigte Quinn. »Das erste Symptom ist für gewöhnlich der Tod.«

Ihre Stimme wurde sanfter. »Wie hat der kleine Junge das bekommen?«

»Entweder erwirbt man die Krankheit aufgrund einer Arzneimittelreaktion, oder sie wird über einen Elternteil vererbt. Er muss sie geerbt haben. Sie ist selten.«

»Durch einen Elternteil?« Sie zog die Stirn in Falten. »Sind Sie der Nächste?«

»Wenn man es bis in die mittleren Jahre geschafft hat, schwindet das Risiko. Was ich nicht weiß, macht mich nicht heiß.«

»Sollten Sie es gewesen sein«, sagte sie. »Es könnte aber auch seine Mutter gewesen sein.«

»Nehmen wir mal an, ich sei es gewesen. Seine Mutter schleppt schon genug mit sich herum.« Er tippte auf die Karten, er stand ihr in nichts nach, was Ablenkungsmanöver betraf. »Ich habe Ihnen die volle Summe bezahlt.«

»Das haben Sie.« Sie nahm die Karten und begann sie zu bearbeiten, indem sie das Deck schaukelnd von einer Hand in die andere bewegte. Trotz ihrer Altersknoten hielten ihre Hände den Rhythmus. Sie hatte geübt.

»Er war Ihr Einziger?«, fragte sie. Quinn fing ihren Blick auf: Sie sprachen nun offenbar in der Vergangenheitsform von ihm.

»Nur er«, antwortete Quinn und verfolgte das Wogen der Karten.

Sie deckte seine Karte auf. »War es die?«

Quinn nickte überrascht.

»Ich war einen kurzen Moment unachtsam. Ich bin heute nicht ganz ich selbst.«

»Lassen Sie was verschwinden«, bat Quinn sie und zog einen weiteren Fünfer aus seiner Brieftasche.

Ihre Augenbrauen – oder die Falten, auf denen sich ihre Augenbrauen einst befunden hatten – hoben sich. »Man kann sich den Trick nicht aussuchen.« Sie steckte das Geld ein und wartete. Die Luft zwischen ihnen war ein stummes Reservoir der Möglichkeiten. Und dann, ganz plötzlich, so schnell, dass Quinn sich nicht sicher war, ob er es tatsächlich gesehen hatte, nahm sie den Zeitungsausschnitt vom Tisch, umschloss ihn mit ihrer altersfleckigen Faust, öffnete dann ihre Hand wieder und zeigte ihm nichts weiter als ihre nackte Handinnenfläche mit den jahrhundertealten Lebenslinien.

»Wo ist er?«, fragte Quinn.

»Sie haben für einen Zaubertrick gezahlt.« Dass sie ihm ihr Mitleid verweigerte – dass sie tatsächlich wütend war –, ließ ihn seinen Verlust weniger schmerzhaft empfinden.

Er gab ihr noch einen Fünfer. »Was haben Sie sonst noch drauf?«

»Die Kinder nehmen, was sie bekommen. Aber für die Erwachsenen ist es nie genug.« Und dann fügte sie hinzu: »Der Junge und ich waren Freunde.«

»Ich hätte es Ihnen sagen sollen«, erwiderte Quinn.

Sie lehnte sich zurück und faltete ihre großen Hände. »Und ich dachte schon, er wäre am Ende doch genauso wie die anderen Jungen auch, ein Faulenzer, der nichts bis zum Ende durchzieht.« Ihr Mund schien zu beben, aber was sie meinte, war aus all dem Faltengewirr schwer herauszulesen. »Er hat sich in diesem Haus rein gar nichts zuschulden kommen lassen. Mir tut das sehr leid. Warum hat der Gruppenleiter mich nicht informiert? Ich habe ein funktionierendes Telefon. Ihr Junge und ich hatten Pläne.«

Quinn fühlte sich seltsam heiß, als wäre der Lichtschein einer Polizeilampe auf ihn gerichtet. Er blickte sich im Haus nach nicht zu Ende gebrachten Projekten um. »Pläne welcher Art?«

»Das zählt jetzt nicht mehr.« Dann sah er, wie ihr Gesichtsausdruck sich veränderte, als würde sie es sich noch mal überlegen oder sich im Zweifelsfall zu Quinns Gunsten entscheiden. »Er war ein guter Junge, und es tut mir schrecklich leid«, erklärte sie ihm. »Es ist erbärmlich, die eigenen Kinder zu überleben.«

»Haben Sie das?«

»Frankie kam im Krieg um«, sagte sie. »Randall starb an Krebs. Er ist nie häuslich geworden – jede Menge Damen, aber keine Frau –, obwohl er ein ausgezeichneter Anwalt war. Bei seiner Beerdigung fielen freundliche Worte.«

»Das tut mir leid.«

»Dieses Haus hat eigentlich Randall gehört.« Sie blinzelte ihn an. »Gibt es etwas Unwürdigeres, als das Geld seiner Kinder zu erben?«

»Vermutlich schon. Aber ich weiß, was Sie meinen.«

»Damals war ich knapp bei Kasse und steuerte das zweifelhafte Vergnügen eines langen Lebens an.« Bei diesen Worten beugte sie sich über den Tisch.

»Sie brauchen es nicht zu erklären.«

»Randall war einundsechzig. Kein langes Leben. Aber auch kein kurzes.« Sie hielt inne. »Frankie ist es, den ich vermisse.«

Ein Moment verstrich.

»Seine Mutter musste mich vor jedem meiner Sorgerechtsbesuche erinnern«, sagte Quinn. »Und selbst dann entstand kein Kontakt. Ich kannte ihn kaum. Das ist die Wahrheit.«

Miss Vitkus griff in die warme Höhle von Quinns Jacke. Er spürte ihre Hand auf seiner Brust, flüchtig wie ein landender Vogel, bevor sie diese wieder wegzog und auf einmal die zusammengefaltete Todesanzeige in ihrer Hand hielt, darin die Fünf-Dollar-Note. Sie reichte sie ihm wortlos. Von einem Ort, der weit außerhalb von ihm lag, versetzte es ihm einen Stich, und es tat ihm leid für den Jungen, der dies verpasste. Dass er jenseits der Scham überhaupt ein Gefühl zustande bekam, war Zauber genug.

»Warum bekamen Sie keinen Kontakt zu ihm?«, erkundigte sie sich. Es hörte sich nach reiner Neugier an. Aber er gab nach, beugte sich ihrem Alter, ihrem lebhaften Gesicht, ihrem drängenden Auftreten.

»Ich verstand nicht, wie sein Geist arbeitete«, gestand er. Und eine Welle des Bedauerns stieg in ihm hoch. Ihre Augen waren noch immer jung. »Ich habe nie herausgefunden, wie ... wie ich ihn nehmen soll.«

Sie nahm dies auf – ohne es zu beurteilen, wie es Quinn schien – und sagte dann: »Randall und ich fanden nicht zusammen. Er war ein guter Junge, aber wir hatten keine Gemeinsamkeiten. Er war so unabhängig, so ehrgeizig schon als Kind. Ich hatte nie das Gefühl, dass er mich wirklich brauchte.«

Quinn erhob sich, steckte die Todesanzeige ein und ließ das Geld liegen. »Soll ich was für Sie erledigen? Solange ich hier bin?«

»In der Diele ist eine Glühbirne durchgebrannt. Ich steige nicht gerne auf einen Stuhl.«

Er begann mit der Glühbirne, die eine Trittleiter erforderlich machte. Die ebenfalls repariert werden musste.

Am Samstag kam er zurück wie ausgemacht und auch am Samstag danach.

Während der Mai in den Juni überging, kam Quinn nach wie vor anstelle des Jungen, pünktlich und mit Werkzeug ausgestattet, um zu erfüllen, was er als die ganze Bandbreite dessen verstand, wozu der Junge sich verpflichtet hatte.

»Ich habe hier einen Kuchen«, sagte sie. »Den werden Sie mögen. Er hat eine Geheimzutat.«

»Wer kann zu einer Geheimzutat schon nein sagen?«

»Sie könnten mich Ona nennen.«

»Sie haben mich Quinn genannt.«

»Hab ich. Aber Sie sind ein jüngerer Mann. Ich bin eine ältere Dame. Es obliegt also mir, Ihnen die Erlaubnis zu erteilen.«

Jetzt lächelte er. »Darf ich Sie Ona nennen?«

»Erlaubnis erteilt. Meine Regenrinnen sind übrigens eine Katastrophe.«

Also säuberte er ihre Regenrinnen, hängte eine Tür wieder ein, ersetzte die Treppenstufen an der Veranda, verfolgte den langsamen Einzug des Sommers. Jeden Samstag blieb er zu Tierkeksen oder einem Kuchen und tauschte fünf Dollar für eine beharrlich erstellte Doppelte Aufdeckung oder ein 7Up oder eine Queen of the Air. Manchmal ließ sie Sachen verschwinden: Karten oder Münzen oder Taschentücher mit handgeklöppelter Umrandung. Und diese Vorführungen waren ihm die liebsten, hinterhältige Ablenkungen, ein gerissenes Gerade-noch-hier-und-gleich-darauf-weg, einfache Tricks, die dank mittelmäßiger Fingerfertigkeit und eines Betrachters funktionierten, der danach verlangte, in Erstaunen versetzt zu werden.

KAPITEL 7

Am fünften Samstag kam der Junge mit schlechten Nachrichten: Ona war ein junger Hüpfer.

Sie hatte überall auf der Welt, von Saskatchewan bis Sibirien, Rivalen im dreistelligen Bereich. Und dieses Versehen – dass er die Titelhalter für den »ältesten Mann« und die »älteste Frau« aufgespürt, dabei aber die Überprüfung der Stellvertreter vernachlässigt hatte – schien dem Jungen großen Verdruss zu bereiten.

Er öffnete seinen Rucksack im Zeitlupentempo. Er sah nagelneu aus und leuchtete rot wie Kirschen im Supermarkt. Er las von einem weiteren Papier ab, wobei der gepresste Ausdruck auf seinem Gesicht in seltsamem Kontrast zu dessen zarten Zügen stand. »Nach Mrs Romana Trinidad Iglesias-Jordan, Vereinigte Staaten, Territorium von Puerto Rico«, las er vor, »ist die zweitälteste Person der Welt eine Dame, Land Rumänien, ebenfalls hundertdreizehn Jahre alt. Die drittälteste Person auf der Welt ist Mr Fred Hale. Den kennen wir bereits.«

Schließlich überreichte er ihr das Blatt. »Wenn Mrs Ramona Trinidad Iglesias-Jordan und die Dame aus Rumänien und die Dame aus Japan und Mr Fred Hale sterben, dann wird der älteste Mensch eine weitere Dame sein, Mrs Flossie Page, hundertelf, Land USA.«

»Hmm.« Ona blätterte die Auflistungen durch – zweiundachtzig offizielle Anwärter, hauptsächlich Frauen. Mrs Japan und Mrs Rumänien hatten unaussprechliche Namen, ersterer ein einziger Schwall von Vokalen, letzterer eine Bastion von Konsonanten. Sie waren im Zuge einer Recherche aufgelistet worden, deren Ziel es war, die ältesten Erdenbürger aufzuspüren. Alle diese extrem alten Rivalen, von denen die jüngsten gute acht Jahre älter waren als Ona und die älteste noch fast ein Jahrzehnt von der Rekordhalterin trennte.

Ona beschwor das Bild einer in ihrem himmlischen Schaukelstuhl vor sich hin kichernden Madame Calment herauf. »Das Schriftbild ist zu klein«, stellte Ona fest und stand auf. »Ich brauche meine Brille. Komm her.«

Der Junge blieb an der Tür zu ihrem Wohnzimmer stehen. Ihr wurde bewusst, dass sie ihn nie weiter als bis in die Küche hereingebeten hatte. Er legte die Papiere auf ihren Schoß und ließ sich dann auf der Armlehne eines der Ohrensessel nieder, die zum Haus gehörten.

»Jetzt sieh dir all diese Knacker an«, sagte sie. »Was zum Teufel tun die sich wohl in ihre Haferflocken?«

»Man kommt gar nicht ins Rennen, bevor man nicht erheblich über hundert ist. Und das bedeutet hundertzehn und mehr. Man geht davon aus, dass es insgesamt etwa vierhundert sein dürften. Es ist schwer, sie alle aufzuspüren.« Er sprang von der Armlehne und zeigte mit einem nervösen Finger auf den Seitenrand. »Sehen Sie, da steht der Geburtstag neben den Namen. Jahre plus Tage.«

Ona las von einer Frau aus Oslo, einer weiteren aus Thailand, mehreren aus Südamerika, Annabelles und Elviras und Lavinias. Ein paar Männer, hauptsächlich aus Japan. »Wer findet diese Leute?«

»Forscher. Gerontologen.«

Sie sah ihn aus schmalen Augen an. »Ist deine Mutter Lehrerin?«

»Meine Mutter ist Bibliothekarin.«

»Du redest wie ein Bibliothekar.«

»Ich habe keine Freunde.«

»Ich habe eigentlich auch keine. Ich gehe zum Tee bei den Damen von der Kirche, aber deren Gejammer über ihre Krankheiten kann einen selbst krank machen. Du bist ein netter Junge. Warum hast du keine Freunde?«

»Du wirst nur gemocht, wenn du Sport machst. Die Kartentricks haben nichts gebracht.«

»Ich habe dich gewarnt«, erwiderte sie.

»Erstens hasse ich Sport. Zweitens hasse ich Orchester. Drittens hasse ich die Mittagspause.«

»Ich sagte dir doch, dass du diese Tricks nicht in der Schule ausprobieren sollst.«

»Mir sind Aktivitäten dieser Art lieber«, erklärte er. »Ich liebe solche Aktivitäten.«

Sie war sich nicht sicher, was er damit meinte. Alte Damen besuchen? Dinge im Internet nachsehen? Leute dazu überreden, einen Weltrekord anzustreben, für den überhaupt kein Talent erforderlich war?

»Na gut«, sagte Ona, »dann kümmert sich also keiner um die Meute der Hundert- bis Hundertzehnjährigen?«

»Es sind zu viele. Fast eine Drittelmillion, wenn man die ganze Welt berücksichtigt. Was ich tue.«

»Wo verdammt verstecken die sich?«

»Das weiß ich nicht«, antwortete der Junge düster.

»Und da dachte ich, ich sei nur zwei oder drei Lungenentzündungen von einem Rekord entfernt. Aber wir haben uns ganz umsonst gefreut.«

Er schüttelte traurig den Kopf.

»Ist ja gut«, meinte sie. »Dann warten wir eben, bis sie tot sind.«

Sie holte ihre Karten hervor, um sie beide von dieser Enttäuschung abzulenken, und binnen Minuten hatte sie es geschafft und er war wegen eines Versteckten Buben, den jeder halbwegs begabte Bordercollie in einer halben Minute durchschaut hätte, völlig aus dem Häuschen. Er war nicht dumm – weit entfernt davon –, nur überaus liebenswürdig.

»Was wurde aus Viktor, dem hübschen blonden Russen?«, fragte er.

Ona errötete. Das hässliche Foto der Französin hatte sich in ihrem Kopf festgesetzt, seit sie es das erste Mal sah. Sah sie etwa auch so aus, wie eine verrottende Feige? War es zu viel verlangt, diesen Jungen zu bitten, im Geiste ihre eigenen kraterartigen Löcher abzuziehen, die hängende Haut, durch die ihre Knochen sich abzeichneten wie ein Kleiderbügel unter den Kleidern? Sie war einmal hübsch gewesen. Schaffte dieser Junge des einundzwanzigsten Jahrhunderts es, sich der trägen Vorstellung hinzugeben, die erforderlich war, um ihren jugendlichen Körper zu rekonstruieren, ihre schlanken Knöchel und glatten Schultern, das hellbraune Haar, das sie mit einer Lotion aus Eischnee und einer Brennschere onduliert hatte? Vermochte er, sich hinter ihrer vom vielen Waschen dünn gewordenen Bluse und ihrer Hose die leuchtende Hemdbluse vorzustellen, die sie bei McKay's Fancy Goods im Juni 1916 gekauft hatte? Sie nahm an, dass er es konnte.

»Du kannst aber auch nichts in Ruhe lassen«, sagte Ona. »Ist dir das schon mal aufgefallen?«

»Ich habe Defizite«, gab er reuig zu und schielte auf die Karten. »Was wurde aus Viktor, dem schönen blonden Russen?«

»Die älteste Geschichte der Welt«, antwortete sie. »Was war ich damals nur für eine dumme Gans.«

Er wartete. Mit der unerschütterlichen Geduld einer Katze. Das empfand sie nicht als Defizit.

»Kūdikis«, sagte Ona und hielt sich unmittelbar darauf die Hand vor den Mund.

»Was ist denn *kūdikis*?«

Sie betrachtete ihn eindringlich, vielleicht lag es an der Uniform, die es so auch schon vor fünfzig Jahren gegeben haben könnte, oder es waren seine atavistischen Manieren oder das Meeresgrau seiner Iriden, die ein Alter und eine Weisheit nahelegten, über die er gar nicht verfügen konnte. »›Baby‹«, beichtete sie. Ihr Magen verknotete sich. »Davon habe ich nie einer Menschenseele erzählt.«

Seine Finger begannen zu flattern. »Sie hatten ein Baby? Im Zirkus?«

Sanft ergriff sie seine Hände und schloss seine Finger. Er steckte seine Hände hinter den Rücken. Und wartete.

»Ich kehrte vom Jahrmarkt zurück«, sagte sie leise. »In Schande.«

Er wartete weiter. Ihr Kopf fühlte sich ganz aufgeräumt an. In der Küche wurde es still. Im Garten wurde es still. Die Luft, das Licht, der Staub auf den Simsen, die vielen Namen auf der Liste.

»Weißt du, woher die Babys kommen?«, fragte sie ihn.

»Babys entstehen aus einem Spermium und einem Ei.«

Der Junge rührte sich nicht.

»Nun«, fuhr sie fort, obwohl sie es gar nicht vorhatte, »dieses Baby wurde geboren, und ich gab ihn weg.«

Die Finger des Jungen bewegten sich wieder. »Wo ist Ihr Baby jetzt?«

»Er ist Arzt.«

Erstens.

»Was für ein Arzt?«

»Chirurg.«

Zweitens.

»Chirurg, wofür?«

»Herzen, soweit ich mich erinnere.«

Drittens.

»Wie heißt er?«

»Laurentas.«

Viertens.

»Laurentas, wie?«

»Laurentas Stokes.«

»Das ist derselbe Name wie der Ihrer Lehrerin. Maud-Lucy Stokes war Ihre Lehrerin, die Sie mehr als Ihre Mutter liebten.«

Sie tippte an seine unschuldige Stirn. »Du brauchst kein Aufnahmegerät. Du hast das Gedächtnis eines Elefanten.«

»Ihr Baby ist neunzig Jahre alt.« Seine Finger beruhigten sich. Vielleicht waren ihm die Kategorien ausgegangen.

»Neunzig?«, staunte Ona erschrocken. Aber natürlich, der Junge hatte recht. Sie war Laurentas einmal begegnet – abgesehen von seiner Geburt –, das war 1963, und sie hatte ihn in Gedanken als einen Mann mittleren Alters eingefroren, einen robusten gutaussehenden Mann mit Viktors Haut-, Augen- und Haarfarbe. Eine Zeitlang waren sie in Kontakt geblieben – mittels Briefen, die bezeichnenderweise kurz gehalten und mit ihrem vollen Namen unterschrieben waren –, aber dann war ihr Austausch immer seltener geworden, bis am Ende nur noch gelegentlich eine Weihnachtskarte kam.

Ona erhob sich, war sich dabei der auf ihr ruhenden Blicke des Jungen bewusst. Sie holte ein Päckchen aus ihrem

Schrank. »Hier ist die letzte Karte, die ich habe.« Die Briefmarke war fünf Jahre alt, die davor acht Jahre. »Wir hatten es nie so mit dem Schreiben.«

Der Junge untersuchte die Absenderadresse: Bridle Path Lane. »Hat Ihr Sohn ein Pferd?«

»Herr im Himmel, er lebt in einer Wohnung«, gab sie zurück. »Seit etwa zehn Jahren.« *Endlich im Ruhestand, Wohnung sehr hübsch, gutes neues Jahr. Dein Laurentas Stokes.* Plötzlich fühlte sie sich verbraucht. »Jetzt hältst du nicht mehr so viel von mir.«

Er blinzelte sie an. »Warum?«

»Ich habe dir mein Geheimnis verraten.«

»Welches Geheimnis?«

Sie schüttelte den Umschlag.

»Von Ihrem Baby?«

»Ja!«

»Das ist ein Geheimnis?«

Ona hatte sich in ihrer eigener Festung seit Jahren nicht mehr so machtlos gefühlt.

»*Natürlich* ist es ein Geheimnis«, beharrte sie. »Mein eigener Ehemann wusste nichts davon.« Howard, der im Schlafzimmer so brav und phantasielos war, dass er ihre Narbe nie entdeckte. »Und du musst wissen, dass ich nicht vorhatte, mein Geheimnis im Winter meines Lebens preiszugeben.«

Aber nachdem sie es jetzt getan hatte, öffnete sich ein Raum in ihrem Körper, eine leere Kammer, die danach verlangte, gefüllt zu werden.

»Warum haben Sie Ihr Baby Laurentas Stokes genannt?«

»Maud-Lucy hat ihn so genannt. Ich wollte ihn Joseph nennen, nach dem Ehemann von Maria, der unbefleckten Jungfrau. Maud-Lucy nahm ihn mit zurück nach Granyard und zog ihn bei ihren eigenen Leuten groß.«

»Haben Sie Viktor geheiratet?«, wollte der Junge wissen.

»Leichtsinnige Männer lassen sich nicht festnageln.« Sie strich das Kuvert glatt. »Nachdem Maud-Lucy Laurentas zu seinem schönen Leben im Apfelland weggebracht hatte, sortierte ich zwei Jahre lang Lumpen in der Papierfabrik, dann schickte meine Mutter mich nach Portland auf einen Sekretärinnenkurs an der Brooks School for Secretarial Studies, und danach heiratete ich Howard Stanhope, einen alten Witwer von neununddreißig Jahren.«

Der Junge sah sie weiterhin freundlich an und sagte nichts.

»Das Leben mit Howard war hauptsächlich ein unglückliches«, fügte sie hinzu. »Das ist vermutlich auch ein Geheimnis.«

»Ich kann gut mit Geheimnissen umgehen«, beteuerte der Junge und musterte sie nun so intensiv, dass sie sich schließlich doch nackt vorkam – auf gute Weise, befreit von Hinfälligkeit und Scham.

»Genug«, sagte sie und kehrte zur Liste des Jungen zurück. »Sieh dir nur all diese Namen an. Ich glaube nicht, dass ich jemals irgendwo im Rennen gewesen bin. In meinem ganzen Leben nicht.«

»Sie können gewinnen«, hielt er dagegen. »Sie dürfen nur nicht sterben.«

»Dies, mein junger Freund, könnte leichter gesagt als getan sein.«

Der Junge stellte das Aufzeichnungsgerät zwischen sie. »Das ist Miss Ona Vitkus«, sagte er. »Dies ist ihre Lebensgeschichte auf Band. Das ist Teil zwei.«

»Könntest du vielleicht etwas anderes als ›Lebensgeschichte‹ sagen? Was weniger unheilvoll klingt?«

Was soll ich sagen?, artikulierte er lautlos. Obwohl er

seine Eröffnungsansage immer pompös verkündete, behielt er seine Angewohnheit zu schweigen bei und machte seine Einwürfe nur lautmalerisch und zeigte dabei auf Mr Linkmans Fragen (Was ist Ihnen vom Zweiten Weltkrieg besonders in Erinnerung geblieben? Was war Ihrer Meinung nach die größte Erfindung des zwanzigsten Jahrhunderts?) oder schrieb neue auf einen Zettel, tadellos geschrieben und unterteilt und ihr vorsichtig überreicht, damit kein Papierrascheln aufs Band kam.

Manchmal schaltete er das Gerät aus, um eine Frage außer der Reihe zu stellen – *Wie hat Ihr Baby ausgesehen?* –, worauf sie jedes Mal perplex, aber doch seltsam bereitwillig reagierte, wenn er das Gerät wieder einschaltete, um ihre Antwort für alle Ewigkeit festzuhalten. Seine reglose Aufmerksamkeit wirkte wie ein Serum, das ihre Zunge löste und ihrem Gedächtnis auf die Sprünge half. Manchmal vergaß er, was ein Geheimnis war und was nicht. Und ihr erging es schließlich genauso.

* * *

Dies ist Miss Ona Vitkus. Dies ist ihre Lebensgeschichte
auf Band. Dies ist Teil zwei.

Könntest du vielleicht etwas anderes als ›Lebensgeschichte‹ sagen? Was weniger unheilvoll klingt?
…

Ich weiß nicht. Erinnerungen. Bruchstücke. Kleine …
kleine Nichtigkeiten, die sich zu … etwas summieren,
denke ich. Hoffe ich.
…

Also gut. Schieß los!
…

Warum ist es so wichtig zu erfahren, wie er aussah? Ein
dünnes gelbliches kleines Ding. Kahl wie ein gekochtes Ei.
Der Arme hatte eine höllische Zeit, bis er geboren war. Ich
war ein grobknochiges Mädchen, und er hatte nicht mehr
Gewicht als eine Augustkartoffel und musste dennoch
aus mir herausgeschnitten werden. Kennst du das? Einen
Kaiserschnitt?
…

Nun, du bist ein Leser. Du weißt vermutlich viele Dinge.
…

Warst du, tatsächlich? Nun Laurentas war keine Früh-
geburt, er kam spät. Gott sei Dank war ich jung. Das kann

man jetzt kaum mehr glauben, aber ich war es. Jung und kräftig.

...

Das ist sehr freundlich. Danke. Wo war ich? Ein kleines Kompliment, und schon bin ich völlig durcheinander.

...

Das Baby, jawohl. Papa schnitt das Baby heraus, ein toller Trick, der alles in den Schatten stellte, was ich auf dem Jahrmarkt gesehen hatte. Mein eigener Vater mit seinem Bauerngesicht. Ohne Papa wäre ich gestorben. Ich wühle dich damit hoffentlich nicht allzu sehr auf?

...

Gut.

...

Oh! In Ordnung. Für die Nachwelt, ja: Jurgis Vitkus. Mein guter Vater. Er vergoss Tränen davor. Und danach. Aber nicht, während er es tat. Da war er wie ein Fels in der Brandung. Von mir kam auch kein Geflenne. Ich hatte ohnehin schon genug Schande mit nach Hause gebracht. Und hielt zweieinhalb Tage lang die Schmerzen aus, bis endlich mein Vater – der, soweit ich wusste, Kirschbauer war, der zum Säurekocher wurde – aus einem Winkel in ihrem Schlafzimmer eine Ledertasche anschleppte und ein derart glänzendes Skalpell her-ausholte, dass es mir in den Augen weh tat. Ich wusste nicht, was das zu bedeuten hatte. »Papa«, schrie ich ihn an, »Papa, was machst du!«

...

Also ich dachte ... einen kurzen Moment lang dachte ich, er wolle mich in meinem Bett umbringen, weil ich mit einem Russen herumgeschmust hatte.

...

...

Entschuldige. Ich habe dich für einen Moment vergessen.

...

Der Anfang? Nun, ich war trotz allem froh, vom Jahrmarkt wieder zu Hause zu sein. Es war offensichtlich, dass ich ein Kind erwartete. Maud-Lucy kam zurück aus Granyard und kümmerte sich um mich.

...

Oh, aber sie ließ ihre kranke Tante allein zurück. Meinetwegen. Papas Englisch war im Laufe des Jahres etwas besser geworden, im Schriftlichen aber eine Katastrophe. Das von Mama war noch schlimmer. Eine unglaubliche Rechtschreibung. Ich habe den Brief nie zu Gesicht bekommen, aber Maud-Lucy dachte, ich wäre vor Auszehrung halb tot. Stell dir ihren Schock vor, als sie mich absolut gesund und dick wie einen Kürbis vorfand.

...

O doch, das war ich! Es braucht ein wenig Phantasie, aber ich war ein rundes, kräftiges Mädchen.

...

Dir dürfte es an Phantasie doch nicht fehlen. Wer hat denn die Idee gehabt, ich klapprige Alte könnte einen Rekord brechen?

...

Da siehst du's. Egal. Maud-Lucy nahm sich sofort meiner bevorstehenden Niederkunft an, las mir in ihrem Wohnzimmer im zweiten Obergeschoss vor, während ich Marshmallows aus der Dose aß und meine Beine hochlegte. Sie spielte Klavier und sang und las mir einen sehr langen Roman von Mr Charles Dickens vor.

...

Bleak House. Es dauerte Tage, dieses Buch vorzulesen.
Ich war so glücklich. Gut möglich, dass meine Umstände –
von der Frau verwöhnt zu werden, der meine ganze Liebe
galt – mich zu der irrigen Annahme verleiteten, die Zeit
könne zurückgedreht werden. Du bist zu jung, um zu
wissen, wie verführerisch dieser Gedanke sein kann. Ich
vergaß ganz und gar, dass das Baby unterwegs war. Aber als
der Zeitpunkt gekommen war, oh, da nahmen die Überraschungen kein Ende.

...

Erstens war Maud-Lucy Stokes zu nichts zu gebrauchen:
Sie schluchzte von Anfang bis Ende, die Hände wundgerun-
gen. Mama flößte mir Whiskey aus einem Porzellaneier-
becher ein, den handgemalte Efeublätter zierten. Wieder
etwas aus dem Mutterland, das ich nie gesehen hatte. *»Sha,
sha, sha«*, wiederholte sie ständig. *»Sha, sha, sha.«*

...

Ich habe keine Ahnung, aber ich verstand es als Trost.
Maud-Lucy war nur ein huschender Schemen am Rande,
der Papa böse anschrie. Ziemlich unflätig, wie ich hin-
zufügen möchte.

...

»Um Himmels willen, Jurgis, bring sie ins Krankenhaus!«
Überraschung Nummer zwei – genau, zähl ruhig mit –,
Mama und Papa boten ihr die Stirn. »Nein«, sagten sie.
»Nein, nein, nein.«

...

Weil das Krankenhaus von Kimball ein schmutziger und
gefährlicher Ort war. Mama hörte von der ein oder anderen
Geschichte, und die liefen alle aufs Gleiche hinaus: *Du
gehst rein und kommst nicht mehr raus.*

...

Überraschung Nummer drei, also das war der Hammer: Papa mit einem Skalpell. Er gab mir etwas aus seinem Ranzen, einen Puder, den Mama mit Whiskey vermischte, und ich wurde ruhig. »Ona-mein-Liebes«, flüsterte er. Seine Augen waren so blau und voller Liebe. »Keine Angst, keine Angst«, sagte er. Also hatte ich keine. Doch mir wurde ein wenig schwummerig, wie du dir vorstellen kannst, als ich da schwebte, getragen von den beruhigenden Lauten meiner Eltern, von denen ich so wenig wusste. Ich hätte so gerne in der Sprache mit ihnen gesprochen, die sie mir vorenthalten hatten. Aber es war zu spät: Ich war Maud-Lucys amerikanisches Mädchen. Mir fiel kein einziges Wort ein. »Ich dachte, du warst Kirschbauer«, sagte ich zu Papa. »Auch Arzt«, erwiderte er, und meine nächste Erinnerung ist die, dass Laurentas sich die Seele aus dem Leib schrie. Eine Augustkartoffel mit gesunder Lunge.

...

Niemals. Vielleicht hatten sie nicht das Vokabular dazu. Wie käme man auch auf die amerikanischen Wörter für Skalpell? Für Whiskey in einem Eierbecher? Für Landarzt und Kirschbauer, der seine Familie zusammenpackte, um achttausend Kilometer von zu Hause einen Job in einer Fabrik anzunehmen? Es dürfte eine komplizierte Geschichte gewesen sein.

...

Maud-Lucy, genau. Mir war nicht in den Sinn gekommen, dass sie vorhatte, das Baby in Vermont aufzuziehen, bei ihren eigenen Leuten. Wie konnte eine Frau wie sie zu diesen langweiligen Apfelbäumen zurückkehren? Diesen großen vierschrötigen Onkeln und kranken Tanten?

...

Nun, sie konnte. Sie tat es. Maud-Lucy war selbst eine große, vierschrötige Frau. Ich brauchte eine Weile, bis ich dahinterkam, dass sie nicht hübsch war. Zu gewöhnlich für einen reichen Mann, zu klug für einen armen. Damals standen unverheiratete Damen auf der untersten Leitersprosse. Maud-Lucy hatte 1905 in Kimball Zwischenstation gemacht, als sie sich auf dem Rückweg von einer Reise zu den Rangeley Lakes befand, wo sie die Landschaft malte, eine Reise, die sie aus Trotz gegen ihren Vater unternommen hatte, der versucht hatte, sie mit einem Dummkopf zu verheiraten, der Bäume verkaufte. Ihr Vater hatte den Fehler begangen, ihr Bildung zuteilwerden zu lassen.

...

Es gab eine Gleisstörung, und die Passagiere verließen den Zug, um sich für die Nacht ein Zimmer in der Stadt zu suchen, und da lief Maud-Lucy meiner Mutter über den Weg, die gerade von der *Kimball Times* kam, wo sie eine Anzeige für eine freie Wohnung aufgegeben hatte. Ihr Wohnhaus war erst seit drei Tagen fertig.

...

Haben wir. Wir dachten, Gott selbst hätte seine Hände im Spiel. Meine Mutter führte mich an der Hand, ein kleines Mädchen mit Zöpfen und einem aus Mehlsäcken handgenähten Kleid. Maud-Lucy erzählte immer, ich hätte ausgesehen wie in Licht gebadet.

...

Ich weiß, ist das nicht großartig? Das war unsere wunderschöne Geschichte: Liebe auf den ersten Blick. Sie blieb in dieser Nacht bei uns und konnte mich nicht mehr verlassen.

...

Stimmt. Daheim wartete der Bäume verkaufende Trottel auf sie. Aber man erfindet seine Geschichten selbst, und das war unsere. Sie stimmte auch. Am Ende kehrte sie dann doch nach Hause zurück, mit einem Baby auf dem Arm.

...

Mama und ich begleiteten sie zum Bahnhof. Maud-Lucy sah aus wie immer – kein Hut, keine Handschuhe, ein umgearbeiteter Mantel von 1890. Weißt du, wenn ich mich anstrenge, kann ich noch immer die Kälte spüren. Es war einer dieser blauen stürmischen Tage. Maud-Lucy nahm ihren Fahrschein und schlug dann die Decke zurück, um mir das Gesicht des Babys zu zeigen. Ich hatte es seit dem ersten Tag nicht mehr gesehen. Ich wollte ihn nicht küssen, aber Maud-Lucy bestand darauf. Er roch wie ein reifer Pfirsich.

...

Mama weinte, ehrlich gesagt. »Ist gutes Leben für Junge«, sagte sie. Dann bestieg Maud-Lucy den Waggon. Alles, was mir dazu einfiel, waren Krähen.

...

Du weißt doch, wie die hüpfen, schwarz und mit den Flügeln schlagend? Dann ertönte der Pfiff zur Abfahrt des Zuges. Den höre ich noch immer.

Schuhu, hörte man. Genau so: *schuhu*. In Gedanken überschrie ich den Lärm: *Ist gutes Leben für* Mädchen. *Ist auch gutes Leben für* Mädchen.

...

Nun, ich sah zu, wie sie wegfuhr, was sonst? Ich war ja selbst noch ein Baby. Der Zug entfernte sich auf den Gleisen und trug Laurentas einer Zukunft voller Wissenschaft und Literatur und knisternder Gespräche zu, die zu etwas führten, was man nachschlagen oder niederschreiben oder weswegen man fortgeschickt werden konnte. Ich war das einzige Geschöpf auf Erden, das begriff, wie glücklich er sein würde. Und er ging weg und hatte ihren Geist, ihren Eifer und ihre berüchtigte Unabhängigkeit im Gepäck. Und ihre Liebe zu mir.

...

...

Entschuldige, was?

...

Nein. Sie kam nie zurück, um ihr Klavier zu holen.

KAPITEL 8

Der Junge hatte beschlossen, keine Risiken einzugehen. Am sechsten Sonntag brachte er ihr eine Liste der statistisch betrachtet gefährlichsten Freizeitaktivitäten mit, beginnend mit Tod durch Höhlentauchen (*weil man sich dabei verirren kann, weil man dabei Luftnot bekommt, weil man dabei von einem Meeresgetier gefressen wird*), Tod durch eine Tür (*indem man hineinläuft, indem man bei lebendigem Leib verbrennt, während man den Schlüssel dazu sucht, indem man Treppen entdeckt, die am anderen Ende entfernt wurden*): Zweiundfünfzig Punkte standen auf der Liste.

»Lesen Sie das für alle Fälle«, ermahnte er sie. »Sie werden doch nicht durchhalten, bis Sie hundertzweiundzwanzig Jahre, hundertvierundsechzig Tage alt sind und dann versehentlich sterben, weil Sie ...«, und dafür konsultierte er seine Liste, »sich Ihren Daumen beim Aufschneiden eines Bagels abtrennen.«

»Ich würde in keinem Alter auf diese Weise abtreten wollen.«

Nachdem sie die Liste der Todesfälle und Verstümmelungen durchforstet hatten, zog er noch eine Ergänzung heraus: häusliche Gymnastikübungen für Senioren plus ein auf den neuesten Stand gebrachtes Inventar der Über-Hundertjährigen (die Frau aus Japan war gestorben, ebenso eine schemenhafte Anwärterin aus Guam), plus zehn Profile von Über-Hundertjährigen, die er von weiß Gott woher hatte. Sie stellte sich das Internet des Jungen als einen Zauberwürfel vor, der vor Neuigkeiten knisterte.

»Und sieh mal einer an«, sagte Ona. »Diese Hartley liest noch immer ohne Brille.« Sie blickte durch ihre Brille, während sie die Papiere sortierte. Einige der dort Porträtierten waren halb blind oder taub oder hatten nicht mehr alle Tassen im Schrank – und sie überflog sie mit einem Schaudern –, auf die meisten jedoch traf nichts davon zu. »Dieser Wrong mäht noch seinen Rasen. Der könnte ein Problem sein.«

»Vielleicht überlegen wir uns einen Rekord, wie Sie Ihren Platz halten können, bis Sie älter sind«, schlug der Junge vor.

»Du meinst, für den Fall, dass ich es nicht schaffe.«

Er riss die Augen auf. »Nein! Das habe ich damit nicht gemeint!«

Sie glaubte es ihm.

»Ältester Fallschirmspringer ist bereits vergeben. Plus ältester Pilot. Plus ältestes Showgirl.« Er runzelte die Stirn. »Aber die Rekordhalter sind bedeutend jünger als Sie. Haben Sie Interesse daran, einen Rekord zu brechen, der bereits gehalten wird?«

»Nicht ohne eine Knochentransplantation.«

Er hakte die absurde Liste der Möglichkeiten ab – Wingwalking, Springstockhüpfen –, und am Ende konnte Ona sich für sich selbst keinen anderen plausiblen Rekord vorstellen als Älteste-Frau-die-am-Ende-siebzehn-sinnlose-Jahre-herumsitzen-musste-nachdem-Louise-gestorben-war.

»Sie sind sechsunddreißig Tage älter als bei unserer ersten Begegnung«, erklärte der Junge und brachte das Aufzeichnungsgerät in Position.

»Du auch.«

Er spähte aus dem Fenster. »Können Sie die hören?«

»Nein«, antwortete sie kläglich. Sehen konnte sie sie – sich streitende Goldzeisige –, aber ihre Musik drang nicht zu ihr vor.

Sein Gesicht spiegelte sein Mitgefühl. »Ich brauche noch sechs Vögel für mein Abzeichen.«

»Der Frühling steht vor der Tür. Wart ab.« Sie lächelte ihn an, schwindelig vor plötzlicher Zuneigung. Er war so jung und allein, und dafür liebte sie ihn.

»Ist das da draußen Ihr Auto?«, erkundigte er sich.

»Natürlich ist das mein Auto.« Randalls alter Reliant. »Wessen sollte das sonst sein?«

Seine Blicke richteten sich auf sie und bannten sie. Ihm war etwas eingefallen.

»Funktioniert es?«

»Meistens schon. Ich bringe es einmal im Jahr zur Inspektion und lasse es registrieren. Ein Mann von den Knights of Columbus bringt es für mich in die Werkstatt, weil es mir das letzte Mal nicht gelungen ist, meine Fahrerlaubnis zu erneuern, und ich schließlich nicht mit einem abgelaufenen Führerschein in der Brieftasche zur Autoinspektion antanzen kann.«

»Oh«, sagte er. »Mist!«

»Das ist nicht das Wort, das ich benutzt habe.«

»Ich dachte, Sie könnten eine Fahrerin sein. Eine Autofahrerin.«

»Ich habe nicht gesagt, dass ich keine Fahrerin bin. Ich sagte nur, dass ich keinen Führerschein habe.« Sie beugte sich vor. »Aufgrund meines Alters wurde eine Prüfung im Straßenverkehr erforderlich, und dieser sechzehnjährige Prüfer hat mich durchfallen lassen.«

»Vielleicht hat er einen Fehler gemacht.«

»Den Damen in der Kirche habe ich erzählt, dass ich bestanden habe.« Sie hoffte, dass er daran keinen Anstoß nahm. »Denen habe ich was vorgeflunkert.«

»Ich habe auch mal was vorgeflunkert«, gab er zu. »Ich habe meinem Dad gesagt, dass ich Musik mag. Aber ich mag keine. Das sind zu viele Akkorde, und es ist so schwer, die Finger an der richtigen Stelle zu halten.«

»Jetzt hör mal zu!« Sie richtete sich auf und sang ein paar Takte von »Beautiful Dreamer«.

»Das war ausgezeichnet, Miss Vitkus.«

»Siehst du, du magst doch Musik. Du magst nur keinen Musikunterricht, und das kann ich dir nicht verübeln.« Sie tippte auf seine geisterhaften Hände. »Jedenfalls fahre ich meinen Wagen einmal in der Woche die zweieinhalb Kilometer zum Supermarkt und zurück, jedes Mal dieselbe Strecke.«

»Klingt, als wäre das sehr sicher.« Sein hübscher Mund wurde weich.

»Erzähl das mal der Schnüfflerin unten an der Straße. Weißt du, was ein Makler ist?«

»Ein Makler ist ein Mensch, der Häuser verkauft.«

»Nun, dieser Makler ist ein Mensch, der sich Häuser unter den Nagel reißt. Du siehst ihr Foto auf sämtlichen Rasenschildern in der Stadt. Limettengrüner Blazer, hochrotes Haar. Sie kann es kaum erwarten, mir dieses Haus hier unter meinen knarrenden alten Füßen wegzunehmen, und beobachtet jeden meiner Schritte, wie eine Katze eine Maus beobachtet.«

»Hat sie ein rosafarbenes Gesicht?«

»Genau das ist sie.«

»Lassen Sie sich von ihr nicht Ihr Haus unter Ihren knarrenden alten Füßen wegnehmen.«

»Da brauchst du dir keine Sorgen zu machen.«

Die Farbe seiner Augen veränderte sich wieder, von Grau nach Blaugrau, es war eins der ersten Dinge, die ihr an ihm aufgefallen waren. »Mr Fred Hale, Alter einhundertacht, Land USA, hält den Rekord als ältester Fahrer mit Fahrerlaubnis.«

»Moment mal. Ist dieser Mr Fred Hale nicht einer meiner Hauptrivalen? Alter einhundertdreizehn. Wenn ich mich richtig erinnere?«

»Mr Fred Hale, Alter einhundertdreizehn, hält den Rekord als ältester lebender Mann. Aber er hält auch den Rekord als ältester Fahrer mit Fahrerlaubnis. Aber sein Alter für den ältesten Fahrer mit Fahrerlaubnis ist einhundertacht. Nicht einhundertdreizehn.«

»Vielleicht hat jemand sie ihm weggenommen, sobald er die Prüfung bestanden hatte.«

»Der Gedanke ist mir nie gekommen.«

»Vielleicht war es ein förmlicher Rekord. Vielleicht hatte er nie die Absicht, seine schöne neue Fahrerlaubnis zu benutzen.«

»Auch daran habe ich nie gedacht.«

»Nun, ich möchte keine Pro-forma-Fahrerlaubnis. Ich würde nichts lieber, als wieder eine rechtmäßige Fahrerin zu sein. Dann könnte ich meinen Motor an der Reklametafel von Mrs Rosa aufheulen lassen, und sie könnte nichts dagegen unternehmen.«

Er erhob sich. »Kann man seinen Führerschein zurückbekommen, wenn er einmal eingezogen wurde?«

»Ich müsste eine schriftliche Prüfung bestehen. Das schafft auch ein Babyaffe. Und einen Sehtest. Meine Augen sind gut. Die Fahrprüfung ist es, die mich durcheinanderbringt.«

Seine Hände flogen an seinen Kopf. »Miss Vitkus, wenn Sie die schriftliche Prüfung und den Sehtest bestehen und dann noch die Fahrprüfung ...«

»Nun mach mal halblang. Ich werde üben müssen. Ich bin ja gefahren – das ist ein Geheimnis –, aber nicht mit dem Plan, eine Prüfung zu bestehen. Ich brauche eine Auffrischung.«

»Sie brauchen ein Buch.«

»Was denn für ein Buch?«

»Eins, das Sie lehrt, wie Sie fahren müssen«, sagte er. »Dann können Sie Ihre Fahrerlaubnis zurückbekommen, und wenn Sie dann in vier Jahren und einem Tag das Alter des Rekordhalters Mr Fred Hale überschreiten, werden Sie als offizielle Weltrekordhalterin im Guinness-Buch stehen.«

»Aber in vier Jahren werde ich meine Fahrerlaubnis noch mal erneuern müssen. Das ist alle vier ...«

»Aber das werden Sie doch? Sie gehen zum Übungsplatz und bitten um eine weitere Fahrprüfung, weil Sie Ihre Fahrerlaubnis um weitere vier Jahre verlängern möchten, oder?«

»Herr im Himmel, dann werde ich hundertacht Jahre alt sein! Und du fünfzehn. Dann interessieren dich längst andere Dinge.«

»O nein«, versicherte er ihr. »Jeder Guinness-Weltrekordhalter hat ein Team, das ihn unterstützt.« Er hielt inne. »Ich bin Ihr Unterstützungsteam.« Und nach einer weiteren Pause fügte er hinzu: »Sie können das schaffen.«

»Ältester Fahrer mit Fahrerlaubnis. Alter hundertacht. Stell dir vor!«

»Aber Sie werden auch die Person werden, die am längsten lebt. Der Dauerrekord. Vergessen Sie das nicht.«

»Sei beruhigt, ich werde das ultimative Ziel nicht aus den

Augen verlieren. Und in der Zwischenzeit haben wir uns einen prima Platzhalter zum Abschießen ausgesucht.«

»Sie werden am Ende zwei Rekorde innehaben!« Er fuhr sich mit beiden Händen durch die Haare. »Zweimal im Buch! Zweimal unsterblich!« Wieder hüpfte dieser seltsame, reizende Junge vor Freude vor ihr herum. Direkt in ihrer Küche. Wo es seit Louises Dahinscheiden keine Freude mehr gegeben hatte. Freude in Gestalt dieses Jungen, der sie im Alleingang dazu bringen möchte, noch weitere zwei Jahrzehnte zu leben.

»Lass uns gleich mal das Straßenverkehrsamt anrufen. Gib mir das Telefonbuch.«

Er grinste. Sie liebte seine kurzen Zähne.

Und so kam es, dass sie am folgenden Samstag in Begleitung eines Elfjährigen als ihrem Trainer mit dem Reliant zum Supermarkt und wieder zurück fuhr. Sie hatte ihn überreden müssen, seine Aufgaben sausen zu lassen. Sie kam sich töricht vor, aber er war ein guter Coach. Ruhig und methodisch.

»Wie groß muss der Sicherheitsabstand in Sekunden auf glatter Straße zum Vordermann sein?«, fragte er, als sie in den leichten Wochenendverkehr auf der Brighton Avenue einbog. Er hatte ihr die ganze Zeit über Fragen aus einem vom DMV autorisierten Büchlein gestellt.

»Wen interessiert das schon? Ich fahre nie im Regen.« Aber sie verlangsamte automatisch ihr Tempo, weil sie tatsächlich zu dicht aufgefahren war.

»Diese Frage könnte man Ihnen in der richtigen Prüfung jedoch stellen.«

»Na gut.« Sie warf ihm einen Seitenblick zu. »Fünf Sekunden?«

»Tut mir leid, die Antwort ist nicht korrekt. Die korrekte Antwort lautet drei bis vier Sekunden.«

»Frag mich was anderes.«

»Wie viele Häuserblocks sollte der Fahrer im Stadtverkehr vorausschauen? Einen, zwei oder drei?«

Sie war schon wieder zu dicht aufgefahren. Seine Fragen dienten als Anleitung, wie sie sich klarmachte. Er bereitete sie gleichzeitig für die Fahrprüfung und den schriftlichen Test vor.

»Sagen deine Lehrer dir eigentlich, dass du klug bist?«

»Mr Linkman sagt mir immer, dass ich nicht zählen soll.« Er konzentrierte sich noch immer auf sein Büchlein und gestattete ihr nicht, sich um die Frage herumzumogeln. »Mr Linkman war bereits in der vierten Klasse mein Lehrer. Und hat mir da schon gesagt, dass ich nichts zählen soll.«

»Zwei?«, riet sie. »Zwei Blocks im Voraus?«

»Tut mir leid. Die Antwort ist ebenfalls nicht korrekt. Die korrekte Antwort ist ein Block im Voraus.«

»Erbsenzähler«, murmelte sie. »Gibt es einen Rekord für den ältesten Fahrer ohne Fahrerlaubnis?«

»Nein. Man ermutigt keine Verbrecher.«

»Ist es etwa ein Verbrechen, wenn eine alte Dame eigenständig zum Supermarkt fährt?«

»Sie benötigen dazu eine Fahrerlaubnis. Deshalb gibt es auch die Praxistests. Damit man sich verbessern kann.« Er blätterte um. »Das ist Praxistest Nummer eins. Insgesamt sind es sechs.« Er blickte hoch. »Achten Sie darauf, den Blinker rechtzeitig zu setzen, um ...«

»Hab ich doch«, erwiderte sie und bog in eine leere Nebenstraße ein. »Wie soll man denn diesen unsinnigen Test bestehen? Er ist voll nutzloser Informationen.«

»Sie sagten, ein Babyaffe könne den schriftlichen Test

bestehen«, erinnerte er sie. »Sie hätten nur Angst vor der praktischen Prüfung.«

Sie hielt an. »Mir ist ganz schwammig im Kopf«, gab sie ihm zu verstehen. »Das ist schwerer, als ich dachte.«

»Aber Sie sagten, das sei der leichte Teil. Was ist mit dem Sehtest? Wird der Sehtest auch schwerer, als Sie dachten?«

»Jetzt fang nicht an, mich zu beunruhigen.«

Er schaute sich um. »Wenn Sie neben einem Bordstein parken ...«

»Die Regel kenne ich!«, sagte sie. »Parken Sie so dicht wie möglich an der Bordsteinkante, der Abstand darf jedoch vierzig Zentimeter nicht überschreiten.«

»Das ist korrekt!«, frohlockte er. »Das ist die korrekte Antwort!«

»Stell mich noch mal auf die Probe!«

»Parken in der Nähe eines Hydranten.«

»Drei Meter!«

»Das ist auch korrekt!«

»Nun tu doch nicht so überrascht.« Sie legte wieder den Gang ein. »Okay, ich habe meine fünf Sinne wieder beisammen. Jetzt fahren wir zu mir nach Hause, und du kannst mich unterwegs ausfragen.«

»Miss Vitkus?«

»Warte, ich konzentriere mich.«

Nachdem sie im Schneckentempo auf die Brighton Avenue zurückgekehrt und nicht mehr weit von ihrem Haus entfernt war, sagte er: »Das haben Sie ausgezeichnet gemacht, Miss Vitkus, aber Sie könnten noch ein wenig ernsthafter lernen.«

»Ja, das weiß ich.« Sie seufzte. »Weil wir eine Mission verfolgen.«

»Das ist die korrekte Antwort!« Sie warf einen Blick auf

ihn und sah, dass er lächelte. Er hatte einen Scherz gemacht, sogar einen ziemlich guten.

Als sie am Haus angekommen waren, bestand er darauf, seine Aufgaben zu erledigen – war geradezu in Panik, dass er sie nicht im gewohnten Rhythmus erledigte –, woraufhin sie den Gruppenleiter anrief und darum bat, ihn erst später abzuholen. Sie legte seine Kekse auf einem Teller zurecht, schenkte etwas Milch ein und blätterte das Übungsheft durch, während sie wartete. Sie wollte ernsthafter lernen, sie wollte ihn nicht enttäuschen.

»Mach's dir bequem«, bat sie, als er endlich hereinkam, und zum ersten Mal, seit sie sich kennengelernt hatten, sehnte sie die Aufnahmesitzung geradezu herbei.

»Das ist Miss Ona Vitkus«, sagte er. Sie waren bei Teil fünf angelangt. Und sie hatte eine ziemlich gute Vorstellung davon, wie viele Teile er im Sinn hatte.

Er begann mit einer eigenen Frage, die er ihr in makelloser Schönschrift über den Tisch schob. Seine handgeschriebenen Fragen, Ergebnis stiller Voraussicht, öffneten jedes Mal ein geschlossenes Tor, und sie musste sich wappnen gegen den entfesselten Ansturm der Erinnerung. Überraschend war dabei, wie wenig es ihr ausmachte. Er stellte das Aufnahmegerät aus, wenn sie ihn darum bat oder an einem Haltepunkt angekommen war, der seine höchst komplizierte Logik befriedigte, oder wenn der Gruppenleiter klingelte. Erst dann, wenn das Band zwischen ihnen ruhte, wurde ihr bewusst, auf welch weite Reise sie – sie, die nie irgendwohin reiste – sich eingelassen hatte.

An den folgenden Samstagen verfielen sie in eine angenehme Routine, die Aufgaben, Geschichten und Fahrunterricht abdeckte. Sie brüteten außerdem über ihrer sich ständig verändernden Liste der Rivalen, einem gerontologischen Reise-nach-Jerusalem-Spiel, das unterhaltsamer war als die Karten.

»Mrs Difilippo ist gestorben«, teilte ihr der Junge mit.

»Weiß ich«, sagte Ona. Sie hatte Mrs Difilippo, Alter einhundertelf, die Daumen gedrückt, weil sie von drei Ehemännern geschieden war und noch immer allein lebte.

»Was sind die zwei häufigsten Kreuzungstypen?«, fragte er. Er war dazu übergegangen, ihr Stegreifaufgaben zu stellen, offenbar eine Spezialität von Mr Linkman.

»Raute und Kleeblatt.«

»Das ist die korrekte Antwort. Wann ist es erlaubt, ein Fahrzeug auf dem Seitenstreifen zu überholen?«

»Fangfrage. Nie.«

Er grinste.

»Das stimmt«, sagte sie. »Ich habe gelernt.«

Wenn ihre Rivalen umfielen – nicht wie Fliegen, sondern wie Blütenblätter, leuchtend und schmelzend –, verspürte sie Bedauern, aber auch einen leichten Kitzel angesichts ihrer eigenen, sich anhäufenden Tage. Die Namen schienen einer Frachtliste entnommen zu sein, einer Liste der Flüchtlinge eines Kriegs, von dessen Wüten keiner wusste, bis man entdeckte, dass man selbst zu den letzten Überlebenden gehörte. Rosalie, Vittorio, Yasu, Clementine. Für sie waren sie wie eine Familie, so vertraut und rätselhaft wie der Junge, der sie ihr vorgestellt hatte.

ERSTAUNLICHE LEISTUNGEN

1. Älteste die Charts anführende Sängerin. Cher. Alter 52. USA.
2. Ältester Medaillengewinner bei Olympischen Spielen. Oscar Swahn. Alter 72. Sportschützenteam »Laufender Hirsch« bei der Olympiade von 1920. Schweden.
3. Älteste Marathonläuferin im Zieleinlauf. Jennie Wood-Allen. Alter 90 Jahre und 145 Tage. Schottland.
4. Älteste Brautjungfer. Flossie Bernett. Alter 97. Ostengland.
5. Ältester Pilot. Colonel Clarence Cornish. Alter 97. USA.
6. Älteste Fallschirmspringerin. Hildegarde Ferrara. Alter 99. USA.
7. Älteste praktizierende Ärztin. Leila Denmark. Alter 103. USA.
8. Ältester Glöckner. Reginald Bray. 100 Jahre und 133 Tage. Großbritannien.
9. Ältester dienender Gemeindepfarrer. Vater Alvaro Fernandez. Alter 107. Spanien.
10. Zwar nicht ältester, aber am meisten arbeitender Gitarrist. MEINE EIGENE RECHERCHE!!! Quinn Porter. Alter 42. USA.

KAPITEL 9

Als der Junge am neunten Samstag bei ihr eintraf, machte Ona sich klar, dass sie ihn schon lange vor der vereinbarten Uhrzeit erwartet hatte. Um die Zeit zu vertreiben, hatte sie ein Fenster geöffnet und dem Vogelgesang gelauscht. Sie erhaschte Melodiefetzen vom Rotkehlchen, das Gezeter einer Krähe, eine einzige Silbe vom elftönigen Ruf einer Weißkehlammer. Sie glaubte, die unverwechselbare Stimme einer Grackel zu hören: wie ein rostiges Tor. Aber alles andere war weg, und sie wünschte es sich zurück.

Endlich kam er, und als er seine Aufgaben erledigt hatte, verkündete er, dass er Neuigkeiten habe.

»Ich werde Altersforscher«, erklärte er ihr. Er verfügte über drei Sprechweisen: monoton, tremolierend und verkündend. Das sagte er im Verkündungston.

Sie stellte einen Kuchen vor ihn, den sie in zwei duftenden Stunden gebacken hatte. »Aus dir wird ein erstklassiger Altersforscher werden«, versicherte sie ihm.

»Erstens, alte Menschen brauchen Hilfe. Zweitens gibt es eine Menge Hochstapler, die es auf die Liste schaffen wollen.«

Aus seiner unergründlichen Tasche zog er eine Liste der Schwindler. Buster Balen aus Phoenix (angegebenes Alter 105, tatsächliches Alter 91); Floria Perez aus Baja California (angegebenes Alter 114, tatsächliches Alter 101). Die Liste war lang.

»Ich habe nie an Hochstapler gedacht«, sagte Ona, als ihr dämmerte, was sie da Erschreckendes übersehen hatte. »Wie machen sie ... wie mogeln sie sich auf die Liste?«

»Sie betrügen«, klärte der Junge sie auf und zeigte es ihr: Mr Balen war dabei erwischt worden, wie er die Papiere seines Vaters als seine eigenen ausgab; Mrs Gonzales war von ihrer Tochter bloßgestellt worden, nach deren bewiesenem Alter ihre Mutter sie mit sechsundfünfzig zur Welt gebracht hätte. »Man braucht drei Dokumente«, sagte der Junge. »Aber sie müssen authentisiert sein.«

»Drei?« Sie starrte ihn ungläubig an. »Und das erzählst du mir *jetzt*?«

Er öffnete den Mund gleichermaßen erstaunt. »Sie haben keine ... Dokumente?«

»Ich dachte, du rufst diese Leute an deinem einhundertzehnten Geburtstag an, und schwuppdiwupp bist du offiziell.«

Der Junge schüttelte ängstlich den Kopf. »Sie glauben einem nicht. Sie überprüfen die Dokumente. Genau das tun Altersforscher!«

Später sollte Ona das volle Erblühen ihres – Verlangens? Wettkampfgeistes? – dem Zusammenspiel des strahlenden Tags, der Erinnerung an Vogelgesang, dem laufenden Rekordprojekt und den Wangen des Jungen in himmlischem Rosa zuschreiben, aber zum damaligen Zeitpunkt kam es ihr wie ein direkter Befehl von der anderen Seite vor, geschickt von Lucy Hannah oder Margaret Skeete oder sogar der großartigen Madame Jeanne Louise Calment selbst. Sie riss ihre Einkaufsliste vom Kühlschrank, drehte sie um und fing zu schreiben an.

»Ich würde meinen Ruhm gerne noch genießen, *bevor* ich tot bin, danke bestens«, erklärte sie dem Jungen, der ihren

Stift wie ein Falke beäugte. »Mal sehen. Dokumente.« Sie überlegte kurz. »Ich habe eine aktuelle Visakarte. Und Sozialversicherung. Mein Bibliotheksausweis ist ebenfalls auf dem Laufenden.«

»Beweisen ... beweisen diese Dinge Ihr Alter?«

Ona hörte zu schreiben auf. »Es sind Ausweise. Beweis, dass ich die bin, die zu sein ich behaupte.«

»Ausweise sind die eine Kategorie«, erläuterte er ihr, und sein Körper schien mit seiner Entschuldigung dahinzuschmelzen. »Dokumente sind eine andere Kategorie.« Seine Stimme schlug um ins Tremolo: »Sie brauchen *Dokumente.*«

»Zum Beispiel?«

»Erstens eine Geburtsurkunde.«

»Ich bin mir nicht sicher, ob ich eine habe.«

»O nein!« Er zögerte geschlagen. »Ich habe einen großen Fehler gemacht«, gab er zu und ließ sich gegen die Stuhllehne fallen. »Ich dachte, alle Amerikaner haben Dokumente.«

»Nun hör zu«, sagte sie. »Du vergisst meine Fahrerlaubnis. Wenn alles läuft wie geplant, dann habe ich die im Handumdrehen erneuert, ganz zu schweigen von einem Vorsprung auf meinen Platzhalterrekord, und dann wird auch mein Geburtsdatum da sein, zusammen mit Größe und Gewicht. Problem gelöst.«

»Man wird sich nicht auf Ihre Fahrerlaubnis verlassen.« Er begann zu zitieren: »›Wir bevorzugen Dokumente, die in der Kindheit ausgestellt wurden.‹«

»Tun wir das? Warum?«

»Weil Erwachsene in puncto Alter lügen.« Er schielte auf die Hochstaplerliste, dann wieder auf Ona.

»Nun, ich lüge nicht. Ich weiß, wie alt ich bin.«

»Aber das ist ein großes Unternehmen!« Er stand kurz davor aufzuspringen. »Sie haben große Regeln!«

Sie legte ihm die Hände auf die schmalen Schultern. »Lass uns das ganz ruhig angehen.«

»In Ordnung«, sagte er. Aber er riss alarmiert die Augen auf.

»Wir werden noch ein paar Informationen brauchen, das ist alles«, erklärte sie ihm.

»Das kann ich übernehmen. Ich bin gut im Zusammentragen von Informationen.«

»Das bist du wirklich.« Sie klopfte mit ihrem Stift auf den Tisch. »Es könnte sich ja herausstellen, dass sie so etwas wie Fingerabdrücke brauchen. Oder eine Taufbescheinigung. Ich wurde in einer litauischen Dorfkirche getauft, die inzwischen vielleicht ein Burger King ist. Ich kenne das Dorf nicht, geschweige denn die Kirche, und es ist auch keine Menschenseele mehr übrig, die es mir verraten könnte.« Sie legte erstaunt ihren Stift ab. »Ich weiß nicht, woher ich komme.«

Ein Wortschauer prasselte auf sie herab: *Pasienis. Laivas. Kelione.* Grenze. Schiff. Reise.

Der Junge sah aus, als wäre er den Tränen nah. »Und was machen wir jetzt?«

Sie tätschelte ihm die Schulter. »Fang zu zählen an.«

»Erstens«, sagte der Junge kleinlaut, »Geburtsurkunde.« Er riss eine Seite aus seinem eigenen makellosen Notizbuch – sie konnte nicht mal ansatzweise erahnen, was ihm das abverlangte – und schrieb an den oberen Rand: BEWEIS. Dann hielt er den ersten Punkt in seiner sorgfältigen kindlichen Handschrift fest, was ihn zu beruhigen schien. Er blickte wieder auf und reichte ihr feierlich das Blatt, als wäre er der Gemeindepfarrer einer längst verschwundenen Kirche, der ihre Existenz bestätigte.

Er versicherte ihr, er werde mit einer Liste zurück-kommen, auf der stand, welche Dokumente sie benötigen würde. Als es Zeit für die Bandaufnahme war, fühlte sie sich hibbelig und hatte das Gefühl, dass ihr die Zeit davonlief. Das Band war gleich zu Ende, auf der einen Seite war noch ein wenig übrig, auf der anderen, die dicke Spule – das war ihr Leben! »Teil acht?«, fragte sie. »Bist du dir sicher?«

Sie nahmen Teil acht auf.

»Aber diesen Teil wirst du deinem Lehrer nicht geben«, sagte Ona. »Und auch nicht den anderen.«

»Werde ich auch nicht«, versicherte er. Er wusste es. Hatte es vermutlich immer gewusst.

Als der Gruppenleiter eintraf, bat sie ihn, draußen zu warten. Sie nahmen Teil neun auf. Der Gruppenleiter hatte noch etwas zu erledigen und kam dann zurück. Aber sie mussten es zu Ende bringen. Sie bat ihn, noch etwas zu warten. Letztendlich hatten sie zehn Teile aufgenommen, denn schließlich bediente der Junge das Gerät.

Was auch gut so war. Ona hatte nichts mehr. Der Junge hatte alles genommen. Oder sie hatte es ihm gegeben.

Den Rest des Tages brachte sie damit zu, ihr Haus nach einer Geburtsurkunde zu durchforsten, bis ihr einfiel, was damit passiert war. Sie hatte vor, es dem Jungen zu erzählen, aber am zehnten Samstag kam er nicht. Auch am folgenden Samstag, als es in ihren Büschen plötzlich von einem gemischten Vogelschwarm in allen Edelsteinfarben zu tirilieren begann, ohne dass Ona es hören konnte, tauchte er nicht auf.

Am darauffolgenden Samstag kam sein Vater.

TEIL ZWEI
Sūnus (Söhne)

KAPITEL 10

Quinns Tage waren vollgestopft mit Arbeit. Am Ende jeder Woche nahm er sich, sobald er seine Arbeiten bei Ona erledigt hatte, ein paar freie Stunden, um zur Bank zu gehen und sein Bargeld einzuzahlen und einen Scheck in der doppelten Höhe dessen auszustellen, was er früher gezahlt hatte. Dann fuhr er mit dem Bus zu Belles Haus, um dort den Scheck abzuliefern. Dieses Ritual gab ihm zwar zu viel Zeit zum Nachdenken, aber er glaubte an die Notwendigkeit, die Zahlung persönlich vornehmen zu müssen.

Die Besuche bei ihr waren nicht mehr einfach – auch das schien nötig zu sein –, denn er musste sich der Herausforderung von Belles respekteinflößender Schwester Amy oder einer ihrer ungepflegten Tanten stellen. Manchmal auch ihrer nervösen Mutter oder schlimmer noch ihrem Vater oder Ted Ledbetter, was das Schlimmste war. Quinn ging dennoch hin, weil es das mindeste war, was er tun konnte. Aber auch das meiste. Den Diebstahl des Tagebuchs hatte sie ihm verziehen – er hatte sich davon getrennt, und sie hatte es schweigend entgegengenommen.

Als der Bus ihn in Belles Viertel entließ, klingelte sein Telefon. »Hallo, Pops«, meldete sich eine Stimme, die er kannte. »Wir brauchen dich.«

»Lass mich raten«, sagte Quinn und stemmte sich gegen die steife Brise dem stechenden Sonnenlicht entgegen.

»Cousin Zack hat euch in letzter Minute für eine weitere Runde in der Entzugsklinik versetzt?«

»Es ist eine *Krankheit*«, erwiderte Brandon. Er war einundzwanzig und hatte Jesus zum Freund. Das traf auf alle zu, warum auch nicht? Jung und erfolgreich mit Kinngrübchen und phantastischen Zähnen im genetischen Gepäck. Sie nannten sich Resurrection Lane.

Quinn nestelte seinen Terminkalender aus der Tasche. »Wann?«

»Morgen. Acht Städte, sieben Tage. Am Samstag sind wir spät wieder zurück.«

»Dann läuft's also gut mit dem Lobpreisen?«

Brandon lachte sein sauberes Tenorlachen. »Wir sind *Feuer und Flamme*, Pops.«

»Ich bin dabei.« Resurrection Lane zahlte gut und prompt dank Sylvie, Brandons schnellsprechender, schachernder Supermama. Cousin Zack, Gitarrist und schwarzes Schaf der Familie, für den einzuspringen Quinn wieder einmal angeheuert wurde, hatte Quinn nie kennengelernt.

»Toll, er ist dabei!« Das war Tyler, Brandons Bruder, der im Hintergrund krähte. Ihre Cousins Jason und Jeff, allgemein als die Jays bekannt, vervollständigten den Gebetszirkel.

»Oh, warte mal, Moment«, bat Quinn. »Eine Sekunde.« Er hatte Verpflichtungen am Samstagmorgen: Es stand noch eine weitere Woche als Onas Pfadfinder an, und bisher hatte er sie nicht enttäuscht.

»Pops …?«

»Keine Sorge«, versprach Quinn. »Ich regele das.«

»Toll, er regelt es!« Einer der Jays. Stolz erfüllte Quinn, es war ein beunruhigend väterliches Gefühl. Obwohl die Gruppe jedes Mal ein Tischgebet anstimmte, wenn man nur in eine Tüte Chips griff, mochte Quinn sie. Sie schrieben Songs zum Mitsummen und traten auf wie Profis, obwohl er sich wegen ihrer hündchenhaften Zuneigung manchmal wie Jesus vorkam, der seine Apostel von Stadt zu Stadt trieb. Er hatte ihnen berühmte Licks von Hendrix und Clapton beigebracht und ihnen geraten, ihre Gitarren tief unten an ihre Körper zu drücken. *Und steckt um Gottes willen eure Hemden nicht in die Hosen. Ihr seht aus wie die Dave Clark Five.* Sie hatten ihn »Mr Porter« genannt, bis er ihnen sagte, sie sollten das sein lassen, daraufhin nannten sie ihn »Pops«, und das blieb an ihm kleben.

»Erinnerst du dich an letzten März in Worcester?«, warf einer der Jays ein. »An diesen Song, den wir ausprobiert haben? Wir haben das Intro geändert und ein Bridge eingefügt, wie du gesagt hast, und das spielen sie jetzt im *Radio*, ungelogen!«

Er meinte christliches Radio. Aber immerhin. Sylvie hatte den Song einem befreundeten Freund eines DJs in Omaha aufgedrängt, der ihn seit drei Wochen mehr oder weniger ununterbrochen spielte, woraufhin der Name Resurrection Lane wunderbarerweise beide Küsten überspülte, wie die geteilten Hälften des Roten Meers.

»Es ist so weit, Pops!« Das war wieder Taylor oder vielleicht auch Brandon, sie redeten, wie sie sangen: harmonisch. »Du kannst stolz auf uns sein.«

»Hört, hört«, sagte Quinn, als er das Gespräch beendete. Die Jungs lachten, weil dies der Name des Songs war.

Als er Belles Tür erreichte, hielt er einen Moment inne, um Kraft zu sammeln, aber da flog die Tür auch schon auf und Amy stand vor ihm.

»Sie schläft«, informierte sie ihn. »Bei ihr sind Tag und Nacht durcheinandergekommen.«

Die Ironie dieser Enthüllung traf ihn hart – ihre Biorhythmen hatten nie zueinandergepasst, jetzt jedoch schien sich das geändert zu haben.

»Ich werde warten«, sagte er.

Amys Gesicht verschloss sich. Sie war eine auffälligere Erscheinung als Belle, dunkler und herber und vermutlich sogar schön, aber sie hatte das faustkämpferische Auftreten ihres Vaters und reckte das Kinn selbst dann, wenn es gar nicht nötig wäre. Sie schielte auf den Scheck in seiner Faust. »Quinn«, murmelte sie, »was genau glaubst du, dir damit zu erkaufen?«

Er sagte nichts, sondern folgte ihr in die Küche, wo sie sich wieder dem Schrubben von Belles Spüle widmete, als habe sie vor, dieser den Garaus zu machen. Sonnenlicht flutete durch die Fenster. Der ganze Raum erstrahlte in einem leeren blechernen Glanz, wobei offenblieb, ob dies an Amys brutalem Einsatz oder an Belles Wegwerfaktion lag. Der Toaster schien zu fehlen.

»Äh, Amy?«

Er wartete, bis sie ihren Blick hob – zu ihm –, aber sie zeigte ihm lediglich die verhärmte Nacktheit ihres Gesichts. Stattdessen wischte sie sich die Hände ab, öffnete den Kühlschrank und schenkte Limonade auf klirrende Eiswürfel.

Amy stand an der Küchentheke und trank schweigend. »Was kann ich für dich tun?«, fragte sie dann.

»Sie will, dass ich herkomme«, beharrte er, weil er angefangen hatte, daran zu glauben.

»Sei es, wie es sei, aber die Zeit, als deine Anwesenheit in diesem Haus ihr gutgetan hätte, ist schon lange vorbei. Es gibt da einen absolut netten Mann in ihrem Leben.«

Er schaute sich um. »Ich sehe ihn nirgends.«

»Er hat Kinder«, sagte sie. »Mit denen er ziemlich viel Zeit verbringt.«

Die Worte trafen ihn, aber er war sich nicht sicher, ob sie tatsächlich auf ihn abgezielt waren. In Zeiten von Schmerz und Wut suchten die Cosgroves Zuflucht in einer verschwommenen britischen Terminologie einer früheren Generation. *Ziemlich. Nicht ganz. Sei es, wie es sei.*

»Ich werde warten«, wiederholte er. »Nickerchen waren nie ihr Ding.«

»Jetzt kann sie das gut.«

Er wartete und beobachtete schweigend, wie Amy mit einem ganzen Arsenal an Reinigungsprodukten hin und her watschelte. Die Cosgrove-Mädchen hatten von ihrer Mutter gelernt, sich aus der Verzweiflung herauszuschrubben. Es gab zwar kein Reinigungsmittel für das, worunter sie jetzt litten, aber Amy verfiel dennoch auf diesen alten Beistand, und dies mit einem schon an Gewalt grenzenden Eifer, wie dem Schwappen und Klappern zu entnehmen war, das aus den angrenzenden Räumen zu ihm drang. Er lauschte diesen Geräuschen – die für ihn wie das laute Geschrei eines Tiers klangen –, bis sie mit roten wunden Händen wieder auftauchte.

»Bleibst du den ganzen Sommer?«, fragte er sie.

Sie öffnete einen kleinen Schrank – dort hatte er früher seinen Gigbag verwahrt – und holte ein Staubtuch heraus. Zu Hause in L. A. schrieb sie eine Finanzkolumne, die sie an viele Zeitungen verkaufte, jetzt jedoch hatte sie ihren Arbeitsplatz ins Gästezimmer gegenüber der verschlossenen Tür des Jungen verlagert. »Ich bleibe, bis rechtlich alles geregelt ist.«

Er sah zu, wie sie das Tuch auseinanderfaltete, um es darauf gleich wieder zu einem perfekten Quadrat zusammenzufalten.

»Was gibt es da rechtlich zu regeln?«

»Wenn du schon fragst«, antwortete sie, »wir haben es mit widerrechtlicher Tötung zu tun.«

»Wir ...?«

»Also du nicht«, korrigierte sie.

»Und wen klagt ihr an?«, fragte er ehrlich erstaunt. »Gott?«

»Nun sei nicht albern.« Ihre Augen in dunklem Goldbraun erinnerten an die schicksalhafte Färbung absterbender Blätter.

»Wen dann? Seinen Arzt?«

Sie sagte nichts.

Nach allem, was er über die Kinderärztin wusste, schien sie vom alten Schlag zu sein und die Ansicht zu vertreten, dass Kinder aus allem herauswachsen. Er war der Frau nie begegnet, aber Belle hatte ihre Nummer als Kurzwahl eingespeichert. Der Name fiel ihm wieder ein. »Ihr verklagt Dr. McNeil? Du machst dich wohl lustig über mich?«

»Dr. McNeil hat aus Altersgründen aufgehört. Belle hat gewechselt, zum CenterMed.«

»Dann also CenterMed«, sagte Quinn. Er kannte den Ort: riesige Praxis, ständig neue Gesichter, aber man bekam schnell einen Termin. »Ihr verklagt die Praxis? Weswegen?«

»Nicht sie, einen MTA, der dort arbeitet. Medizinisch-technischer *Assistent.* Sie sollen *assistieren.* Egal, je weniger du darüber weißt, umso besser.«

Eins musste man den Cosgroves lassen, sie würden in der Tat auch gegen Gott Klage erheben, sofern so etwas möglich wäre. Er malte sich aus, wie sie Belle durch stickige Anhörungen schleiften und ihre Blässe dabei immer aschiger wurde. Jetzt war er wütend. »Ihr verklagt einen MTA dafür, einen Zustand nicht entdeckt zu haben, der gar nicht zu entdecken ist? Lies doch einfach mal nach, Amy.«

122

»Lies *du* doch nach«, blaffte sie. »Wenn man Kindern Arzneimittel verabreicht, muss man auch das Kleingedruckte lesen, denn es ist dazu da, dass es jede kompetente medizinische Fachkraft beherzigt.«

In Quinn verspannte sich alles wie eine Gitarrensaite, die gleich reißt. »Wovon sprichst du überhaupt?«

Sie verschränkte die Arme vor der Brust. »Das Long-QT-Syndrom ist entweder vererbt ...«

»Das weiß ich doch«, erwiderte er. »Ich weiß das alles.«

»... oder erworben. Wenn der Fall eingetreten ist, lässt sich das nicht mehr feststellen. Sollte er es geerbt haben« – dabei betrachtete sie ihn voller Argwohn –, »hat er sehr wahrscheinlich lange Zeit in seliger Unwissenheit gelebt, aber die Medikamente gaben dann den Ausschlag. Wenn er es nicht geerbt hat, dann hat das, was man ihm verschrieben hat, dies ganz allein gemacht.«

Amys Information kam wie von einem zu langsam laufenden Tonband, so dass die Bedeutung der Worte erst einen oder zwei Schläge nach den tatsächlich gesprochenen Worten ankam. »Klär mich auf«, sagte er. »Welche Medikamente?«

Sie zögerte. »Antidepressiva«, antwortete sie. »Für chronische Angstzustände. Warum weißt du davon nichts? Die Tabletten brachten eigentlich nichts, weshalb der MTA etwa zwei Monate vor seinem Tod außerdem noch ein schwaches Neuroleptikum verschrieb.«

»Neuro was? Du lieber Himmel.«

»Das soll bei nächtlichen Panikattacken helfen.« Ihr lief eine Träne über die Wange und über die Kinnspitze in die Kuhle am Hals. »Aber der MTA hatte es viel zu eilig, war zu beschäftigt, der Situation nicht gewachsen ... was auch immer.«

Quinn stand da in dem blechern glänzenden Raum, schwach und ahnungslos, und fragte sich, was zum Teufel nächtliche Panikattacken waren, sofern sie damit nicht die gruseligen, zarten Klagetöne in den frühen Morgenstunden meinte, wenn der Junge sich im Bett aufsetzte, die Augen glasig, offen und auf nicht überzeugende Weise wach.

Sein Kopf tat ihm weh. Nahm nicht auch Rennies Tochter Medikamente? Und auch einer von Garys perfekten kleinen Söhnen, wenn er es sich recht überlegte. Die Jungs sprachen ständig darüber, und er wünschte sich nun, er hätte besser aufgepasst. Heutzutage bekam jedes Kind in Amerika ein Medikament verschrieben, so viel wusste er. »Wie groß war die Wahrscheinlichkeit?«, fragte er schließlich. »Wovon sprechen wir, eins zu einer Million?«

»Er hätte erst ein EKG anordnen müssen, ihn untersuchen müssen. Er hatte das *nachsehen* müssen.«

Sie starrten einander einen Moment lang nieder, die Luft dazwischen geladen von alter Rivalität.

»Wann will sie wieder arbeiten gehen?«, fragte er.

»Sie hat es versucht«, antwortete Amy. Belle arbeitete beim Staatsarchiv, wo sie oft ganz gewöhnlichen Leuten bei ihrer Suche nach ihren Vorfahren half. *Was bringt das?*, hatte er sie einmal gefragt – er, der nie Großeltern gekannt hatte, dessen Mutter jung gestorben war und dessen Vater und Bruder so weit weg waren, dass sie keine Substanz mehr hatten. Die Frage war zum Wegwerfen, ein verbales Achselzucken, aber Belle antwortete auf ihre übliche nachdenkliche Art: *Sie hoffen, dass ihre Nachkommen dasselbe für sie tun werden.*

»Sie hat es sogar zweimal versucht«, sagte Amy, »aber sie erträgt die Namen der Toten nicht.« Dann wandte sie sich ihm zu, und ihr Gesicht war weich vom wochenlangen Weinen. »Wie kommt es, dass du so viel arbeitest, Quinn?«

»Ich … es ist mein Beruf.«

»Wieso gehst du nicht vor Trauer in die Knie? Warum bist du jetzt nicht zu Hause und windest dich in deinem Bett vor Schmerz?«

Weil er, wie er glaubte, es nicht verdient hatte, dass der Kummer nachließ.

»Wärst du ein anderer Vater gewesen, dann wäre er auch ein anderes Kind gewesen«, fuhr sie fort und atmete dabei heftig und abgehackt. »Ein Kind, das nicht ständig Angst hatte, das sich in seiner Haut sicher fühlte, das keine zwei Medikamente benötigte, um sich der Welt zu stellen, das nicht jeden verdammten Gegenstand in seinem Universum aufzählen musste, das nicht aus welch unerklärlichen Gründen auch immer um fünf Uhr morgens auf seinem Fahrrad durch die Gegend fahren musste und von seinem eigenen Herzen umgebracht wurde, um dann mit einer klaffenden Wunde in der Wange auf dem Gehweg gefunden zu werden.« Sie hielt sich die Hände vors Gesicht. »O Gott«, hauchte sie. »O mein Gott, ich bin widerlich.« Sie blickte ihn mit trüben Augen an. »Das bin nicht ich, Jesus, bitte, das bin ich nicht.«

Quinn sah sie mit offenem Mund an. Trotz allem empfand er sie noch immer als Teil der Familie. Jetzt ertrug er ihre Wut – Verzweiflung, Elend, was immer es war –, hieß diese sogar willkommen, weil sie ihm zustand, weil das, was er seit dem Tod des Jungen fühlte, nicht als Leid zählte. Es schmerzte ihn für sie, für Belle, für sie alle. Und für den Jungen, vor allem für den Jungen, besiegt von einem gestörten Gott, bevor er überhaupt anständig Fuß gefasst hatte auf dem ihm zustehenden Lebensweg.

»Du hast mich mal gemocht, Amy.«

»Hab ich.« Sie strich sich mit der Faust über die Augen. »Aber nicht als Ehemann für meine Schwester.« Er konnte sie kaum verstehen. »Ich bewunderte dich. Dein Künstlerleben hat mich immer angesprochen, aber ich hatte nicht den Mumm, mich dafür zu entscheiden.«

»Sich dafür zu entscheiden ist leicht«, erwiderte er. Er hatte ihre kehlige Singstimme immer gemocht, als sie während ihrer unbeschwerten Jugend ein paarmal bei den Benders mitgesungen hatte. »Aber dranzubleiben ...«

»Ein hoher Preis.«

»Vermutlich.«

Sie schlang die Arme um sich. »Ich habe die Tage gezählt, die ich mit ihm verbracht habe«, murmelte sie. »Was sagt das über mich als seine Tante aus, dass ich die Tage zählen kann, die ich mit einem Kind verbracht habe, das elf Jahre auf der Welt war?«

Quinn erkannte langsam, dass Amy nicht hier war, weil ihre Schwester sie brauchte, sondern ganz im Gegenteil. Es war Amy, die das rote Fahrrad gekauft hatte, mit dem er an jenem klaren, unschuldigen Morgen seinem Tod entgegenfuhr.

»Wie viele?«, fragte er.

»Was?«

»Wie viele Tage?«

»Einundsechzig«, antwortete sie, und ihre Stimme schien dabei von einer großen Höhe herabzufallen. »Zweiundsechzig, wenn man die Beerdigung mitrechnet.« Sie war vierzig, hatte einen Freund, der verheiratet war und sich nach Kindern sehnte. Und da erkannte er, dass sie mit ihm nicht um Belle wetteiferte, sondern um den Jungen.

»Du lebst in L. A.«, sagte er. »Unter den Umständen sind einundsechzig Tage eine ganze Menge.« Jetzt weinte sie.

»Erinnerst du dich noch an den Minirecorder, den du ihm vor ein paar Jahren geschickt hast?«

Sie wischte sich die Augen mit dem Ärmel trocken. »Huhu.«

»Den schleppte er wie ein Lieblingstier mit sich herum.«

»Stimmt, ich weiß.«

»Es ist der einzige Gegenstand, von dem er keine zehn Stück besaß. Er bewunderte dich, Amy. Du hast nichts zu bereuen.«

»Ich ...«, begann sie, dann folgte er ihrem Blick durch die blitzblanken Fenster. Der Sturm war abgeklungen, und stattdessen brannte die Sonne unerbittlich vom Himmel, und in ihrem Licht sah er eine mit dem Pyjama bekleidete Belle, die sich methodisch mit einer Rosenschere am Rand des Grundstücks entlangarbeitete und die voll erblühten Blütenköpfe eines leuchtenden Blumenbeets abschnitt.

»Was tut sie da?«, fragte er.

»Ich dachte, sie liegt im Bett.«

»Ich gehe zu ihr«, erklärte er.

»Quinn?«

Er drehte sich um. Sie weinte noch immer leise.

»Danke«, sagte sie, wandte sich dann wieder ihrer Selbstkasteiung zu und ließ ihn ein wenig orientierungslos nach draußen gehen, dankbar, dass sie ihn nicht nach seiner eigenen beschämenden Anzahl von Tagen befragt hatte.

Er trottete über die abschüssige Gartenfläche, die dafür berühmt war, sich schlecht mähen zu lassen. Der Junge war zu dürr gewesen, um den elektrischen Rasenmäher unter Kontrolle zu halten, doch den Handrasenmäher hatte er im Griff, er war ein Relikt von Eric Chapman, Belles liebestrunkenem Nachbarn. Heute sah der Rasen glatt wie ein

Billardtisch aus, das Werk eines Erwachsenen – zweifellos Ted Ledbetter – mit tadellosem Organisationstalent.

Belle war zu einer Rabatte mit Gänseblümchen weitergegangen, die den Werkzeugschuppen in Fertigbauweise säumte – ein Vater-Sohn-Projekt, das monatelang eingeschlafen war, bis Quinn eines Tages zu seinem obligatorischen Unterhaltsbesuch kam und es vollkommen aufgebaut und in solidem Grün gestrichen vorfand. Ted und seine Söhne hatten daraus ein Pfadfinderprojekt gemacht, eine fröhliche Aufgabe, die allen Jungs eine doppelte Auszeichnung für Holz- und Teamarbeit gleichermaßen einbrachte. Sie schnippte eine Blüte ab und sah zu, wie sie zu Boden segelte.

»Die schien aber noch ganz in Ordnung zu sein«, sagte er.

»Ich finde ihre sonnigen Gesichter unerträglich.« Sie kappte auch noch die daneben.

»Du, äh, du wirst sie doch nicht alle köpfen wollen?«

»Woher solltest du schon wissen, was ich will?«, erwiderte sie, ließ sich von ihm aber die Rosenschere abnehmen, um sie ins Gras zu legen.

»Ist die Klage die Idee deines Vaters?«

»Die Menschen müssen ihr Leben mit etwas füllen. Ich sagte ihm, ich würde die Strafanzeige unterschreiben, wenn das alle glücklich macht.«

»Du musst nicht tun, was dein Vater sagt.« Mac Cosgrove war ein ehemaliger Firmenchef, der an Wochenenden Budapesterschuhe trug, ein Typ, zu dem man schwer nein sagen konnte, schon gar nicht als Cosgrove-Mädchen. »Solche Dinge können sich über Jahre hinziehen, Belle.«

»Mir ist es völlig egal, wer angeklagt wird oder wie lange es dauert. Ich möchte einfach nur in Ruhe gelassen werden.« Sie blickte auf. »Was macht die Pfadfinderarbeit?«

Sie fing jedes Mal so an, wollte alles wissen: wie viele

Schütten er zum Befüllen der Futterröhren benötigte, welche der Verandastufen – welche genau – er repariert hatte.

»Sie gab mir Kuchen.«

»Was für einen?«

»Er schmeckte wie Schokolade, aber gemacht hat sie ihn mit Tomatensuppe.«

»Dein Gehör scheint schlechter zu werden.«

»Nein, wirklich. Eine Geheimzutat. Als sie ihn das erste Mal gebacken hat, wollte sie damit nicht herausrücken, aber heute habe ich sie dazu gebracht, es mir zu verraten.« Er hielt inne. »Ich habe nur noch ein paar Wochen.«

»Dann hast du deiner väterlichen Verpflichtung offiziell Genüge getan.« Sie sah ihn nicht an, um zu beobachten, wie ihre Worte ihn trafen. Stattdessen blinzelte sie in den Himmel und fragte: »Was gibt es sonst noch?«

»Hab ich dir erzählt, dass sie drei Zeitungen bekommt?«

»Welche denn?«

»Du meinst, welche Zeitungen?

»Ja. Welche Zeitungen?«

»*Press Herald. Times. Globe.*«

Sie nickte, dreimaliges kurzes Kopfnicken. Zählte, wie er sich klarmachte. Sie wirkte auf beängstigende Weise verstört: verschwitzter Pyjama, vom Schlaf verquollene Augen, die Haare an einer Seite plattgedrückt.

»Ich sage doch, sie hält sich auf dem Laufenden. Sie ist in unglaublicher Verfassung, wenn man bedenkt.«

Eine Spur ihres alten Lächelns. »In besserer als du, wette ich.«

»*Treffer.*«

Belle strich mit ihren Fingern über die noch stehenden Blüten und zauste wie zur Entschuldigung die Blütenblätter. Er wartete, bis sie ihn endlich ansah.

»Von den Medikamenten wusste ich nichts«, sagte Quinn beschämt.

»Hör auf, mir im Nachhinein Vorwürfe zu machen«, gab sie zurück. »Das kann ich auch allein ganz ausgezeichnet.«

»Ich würde dir niemals Vorwürfe machen.« Er schaute sie hilflos an. »Du warst eine wunderbare Mutter, Belle.«

»Das dachte er auch. Er schrieb es sogar nieder.« Sie schloss die Augen. »Sag es mir bitte, Quinn. Hast du dich auf das Long-QT-Syndrom testen lassen?«

»Nein.«

»Denn wenn ja ...«

»Ich hab es nicht getan.«

»Hattest du Angst zu erfahren, dass du es hast?«

Er zögerte und antwortete dann: »Ich hatte Angst zu erfahren, dass ich es nicht habe.«

Er verfolgte, wie das bei ihr ankam. »Erinnerst du dich noch an damals, als ich mir den Wagen meines Vaters geliehen habe und dann damit rückwärts gegen das Haus prallte? Er denkt noch immer, das seist du gewesen.«

Er lachte, er konnte nicht anders. »Ist schon in Ordnung. Er konnte mich von Anfang an nicht leiden.«

»Du hast dich geopfert, will ich damit sagen.« Sie setzte sich ins Gras, und er kniete sich neben sie. »Wie geht's dir, Quinn?«, fragte sie.

Seine Augen brannten: dass sie ihn fragte, dass es ihr ernst war.

»Ich werde mit der Gottesschwadron auf Tour gehen.«

»Ich habe diese Kids immer gemocht. Ist Cousin Zack wieder auf Entzug?«

»Bingo.«

Sie zupfte an den Grashalmen. »Die Sache ist die, Quinn,

selbst wenn wir beide das Long-QT-Syndrom haben, nehmen wir mal an, wir hätten es beide, dann brächte es gar nichts, das zu wissen. Wir sind aus dem Schneider, die Gefahr, jung zu sterben, haben wir längst hinter uns gelassen.« Sie schüttelte den Kopf. »Auch bei ihm wäre die Gefahr irgendwann vorüber gewesen, hätte ich ihm nicht diese Tabletten gegeben. Ich habe alles gelesen, was es dazu gibt, Quinn. Es ist die Tablette, die das ausgelöst hat, entweder ganz allein oder als ›Enhancer‹ seiner bereits vorhandenen Verfassung.« Sie lachte ein tiefes, trauriges Nichtlachen. »*Enhancer*, was für ein Wort. Diese zusätzliche Tablette, dieses harmlose lachsrosa Ding, das ich ihm seit zwei Monaten jeden Tag mit einem Schluck Apfelsaft gab.«

»Warum tust du das, Belle?«

»Ich wünschte, ich wäre jung gestorben.« Ihr Gesicht sah aus, als wäre es von Zweigen gepeitscht worden. »Aber dann hätte ich dieses liebenswerte Kind nie in diese Welt bringen können.«

»Belle, Liebes.«

»Weißt du was?«, fuhr sie fort. »Diese verdammten Dinger haben *gewirkt*.« Ihr Mund bebte. »Er wollte nicht aus seinem Zimmer kommen, ohne vorher alles gezählt zu haben, was drin war. Und ich meine alles. Er schlief *unter* seinem Bett.«

»Du hättest es mir sagen können.«

»Oh, Quinn. Wann hätten wir denn darüber sprechen können?«

»Vermutlich gar nicht.« Seine Sorgerechtsbesuche waren zu armseligen Abendessen in Themenrestaurants verkommen, wo der Junge Quinns vorhersehbare Fragen in vollständigen, häufig durchnummerierten Sätzen beantwortete – das verbale Äquivalent zu einem Maschendrahtzaun.

Langweilt er dich?, hatte Belle ihn ungläubig nach diesem letzten abgesagten Besuch gefragt.

»Es ging ihm besser«, sagte sie jetzt. »Hast du das nicht bemerkt? War er nicht besser drauf?«

»Es ist nicht deine Schuld, Belle. Niemand ist schuld daran. Die Wahrscheinlichkeit war astronomisch.«

Sie schloss die Augen. »Unser Eins-zu-einer-Million-Junge.«

»Der eine wunderbare Mutter hatte.« Unter ihrem hässlichen Schlafanzug waren ihre Schultern merkwürdig abgeschrägt, als hätte ihr Körper beschlossen, ohne ihre vollständige Erlaubnis in sich zusammenzufallen. Es sah nach einer immensen Anstrengung aus, einfach nur den Körper aufrecht zu halten.

»Es gibt da etwas, das du wissen solltest«, sagte sie. »Ich habe es dir noch nicht erzählt, weil mein Vater annahm, du würdest dich sonst einmischen.« Quinn wartete beunruhigt, denn jedes Mal, wenn der alte Mann im Spiel war, bedeutete dies schlechte Nachrichten.

»Du kennst den MTA vermutlich«, meinte Belle schließlich. »Er stellte sich mir als Richard vor, aber wie ich erfahren habe, nennen ihn alle Juke.«

»Juke Blakely? Er ist ein MTA? Ist er derjenige, den ihr verklagt?«

»Er war neu in der Praxis. Ich hätte es wissen müssen. Hätte ich doch nur mehr Fragen gestellt. Hätte er sich mir als Juke vorgestellt, hätte ich das vielleicht getan. Ich hätte vielleicht mehr Besonnenheit walten lassen, wenn es um meinen Sohn ging. Mein einziges unvergessliches Kind.«

Quinn, über dessen eigene Vertrautheit mit Besonnenheit man eigentlich kein Wort zu verlieren brauchte, traf die Angst um Juke Blakely, der, einen Tag bevor der Junge geboren wurde, neben Quinn am Geländer einer Fähre nach Ransom Island gestanden hatte, wie ein plötzlicher Stromschlag. Am Hafen waren sie dann von drei Typen mit knallroten Pick-ups abgeholt worden, die ihr Equipment einluden und sie zu einem Sommerhaus brachten, das auf einer begrünten Felswand thronte. Der Besitzer der Insel hatte für die Band – eine Partyband mit dem Namen Fly by Night – die Order ausgegeben, weiße Hemden und schwarze Jeans zu tragen, ein Kostenaufwand, für den Quinn sich am Ende des Abends an der Außenbar in Form von edlem Alkohol entschädigen wollte. Der Gig fiel mit seinem letzten Rückfall in die Sauferei zusammen, bevor er das Trinken endgültig aufgab.

Juke Blakely hatte gute Ohren und flinke Finger, und Quinn suchte seine Gesellschaft während der ersten Pause. Sie saßen auf einem flachen Felsen, blickten aufs Meer hinaus und teilten ihren Neid auf das stufenförmig angelegte Haus mit seinen Tennisplätzen, der Bühne und der aberwitzigen Aussicht. Sie waren beide einunddreißig, beide verheiratet, hatten beide ein geisteswissenschaftliches Studium abgebrochen und eine zweijährige technische Ausbildung als Elektroniker abgeschlossen. Juke hatte jedoch Ersparnisse und ein fünfjähriges Kind. Er freute sich darauf, wieder auf die Schule zu gehen, um was Praktisches, möglicherweise im medizinischen Bereich, in Angriff zu nehmen.

Bis zum Sonnenuntergang veränderte sich wenig – die Setlisten hatten ihren Schwerpunkt auf Van Morrison, Freddy, der Bandleader, machte lahme Scherze, ständig wurden Leute in auffälliger Kleidung angekündigt, und es wurde mehrmals »Happy Birthday« für das ziemlich angetrunkene Mädchen angestimmt, dessen Geburtstag man feierte. Auch Quinn war ein wenig beschwipst von der Seeluft, den lächelnden Gästen, die alle irgendwie mit dem Show-geschäft zu tun hatten, und dem Gefühl, selbst Teil eines Films zu sein. Gegen halb zehn präsentierte der Stiefvater des Geburtstagskinds – *ta-ta!* – den Überraschungsgast, den langjährigen Freund der Familie David Crosby.

Der verdammte David Crosby von Crosby, Stills and Nash. Quinn wurde ganz wirr im Kopf, er hatte plötzlich das Gefühl, dass alles um ihn herum handkoloriert und auf-gebläht und tiefgründig und reich und originär war. Selbst die Beschaffenheit des Dunkels veränderte sich, als sich am blauschwarzen Himmel die ersten Sterne zeigten, anfangs schwach und allmählich dann leuchtend und in immer rascherer Folge. David Crosby schnallte sich eine geliehene Gitarre um und fragte: »Was soll's sein?« Sie spielten die Stücke, die sie kannten, die Stücke, die alle kannten, Quinn und Juke und David Crosby – *Dave* nannten sie ihn, *Dave* –, und wechselten sich eine Weile in der Hauptstimme ab, aber dann schien Juke zu verstehen, unter welchem Druck Quinn stand, und begnügte sich damit, die Rhythmusgitar-re zu spielen. Diesen einen Gefallen vergaß Quinn ihm nie.

Brüderlicher Zusammenhalt lag in jener Nacht über der Bühne so unaufdringlich wie das Wandern des Mondes. Quinn und Juke tauschten ehrfürchtige Blicke und kos-teten dieses im Entstehen begriffene Andenken aus, das ganz leise, leise und zart mit »Teach Your Children« endete, diesem Song, der Erinnerungen weckte und dem Quinn als einsamer Teenager zu Hause in seinem Zimmer tausend-mal gelauscht hatte, über seine Gitarre gebeugt, die Augen auf halbmast, ein Song, der die Wut seines Vaters und die obsessive Zielsetzung seines Bruders aussperrte und ihm erlaubte, so zu tun, als würde seine Mutter noch leben und mitsummen und auf ihrer Hüfte den Rhythmus schlagen, wie sie das immer getan hatte. *Dave* übernahm die Melodiestimme, Juke die Harmoniestimme, und Quinn simulierte Jerry Garcias Steelgitarre, indem er das Volumen Pedal genauso trat, wie er das auf der Highschool getan hatte. Ineinander verwobene Stimmen stiegen schwebend auf, legten sich wie ein Tuch über die Gäste, die näher traten und sich aus Nostalgie, aber vielleicht auch aus Liebe, unterhakten, eine Ansammlung verbundener Seelen, abgeschnitten von der Außenwelt hoch über einem grünen tosenden Meer.

Als der Song sich zu den Sternen hin ausbreitete, konnte Quinn seinen Freund Dave zwischen den Textzeilen lachen hören, berauscht von diesem außergewöhnlichen Ambiente, der Musik, der selig schwankenden Menge und ihrer Bewunderung. *Look at this guy!*, gluckste er ins Mikro. *This guy's amazing!* Auch Quinn lachte und nahm diesen öffentlichen Dank entgegen, während seine Finger sich zwischen den Bundstäben bewegten und der Song weiterging, leiser wurde und wunderbar verklang, bevor er für immer erstarb. Applaus, Applaus, dann stieg das vor Begeisterung und Alkohol gleichermaßen trunkene Mädchen mit klappernden Absätzen auf die Bühne und forderte den Ehrengast auf, noch etwas mehr zu sagen, also sagte er: »*I love this beautiful place!*« Quinn hörte »place« und dachte dabei an »Ort und Zeit«, und auch ihm gefiel das. Er liebte diesen wunderschönen Ort.

Irgendwann während dieser langen verzauberten Nacht verabschiedete Quinn sich von Kumpel Dave; er erinnerte sich an einen kräftigen Handschlag, ein Insiderkichern. Als es dämmerte und Quinn sich am Fähranleger einfand, blickte er hinauf in einen blutroten Himmel, erfüllt von dem inbrünstigen, von seinem Hangover irregeleiteten Glauben, dass David Crosby irgendwann wieder mit ihm würde spielen wollen, ihn vielleicht sogar mit auf Tour nahm. In den Tiefen seines Unterbewusstseins schwamm eine wässrige Erinnerung an ausgetauschte Telefonnummern, doch der Beweis dafür war nicht zu finden, selbst nachdem er ein und dieselben sechs Taschen tagelang umgekrempelt hatte.

Elf Jahre lang hatte er diese aufpolierte Version seiner Geschichte immer wieder erzählt, dabei aber das Ende ausgelassen: dass er nämlich, als er mit seinen neuen, gestaltlosen Plänen durch die Tür platzte, auf dem Tisch eine Notiz von Amy fand: *Beweg Deinen Arsch ins Krankenhaus. Du bist Papa.* Und es war Juke Blakely, der ihm beim Ausladen seiner Sachen half, der ihm dann auch anbot, ihn dorthin zu fahren.

Jetzt fühlte diese Geschichte – seine wunderbare Geschichte – sich an wie Gift. Er stand auf dem gemähten Rasen zwischen den bunten Blumenleichen und fragte: »Weiß Juke, was auf ihn zukommt?«

»Ich weiß es nicht.«

»Als ich mit ihm zu tun hatte, war er kein MTA«, erklärte Quinn. »Aber er hatte ein Kind. Und eine Frau. Ich hielt ihn immer für einen famosen Kerl. Und auch für einen guten Gitarristen.«

»Ich kann mir das nicht anhören. Ich kann es nicht.«

»In Ordnung«, erwiderte er. Vielleicht lag er falsch; vielleicht schaffte sie es, durch Rache – ein langes, sich hinziehendes Strafverfahren – über den Berg zu kommen. »Belle?«

Sie rappelte sich auf.

»Ich will dich nicht im Nachhinein kritisieren, Belle«, sagte er und folgte ihr zum Haus. »Das tue ich nicht. Ich frage nur. Amy sagte was von chronischen Angstzuständen. Ist es das, was er hatte?«

»Ich weiß nicht, was er hatte.« Sie drehte sich um. »Er

hatte *uns*. Mein Körper plus dein Körper machten ihn zu dem, was er war.«

Belle sah ihn an, anfangs zerstreut, dann durchdringend. »Das geht dich ohnehin nichts an«, gab sie ganz ruhig zurück. »Es geht dich jetzt nichts mehr an.« Ihr gepanzerter Ausdruck lockerte sich nach und nach, bis die alte Belle, die echte Belle, die Belle, die Kinder und alte Damen und ihn mochte, wieder zum Vorschein kam, wie das Blut, das ihr in die Wangen stieg. Sie ließ ihre Arme hängen. »Ich weine nicht«, gab sie mit zitternder Stimme zu. »Ich weine nicht, weil ich es nicht ertrage, ihnen mit meinem Schmerz weh zu tun.«

»Tu mir weh«, sagte er, und dazu war sie bereit. Sie warf sich in seine Arme, ihr Weinen war leise und nass und brach einem das Herz. Ihre Qual gab ihm das Gefühl, zurechtgeschlagen zu werden, und er übertrug sein eigenes Leid, das kaum der Rede wert war. Sein eigenes Elend – oder wie immer man es nennen wollte – existierte als ein sich immer stärker aufbauender Druck, wie wenn man unter Wasser zu lange die Luft anhält. Sie weinte und weinte, und er ließ es standhaft geschehen.

»Ted ist mir eine Stütze gewesen«, erklärte sie schließlich und wischte sich mit ihrem Ärmel übers Gesicht. »Eine echte Stütze. Aber er hat so viel durchgemacht, als seine Frau starb. Und er – er hat seine Söhne. Das nehme ich ihm noch immer übel. Ich bin krank vor Neid.« Sie schaute ihn mit blutunterlaufenen Augen an. »Ich sage dir das, weil du mich nicht verurteilen wirst.«

»Das ist in Ordnung. Du hast das Recht dazu.«

»Nein. Ich habe wirklich kein Recht dazu. Es sind wunderbare Jungs. Sie waren so freundlich. Selbst Evan, der Jüngste, er ist gerade mal neun, er war so nett. Aber dennoch ist er da. Der Neid. Er zerfrisst mich.« Sie winkte ihn weg. »Und Amy, mein Gott. Ich komme mir vor wie unter Glas.«

Es war Zeit zu gehen, das erkannte er, also begleitete er sie zurück über den Hang zum Durchgang. Er zog den Scheck aus seiner Tasche. Er hatte gerade so viel für sich zurückbehalten, dass er seinen Vermieter bezahlen konnte, und war dazu übergegangen, die Lichter zu löschen, wenn er das Haus verließ, seinen Morgenkaffee zu Hause zuzubereiten und schwarz zu trinken, um Geld für Sahne zu sparen. Er hatte seinen Festnetzanschluss abgemeldet und sich ein Mobilfunkpaket gekauft, das sogar noch billiger war als sein vorheriges.

»Ich war nicht gelangweilt«, flüsterte er ihr zu. »Das war nie der Fall.« Er legte den Scheck auf den kleinen Tisch, der früher der Ablage ihrer gemeinsamen Post diente.

»Du musst aufhören, Quinn. Geld ist ... irrelevant.«

»Es ist das, was ich habe.«

»Was du ihm schuldest«, fügte sie leise hinzu, »kannst du nie zurückzahlen.«

Sie ließ den Scheck dort liegen. Sie nahm ihn nicht, gab ihn auch nicht zurück. Ließ ihn einfach liegen. Ihre Wut auf ihn war verschwunden, das spürte er, an deren Stelle war Mitleid getreten.

»Bitte die Gottesschwadron, für mich zu spielen«, sagte sie und kehrte dann ohne ihn in die Küche zurück.

Schließlich brach er auf. Wenn er ihr Geld gab, fühlte er sich nur noch elender. Vermutlich ging es ihm genau darum.

Nachdem der Bus ihn in der Stadtmitte abgesetzt hatte, wählte Quinn seinen Nachhauseweg über das Kunstmuseum, wo er durch den Zaun spähte und wie immer nach einer bestimmten Skulptur suchte: eine massige menschliche Gestalt aus Steinen, von einem Netz aus Stahldrähten umspannt. Eine menschliche Gestalt, die wortwörtlich beladen war, ein kolossales Knie ruhte auf der Erde, der Torso war halb gekrümmt, der Kopf gesenkt, aber nicht geknickt. Ein Mann, wie Quinn fand, der im Stillen trauerte. Der Mann war stumm. Geschützt von kleinen hübschen Bäumen. Um ihn zu finden, musste man schon wissen, wo er sich befand.

Quinn holte sein Telefon heraus, in dessen Anruferliste eine hundertvierjährige Frau stand. Wie war es dazu gekommen?

»Oh«, sagte sie, als sie seine Stimme erkannte. »Ich dachte schon, Sie seien der Mann aus Pakistan, der versucht, mir eine Kreditkarte zu verkaufen.«

»Ich schaffe es nächste Woche nicht«, erklärte er ihr und hätte es dabei bewenden lassen können, aber sie hatte ihn ins Stolpern gebracht, indem sie auf Anhieb wusste, wer er war. Er ergänzte: »Wie wäre es mit Sonntag?«

»Gehen Sie etwa davon aus, dass es bei mir nicht darauf ankommt, ein Tag so gut wie der andere ist? Weil ich alt bin?«, fragte sie ihn.

»Ich habe einen Gig, den ich mir nicht entgehen lassen kann.«

»Ich mache am Sonntagmorgen immer meine Kekse.«

»Machen Sie die doch am Samstag.«

»Danach holt mich eine der Damen für die Messe um halb elf ab.«

»Dann komme ich eben früh.«

»Sie kommen nie früh.«

»Ich werde früh kommen, Ona.«

Wenn man lange genau darauf starrte, schien die Skulptur zu beben, als würden die Steine selbst atmen und dem

139

Mann Atem einhauchen. »Es gibt da diese ... Kids. Ihr Leadgitarrist ist wieder abgetaucht, und ich springe für ihn ein. Und es sieht ganz danach aus, als stünden sie kurz vor etwas.«

»Oha!«

»Etwas Gutem«, ergänzte er.

»Oh! Und ich dachte schon, sie hätten vor, von einer Klippe zu springen.« Sie hielt inne. »Diese Jungs ... spielen Sie Rock-'n'-Roll-Musik?«

Er lächelte, als er sie das sagen hörte. »Gospelrock«, präzisierte er. »Da kommt nichts drin vor, was Ihre Oma nicht auch hören dürfte.«

»Meine Oma hört schon lange nichts mehr.«

»Sie sind ungeheuer talentiert. Und ihre Mutter ist eine Bank auf Beinen.«

»Aha! Da bietet sich eine Gelegenheit.«

»Wollen wir's hoffen.«

»Hoffnung ist etwas Gefährliches, Quinn.«

»Ist mir nicht neu.« Er hatte geglaubt, mit der Hoffnung abgeschlossen zu haben, aber da war er wieder, dieser drängende, fast spirituelle Schmerz, eine offene Wunde, die nach Balsam lechzte. Wie konnte Ona das wissen?

»Der Sonntag ist auch gut«, sagte sie nun. »Ich liebe die Samstagsmesse.« Sie klang fröhlich. »Aber selbst wenn hier ein Tag wie der andere *ist*, ist es nicht höflich, eine Dame dazu zu bringen, dies zuzugeben.«

»Ich werde es mir merken.«

»Tun Sie das.«

»Kekse klingt gut.«

»Ich werde es mir merken.«

Die Skulptur atmete immer noch oder schien es zu tun. Quinn fühlte sich plötzlich selbst steinschwer, ein mit Steinen gefüllter Körper in einem Käfig, ein Steinmann versteckt unter Bäumen. *Steh auf,* flüsterte er, aber der Steinmann blieb, wo er war, in der Schwebe, bereit, sich trotz seiner Last zu erheben oder sich wenigstens der Wucht ihres gigantischen Gewichts zu beugen.

SCHWER

1. Schwerster Schmetterling. Über 25 gr. Königin-Alexandra-Falter. Papua-Neuguinea.
2. Schwerstes Baby, das von einer gesunden Mutter geboren wurde. 10,2 kg. Italien.
3. Schwerster, von Haaren gezogener Bus. 7873 kg. Gezogen von Letchemanah Ramasamy. Malaysia.
4. Schwerste jährliche Regenmenge. 11873 mm/Jahr. Mawsynram. Indien.
5. Schwerster, aus einem Magen entfernter Gegenstand. 2,4 kg. Haarball. Großbritannien.
6. Schwerster Flugvogel. Riesentrappe. 21 kg. Ungarn.
7. Schwerstes Herz. Bis zu 680 kg. Blauwal. Ozean.
8. Schwerste Katze. Himmy. 21,22 kg. Australien.
9. Schwerster Hund. Kell. 129,72 kg. England.
10. Schwerster Mann. John Minnoch. 635 kg. USA.

Dies ist Ona Vitkus. Dies sind die Scherben ihres Lebens auf Band. Dies ist Teil drei.

Ich weiß nichts von *Scherben*.

...

Weil es sich anhört, als wäre ich etwas Zerbrochenes und Nicht-mehr-Zusammensetzbares.

...

Dann also Erinnerungen. Aber eigentlich sind sie das nicht. Sie fühlen sich nach etwas anderem an.

...

Egal. *Scherben* sind gut. Mach weiter.

...

Ich werde dir sagen, wo ich war: im Wartezustand. Genauso wie die Mütter jetzt. Genauso wie die Mütter vom Anbeginn der Zeit. Randall studierte Jura und watschelte auf seinen beiden Plattfüßen zu seinem Steuerrecht-Kurs, aber Frankie, der ging zur Navy. Über meine Beinahe-Leiche.

...

»Denk doch nur an all die unter Schock stehenden Jungs, die aus dem ersten Krieg zurückkamen«, sagte ich zu ihm. »Sieh dir doch nur deinen Vater an, er ist nur noch ein halber Mensch.« Aber Frankie war keiner, der zuhörte wie du. Frankie war einer, der redete. Er schrieb die allerschönsten Briefe von seinem LCT vor den nördlichen Marianen.

...

Das ist ein großes Schiff, das Fracht transportiert. Panzer und Menschen hauptsächlich. Es bringt sie über Gottes großes grünes Meer und setzt sie dann mit einem Klaps den Gefahren aus. Du hättest seine Briefe sehen sollen. Howard hat sie mir vorenthalten, als ich ging.

...

»Ich sah einen Vogel mit drei Meter langen Flügeln, Mama.« »Ich mag meine Kameraden auf dem Schiff wirklich gern, Mama.« Solche Sachen. »Die Himmel hier haben Farben, Mama, die mit dem blauen Auge eines Kämpfers mithalten können.« Mein Frankie wusste mit Worten umzugehen.

...

Nun. Sechs Monate später, nach der Schlacht von Saipan, erwischte ihn ein Heckenschütze an einem der seltenen Abende, an denen die Jungs Landgang hatten. Der Rest seiner Kameraden war am Strand und sah sich einen Film an, aber nicht Frankie. Frankie entwendete einen Jeep, und weg war er, unerlaubt wie üblich, eine Spritztour über eine gesicherte Straße. Die nicht so sicher war, wie er dachte. Zweifellos war auch Alkohol im Spiel. Und ein Mädchen. Selbst da draußen mitten auf Gottes leerer Handfläche würde Frankie einen Weg finden, um an ein Mädchen zu kommen.

...

Weißt du, dass ich mich dasselbe gefragt habe? Genau dasselbe. Aber das konnte mir keiner sagen. Sie hielten es nicht für wichtig. Ich stellte mir vor, dass es irgendwas mit Bob Hope war.

...

Oh, Bob Hope war wundervoll! Ein sehr lustiger Mann. Deshalb vermute ich das ja auch. Bob Hope und Bing Crosby, vermutlich eins dieser dämlichen Roadmovies mit Dorothy Lamour, die in einem weißen Sarong herumstolzierte. All diese wohlbehüteten Jungs mit besseren Müttern hielten sich an das, was man ihnen sagte, und sahen sich die hübsche Dorothy Lamour an. Und dann ist da Frankie in seinem Jeep, der an einem Zuckerrohrfeld entlangdüst.

...

Möglich. Der Gedanke ist mir nie gekommen. Hm. Der Himmel da draußen ist berühmt dafür, dass er so weit ist. Aber Jeeps machen viel Lärm. Und die Lautsprecheranlage dürfte ein wenig breiig gewesen sein. Ich kann mir nicht vorstellen, dass er die Worte verstehen konnte. Aber vielleicht bastelte er sich die lustigen Stellen anhand der Sprachmelodie und dem Timing zusammen. Bing und Bob waren berühmt für ihr Timing.

...

Ich auch. Ich hoffe, dass der Klang trug. Ich hoffe, dass er mit einem Lachen starb.

KAPITEL 11

Quinn hatte die Geschichte über den Omaha-DJ, der von Küste-zu-Küste sendete, nicht ganz geglaubt, bis er auf Tour ging und herausgeputzte Grüppchen von Jungs und Mädchen in Resurrection-Lane-T-Shirts entdeckte, die alles mitsingen konnten. Sie kauften haufenweise die CDs der Jungs, die Auftritte dauerten lange, und Quinn arbeitete sich durch die verschmierten Aufzeichnungen des verlorenen Cousins und improvisierte seine aus ihm herausströmenden Gitarrenhooks im Zustand geistig-seelischer Entrückung mit viel Begeisterung.

Es war nur ein Job – mit einer Meute unglaublich talentierter Jesusverehrer ohne Biss, die ihn Pops nannten –, aber es war wie immer: Er kümmerte sich. Sie löcherten ihn, weil sie seinen Rat suchten, den er austeilte, als wäre es Geld, das er nicht brauchte, und er fühlte sich großzügig und gebraucht dabei. In Providence stellte er die Setliste neu zusammen, in Springfield optimierte er eine breiige Hausanlage, und in Worcester, wo drei Bands den Abend bestritten, setzte er sich dafür ein, dass sie der Hauptact waren. Er kümmerte sich um ihre sich vervierfachende Fangemeinde und die T-Shirt-Verkäufe. Er kümmerte sich um ihre Musik – anständiger Aufbau, belebt durch überraschende Akkorde –, und er kümmerte sich um das, was die Musik mit all den Gesichtern machte, die zu ihnen aufschauten.

Am Ende jedes Abends taten ihm vom vielen Lächeln die Wangen weh.

Wie üblich tauchte Sylvie auf, um ein Auge auf alles zu haben, aber mit Quinn an Bord hielten sich die üblichen Pannen in Grenzen. Während des Soundchecks hatte er eine fehlerhafte Verbindung neu verkabelt, was für Sylvie ein ebenso großes Wunder wie der Bau einer Mikrowelle aus Büroklammern und einem Feuerzeug war. »Woher *weißt* du das alles?«, staunte sie.

Die Antwort: dank fünfundzwanzig Jahren Erfahrung im Herumprobieren an überstrapaziertem Equipment und dem Beschwören von Balance und Klang in Kneipen mit beschissener Akustik.

»Meine Jungs kriegen kaum einen Dübel in die Wand«, sagte sie. »Und Doug ist noch schlimmer. Ich habe einen Gehirnchirurgen geheiratet, der nicht mal unsere Hausalarmanlage zurücksetzen kann.« Es war ihr letzter Abend, und sie machten gerade Pause und lungerten am Tisch mit den Fanartikeln herum, wo Sylvie den Schatz aus T-Shirts bewachte, auf denen in Kreuzigungsrot das Motto der Band WALK THE LANE prangte. Sie wandte sich an ihre Hilfskraft, einen Freiwilligen von der Studentenseelsorge, einen rotgesichtigen Mann in einem karierten Cowboyhemd. »Hat irgendjemand gezählt, wie viele da sind?«, fragte sie.

»Locker sechshundert«, antwortete der Mann.

Quinn ließ die Zahl sacken.

»Es liegt an diesem Song«, sagte der Mann. »Der lief hier ständig im Radio.«

»Quinn hat ihnen gesagt, den sollen sie sich für die Zugabe aufheben«, meinte Sylvie. Sie küsste ihre Finger und stupste damit Quinns Kinn an. »Lass sie warten, sagt der

Experte.« Sie war fünfundfünfzig und sah jünger aus als Quinn, ihre Haut war dank Lasereinsatz glatt wie eine Nektarine, ihr Haar teuer von der Sonne geküsst. Während ihr Blick durch den Raum wanderte, wurden ihre verschlagenen Augen hinter ihrer modischen Brille schmal. »Als wir das letzte Mal in Boston waren, sind siebenundvierzig Leute gekommen.« Sie musste ihre Stimme erheben, um sich gegen den Tumult der Menge durchzusetzen.

»Manchmal hat man Glück«, sagte Quinn.

»Fünfzig Wochen auf der Straße – das hat mit Glück nichts zu tun«, entgegnete Sylvie. »So, meine Süße.« Sie reichte einem Mädchen ein Shirt, das Quinn durch die violetten Strähnen seiner Stirnfransen hindurch schöne Augen machte. Das christliche Umfeld war nicht immer so schlicht gestrickt, wie die Leute dachten.

»Wenn fünfzig Wochen auf der Straße Glück wären«, meinte Quinn, »würde ich inzwischen auf ziemlich großem Fuß leben.«

Sylvie betrachtete ihn nachdenklich. Im Laufe der vergangenen drei Jahre hatten sie genug Zeit miteinander verbracht, um sich einigermaßen anzufreunden. »Ich kann mir gut vorstellen, dass das bitter ist für jemanden, der das schon so lange macht wie du.«

Auf der Bühne stimmten die Jungs den Aufruf an, um die noch nicht Erretteten anzuhalten, sich zu Jesus zu bekennen. Er klang nicht so sehr nach einer Drohung mit dem Fegefeuer, sondern eher nach einer Einladung zu einer Backstage-Party. Schweißgebadete Fans strudelten auf die Bühne zu und wurden dort von den Gebeten der Glaubensberater in Empfang genommen und in andere Räume oder Winkel geführt, wo sie weitere Belehrung und kostenlose Bibeln bekamen. Die Idee dahinter war, mit Jesus ins Reine zu kommen und dann eine Entscheidungskarte auszufüllen, die im Zweihunderterpack geliefert wurde und mit Kästchen zum Abhaken versehen war. *Ich binde mich etc.; Ich verweise auf etc.; Ich möchte mehr Information über etc.; Ich würde gern die wöchentliche E-Mail-Meditation von Resurrection Lane bekommen.* Dies war der seelsorgerische Teil der Show, der nur bei gewissen vorher ausgewählten Veranstaltungen auf dem Plan stand und an dessen Details die Jungs viele Stunden feilten.

Dass Quinn diesen Teil ausließ, stand außer Frage.

»Manchmal«, sagte Sylvie, »frage ich mich, ob Doug und ich es nicht übertrieben haben, indem wir sie mit der alten Arbeitsethik bekannt gemacht haben. Sie kennen nichts anderes als proben und auftreten. Und beten natürlich. Beten, beten, beten.«

»Bei dir klingt es fast, als wäre es was *Schlechtes.*«

»Zu deiner Information«, blaffte Sylvie, »Doug und ich sind Unitarier.«

Quinn lachte. »Du scherzt.«

»Sie glauben, Cousin Zack gehe über Wasser. Als er von seinem ersten Entzug zurückkam, ging es nur noch um den Fels der Ewigkeit, und sie haben das geschluckt.« Sie wechselte einem Teenager mit einem JC-Käppi einen Geldschein. »Ich sollte vermutlich dankbar sein, dass sie sich kein Koks durch die Nase ziehen. Stattdessen haben sie sich eine große weiche Jesuspille einverleibt.« Sie sah ihn an. »Wenn du dabei bist, Quinn, sind sie viel entspannter. Und ich bin auch viel entspannter, wenn du dabei bist. Das wollte ich eigentlich sagen.«

Den Mann im Cowboyhemd bat Sylvie: »Können Sie die Stellung halten?«, und drängte Quinn in eine Nische ab. »Meine Kids glauben, dass es alle gut mit ihnen meinen«,

sagte sie laut zu ihm, um die plappernde Menge zu übertönen. »Sie glauben, dass nichts Schlimmes passieren kann,
trotz des abschreckenden Beispiels ihres Cousins. Du hast
doch auch Kids, oder?«

Er sagte nicht ja, aber auch nicht nein. Die Band hatte
vom Tod des Jungen nichts erfahren – wenn aber doch, so
hatten sie keine Verbindung zu Quinn hergestellt. Ihm war
es lieber so, obwohl es ihm einen leisen und eigentlich auch
bedeutungslosen Stich versetzte, als er sich fragte, wieso er,
obwohl er diese Jungs und ihre Mutter schon so lange kannte, so wenig über sich selbst preisgab. Er hatte für sie eine
ähnliche Funktion wie seine Lehrer in der Grundschule, die,
sobald sie das hell erleuchtete Klassenzimmer verlassen
hatten, aufhörten zu existieren.

»Selbst Brandon«, fuhr sie fort, »der es besser wissen
müsste – einundzwanzig, *verheiratet*, ein richtiger *Er-
wachsener* –, aber er hat nur Flausen im Kopf und baut
Luftschlösser. Warum auch nicht? Alles ist hervorragend
gelaufen dank der guten alten Mama. Aber ich habe Angst,
dass sie vom Musikgeschäft einen falschen Eindruck haben – einen völlig falschen Eindruck. Was denkst du, haben
sie falsche Vorstellungen vom Musikgeschäft?«

»Ein brandneues Wohnmobil«, erwiderte Quinn. »Das ist
schon eine falsche Vorstellung.«

Sylvie, die, wenn es um ihr Geld ging, bissig sein konnte,
sagte: »Das habe ich damit nicht gemeint.«

»Wenn du die Kerle meinst, die in Providence aufgetaucht
sind«, tastete Quinn sich vor, »die mit den sehr auffälligen
Sonnenbrillen? Dann ist das eine andere Geschichte.« Er
streifte sie mit seinem Blick. »Was bieten sie dir?«

»Nichts Interessantes. Bisher.«

Im Erdgeschoss wimmelte es von Fans, die sich Bibeln an

150

die Brust drückten, einige davon in Tränen aufgelöst. Plötzlich roch es ganz merkwürdig nach Flieder. »Doug findet, dass ich der Situation nicht gewachsen bin«, gestand ihm Sylvie. Ihre nach Massenware aussehenden Ohrringe blinkten, wenn sie sich bewegte. »Meine Jungs sind Esel, wenn es ums Geschäftliche geht. Zack ist der Einzige, der jemals einen richtigen Job gehabt hat. Der Drogenabhängige, der sie zu Jesus geführt hat. Wenn das keine Ironie ist?«

»Mehr als das, würde ich sagen, wenn du mich ernsthaft fragst.«

»Ich meine, es ist doch wohl mehr als praktisch, die *eine* große Wahrheit zu verbreiten, während Mama sich um alles andere kümmert?«

»Eine solche Mama hätte ich auch gern«, gab Quinn zu. »Ich könnte das Geld gut gebrauchen.«

Er brachte sie jedes Mal zum Lachen. »Ach, ich lasse nur Frust ab«, sagte sie. Die Lichtanlage blinkte. »Darf ich offen sein? Diese Leute« – sie wedelte mit ihren Händen in alle Richtungen und zeigte auf Wer-weiß-wen – »*langweilen* mich. Es ist alles so schmucklos. Das ist nicht wirklich mein Milieu.«

Quinn ging davon aus, dass Sylvies eigentliches Milieu darin bestehen dürfte, Frauen mit erstarrten Stirnen Teppiche vorzuführen. Quinns eigentliches Milieu war seine Gitarre, und es war ihm nie wichtig gewesen, wo oder wann er sie spielte. Aber jetzt – als er diese wunderbaren Jungs von einer Stadt in die nächste begleitete, diese Jungs, die an der Schwelle von Glück und Reichtum standen – beschlich ihn eine alte, dünne unbehagliche Hoffnung, eine Hoffnung, die fünfundzwanzig Jahre in einem Schlitz mit der Aufschrift »Vorbei« verschwinden lassen könnte. Er hatte geglaubt, mit dieser Hoffnung abgeschlossen zu haben.

»Alles ist« – Sylvies Finger flatterten – »*bereit*. Sie sind bereit zu etwas.«

»Das halte ich ihnen nicht vor.«

»Ich dachte auch nicht, dass du das tust. Warum sollte ich das denken?« Sie rückte ihre Businessbrille zurecht. »Das ist mir einfach so herausgerutscht. Sollte ich von diesem Zug abspringen wollen, ist es ohnehin schon zu spät.«

Jetzt erkannte er es: Sie hatte Angst. Sie stürmte zurück zum Tisch und warf einen Turm aus Kühlschrankmagneten in eine Schachtel. »Noch fünf Minuten, Leute!« Sie wandte sich an Quinn und schaute ihn direkt an. »Ich wollte damit nicht andeuten, dass ich alleine nicht zurechtkomme. Ich komme damit sehr gut alleine zurecht.«

Ihr Mund wurde weich, und für einen Moment sah sie so alt aus, wie sie war, und Quinn begriff, warum sie sich ihm anvertraut hatte. So erstaunlich es auch war, aber auf jemand wie Sylvie – die ein menschlicher Blitzstrahl war – konnte jemand wie Quinn nur den Eindruck machen, dass er sich in seiner Haut wohl fühlte.

Die Saalbeleuchtung blinkte wieder, und Quinn bahnte sich seinen Weg zurück auf die Bühne, begleitet von dem Mädchen mit den violetten Stirnfransen, das ihn bat, ihre CD zu signieren, die Sylvie mit einem Weichzeichnerfoto der Jungs vor einem Sonnenuntergang bestückt hatte. Selbst Zack – älter, dicker mit seiner kantigen Stirn und der vom Koks geröteten Nase – sah aus wie frisch aus der Kirche. »Ich gehöre nicht zur Band«, erklärte Quinn dem Mädchen, wozu er schreien musste. »Ich springe für Zack ein.«

»Oh«, sagte sie, »jetzt verstehe ich.«

Was verstand sie? Sein vom Alter gezeichnetes Gesicht? Und schon ging es los: Bühnenbeleuchtung an, die Menge tobte, und die ersten Töne des letzten Sets drangen aus dem Verstärker. Die Menge sang mit, und Quinn versuchte, sich nichts draus zu machen, dass er nur der Ersatzgitarrist und das vergötternde Publikum nicht das seine war. Er absorbierte die anschwellenden Zuneigungsbekundungen, die anfeuernden Rufe, die unkenntlichen Gesänge, die verblüffenden Gesten christlichen Beifalls. Die Entscheidungskarten, die in ihren winkenden Händen aufblitzten, kümmerten ihn nicht. Und auch nicht die süßen Gesichter der Erretteten, solange sie ihn nur aufforderten zu spielen.

Um zwei Uhr morgens waren sie auf dem Heimweg, Brandon am Steuer, die Autobahn flimmernd im Mondlicht. In der gemütlichen Kabine wiesen winzige Lichter auf ernsthafte Aktivität hin: Die Jays spielten ein träges Hearts-Kartenspiel, und Tyler, der in einem festgeschraubten Sessel lümmelte, las gebannt in einem auseinanderfallenden Exemplar von *Carrie*.

Als sie an der Ausfahrt nach Wells vorbeikamen, fiel Quinn ein, dass er seine Freitagsschicht verpasst hatte, ohne Dawna, seine aufgeweckte Teamchefin, informiert zu haben. »Mist!«, murmelte er. »O verdammt!«

»Ausdrücke«, sagte einer der Jays. Er legte seine Karten ab. »Gibt's ein Problem, Pops?«

»Ich habe jemanden enttäuscht.«

»Uns nicht«, gab er zurück. »Du hast das Haus gerockt.«

Quinn hätte sich gefreut, wenn sich daraus ein ausgiebigeres und fruchtbareres Gespräch darüber entwickelt hätte, wie genau und inwiefern anders als Cousin Koksnase er das Haus gerockt hatte. Genau auf eine solche Einleitung hatte er gewartet – und geplant, schlicht und simpel seine Sache vorzutragen –, aber die Jungs verstummten, bis auf Brandon, der seinen Part in einem ihrer neuen Songs probte, wobei sein kristalliner Tenor seine Überzeugung transportierte. Diese Kids hatten mit Ironie nichts am Hut, aber dennoch gab Quinn sich der Vorstellung hin, sich hier als fixe Größe zu sehen: ansässiger Heide.

Die Jungs waren weit nach ihrer Schlafenszeit unterwegs und erst gegen ein Uhr nach dem Einladen losgefahren. Seit Dienstag hatte keiner mehr Zack erwähnt, doch es gab ein paar heimliche Telefonate, nachdem Sylvie in ihrem Miate abgefahren war und Quinn die Verantwortung fürs Zusammenpacken überlassen hatte. Wenn er die Botschaft zwischen den Zeilen korrekt entschlüsselte, sah es so aus, als würde Resurrection Lane bald einen Mann zu wenig haben. Dauerhaft. »Worüber lachst du?«, wollte Tyler wissen, der von seinem Buch aufblickte,

»Wie das Glücksrad sich dreht«, antwortete Quinn rätselhaft.

»Es gibt kein Glücksrad«, erwiderte Tyler. »Es gibt nur die unergründlichen Absichten des Herrn.« Er grinste, sie wussten genau, wonach sie sich anhörten, konnten aber nicht anders.

Ein kichernder Chor stimmte darauf Amen an. Die Jungs hatten zu wenig Schlaf gehabt und waren angeschlagen vom vielen Junkfood, aber da sie jung und belastbar waren, strahlten sie wie frisch gewaschene Äpfel.

»Hat der Herr die unergründliche Absicht, dass ihr mit den Typen, die kürzlich aufgetaucht sind, einen Vertrag unterzeichnet?«, fragte Quinn.

Die Jungs wurden still, Sylvie hatte ihnen wohl eingetrichtert, diesbezüglich den Mund zu halten.

»Wir beten darum«, rutschte es Brandon heraus.

Welche Erklärung gab es dafür, dass diese Jungs, diese *Kinder* eine Tür öffnen konnten, gegen die Quinn sich so oft und so nutzlos mit der Wucht seines ganzen Körpers geworfen hatte? All die Jahre, all die Bands, all das Beinahe, dieser ganze alte ungestillte Durst.

Er ließ ein paar Kilometer vorbeiziehen, stand dann auf und bahnte sich seinen Weg nach vorn, wo Brandons Hände in präziser Zehn-vor-zwei-Position auf dem Lenkrad lagen. Er hatte das Gesicht eines Erzengels und eine Ehefrau, die in der Mittelstufe unterrichtete.

»So. Also«, sagte Quinn und schnallte sich an. »War eine tolle Zeit für mich.«

»›Have Guitar, Will Travel‹, wie es beim guten alten Bo Diddley heißt.«

»Genau«, bestätigte Quinn. »Aber was ich sagen will. Wenn euer Mann nicht zurückkommt.«

»Er wird zurückkommen«, sagte Brandon. »Er kommt immer zurück.«

»Richtig. Aber wenn doch nicht?« Quinn wandte sich jetzt an alle, weil er das Gefühl hatte, eine brennende Brücke im Rücken zu haben. »Ich sag ja nur. Ich habe noch keinen Gig verpasst.« Er hatte immer gespielt, trotz Grippe, einem gebrochenen Knöchel, einem Kater, so schlimm, dass er kaum aus den Augen hatte gucken können, einem Baby zu Hause, das sieben Stunden am Stück schrie. Er war niemals zu spät gekommen.

Sie hatten ruhige Augen, diese Jungs, ruhige blaue Augen voller Ernsthaftigkeit und einer Barmherzigkeit, die sich aus irdischer Ungezwungenheit speiste. Sie waren in sonnigen Häusern, vollgestopft mit Spielzeug, aufgewachsen und hatten jetzt einen kleineren Hit, der im Radio lief, Typen von der Plattenindustrie streckten ihre Fühler nach ihnen aus, und ihr Familienvermögen war älter als Moses. In seinem Kopf tickte es: Tourmanagement, Konzerte auf der Hauptbühne, in Stadthallen und Konzertsälen. Und er dachte: *Belle, ich hab's geschafft. Hier ist deine Hälfte.*

Quinn dröhnte der Kopf vor Panik. »Seht ihr Jungs denn nicht, dass euer Mann vielleicht nicht ganz bereit dazu ist, die Regeln zu befolgen?« Er spürte all diese ruhigen Augenpaare auf sich und hatte das Gefühl, auf plumpe Weise bloßgestellt zu sein.

»Er ist Familie«, erwiderte Brandon. Das war es also.

Als sie vor Quinns Haus anhielten, war die Nacht schon weit fortgeschritten und alles ruhig. Brandon sprang aus dem Transporter und stellte Quinns Verstärker auf den Gehweg, und einen schmerzlichen Moment lang kam Quinn sich wie ein alter Mann vor. Um diese Stunde wirkte das Viertel verlassen: die Wohnhäuser dunkel und still, Autos Stoßstange an Stoßstange bis zum Morgen abgestellt. Man konnte von hier aus die Brücke sehen und ein Stück von der Bucht, aber niemand käme auf die Idee, dies eine Aussicht zu nennen.

»Du weißt, dass du unser Mann bist, Pops«, sagte Brandon. Seine hellen Augen zuckten nicht. »Der Mann, auf den wir zählen.« Und da bemerkte Quinn, dass die anderen ihn von der Ladefläche aus beobachteten, und er fragte sich, ob sein Junge ihn irgendwann auch mal so angesehen hätte.

Er wartete, bis sie weggefahren waren, und schleppte sein Zeug dann nach oben. Gewisse Frauen fanden sein Domizil reizvoll, doch er hatte im Gefolge von Belles schmerzlichem Verlust und seines eigenen wirren Elends sein Begehren auf Eis gelegt. Im Schlafzimmer standen ein mönchisch gemachtes Doppelbett und Holzregale, voller Bücher und Musik. Auf dem Regalbrett in Augenhöhe hatte er das Foto des Jungen aufgestellt.

Eine Erinnerung drängte sich ihm auf – Quinn, der nach Hause kam und das Baby wach und durch die vom Mondlicht beschienenen Gitterstäbe seines Betts starrend antraf. Er sah den nächtlich schimmernden Raum vor sich, das still daliegende Baby, und ihm fiel sein eigenes spontanes Bedürfnis wieder ein, seine Kindergitarre zu spielen, ein Geschenk seiner Mutter, die er als kleinen Hoffnungsschimmer unter dem Kinderbett des Babys verstaut hatte. Er setzte sich dicht davor und spielte so leise, wie er konnte, sang ein Schlaflied, das seine Mutter ihm vorgesungen hatte, und spürte dabei den Blick des Babys, der von der glänzenden Gitarre zu Quinn wanderte, als würde es verstehen, woher die Musik wirklich kam. Als das Baby endlich einschlief, war ihm, als hätten ihn Flügel gestreift, aber wann immer er es noch mal versuchte, seinem Sohn etwas vorzuspielen, zuckte das Baby, verkrampfte sich und fing zu wimmern an, bis ihr mitternächtliches Erlebnis sich anfühlte wie etwas, das er geträumt hatte.

Nun stand in einer Ecke seines Schlafzimmers die nämliche Gitarre, das Griffbrett zerkratzt vom häufigen Gebrauch. Er behielt sie, wie man einen kranken Hund behält, aus Sentimentalität und Dankbarkeit. Er nahm sie mit ins Bett und stimmte sie zu einer Offenen G-Stimmung, atmete leichter und versuchte, seinen schrecklichen Durst loszuwerden. Am Morgen würde er Onas Futterröhren füllen und ihren Rasen mähen und später dann seine halbe Wochengage zu Belle bringen. Dankbar für diese, wenn auch kleinen Verpflichtungen, schloss er die Augen.

Die Nacht schwand dahin. Quinn spielte leise, den Kopf übers Griffbrett gebeugt, und erreichte dabei einen Zustand der Gnade, den man – locker und großzügig betrachtet – Gebet nennen könnte. Als der Morgen dämmerte, ließ er sich zurück aufs Kissen fallen und schlief mit der Gitarre in den Armen ein.

* * *

Dies ist Miss Ona Vitkus. Dies sind die Erinnerungen und Bruchstücke ihres Lebens auf Band. Dies ist Teil vier.

…

Krieg? Schon wieder?

…

Das ist wahr. Die anderen Kinder in deiner Klasse werden Großeltern befragen, die sich nur noch an den Zweiten erinnern. Vielleicht nicht mal an den. Du wirst die älteste Interviewpartnerin haben, um gute vierzig Jahre älter.

…

Es würde mich nicht im Geringsten überraschen, wenn Mr Linkman dir dafür einen Extrapunkt geben würde.

…

Wir nannten es nicht Erster Weltkrieg. Wie sollten wir uns auch vorstellen, dass es noch einen Zweiten geben würde?

…

Also ich war hier.

…

Was, denkst du vielleicht, ich sei mit Sturmhaube ins Ausland gefahren? Ich war genau hier in Portland, Maine, und habe zehn Stunden am Tag in einem Schreibbüro ge-

arbeitet und mit drei Idioten in einer eiskalten Wohnung
gewohnt.

...

Elm Street. Wo es tatsächlich eine Ulme gab, eine
wahre Schönheit direkt vor meinem Haus. Sechs Monate
nach dem Waffenstillstand entdeckte Howard mich, als
ich auf dem Rückweg vom Haus der Schwester meines
Nachbarn in der Nähe des Parks war. Ich war dort, um
mir eine Schallplatte auf ihrem neuen Grammophon anzuhören.

...

Oh, den Ulmen ging's damals noch gut. Überall in Portland standen Ulmen. Solche Bäume hast du noch nicht
gesehen. Es war Frühling. Mai. Der Krieg war vorbei und
auch die Spanische Grippe, die in der Versicherungs-
gesellschaft, in der ich arbeitete, fünf Mädchen das Leben
gekostet hatte. Im November machten sie für zwei Monate
dicht, und nirgendwo hatte man es warm, weil auch die
Filmtheater geschlossen hatten. Tanzhallen, Kirchen, alles
war geschlossen. Und in der Zwischenzeit kehrten ganze
Busladungen dieser zutiefst erschütterten Jungs zurück,
einige ohne Arme und Beine. Im Mai war dann die ganze
Stadt bereit, aus einem fürchterlichen Traum zu erwachen.
Und da kam Howard Stanhope, der vornehme Witwer, den
ich schon als Kind gekannt hatte, und rief im Frühling
meinen Namen.

...

Das ist eine altmodische Musiktruhe. Ein Plattenspieler.
Das erste Lied, das ich je gehört habe, war »The Star-Span-
gled Banner«, gesungen von Margaret Woodrow Wilson,
der Tochter des Präsidenten.

...

Gütiger Gott, nein, es war schrecklich. Dieses arme Mädchen sang wie eine strangulierte Stechmücke.

…

Könnte ich nicht. Ich bin nicht gut darin.

…

Ach, ich weiß nicht: miii miii miii, so ähnlich. So was in der Art.

…

Nun lach nicht, sie konnte doch nichts dafür. Oh, jetzt hast du mich doch dazu gebracht!

…

Ja, da stand Howard also an der Ecke von Elm und Congress Street und spricht mich mit seiner Gentlemanstimme an. »Ist das nicht Miss Vitkus?«, ruft er mir zu. Kennst du diesen Typus? Charmanter Schmeichler?

…

Nun, das *war* ich. Ich war *entzückt*, erkannt zu werden. Noch dazu von jemandem, den ich von zu Hause kannte. Ich wusste nur noch, dass er einen Musikladen auf der Mercantile Street in Kimball hatte. Ach, die Zeiten waren so schlecht. Ich war neunzehn, eine erwachsene Frau, aber ich denke, ich wartete noch immer darauf, dass Maud-Lucy zu mir zurückkam. Und jetzt stand da dieser Mann, der sich an den Hut tippte und sich an meinen Namen erinnerte. Ich war ein Dummkopf und verwechselte meine Freude fälschlicherweise mit Liebe.

…

Jetzt kommt der Teil mit dem Ersten Weltkrieg: Howard entzog sich der Einberufung, indem er eine beträchtliche Geldsumme zahlte – er war schon fast neununddreißig –, aber er verpflichtete sich als Sanitätsfahrer, als alle anderen sich zurückstellen ließen. Das muss ich ihm zugutehalten.

Er kam zerstört zurück, aber seine Art von Zerstörung zeigte sich nicht auf die übliche Weise.

...

Zum Ersten hatte sein Gehör auf einer Seite völlig den Geist aufgegeben, und er musste immer ganz dicht an die Leute ran, was irrtümlicherweise oft missverstanden wurde, weil die Leute dachten, er sei aus Frankreich zurückgekehrt und könne es kaum erwarten, wieder mit seinen Mitmenschen in Kontakt zu treten. Er sah absolut normal aus und verhielt sich auch so, ein Verkäufer mit tadellosen Manieren.

...

Stanhope Music Company. Er hatte den Laden in Kimball verkauft, um in den Krieg zu ziehen, und ging dann nach Portland, um dort den Laden gleichen Namens zu übernehmen, der seinem Vater gehörte. Der war drüben in der First Avenue. Ich arbeitete für ihn, genau so wie das auch die erste Mrs Stanhope damals in Kimball getan hatte. Acht Monate später heiratete ich ihn aus unverzeihlicher Phantasielosigkeit.

...

Weil ich wohl einsam war.

...

Gut, danke. Das schien mir damals ein absolut guter Grund zu sein. Unser Haus auf der Woodford gibt es noch immer. Jemand hat daraus einen Ort gemacht, wo sie dich mit Seetang spicken, damit deine Haut jung aussieht.

...

Natürlich funktioniert das nicht. Nichts funktioniert. Es gibt keinen Zaubertrick auf Erden, der meine Jugend und Schönheit wiederherstellen könnte.

...

Wie freundlich. Sag deinen Eltern, dass sie einen höflichen jungen Menschen erzogen haben.

...

Dann also deiner Mutter. Wo war ich? Howard. Erst als es schon zu spät war, bekam ich mit, wie sehr er vom Krieg gezeichnet war. Du solltest deinem Mr Linkman erzählen, dass auch die Frauen zerstört wurden. Du solltest jetzt gleich, während dieser idiotische Krieg in einem Land geführt wird, das die meisten nicht mal auf einer Karte finden können, einige dieser jungen Frauen fragen, all diese armen Männer – und auch Frauen, stell dir vor, Frauen, die zu Hause Babys haben! –, die sich zurück nach Amerika schleppen, völlig zerstört von all den Dingen, die sie gesehen und getan haben.

...

Dich habe ich nicht gemeint. Ich zweifele nicht daran, dass du auf einer Landkarte den Irak markieren kannst. Ach, lass uns nicht über den Krieg sprechen. Für eine Menge Leute ist der Krieg kein Gesprächsthema, sondern ein Stein in ihrem Herzen. Wusstest du, dass ich 1920 zum ersten Mal gewählt habe?

...

Ganz genau, es war das erste Jahr, in dem es Frauen erlaubt war. Du kennst die Geschichtsdaten. Oh, aber ich habe dich eben angeschwindelt. Ich habe gewählt, aber es war nicht offiziell.

...

Weil mir am Wahltag noch zwei Monate bis zu meinem einundzwanzigsten Geburtstag fehlten. Damals bekam Howard den ganzen Herbst über Tonaufnahmen in den Laden – zwei pro Monat, eine von den Demokraten und eine von den Republikanern. Eine dreiminütige Rede für jeweils zwei Dollar. Die republikanischen Kunden mussten für ihre bezahlen, die Demokraten konnte man kostenlos hören. Zu Dutzenden kamen die Leute, um Governor Cox zu hören. Mit Absicht.

...

Es war dasselbe Blabla wie heute, darüber dass Präsident Wilsons Krieg die Zivilisation rettete. Ich will wirklich nicht übertreiben, aber je näher der Wahltag rückte, desto schwerer wurde es, durch die Tür zu kommen.

...

Natürlich nicht! Niemals hätte Howard mich an dieses Grammophon gelassen! Meine Aufgabe bestand darin, für den Apfelwein und die Kekse zu sorgen, aber insgeheim plante ich meine Stimmabgabe.

...

Weil zufällig eine unserer Kundinnen mit mir im gleichen Boot saß, ebenfalls ein Januargeburtstag. Jane hieß sie. Jane Baxter. Die Baxters wohnten in einem hübschen Haus im West End; das war, bevor die Eigentümer anfingen, diese Schönheiten zu zerstückeln. Mrs Baxter kam einmal in der Woche zu uns in den Laden, um Noten zu kaufen – sie spielte Bratsche –, und wenn ich bediente, plauderten wir ein wenig.

...

Himmel, nein, Jane war viel zu reich, um meine Freundin zu sein. Die gehörte einer ganz anderen Klasse von Frauen an. Sie trug diamantene Ohrstecker, ein Geschenk von ihrem gutaussehenden Mann. Sie hatte vor, für zwanzigjährige Frauen, die noch zu jung zum Wählen waren, eine Übungswahl in ihrem Haus zu veranstalten. Von zwölf Uhr mittags bis eins, die Ergebnisse würden

Schlag dreizehn Uhr fünfzehn bekanntgegeben werden. Sie lud mich ein.

...

Darauf kannst du wetten! Ich ging am Wahltag um Punkt zwölf zur Neal Street, wo es nur so wimmelte von Frauen. Die vielen frischen, glänzenden Räume mit Federmasken aus Afrika überall an den Wänden. Wir bekamen Punsch und Windbeutel, und Janes Schwester spielte auf einer auf Hochglanz polierten Harfe. Die Wahlkabine befand sich im hinteren Teil des Salons, und dort füllten wir unsere Wahlzettel aus.

...

Das weiß ich nicht mehr. Mir war das auch egal, ob sie nun wie echte Wahlzettel aussahen oder nicht. Ich füllte einen aus und steckte ihn in eine verzierte Kiste. Janes Schwester zählte die Stimmen aus und legte sie in genau dem gleichen Hauptbuch ab, das wir auch im Geschäft verwendeten. Die Spannung war köstlich. Es waren jede Menge Suffragetten vertreten, wie du dir vorstellen kannst. Mr Baxter war nirgendwo zu sehen.

...

Eine Dame, die für das Wahlrecht kämpft. Sie fuhren durchs Land und hielten Reden. Ehrlich gesagt, waren einige vom Typ her recht männlich. Manchmal wurden sie von Leuten mit Gegenständen beworfen.

...

O ja, und manche wurden ins Gefängnis abgeschleppt, nur weil sie ihre Meinung geäußert hatten. Aber es gab auch jede Menge anderer Frauen dort, verhuschte kleine Frauchen wie mich, die ein Baby erwarteten.

...

Insgesamt siebenundzwanzig Frauen. Außer Jane kannte ich keine Einzige davon. Wir tranken unseren Punsch, trafen Vorhersagen, welcher Mann gewinnen würde, scherzten darüber, Janes Schwester auf den Wahlzettel zu setzen. Es wurde viel gelacht, das war sehr erfrischend. Janes andere Schwester, die dreißig war, kam vor der Endauszählung vorbei und erzählte uns fünfzehn Minuten lang, wie es war, tatsächlich wählen zu gehen.

…

Oh, es war aufregend. Aber als ich nach Hause kam, war ich gedrückter Stimmung.

…

Nun, ich sag es dir: Ich hatte keine Freundinnen. Keine Jane Baxter, niemanden.

…

Also das ist eine Schande. Ein Junge deines Alters sollte nicht wissen, wie sich das anfühlt. Ich hatte es leichter als du, denn einen Monat später kam Randall zur Welt, und wenn man Babys großzieht und einen Laden führt und den Ehemann davon abhält, das Mobiliar mit einem Tranchiermesser zu bearbeiten, weil es ihm nicht gelungen ist, seine bedauernswerten Songs zu veröffentlichen, dann vergisst man Freundschaften.

…

Howard fragte mich das Gleiche, also sagte ich es ihm: Eugene Debs. »Einen Sozialisten?«, sagte er. Er konnte es nicht fassen. Ganz genauso mit großen Augen: »Meine Frau hat für einen *Sozialisten* gestimmt?«

…

Ich weiß. Meine Stimme zählte nicht. So sah Howard das. Aber insgeheim malte ich mir aus, Mr Debs würde durch Freunde und Bekannte der Baxters erfahren, dass eine minderjährige Dame von der Woodford Street ihn als Präsidenten sehen wollte.

...

Beim nächsten Mal? Ich hatte damals zwei Babys und stimmte für Mr Robert La Follette, und diesmal zählte es.

...

Ach, du meine Güte, Howard war ganz außer sich. »Schon wieder ein Sozialist?«, sagte er. »Er ist kein Sozialist«, konterte ich, »er ist ein Progressiver.« Der arme Howard spuckte seinen Haferbrei aus. »Warum, Ona? Warum um Himmels willen?«

...

Weil ich es konnte. Das ist der Grund, ich war eine verheiratete Frau, der nichts gehörte. Nicht einmal meine Kleider. Aber meine Stimme gehörte mir, oder? Warum sollte ich sie nicht einem Sozialisten geben? Manchmal kann ich es gar nicht glauben, dass ich so lange mit diesem geizigen, argwöhnischen und traurigen Mann zusammengelebt habe.

...

Achtundzwanzig Jahre. Eine Menge Zeit. Weitere zwanzig Jahre verbrachte ich danach an der Lester Academy und saß an meinem Rollschreibtisch vor Dr. Valentines Büro und hatte jede Minute das Gefühl, dass gleich etwas ganz Ausgefallenes passieren würde.

...

Nein, nicht wirklich. Ich tippte und machte den ganzen Tag Ablage. Aber das Gefühl gefiel mir – dieses Gefühl der Erwartung.

...

Dem war wohl so, ein wenig. Ein wenig so, als würde man einen Rekord anstreben. Und danach, ratzfatz, weitere zwanzig Jahre als Ruheständlerin. Auch die rauschten nur so vorüber. Dann weitere zwanzig als alte Schachtel. Und jetzt ...

...

Oh! Schön, danke. Aber worum es mir geht: Ich könnte noch weitere zwanzig in mir haben. Und da dachte ich, ich hätte jeglichen Kampfgeist verloren.

...

Darauf kannst du wetten! Wir werden es dieser Französin noch zeigen.

...

Oh, na gut: miii miii miii.

KAPITEL 12

Ona beobachtete Quinn vom Fenster aus, wie er seinen Aufgaben nachkam und am Schluss noch den Gehweg vor dem Haus mit dem Schlauch abspritzte. Sein verschwitztes T-Shirt zog sich zusammen. Er hatte prächtige Unterarme und muskulöse Hände, vermutlich ein Nebeneffekt seines lebenslangen Gitarrenspiels. Als er ins Haus geschlendert kam und sich ohne zu fragen einen Brownie nahm, wurde ihr bewusst, wie lange es her war, seit ihr jemand die Ehre der Dreistigkeit erwiesen hatte.

Ein weiteres Wort fiel aus dem Äther: *sūnus*. Die Begegnung mit dem Vater hatte sie an Söhne denken lassen.

Sie schenkte ihm Milch ein und musterte ihn. »Ihre Haare könnten einen Schnitt vertragen«, erklärte sie in liebevoller Absicht, aber in ihrer Stimme schwang das Rauschen des Alters mit, und Schmeicheleien gingen ihr genauso verquer über die Lippen wie alles andere auch. Sie war ein wandelnder Gegensatz.

Er lachte. »Haarschnitte kosten Geld, Ona, und Sie zocken mich schon seit Wochen bis aufs Hemd ab.«

Waren es schon Wochen? Tatsächlich? Er hatte ihre Fliegengittertüren eingehängt, ihre Sturmfenster abgenommen und den Flickenteppich von einem Rasen nachgesät, der einst ihr ganzer Stolz gewesen war. Sie war an diesen unvermittelt strahlenden Tagen auch selbst draußen gewesen und hatte um die Rhododendren herum gejätet und dabei eine schlummernde Sehnsucht nach körperlicher Erschöpfung geweckt, hatte ihren täglichen, nun jedoch schleppenden Weg die Straße hinunter wieder aufgenommen. Das Viertel sah grün, verändert, fast fremdartig aus, als würde sie – oder es – von einer sehr langen Reise zurückkehren.

»O Mann, wie konnten Sie mir das vorenthalten«, sagte er und schob sich einen zweiten Brownie in den Mund. Er aß wie Frankie, als hätte er noch nie was zu essen bekommen. Und er hatte auch Frankies Wimpern, lang und feucht schimmernd.

»Die Geheimzutat sind zerstoßene Walnüsse«, ließ sie ihn wissen. »Ich werde nächsten Samstag noch mal ein Blech für Sie machen.«

Er hielt mitten im Kauen inne. »Ona, heute ist mein letzter Tag.«

»Oh.« Alles stoppte. »Ich fass es nicht. Sind Sie sicher?«

»Sieben Wochen. Das ist Woche sieben.«

»Ich muss wohl den Überblick verloren haben«, erwiderte Ona. Die Tatsache, dass er seinen Abschied nahm, löste ein schmerzhaftes Pochen aus, wie einen Herzschlag, einen wunden Punkt, den sie bisher nicht bemerkt hatte. »Ich hätte mitzählen müssen.«

Er hob ihre Spielkarten an, was nicht erlaubt war. »Wie wär's mit einem für unterwegs?«, fragte er.

Sie entriss sie ihm, damit er die im Stapel steckenden Asse für Invisible Vision nicht entdeckte, ein Trick, der von einer Fingerfertigkeit abhing, von der er selbst mit seinen langen schönen Gitarristenfingern nur träumen konnte. Der Trick war ihr eines Abends während der Nachrichten wieder eingefallen, eine Instruktion, derer sie sich mit Begeisterung erinnerte. Dieser Trick war was wert. Fünf Dollar waren dafür ein Schnäppchen.

Er hielt sie hin. Anmaßend. Erwartete wohl, den Trick gratis vorgeführt zu bekommen. Dann lächelte er wieder, eine Beleidigung von einem Lächeln, das sie an die neunundneunzig-Komma-neun-neun Prozent seines Lebens erinnerte, das nicht hier am Samstagmorgen stattfand. Dass er sie heute um einen Trick bat, geschah aus Freundlichkeit, wie sie sich klarmachte, aus Freundlichkeit gegenüber einer knarrenden alten Frau, die ihn vermissen würde. Nie hatte er sie mit Mitleid beleidigt, kein einziges Mal, bis jetzt.

»Fünf Dollar«, sagte sie.

»Geht nicht.«

»Waren Sie unzufrieden mit den Tricks, die ich Ihnen bisher gezeigt habe?«, fragte sie. »Habe ich etwa nicht für die Spannung und die Befriedigung gesorgt, für die Sie bereitwillig gezahlt haben?«

»Im Ernst, Ona. Ich habe keinen Fünfer.«

»Wenn Sie vielleicht nicht so viel trinken würden, hätten Sie noch genug über fürs Vergnügen.«

Er lachte laut, und auch sie musste lachen, weil sie wusste, dass er nicht trank, es aber früher getan hatte. Ihre Erwiderung bezog sich auf ein früheres Stadium ihrer Freundschaft und spielte auf die Entwicklung ihrer kurzen Bekanntschaft an und den holprigen Weg, den sie genommen hatte. Sie hatte ihm nicht vertraut, jetzt tat sie es.

»Werden Sie mir tatsächlich einen Trick verweigern?«, hakte er nach.

Und Louise: Sie hatte Louise Hunderte von Tricks gezeigt, vor allem in ihren letzten klaren Tagen. Die schöne sterbende Louise. Aus dem wolkenlosen Irgendwo fiel ein weiteres Wort: *draugas*.

Freund. Sie konnte es ruhig zugeben: Es brach ihr das Herz.

»Was ist?«, fragte Quinn.

Ihr Körper wurde heiß – es war wie eine fliegende Hitze. Sie fühlte sich wieder wie fünfzig. »Ziehen Sie eine Karte«, forderte sie ihn auf. Sie riss ihm die Pik-Ass aus der Hand, schob sie zurück in den Stapel und griff dann hinter ihn, um eine Karte aus seinem Kragen zu ziehen. »Ist das Ihre Karte?«

»Sie wissen, dass sie es ist.«

»Wenn Sie schon gehen, Quinn, dann können Sie auch gleich gehen.« Sie verschränkte die Arme vor der Brust. »*Iki*«, sagte sie.

»Ist das auf Wiedersehen?«

Sie nickte, ihre Augen brannten. »Fragen Sie mich nicht, woher ich das weiß. Weil ich es nicht weiß.«

Wieso sollte sie ihm vorwerfen, dass er ging? Ihr war die Problematik nicht neu, dass ein Elternteil die Aufgabe übernahm, die das Kind begonnen hatte. Als Frankie getötet wurde, war sie diejenige, die sein bescheidenes Bankkonto auflöste, seine Bücher und die Gitarre weggab, und das College, auf dem er sich eingeschrieben hatte, darüber informierte, dass sein Studium nun für alle Ewigkeit zurückgestellt war.

Manchmal überlebten Eltern ihre Kinder, das war ein Tatbestand. Aber der Junge war nicht im Krieg gewesen wie Frankie oder wie Randall ein Krebsopfer in mittleren Jahren, er war nur ein Pfadfinder, der um fünf Uhr morgens weiß Gott was zu tun hatte. Warum hatte sie sich das bescheidene Vergnügen gegönnt, sich in ihn zu verlieben, wenn auch nur ein bisschen? Sie hatte ihr zweites Jahrhundert in dem Glauben begonnen, dass sie mit dem Tod durch war, abgesehen von ihrem eigenen.

Und warum auch nicht? Wie standen denn die Chancen? Der Junge war *elf.* Sie hatte ihm dreiundneunzig Jahre voraus. Aber der Junge war endgültig gegangen, und jetzt würde auch der Vater gehen. Der Vater, in dessen Gesellschaft sie die lebendige Präsenz von Söhnen gespürt hatte. Von seinem Sohn und von ihren.

Quinn erhob sich, um aufzubrechen. »Ich komme wieder vorbei, Ona«, sagte er. »Um zu sehen, was Sie so machen.«

»Nichts allzu Interessantes, aber ich weiß die Geste zu schätzen.«

»Sie wussten, dass es sieben Wochen waren, stimmt's? Das war die Abmachung?«

»Habe ich«, antwortete sie. »Aber ich habe den Überblick verloren.«

»Ich arbeite an den Wochenenden, Ona. Gehe um drei Uhr morgens ins Bett.« Er wirkte plötzlich angeschlagen, wie ein Mann, der ein Kätzchen an der Straße ausgesetzt hatte. »Ich meine, ich kann das nicht auf Dauer machen.«

»Sie haben es gut gemacht.« Sie tätschelte seine Hand. »Könnten Sie mir den Topf runterholen, solange Sie noch hier sind?« Sie deutete auf den oberen Schrank. Um den Nachmittag zu füllen, würde sie heute eine Suppe kochen und mit ihrer ungültigen Lizenz zum Supermarkt fahren, etwas Gemüse und Hühnerschenkel kaufen und damit eine Suppe zubereiten, von der sie dann nach drei oder vier Tagen die Hälfte wegschüttete.

»Ihr Wunsch ist mir Befehl«, sagte er.

Mein Wunsch, überlegte sie. *Was wünsche ich mir?*

Er stellte den Topf auf die Küchentheke. Dann konzentrierte er sich auf etwas, das sich hinter ihr befand. Sie drehte sich um und sah eine schmale kraftlose Frau auf der Veranda stehen. Und selbst durch den Schleier des Fliegengitters wusste Ona genau, wer sie war. In einem unerwarteten Ausbruch von Solidarität eilte Ona zur Tür.

»Du bist wohl mit den Vögeln aufgestanden«, sagte die Mutter zu Quinn.

»Bin ich«, antwortete Quinn, »wenn auch Eulen zählen.«

Bei der Mutter der Anflug eines Lächelns: Ihr Gesicht spiegelte so viele sich widerstreitende Emotionen, dass Ona sich abwenden musste. Was Quinn betraf, so betrachtete er seine Exfrau mit einer Zärtlichkeit, die Ona zu glauben veranlasste, alles würde gut werden.

»Wie geht es Ihnen?«, erkundigte sich Ona.

»Wie es mir ...?« Ihr Haar müsste gewaschen werden. »Oh! Schrecklich. Aber danke.«

»Es tut mir so leid für Sie«, sagte Ona. Die Tür stand offen, aber die Mutter – Belle, ja so hieß sie, Belle – blieb draußen. Sie schien vergessen zu haben, wo sie war.

»Ihr Junge war der beste, den ich je hatte«, erklärte Ona. »So pünktlich. Ich habe seine Gesellschaft sehr genossen.«

»Es war wunderbar, ihn um sich zu haben«, stimmte sie ihr zu. Sie hatte die großen Meeresaugen des Jungen. »Das haben viele Leute nicht verstanden.«

Ona warf einen prüfenden Blick auf die Einfahrt und fragte sich, wie das arme Ding es geschafft hatte, ihr Fahrzeug zu manövrieren, das wie ein Jeep aussah und viel zu groß für sie war. Sie ging direkt ins Haus und blieb dann stehen – sah Ona an, wie das auch der Junge getan hatte, und erwartete Anweisungen. Quinn ignorierte sie.

Ona mochte es nicht, angestarrt zu werden, fand aber keine höfliche Möglichkeit, dies zum Ausdruck zu bringen. »Ich wäre zur Trauerfeier gekommen«, sagte sie, »aber ich habe erst später davon erfahren.« Dabei warf sie einen Blick auf Quinn, der verstummt war. »Das hat mir sehr leidgetan. Wirklich sehr leid.«

»Ist schon gut. Ich weiß ohnehin nicht, wer da war und wer nicht.« Belle wühlte in der großen Tasche und zog ein übergroßes Kuvert heraus. »Das ist bei mir gelandet. Ich nehme an, es ist für Sie.«

Es sah offiziell aus. Ona nahm es zögernd entgegen, denn von ihren Eltern hatte sie gelernt, offiziell aussehenden Dingen zu misstrauen. Aber der Umschlag enthielt nichts weiter als die Formulare für eine Rekordanmeldung vom Londoner Hauptsitz der Guinness World Records. Der Umschlag war bereits geöffnet worden und die Seiten sahen abgegriffen aus.

»Diese Leute schreiben ihm ständig«, ließ Belle sie wissen. »Fast hätte ich es weggeworfen, aber dann wurde mir klar, dass ich hier gewissermaßen seine letzten Ideen in Händen hielt. Das Letzte, womit er sich befasst hatte.«

Die Mutter bewegte sich weiter Richtung Wohnzimmer und schaute sich um. »Quinn spürte hier seine Präsenz, wussten Sie das?«

»Nein, wusste ich nicht«, gab Ona zurück und schielte dabei wieder auf Quinn, der seine Exfrau ansah, als wäre sie ein verwundetes Tier: herzzerreißend und gefährlich.

»Es war eine für Quinn völlig untypische Äußerung. Vielleicht wollte er sich damit was vormachen im Versuch, sich aus dem zwischenmenschlichen Spinnennetz zu befreien. Wenn es eins gibt, was Quinn Porter hasst, dann zwischenmenschliche Spinnennetze.«

»Ich stehe hier direkt vor dir, Belle«, warf Quinn ein.

Belle richtete ihren Blick zur Decke, als erwartete sie, dass der Junge aus einer Lampenfassung hervorkam. »Er hat mir Geld gegeben. Von jedem anderen wäre das eine

Beleidigung, aber ich weiß, warum er es tut.« Sie hielt inne. »Quinn ist ein anständiger Mann mit ein paar Macken.«

Quinn sagte nichts. Offenbar war er geduldig, nachsichtig. Das war ihr bisher nicht aufgefallen.

»Er war mir eine große Hilfe«, sagte Ona.

Belle wartete – lange, wie es schien. Also blätterte Ona die Guinness-Formulare durch, allein, um das Rascheln zu hören. Und Belle wartete noch immer, und Quinn beobachtete sie dabei.

Weil Ona nicht wusste, was sie sonst tun sollte, las sie das Anschreiben laut vor, handgeschrieben von einer »Protokollantin« mit dem unenglischen Namen Florence Wu. Sie hatte den Jungen ins Herz geschlossen und sich die Mühe gemacht, ihm genau zu erklären, was seine »ältere Freundin« tun musste, um sich für die Rekorde zur (a) ältesten lebenden Person, (b) ältesten lebenden Frau, (c) langlebigsten Person oder (d) ältesten Fahrerin mit gültiger Fahrerlaubnis zu bewerben. Was für alle Fälle zutraf: Es waren jede Menge Dokumente erforderlich. *Die Dokumente*, auch die erwähnte sie mit den üblichen Warnungen und Vorbehalten hinsichtlich Beglaubigungen und Fälschungen.

Als sie fertig war, stieg ihr die Röte ins Gesicht. »Das war eine Torheit meinerseits«, gab sie zu.

»Er hat Sie in vier Kategorien angemeldet«, sagte Belle. »Wie stehen Ihre Chancen?«

»Für a, b und c bin ich viel zu jung. Und was die Fahrerlaubnis angeht, hat Ihr Junge mich für die schriftliche Prüfung gut vorbereitet, aber in Hinblick auf die Fahrprüfung habe ich noch Bedenken.«

»Vielleicht brauchen Sie nur eine kleine Auffrischung«, meinte Belle.

»Ich habe nicht die richtigen Dokumente. Das war alles nur Spiel.«

Ihre Gäste schwiegen, also füllte Ona wieder die Lücke, indem sie ihnen genau erklärte, wie es zu Rekorden kam. Sie erzählte ihnen von der wahrscheinlichen Anzahl gegenüber der offiziellen Anzahl von über Hundertjährigen weltweit, stellte ihnen in einer mündlichen Kurzfassung die derzeitigen Rekordhalter vor und schob dann noch alles nach, was sie über das obszön lange Leben von Madame Jeanne Louise Calment wusste. Ihre Stimme hatte dabei eine Autorität, die sie bis zum Tonfall von dem Jungen übernommen hatte. Ihre Rezitation schien eine beruhigende Wirkung auf die Mutter zu haben – Belle, dieses seltsame Tier in ihrem Haus –, und sie fühlte sich selbst auch gleich ruhiger. Sich mit Information zu bewaffnen wirkte wie ein Beruhigungsmittel, und es war tröstlich, die Fakten auszupacken und dann wie Zaunpfähle einzupflanzen, so dass sie einen stabilen Pferch ergaben, der es einem erlaubte, sich allein und abgeschirmt von menschlicher Fehlbarkeit aufzuhalten.

Sie vermisste ihn so sehr.

»Und was«, fragte Belle, »sind Sie dann? Schweben Sie einfach nur durch Raum und Zeit? Ohne beweisen zu können, dass Sie tatsächlich existieren?« Sie verlieh ihren Worten Gewicht.

»Von meiner Existenz gibt es Beweise genug«, antwortete Ona. »Doch die Dauer dieser Existenz zu beweisen ist eine andere Sache.« In ihrem Kopf machte sich wie ein Windhauch ein Blutdruckabfall bemerkbar, und sie kam einem Schwindelanfall zuvor, indem sie sich setzte.

»Belle«, sagte Quinn – und es war auch Zeit dafür –, »lass mich dich nach Hause bringen.«

»Worin? In einer Pferdekutsche?«

»In deinem Auto. Dann nehme ich den Bus und fahre zurück in die Stadt.«

Entweder hörte Belle ihn nicht, oder sie zog es vor, darüber hinwegzuhören. »Ich vermute, ihr beiden habt gemeinsame Sache gemacht«, sagte sie zu Ona. Wieder der Anflug eines Lächelns. »Er hatte Ihr Alter bis zu dem Tag berechnet – er sprach unentwegt von Ihnen –, aber mir ist nicht klar gewesen, was er vorhatte. Ich hatte versucht, ihn von den Weltrekorden abzubringen und ihn an etwas Produktiveres heranzuführen.« Sie schielte auf Quinn. »Pfadfinder. Musik.«

Quinn hielt still. Abwartend, dachte Ona. Abwarten war eine schöne Eigenschaft bei einem Mann, wie sie fand.

»Ich hätte ihn anweisen sollen, das für sich zu behalten«, gab Ona zu. »Und ich bin nicht begeistert, dass es jetzt herauskommt.«

Sie fragte sich nicht zum ersten Mal, was aus dem Tonbandgerät wurde. Sie hatte ihm derart intime Dinge anvertraut, die jetzt irgendwo existierten, vielleicht noch unentdeckt in einem Geheimfach im Rucksack des Jungen. Vielleicht war es aber auch unauffindbar, dieses irdische Band zwischen ihr und dem Jungen. Sie wusste nicht, wie sie es anstellen sollte, danach zu fragen, ohne sich eine Blöße zu geben. Sie erhob sich langsam, und das Blut brauste in ihrem Kopf.

»Mein Sohn liebte Geheimnisse«, sagte Belle. »Die von der Sorte Überraschungsparty, nicht die dunklen.« Quinn hatte seinen Arm leicht um Belles Schultern gelegt, aber sie schien ihn gar nicht wahrzunehmen.

»Es war eins vom Typ Überraschungsparty«, erklärte Ona ihr. »Nur von Interesse für ein ungeschicktes altes Huhn.« Sie stopfte die Formulare für die Rekordanmeldung zurück in den Umschlag.

»Belle«, setzte Quinn an, »warum kann ich nicht ...?«

»Aber Sie werden doch sicherlich eine Geburtsurkunde haben«, warf Belle ein.

»Nicht greifbar.«

»Was soll das heißen?«

»Meine Geburtsurkunde«, erklärte Ona, »ist im Besitz von jemandem, den ich schon sehr lange nicht mehr gesehen habe. Das ist alles, was ich zu dieser Frage preiszugeben bereit bin.«

Belle tippte auf den Umschlag, den Ona sich an die Brust drückte, als wäre der Umschlag der Junge, den sie im wirklichen Leben nie an sich gedrückt hatte. »Es würde mich freuen, wenn Sie es ins Buch der Rekorde schaffen würden«, sagte Belle. Sie wandte sich an Quinn. »Es würde mich wirklich sehr freuen, wenn das klappen würde.«

Ona fühlte sich ertappt und völlig verwirrt: Bloßgestellt wie ein dummes Mädchen in ihrem eigenen Haus!

»Können Sie die Person nicht fragen, die Ihre Geburtsurkunde hat ...?«

»Belle«, sagte Quinn ruhig, »ich denke, sie möchte es uns lieber nicht sagen.«

Da schien Belle wieder zu sich selbst zu kommen – oder jedenfalls zu einer Reproduktion welcher Art auch immer. »Entschuldigung. Ich bin ... ich träume nur. Ich weiß nicht, was ich tue.« Sie ergriff Onas Hand und drückte sie. »Mein Sohn mochte Sie, Miss Vitkus. Er mochte Leute, die aufmerksam waren. Ich danke Ihnen für Ihre gute Aufmerksamkeit. Eigentlich bin ich hergekommen, um Ihnen das zu sagen.«

Und dann war sie weg, Quinn begleitete sie noch zu ihrem viel zu hohen Fahrzeug, wo sie noch ein paar zärtliche unentzifferbare Worte austauschten. Danach stieg sie in ihren Wagen und fuhr davon.

»Du meine Güte«, sagte Ona, als Quinn zurückkam. »Ich glaube nicht, dass die Arme ganz bei Sinnen ist.«

»Das ist nicht sie. Sie steht noch immer unter Schock.«

»Jemand sollte auf sie aufpassen.«

»Das tut jemand.« Auf seinem Gesicht – wie das von Frankie leicht zu durchschauen – zeigte sich ein Anflug von Liebe und Scham.

Quinn schaute sich um. »Noch etwas? Solange ich hier bin?« Er war jetzt in Eile. Sie fühlte sich wie damals als kleines Mädchen, als sie Maud-Lucy Stokes vom Bahnsteig aus zuwinkte.

»Ich habe was für Sie, Quinn«, sagte sie. »Ich habe es für den letzten Tag aufgespart, von dem ich nicht wusste, dass er schon so schnell kommen wird.« Sie öffnete eine Schublade und reichte ihm eine kleine, gut erhaltene Wachswalze, die sie bei ihrer fruchtlosen Suche nach ihrer Geburtsurkunde in einer Ramschkiste gefunden hatte.

»›Some of These Days‹ mit Sophie Tucker«, las Quinn auf dem Etikett. »›Neunzehnhundertelf‹. Was ist das, eine Aufnahme?«

»Sie bräuchten wohl einen Edison-Apparat, um die abzuspielen.« Sie erkannte ihren Fehler: Sie hatte einem Musiker Musik gegeben, die nicht gehört werden konnte.

Aber er lächelte und hob den Zylinder aus seinem Futteral. Die wolkige Spur, welche die von Kummer erschütterte Mutter des Jungen zurückgelassen hatte, hob sich ein wenig, als er das merkwürdige alte Ding bewunderte. Selbst für Ona sah es fremd aus, und sie hatte plötzlich das lebhafte Gefühl, sich wieder in Maud-Lucys Wohnung im zweiten Stock zu befinden: Womit auch immer Quinn seine Haare wusch, es roch wie Maud-Lucys gestärkte Zierdeckchen.

»Das ist großartig, Ona. Und was ist das, dieses Notenblatt?«, fragte er, indem er einen verblassten Papierbogen herauszog, der eingerollt im Futteral steckte. »›Hiding Place‹ von Howard J. Stanhope?«

»Was, lassen Sie mich sehen«, sagte Ona, aber er hatte recht, es war eins von Howards fünfundsiebzig Jahre alten Notenblättern. Sie hatte keine Ahnung, wie das unter ihre Sachen geraten war, aber vielleicht hatte es Howard dort in der Hoffnung verstaut, dass sie eines Tages darauf stoßen und ihn vermissen würde. Seltsamerweise vermisste sie ihn tatsächlich, aber in jenem allgemeinen Sinn, wie sie ihr ganzes Leben vermisste.

»Howard hatte den brennenden Ehrgeiz, es in einen der Musikverlage auf der Tin Pan Alley zu schaffen«, erzählte sie ihm. »Aber er war ein fürchterlicher Songschreiber.«

»Ein solcher Ehrgeiz kann einen umbringen«, meinte Quinn und summte dann die Eingangstakte und erschloss sich die Melodie.

»Sie können vom Blatt lesen?«

»Ein bisschen Anerkennung bitte.«

Maud-Lucy konnte ganz wunderbar Noten lesen und auch Howard, aber das waren die Einzigen mit dieser Fähigkeit, die sie kannte. Sie hatte Quinns Geschichten genossen, die er von seiner Tour zum Besten gegeben hatte. Er hatte die ganze Woche mit den religiösen Jungs verbracht, was ihr als eine merkwürdige Allianz erschienen war, bis er ihr gestand, was sie ihm zahlten; diese Woche würde er wieder mit ihnen losziehen. Seine Geschichten erinnerten sie daran, wie sie Maud-Lucy ins Opernhaus von Kimball gefolgt war, um Geschichten aus dem kongolesischen Dschungel oder dem Wilden Westen zu hören, von einer fremden Welt.

»Sie können sich gar nicht vorstellen, wie viel Geld Howard all den Tunichtguten in den Rachen geworfen hat, die versprachen, ihn reich zu machen«, fuhr sie fort.

»Wie es scheint, ändert manches sich nie.« Er blitzte sie mit einem selbstkritischen Lächeln an. So weit also hatte sich ihre Freundschaft entwickelt, in Stufen, die in Zuckungen gemessen wurden.

Er arbeitete sich tastend durch den Song, den Ona als ein albernes kleines Stück über die Versöhnung mit Gott bei einer Flasche Whiskey in Erinnerung hatte – ein Produkt aus Howards religiöser Phase, nachdem Frankie umgekommen war und bevor sie ihn verließ. Wie oft hatte sie in diesem grünen Rüschensessel in der Woodford Street gesessen und Howards ausdrucksloser Protestantenstimme zugehört und dabei das unbändige Verlangen verspürt, auf ihrem Crosley eine Platte von Jimmy Durante aufzulegen?

»Howard war Abstinenzler«, berichtete sie Quinn. »Die Prohibition hatte keinerlei Auswirkung auf uns.«

Quinn summte noch immer. »Also ganz ehrlich, Ona, schlecht ist das nicht.«

»Ihren religiösen Kumpels gefällt es vielleicht«, sagte sie. »Diesen Jungs am Sprung.«

»Gut möglich«, meinte er. Er summte noch ein paar Takte. »Ich höre es mit den Schwingungen eines Musiksaals.«

Ona wusste nicht genau, was mit Schwingung gemeint war, aber das Wort rief ihr die wackelnden Schachteln mit den nicht verkauften Notenblättern in Erinnerung, die mit dem Lastwagen vor dem Haus in der Woodford Street angeliefert wurden. Der arme Howard mit seinen hochtrabenden Illusionen. Und da wurde ihr klar: Sie hatte Quinn die Wachsrolle gegeben, um als musikalisch interessiert dazustehen.

»Ich hoffe, Sie haben nicht vor, sich von diesen Jungs erretten zu lassen«, sagte sie.

Er blickte sie schelmisch an. »Nicht so, wie die sich das vorstellen.«

»Oho! Sie haben wohl was in der Hinterhand.«

Er zuckte die Achseln. »Wenn man ein großes Publikum anzieht, ist es egal, ob man Gott oder den Teufel preist.«

»Der Herr und ich haben unsere Differenzen im Lauf der Zeit beigelegt. Aber ich denke, Sie gefallen mir besser in der Liga des Teufels.«

»Ich bin in etwa so diabolisch wie ein Versicherungsfachmann, Ona«, erwiderte er. »Es ist meine Arbeit, mehr nicht. Arbeit, die ich liebe.«

»Das ist in der Tat eine schöne Sache«, versicherte sie ihm.

Er beeilte sich hinzuzufügen: »Es ist doch eine schöne Vorstellung, dass die Entscheidungen, die man getroffen hat, auch einen Wert hatten.« Er steckte das Notenblatt in den Umschlag zurück und reichte ihr die Hand. »Hat mich gefreut, Sie kennenzulernen, Ona.«

»Sie wissen doch gar nichts über mich«, gab sie zurück. »Ich habe Ihnen nichts erzählt.«

»Sie wären überrascht, wie gut ich zwischen den Zeilen zu lesen verstehe.«

Da ertönte ein fröhliches Gehupe von der Einfahrt, wo der Gruppenleiter der Pfadfinder seinen grauen Bus anhielt. »Hallo, Mrs Vltkus!«, rief er beim Aussteigen. »Verzeihung, dass wir so spät dran sind!«

Gut aussehend, gesund und mit den besten Absichten kam er den Weg hoch und hatte einen Jungen im Schlepptau – einen Jungen im selben Alter wie der vorherige –, der eine schlechtsitzende Uniform mit einem einzigen Abzeichen trug. Dieser Junge hatte keine runden, ernsten taubengrauen Augen. Dieser Junge hatte keine Handgelenke von der Größe entrindeter Zweige. Dieser Junge sagte nicht: »Es ist mir eine Freude, Sie kennenzulernen«, wie der romantische Held in einem Film der vierziger Jahre.

Dieser Junge blieb stumm – wie Ona –, während die beiden Männer sich beäugten.

»Ich bringe gerade den Job zu Ende, Ted«, klärte Quinn ihn auf. »Buchstabengetreu.«

»Das hab ich gehört.«

Der junge Pfadfinder riss seinen Kopf herum und sah von einem Mann zum anderen.

»Ich hatte nicht damit gerechnet, dass ein neuer Junge kommt«, sagte Ona.

»Wir wollten Sie nicht hängenlassen, Mrs Vitkus«, versicherte der Gruppenleiter. Seine Uniform war trotz der feuchten Hitze ordentlich gebügelt. »Das ist Noah.«

Der neue Junge murmelte etwas Unverständliches. Oh, er war nicht geeignet. Er würde sich als langweilig oder schmollend oder allergisch gegenüber der Arbeit erweisen. Auf jeden Fall wollte sie, dass beide wieder gingen, diese Zwillingssäulen der Gemeinschaft in ihren dunkelbraunen Hemden. Wenn sie schon einen anderen Jungen bekommen sollte, dann wollte sie einen Sonntagsjungen. Oder einen Dienstagsjungen. Sie wollte keinen Samstagsjungen mehr.

»Sie kommen eine Woche zu früh, Ted«, stellte Quinn fest.

Der Gruppenleiter kramte dasselbe Gerät hervor, das er auch beim letzten Mal benutzt hatte. »Mal sehen.« Er stach auf einen winzigen Bildschirm ein. »Nee. Da haben wir's. Genau hier.« Er hatte ein nett aussehendes, ernstes vertrauenswürdiges Gesicht.

»Es waren noch sieben Wochen übrig«, sagte Quinn, »und das ist Woche sieben.«

So viele, viele Wochen waren nun vergangen: die Samstage des Jungen im Winter und Frühling, die des Vaters im Sommer. Insgesamt ein immerwährender Anfang bis heute: das Ende.

Die Erwähnung des Jungen, so indirekt sie auch war, verdüsterte die Trauerwolke, die über der kleinen Gruppe auf der Veranda hing. Der neue Pfadfinder zog sich in den baumartigen Schatten seines Gruppenleiters zurück und verriet ausdrucksloses Unbehagen. O nein, mit ihm wurde das nichts.

»Dann also nächste Woche.« Der Gruppenleiter klappte seinen Kalender zu. »Das ist übrigens Noah. Aber das habe ich wohl bereits gesagt.«

Als die Besucher zurück in den Kleinbus sprangen, hörte man von dem kleineren einen Klagelaut, denn die ihm für seine gute Tat zugewiesene Stelle schien eindeutig nicht seinen Erwartungen zu entsprechen. Glaubte er etwa, sie hätte den Jungen eigenhändig getötet? Wieder fühlte sie sich wie ein altes Weib in diesem Haus am Ende der Sackgasse.

»Offensichtlich kommt der geheiligte Gruppenleiter mit der Zeit nicht klar«, meinte Quinn. »Hab ich übrigens erwähnt, dass er was für meine Exfrau übrighat?«

»Höchstwahrscheinlich nicht.«

»Vermutlich ist sie in ihn verliebt.«

»O mein Gott!«

»Ein hingebungsvoller alleinerziehender Vater. Die Frau ist gestorben. In anderen Worten ein Typ, den man nur schwer hassen kann, aber mir scheint es doch zu gelingen.«

»Nun, er ist bereit«, fügte Ona hinzu. »Außerdem freundlich und folgsam, wenn man so was mag.«

Quinn lachte, der Bann brach, und endlich kam es zum Abschied. Er nahm die Walze, sein musikalisches Geschenk, und hielt ihr die Hand hin. Sie ergriff sie, hielt sie fest und ließ dann los.

»Es hat hier noch nie besser ausgesehen, Quinn«, sagte sie zu ihm. »Ich danke Ihnen für Ihre – für Ihre große Sorgfalt.«

»Es war mir ein Vergnügen.« Er trottete die Stufen hinunter.

»*Ir man malonu*«, sagte sie.

Er wandte sich abrupt ab. »Was war das?«

»Ich glaube, es bedeutet: ›Gern geschehen‹.«

Er verharrte auf der untersten Stufe, sein Geschenk unterm Arm, und plötzlich erröteten seine Wangen wie die eines jungen Mädchens – wie die des Jungen, genauer gesagt. War es zu viel der Hoffnung, dass es ihm leidtat, sie zu verlassen? Hinter ihm glänzte feucht der abgespritzte Gehweg und reflektierte kleine Flecken des Himmels. Und bevor sie sich auf die Zunge beißen konnte, platzte es aus ihr heraus: »Ich brauche jemanden, der mich nach Vermont bringt, Quinn. Nach Granyard, Vermont.«

Er sah sie lange an. »Wer ist denn in Vermont?«

»Mein Sohn«, antwortete sie. Sie wehrte die nächste Frage ab. »Mein erster Sohn. Ich war praktisch selbst noch ein Baby.« Sie zögerte. »Ihrem Jungen habe ich es erzählt. Also dürfte es kein Geheimnis mehr sein.«

Und so erzählte sie dem Vater, was sie dem Sohn erzählt hatte. Nicht alles. Aber das meiste. Der Vater nahm es in sich auf, die Augen dunkel und warm mit den Frankie-Wimpern.

»Sie werden eine Woche warten müssen«, sagte er. »Ich bin von der Gottesschwadron gebucht.« Er kramte seinen Kalender aus der Tasche, und sie fühlte sich vor Freude plötzlich ganz leicht.

»Eine Woche ist gut.«

»Und wir werden mit Ihrem Auto fahren müssen.«

»Es ist ein gutes Auto, Quinn. Kein Fleckchen Rost. Gute vierzigtausend Kilometer auf dem Tachometer.«

»Vielleicht kann ich unterwegs Ihre Fahrkünste auffrischen«, schlug er vor. »Sofern Sie das noch immer vorhaben.«

»Auf dem Highway bin ich eine Gefahr. Obendrein mit einer abgelaufenen Fahrerlaubnis.«

»Das hat mich nie abgehalten«, gab er zurück, und als sie das Lächeln des Vaters sah, wirkte dies wie ein weiterer Zaubertrick, denn sie sah den Jungen, der ihm darin einmal ähnlich gesehen hätte.

UNTERWEGS

1. Längster Rückwärtslauf. 12 847,75 km. Plennie Wingo. USA.

2. Größtes von Pedalen angetriebenes Fahrzeug. 82 Fahrer. Schweden.

3. Längste Autofahrt. 617 358 km. Emil und Liliana Schmid. Schweiz.

4. Schnellster Fahrer im Badewannenrennen. Greg Mutton. 37 km in 1 Stunde, 22 Minuten und 27 Sekunden. Australien.

5. Längste BMW-Parade. 107 Autos. Niederlande.

6. Schnellste Zeit, in der ein nicht elektrisches Autofenster von einem Hund geöffnet wurde. 11,34 Sekunden. Striker. USA.

7. Höchste Limousine. 5,84 Meter. USA.

8. Höchste auf einem motorisierten Sofa erreichte Geschwindigkeit. 140 km/h. Edd China. Großbritannien.

9. Schwerstes auf dem Kopf balanciertes Auto. 159,66 kg. John Evans. Großbritannien.

10. Ältester Fahrer mit gültiger Fahrerlaubnis. Fred Hale. Alter 108. USA.

TEIL DREI
Kelione (Reise)

KAPITEL 13

Am Tag der Reise wurde Ona mit einem schrecklichen Wort in ihrem Kopf wach: *mirtis*. Und wenn Laurentas nun tot war?

Sie schüttelte das Wort ab. Mit Sicherheit war Laurentas noch gesund und munter und freute sich des Lebens unter der Adresse, die zerknittert in ihrer Geldbörse steckte: Es musste so sein. Sie malte sich den vor ihr liegenden Tag mit einer Leidenschaft aus, die von dem Jungen auf sie abgefärbt hatte, ohne dessen Einsatz er nicht zustande gekommen wäre. Diese Reise unternahm sie für ihn, und deshalb musste Laurentas noch am Leben sein.

Während ihrer hastigen Vorbereitungen auf die Reise vergaß sie jedoch deren Zweck. Die Reise wurde zum Selbstzweck: Sie war etwas Neues, ein Vergnügen. Zum ersten Mal in fünfundzwanzig Jahren hatte Ona sich von einem Mädchen die Haare machen lassen, die jetzt wie ein gelackter Helm um ihren Kopf lagen, ein viel zu teurer Kopfputz, für den sie das Geld aber nicht reute. Die ganze Woche hatte sie sich jung und impulsiv gefühlt und Louise im Geiste erzählt: *Ich gehe mit einem liederlichen Musiker auf die Reise.*

Immerhin waren ihre ersten bewussten Erinnerungen die einer Odyssee, an die sie sich nun in leuchtenden Bruchstücken erinnerte: ein erschöpftes Pferd, das erschossen wurde, um es zu essen. Ein Zigeuner, der Pfirsiche aus einem

Sack anbot. Staubwolken in der Farbe pulverisierter Rosen. Sie erinnerte sich, ihr Gesicht in den Nacken ihres Vaters gedrückt zu haben, und dass die Tränen ihrer Mutter auf die Seiten eines verbotenen, weil in lateinischen Buchstaben geschriebenen Buchs tropften. Sie gingen und gingen, vermissten ihren üppig blühenden Vorgarten, ihre Hühner und Kirschbäume, ihren geliebten Hof, den die Deutschen ein Jahrzehnt später niederbrennen würden, eine Gewalttat, über die sich Onkel Bronys in einem Brief entrüstete, dessen Umschlag mit einem schwarzen Kreuz gekennzeichnet war: Todesfall in der Familie.

Ungeachtet des Staubs und der Befürchtungen, war die vorherrschende Stimmung auf dieser Reise die, dass man sich auf etwas *zubewegte*. Worauf, darauf kam es nicht an. Ona hatte am zwanzigsten Tag des zwanzigsten Jahrhunderts das Licht der Welt erblickt, für die abergläubischen katholischen Eltern ein gutes Zeichen. Sie wählten ein Land, das sich den Fortschritt als ein Sakrament zu eigen machte. Aldona bestach eine Grenzwache, indem sie behauptete, ihr krankes Kind benötige einen ganz speziellen Arzt, eine absichtlich ausführlich und verwirrend vorgetragene Geschichte, bei der Ona wie aufs Stichwort zu schreien anfing. Der Grenzer – ein schlaksiger Teenager – winkte sie durch, eine offenbar verzweifelte Frau, die ein kleines Mädchen und Vorräte für ein paar Tage mit sich herumschleppte. Und so ging es über die Grenze, Jurgis lag versteckt unter den Planken eines Eselkarrens. Sie erreichten endlich eine Stadt und ein Schiff und unternahmen die gefährliche Überfahrt mit den auf ihre Mäntel gehefteten Worten *Kimball, Maine*.

Das war ihre Geschichte, zusammengesetzt aus den wenigen Brocken Englisch, das sie sprachen, aber erst jetzt hatte Ona das Gefühl einer gelebten Erfahrung. Sie erinnerte sich, dass viel gehustet wurde, an einen schwankenden Horizont, ein Stückchen Käse mit Schimmelsternen darauf, die ihre Mutter abknabberte, bevor sie der kleinen Ona den Rest gab. Und an lange gereizte Gespräche zwischen ihren Eltern, die für ihre eng wie die Sardinen in klammen, von Flöhen heimgesuchten Quartieren hausenden Mitreisenden nur Verachtung übrighatten. Sie teilten murmelnd ihre Angst, ihre Papiere zu verlieren, ihren Hass auf die russische Armee, ihre Erleichterung darüber, es ohne Inhaftierung so weit geschafft zu haben.

Und schon fiel ihr ein weiterer Edelstein in den Schoß: ein ungeschliffener Satz: *Dievas davė dantis, Dievas duos duonos.* Gott gab uns Zähne, Gott wird uns Brot geben.

Sie muss ihre Muttersprache einmal beherrscht haben, sonst könnte sie sich nicht mit solcher Dringlichkeit an diese Dinge erinnern. Ona konnte mit Ironie nichts anfangen, aber nichtsdestotrotz fand sie es grausam, dass ein Grund für die Flucht ihrer Eltern der Versuch der Russen gewesen war, ihnen die Sprache ihrer Ahnen zu nehmen. Sie fragte sich, ob deren Sprache womöglich heimlich irgendwo in ihrem eigenen Körper abwartete, und zwar nicht als Häppchen, wie sie ihr in letzter Zeit aus dem Nichts in den Schoß gefallen waren, sondern als eine vollkommen ausgebildete fließende Beherrschung derselben, die in einem Moment bereitwilliger Unterwerfung aus ihr herausbrechen würde.

Bisher hatte sich in ihrem Leben eine solche Situation noch nicht ergeben.

Quinn traf pünktlich ein. »Raus aus den Federn!«, rief er, als die Fliegengittertür hinter ihm zuschlug.

»Aus den Federn bin ich schon seit vier Stunden«, erwiderte sie.

»Sie strahlen wie der neue Tag, Ona. Allein schon Ihre Haare.«

»Mit diesen Haaren könnte ich in den Krieg ziehen«, sagte sie. »Die haben mich vierzig Dollar gekostet.«

Seine Wangen waren rosig. Reisen sagte ihm zu, und das hätte sie wissen müssen: Menschen wie Quinn, die immer vor sich davonliefen, liebten die Straße. Er nahm ihre Sachen und führte sie zum Wagen. Er hatte sich ausgiebig über seinen Oldtimerstatus ausgelassen, sein »Durchhaltevermögen«, das sich, und dies zu hören, machte sie insgeheim stolz, ihrer Gewohnheit verdankte, ihn zweimal die Woche anzuwerfen, um zum Einkaufen zu fahren. Quinn half ihr, auf dem Beifahrersitz Platz zu nehmen, indem er ihren Ellbogen mit seinen langen Fingern umfing und in ihr ein Paradox aus Hilflosigkeit und Elan auslöste.

Sie strich die Hosenbeine über ihren Schenkeln glatt, während Quinn auf die andere Seite sprintete und sich ans Steuer setzte. Sie erwartete einen Bleifußtypen, der die Strecke in Rekordzeit zurücklegte (sie fragte sich, welches der Rekord war), aber er ging es mit erstaunlicher Vorsicht an, fuhr an der nächstliegenden Auffahrt zum Highway vorbei und bog dann in ein Viertel gepflegter Häuser ab.

»Wohin zum Teufel fahren wir?«, erkundigte sich Ona.

»Wir sind auf einer Rettungsmission«, antwortete Quinn. »Frau in Nöten.« Er hielt vor einem weißen Haus im Cape-Cod-Stil zwei Häuserblocks unterhalb der Washington Avenue an. Bestürzt machte Ona sich bewusst, wo sie waren.

»Wir nehmen eine Mutter, die nicht alle ihre Sinne beisammenhat, mit auf die Reise?«

»Sie hat gefragt, ob sie mitkommen kann«, gab Quinn zurück. »Sie haben ja keine Ahnung, wie es mich erleichtert, ihr einen Wunsch erfüllen zu können.«

Belle kam aus dem Haus, in der Hand eine vollgestopfte Umhängetasche. Eine weitere Frau folgte ihr auf den Fersen.

»Oh-oh«, murmelte Quinn.

Im Unterschied zu Belle war die zweite Frau dunkelhaarig und stämmig gebaut. Aus der Ferne machte sie denselben unberührten, unberührbaren Eindruck, den Ona noch von den Mädchen auf der Henneford Academy, der Schwesterschule von Lester, in Erinnerung hatte, aber aus der Nähe bröckelte die Fassade. Sie war in Trauer: angespannt und gequält.

»Kann ich dich kurz sprechen?«, bat die Brünette Quinn.

Als Quinn aus dem Wagen stieg, rutschte Belle auf den Fahrersitz.

»Belle ...«

»Ich übernehme das Fahren«, erklärte sie ihm. »Du bist ein fürchterlicher Fahrer.« Die Haut unter ihren Augen war violett vor Müdigkeit, nach Onas Berechnung waren fast drei Monate vergangen, viel zu lange, um ohne messbaren Schlaf auszukommen, obwohl es ihr nach Frankie nicht anders ergangen war.

Quinn musterte sie einen Moment, während die Brünette finstere Blicke auf alle zusammen warf. »Also gut«, sagte er zu Belle und wandte sich dann an die Brünette, die ihn in gut hörbarem Flüsterton beschimpfte.

Belle warf ihre Tasche auf den Rücksitz, wo sie eine fast eheliche Gemeinschaft mit Quinns Reisetasche einging. Ona tätschelte ihr steifes Haar, so dünn, dass man die Kopfhaut sah. »Darf ich fragen?«

»Ich sagte Quinn, dass er das nicht alleine machen kann.«

Ona sträubte sich. »Ich brauche keine Pflegeschwester.«

»Ich hatte auch nicht vor, Sie zu pflegen«, entgegnete Belle. »Ich hatte einfach nur vor, der Stadt den Rücken zu kehren.« Sie hatte Tränen in den Augen. »Sie wissen gar nicht, wie sehr ich mir wünsche, aus meiner Haut zu fahren.«

Aber Ona wusste es. Nach Frankie wäre es eine Wohltat erster Güte gewesen, einfach in ein Auto zu steigen und *wegzufahren*. Sie versuchte, ihre Bestürzung hinunterzuschlucken. Sie wollte nicht zu den alten Menschen gehören, die Veränderungen ablehnten – Louise hatte sie genau davor gewarnt. Aber gegen ihre Enttäuschung war sie machtlos. Gestern Abend hatte sie ihre störrischen Wasserhähne bearbeitet, um sich ein Vollbad einlaufen zu lassen, und einen Schuss Mandelöl ins Wasser gegeben. Heute Morgen hatte sie sich Parfüm hinter die Ohren getupft. Sie hatte nicht damit gerechnet, das fünfte Rad am Wagen zu sein. Es war ihr bereits jetzt zu heiß in ihrer langärmeligen Bluse, und sie fühlte sich wie ein eingefallener Pudding, ein Rest, den jemand auf dem Sitz vergessen hatte.

Belle öffnete das Handschuhfach. »Keine Straßenkarte?«

»Ich habe eine Straßenkarte«, sagte Ona. »Ich bin nicht so blöd, eine Reise ohne eine Straßenkarte anzutreten.«

»Wir kommen schon klar.« Belle hantierte am Rückspiegel, Ona bekam eine Wolke ihres Körpergeruchs ab. Vor dem Wagen waren Quinn und die Brünette in etwas verstrickt, das man großzügig als Diskussion bezeichnen könnte.

»Das ist meine Schwester, falls Sie sich wundern.«

»Tue ich nicht«, versicherte Ona.

Ona starrte nach vorn und schämte sich. Wie konnte sie sich anmaßen, dieser armen Frau etwas Raum zum Atmen zu missgönnen?

»Quinn hat mir von Ihrem Sohn erzählt«, sagte Belle. »Ich hoffe, es macht Ihnen nichts aus.«

»Ich nehme an, dass es nicht darauf ankommt, ob es mir was ausmacht oder nicht.« Aber zu ihrer Überraschung machte es ihr nichts aus. Ihr Geheimnis war freigelassen worden, harmlos wie ein Schmetterling. Sie wusste selbst nicht mehr, warum sie es so fest in ihrer Brust eingeschlossen hatte. Neunzig Jahre lang.

»Es hilft mir zu glauben, dass mein Sohn noch immer irgendwo auf der Welt ist, wenn ich mit Ihnen zusammen bin.« Belle zwinkerte heftig. »Dafür danke ich Ihnen.«

»Keine Ursache«, erwiderte Ona. Aber für Ona war es das genaue Gegenteil. Sie hatte den Jungen sicher hinter den Kulissen verstaut, in einer Art Zwischenreich. Er war weniger real als vielmehr, sehr viel mehr eine Erinnerung: eine Stimme, die aus den Kulissen sprach, der Eindruck lebendiger Stille. Aber seit die gequälte Mutter taumelnd ins Scheinwerferlicht geraten war, konnte sie unmöglich vergessen, dass er tot war.

Jetzt war Quinn zurück. »Amy hat deinen Vater angerufen«, sagte er und setzte sich auf die Rückbank. »Der große Mann ist unterwegs.«

Die Schwester kam an Belles Fenster gewuselt und hielt ihr ein rosafarbenes Telefon hin. »Kannst du nicht wenigstens auf Dad warten, Liebes?«

»Sag ihm, es ist ein bisschen spät, den lieben guten Daddy zu spielen«, hielt Belle dagegen. »Gibt's nicht irgendwo eine Firma, die geplündert werden muss?«

»Ruf mich an, wenn du dort ankommst«, bat die Schwester. »Kannst du das bitte tun, bitte?« Sie schloss Belles Finger um das Telefon und küsste diese dann. »Lassen Sie nicht zu, dass er sie zu irgendwas überredet«, wies sie Ona an, der sie nicht einmal vorgestellt worden war.

Belle seufzte laut. »Sag Dad, wir bringen eine Mutter zu ihrem Sohn. Eine sehr nette Mutter, das Sozialprojekt seines eigenen Enkelsohns.«

»Entschuldigen Sie bitte ...«, setzte Ona an.

»Ihr habt eine Reservierung für das Apple Country Motor Court«, sagte Amy zu Quinn. »Wenn man nicht im Voraus bucht, schläft man am Ende im Auto.«

»Das war vor fünfzehn Jahren so, Amy«, gab Quinn zurück.

»Ted ist übrigens wütend deswegen.«

»Und wo ist er dann?«

»Bei den Kindern«, antwortete Amy. »Verbringt Zeit mit seinen Kindern.« Sie beugte sich weit ins Fenster hinein. »Das ist für dich gemeint«, ergänzte sie und zeigte auf Quinn. Dann knuffte sie Belle mütterlich und kehrte zum Haus zurück.

»Das wäre nicht nötig gewesen«, meinte Ona.

»Offen gestanden«, sagte Quinn von der Rückbank, »war es das.«

Belle schnallte sich an. »Amy ist schon immer ein Trampel gewesen.«

»Kann man so sagen«, bestätigte Ona.

»Seien Sie froh, dass sie nicht darauf bestanden hat, uns zu fahren.«

»Oh, das bin ich. Ihre Schwester scheint mir der Typ Autofahrer zu sein, der ganz allein dafür sorgt, dass das allgemeine Durchschnittstempo sich erhöht.«

»Der war gut, Ona«, sagte Quinn, und lächerlicherweise freute Ona sich.

Belle startete den Wagen – inzwischen ein Fluchtauto, wie es schien – und fummelte am Armaturenbrett herum. »Wo ist die Klimaanlage?«

»Es ist ein Auto«, erklärte Ona, »und keine Kabine auf der *Queen Mary*.« Es wurmte sie noch immer, dass man sie als Sozialprojekt bezeichnet hatte.

Belle fächelte sich mit dem Kragen ihrer Bluse Luft zu. »Ich selbst bin eine ausgezeichnete Fahrerin, Miss Vitkus. Ich werde Sie gesund und munter dort hinbringen.«

»Nicht, wenn dein Vater vorher hierherkommt«, mutmaßte Quinn. »Gib Gas!«

Endlich fuhren sie los, in umsichtiger und akzeptabler Geschwindigkeit, und waren binnen weniger Minuten auf dem Highway. Je weiter sie sich von zu Hause entfernten, umso harmonischer gestaltete sich das Verhältnis zwischen den Reisenden. Sie unterhielten sich eine Weile über die bevorstehenden Wahlen und den Krieg und die Red Sox, bevor sie ins Schweigen abglitten. Im Halbschlaf und auf ihr Leben zurückblickend, sah Ona ihre Mutter vor einem Fenster stehen, das Haar von einem ausgefransten Stück Stoff zusammengehalten. Zweige kratzten am Fenstersturz. Ein weißer Hund seufzte. Wo war das? War es möglich, sich an ein Land zu erinnern, das sie im Alter von vier Jahren verlassen hatte? Konnte man nach hundert Jahren tatsächlich noch etwas abrufen?

Eine Stunde später, als sie die Grenze nach New Hampshire überquerten, griff Belle einen fallen gelassenen Gesprächsfaden wieder auf. »Mein Vater ist ein harter Mann«, sagte sie zu Ona, »aber er hat sich aus dem Nichts erschaffen. Er hatte Ziele. Das verdient Bewunderung. Aber natürlich opferte er seine Familie dafür.« Sie warf Quinn einen vielsagenden Blick über den Rückspiegel zu. »Es gibt Töchter, die nachsichtiger sind als wir. Dad hat es mit dem unversöhnlichen Typus zu tun.«

»Du gehörst nicht zu den Unversöhnlichen«, meinte Quinn. Ona hatte Mühe, ihn zu verstehen. »Amy vielleicht. Aber du nicht.«

Sie unterhielten sich in einer Geheimsprache, so viel wusste Ona, aber vielleicht war das der einzige Weg, miteinander zu sprechen. Sie verfiel in Schweigen, bis ihr bewusst wurde, dass es ihre bloße Anwesenheit war, die ihr Gespräch, wie schmerzlich es auch war, überhaupt erst ermöglichte. Sie war der Frau nur ein einziges Mal begegnet, aber konnte es nicht sein, dass diese Version – die sich schnippisch eines Codes bediente – der echten Belle näher war als das ängstliche kleine Wesen, das vergangene Woche ihr Haus heimgesucht hatte? War dies der Grund, warum Quinn dort hinten so zufrieden wirkte, so unbesorgt?

»In welcher Branche arbeitet Ihr Vater?«, wollte Ona wissen.

»Spielsachen«, antwortete Quinn, »aber lassen Sie sich davon nicht in die Irre führen.« Er ließ die Arme über den Sitz baumeln, wie das Randall und Frankie in Howards Model A getan hatten.

»Er begann mit einem Spielzeugflugzeug«, erzählte Belle mit einigem Stolz. »Es wurde in einem süßen kleinen Flugzeughangar geliefert.«

»Das machte ihn binnen sieben Monaten zum Millionär«, sagte Quinn, »und danach stellte er jemanden dafür ein, den Stammbaum der Cosgroves bis zu einer Gruppe unbedeutender Herzöge zurückzuverfolgen, so dass Belle und Amy in dem Glauben aufwuchsen, Mitglieder des Königshauses zu sein.«

Ona begriff, dass sie ihre Rollen nach einem alten Drehbuch spielten. Louise nannte dies »Paarbonding«, das Äquivalent zu den Vögeln, die Beeren von einem Schnabel zum anderen weitergeben.

»Es waren keine sieben Monate«, widersprach Belle.

»Aber er erzählt es so.«

»Es waren sieben Jahre«, verbesserte Belle. »Quinn übertreibt gerne.«

»Cosgrove?«, hakte Ona nach.

Belle nickte.

»Cosgrove Toys? Das ist Ihr Vater?«

»Nur dem Namen nach. Er kam ein paarmal im Jahr aus New York zu uns auf Besuch.« Belle überholte einen Lastwagen, der von einem erschrocken dreinblickenden alten Mann gefahren wurde. »Einmal verbrachte er drei ganze Jahre in Taiwan, während wir zu Hause blieben. Es ist ein Wunder, dass meine Eltern noch zusammen sind. Nachdem er sich zur Ruhe gesetzt hatte, kam er einfach hierher zurück.«

»Ich denke, man nennt das Gefängnis«, sagte Quinn. »Der große Mann saß kurz ein wegen Steuerbetrugs.«

»Steuer*flucht*. Das ist fast legal.«

»Ich erinnere mich an dieses Spielzeugflugzeug. The Future Flyer«, warf Ona ein.

»Stimmt!«, sagte Belle fast heiter. »The Future Flyer.«

»Die Jungs auf der Lester haben die immer eingeschmuggelt«, fügte Ona hinzu. »Lester Academy. Vielleicht haben Sie davon gehört. Ich war dort Sekretärin des Direktors.«

Belle streifte sie mit einem Blick, richtete ihre Augen dann aber gleich wieder auf die Straße. »Ich habe mir schon gedacht, dass Sie gearbeitet haben.«

Ona frohlockte innerlich, dass man sie als den erwerbsfähigen Typ erkannt hatte. »Jetzt hat man Eigentumswohnungen daraus gemacht«, ergänzte sie, »all diese wunderschönen Gebäude entstellt durch das abstoßendste Gitterwerk. *Dafür* sollte man die Leute ins Gefängnis stecken.«

Belle lächelte. Ona erinnerte sich an diesen Teil, die

Mühe, die man sich machte, der Welt ein verändertes Selbst zu zeigen, die Anstrengung, ein einfaches Gespräch zu führen.

»Sie leben allein?«, erkundigte sich Belle.

»Ich hatte eine Freundin, aber sie starb.«

»Haustiere?«

»Zwei Katzen, aber die sind auch gestorben.«

»Ich kann Sie hier hinten nicht hören«, meldete sich Quinn. Er schob sich wieder nach vorn, verströmte dabei den Duft seines Shampoos, den erinnerten Geruch der gestärkten Deckchen in Maud-Lucys Wohnzimmer.

»Ich habe Ihrer Frau von meinen Katzen erzählt«, sagte Ona. Ginger, eine Rotgefleckte, starb als Erste. Als Kit dann auch noch starb, schaffte Ona sich keine neue mehr an, weil sie nicht wollte, dass eine hilflose Katze ihre Herrin überlebte.

Das war damals, als ihre Haare noch wuchsen. Bis heute hätte sie noch anderthalb Katzen haben können.

Während sie einen Kilometer nach dem anderen zurücklegten, gab Quinn es auf, ihrem Gespräch zu folgen, und döste auf dem Rücksitz ein. Ona oder Belle sprachen gelegentlich miteinander – Habicht auf einem Straßenschild, eine zu schnell fahrende Harley – und behielten gemeinsam die Straße im Auge. »Wissen Sie«, sagte Ona, »es könnte gut sein, dass ich irgendwo im Haus noch eins dieser kleinen Flugzeuge habe. Sollte ich es finden, würde ich es Ihnen gerne geben.« Aber in ihrer verrückten und ergebnislosen Suche nach ihrer Geburtsurkunde war ihr keins in die Hände gefallen.

In dem Moment lächelte Belle wirklich. »Sie sind tatsächlich genau so, wie er Sie beschrieben hat«, sagte sie. Ona ging nicht darauf ein, errötete aber so heftig, dass ihre

Augenlider heiß wurden. Quinn schnarchte jetzt leise, und sie sagte sich, dass nicht sie das fünfte Rad war, sondern er.

In Keene machten sie bei einem Diner halt, und Ona bot an, allen ein Mittagessen aus ihrem lange nicht angetasteten Reisefonds zu spendieren.

»Nicht doch«, sagte Belle.

»Lass sie doch«, entgegnete Quinn. »Sie ist nicht hilflos.« Dabei stieß er mit seinem Fingerknöchel gegen Onas Handgelenk – es gab tatsächlich ein Geräusch, Knochen an Knochen. Er präsentierte sie, wie sie nun erkannte, als seine Trophäe, wie eine Katze, die der Hausherrin einen blutverklebten Sperling zu Füßen legt. Normalerweise machte so etwas sie wütend, aber weil er keine andere Trophäe anzubieten hatte – und weil er wusste, dass sie es wusste –, kam sie sich nützlich vor und triumphierte fast. Sie hatte eine Superzeit. Ob der Besuch bei Laurentas ihren Hoffnungen entsprach oder nicht, die Reise allein war jede Mühe wert.

Als sie die Speisekarte aufschlug, hatte Ona plötzlich das Gefühl, noch gar nicht geboren zu sein, als wäre ihr langes Leben nur ein Aufwärmen für die eigentliche Show gewesen, über der sich der Vorhang gleich heben würde. Sie bestellte gegrillten Käse und einen Erdbeerkuchen und nahm sich vor, alles aufzuessen.

* * *

Dies ist Ona Vitkus. Dies sind ihre Lebenserinnerungen und Bruchstücke auf Band. Dies ist Teil fünf.

...

Ich habe ihn tatsächlich wiedergesehen. Maud-Lucy nahm ihm das Versprechen ab. Ein Versprechen am Totenbett, dem man sich kaum verweigern kann.

...

November 1963. Am selben Tag, als der Präsident erschossen wurde.

...

Nicht Lincoln. Herr im Himmel! *Kennedy.* Fährt ohne Kopfbedeckung durch Dallas und *bumm!*, das Ende von Amerika. Die Nachricht war noch keine zwei Stunden alt, als Laurentas auf meiner Türschwelle stand.

...

Ich erinnere mich nicht genau. Vermutlich »Hallo«. Gut möglich, dass er mich Mutter genannt hat. Frankie hat mich immer scherzhaft so genannt. »Ja, Mutter, sofort, Mutter« – und meinte damit, dass er vorhatte, das genaue Gegenteil dessen zu tun, worum ich ihn gebeten hatte.

...

Ich würde sagen, es war – seltsam, wie man sich das nach so langer Zeit auch gut vorstellen kann. Er war neunundvierzig Jahre alt. Ich bat ihn, Platz zu nehmen. Er setzte sich an meinen Küchentisch und weinte etwa fünf Minuten lang.

...

Das war es. Oh, einfach schrecklich.

...

Ehrlich gesagt, wusste ich nie, ob er wegen des Präsidenten so aufgewühlt war oder weil er mich sah.

...

Nun, also, das stimmt. Schließlich war sie seine Mutter, und ihr Tod war mühsam. Er hatte viel durchgemacht. Außerdem stand eine Scheidung an. Seine zweite Frau, soweit ich mich erinnere.

...

Ja, das wird es wohl gewesen sein. Sehr hart. Aber manchmal ist eine Scheidung eine gute Sache.

...

Nein? Niemals?

...

In Ordnung. Scheidung ist nie eine gute Sache. Aber manchmal geht es nicht anders. In meinem Fall war es so. Howard wurde zu einem Wahnsinnigen.

...

Lass uns uns darauf einigen, dass »manchmal« die korrekte Antwort ist. Aber es gibt nicht auf alles eine korrekte Antwort. Das wirst du eines Tages lernen müssen. Können wir ...?

...

Ja, ich ließ also den ganzen Abend den Fernseher auf leise gestellt laufen. Ständig sah man Leute, die erzählten, was Jackie gerade machte.

...

Das war die Frau des Präsidenten. Sie hatte Blut an ihrem Kostüm. Darüber kamen die Leute nicht hinweg. Ich erkundigte mich bei Laurentas nach seinem Aufwachsen inmitten von Äpfeln und Onkeln und Klaviermusik, aber schließlich fiel ihm nichts mehr ein und er wandte sich dem Fernseher zu. Ich kochte ein Abendessen und schickte Laurentas dann los, um zu Ehren von Maud-Lucy, die so gern Süßes aß, in der Bäckerei eine Torte zu kaufen. Und er tat es auch, wie ein echter Sohn, und knöpfte beim Hinausgehen seinen Mantel zu.

...

Wie bitte?

...

Oh. Ja. Das war es. Es war schlimm, das von Maud-Lucy zu erfahren. Sie war für mich jahrzehntelang unsichtbar gewesen, aber die Nachricht – also da läuteten alle Glocken. *Ding-dong, ding-dong*, alle schmerzenden Stellen regten sich. Meine Güte, was war das für ein schrecklicher Tag.

...

Das machte er tatsächlich. Er fragte sofort nach Viktor. Weshalb sonst denkst du, ist er gekommen? Er hatte Viktors Augen, weißt du, mit den Pfeffersprenkeln in den Iriden. Ich konnte mich in ihm überhaupt nicht wiederfinden.

...

Also Maud-Lucy hatte ihm die Geschichte bereits erzählt, auf ihrem Sterbebett. Das Einzige, was ich ihm ergänzend anbieten konnte, war, dass sein Vater, jedenfalls als achtzehnjähriger Junge, ein wunderbarer Tätowierer war. Er war sanft, erzählte ich Laurentas, und das stimmte auch, wenn man sich von ihm ein

Tattoo machen ließ. Seine Spezialität waren Rosen. Ganz akribisch und genau.

...

Kleine Röllchen, ein oder zwei Dornen, diskret platziert.

...

Tut mir leid, das geht dich nichts an.

...

Nein, nein, ist schon gut. Du bist ein Kind. Du weißt nicht, was man eine Dame fragen darf und was nicht. Aber wenn du es schon wissen willst, ich habe ein Tattoo, und das ist an einer Stelle, die ich dir nicht zeigen kann.

...

Du brauchst dich nicht zu entschuldigen. Ehrlich gesagt, freut es mich sogar, dass du gefragt hast. Und dass meine Antwort dich nicht überrascht hat.

...

Weil jede Menge Leute mich für eine Statue ohne Vergangenheit halten, deshalb. Und jetzt stehst du hier in meiner Küche und erinnerst mich daran, dass ich ich bin. Also wo ...?

...

Genau. Ich fragte Laurentas: »Bist du Arzt?« Maud-Lucy versprach mir, dass er Arzt werden würde. »Ich bin Chirurg«, sagte er. »Dein richtiger Großvater war Chirurg«, erzählte ich ihm, »aber nicht in Amerika, da war er Säurekocher. Und dein richtiger Vater war geschickt im Umgang mit der Nadel. Hervorragende Hände.«

...

Oh, danke. Damals kam ich gar nicht auf die Idee, dass Laurentas seine Hände von mir geerbt haben könnte, weil mich das, was er als Nächstes sagte, völlig umwarf.

...

»Wenn ich von dir gewusst hätte, Mutter, hätte ich dich schon eher besucht.«

...

Ganz genau. Sie hatte es ihm mit keinem Wort gesagt. All die Briefe, die sie schrieb, Liebstes Mädchen hier und Mein Liebling da. Als er zwei wurde, bat sie um ein Foto, das sie ihm neben das Bett stellen wollte. Hast du eine Vorstellung davon, was es mich gekostet hat, 1916 ein Foto zu beschaffen? Und ich dachte hier, mein Antlitz würde sie an das kleine Mädchen erinnern, das sie unterrichtet und geliebt hatte, und dass sie dafür sorgen würde, dass Laurentas eine gute Meinung von mir hatte, wohingegen sie mich die ganze Zeit auf die berechnendste Weise einfach ausradierte.

...

Ja! Es war die gleiche Maud-Lucy Stokes, die zufällig in Kimball landete und meinetwegen blieb. Und vierzig Jahre später stand nun am Tag des bedauernswerten Todes unseres Präsidenten unser Sohn in meiner Wohnung, ein gutgekleideter Chirurg mit Tränen in den Augen, der seine Mutter vermisste.

...

Oh, ich malte ein hübsches Bild für ihn: ihre Katzen auf dem Klavier. Ihre Bücher im Wohnzimmer. Ihre Zimmerpflanzen und Tischtücher. Ich erzählte ihm, wie die Mädchen und Jungen vor ihrer Tür Schlange standen, um Unterricht zu nehmen, selbst die Kinder des Stadtgründers, der die Schule von Kimball selbst finanziert und bestückt hatte.

...

Weil es dasselbe war, als hätte ich ihm von mir erzählt. Ich war Maud-Lucys Mädchen. Ich gab Laurentas alle

Briefe, die sie geschrieben hatte, all diese wunderschönen mit Tinte verfassten Schreiben auf Pastellpapier, all ihre poetischen Gedanken zur Musik, dem ersten Grün und dem herbstlichen Blätterfall in den Apfelplantagen, alle ihre mütterlichen Ratschläge, wie man einen Hutschleier trug oder Handschuhe vor dem Vergilben bewahrte. Sie gehörten mir nicht mehr. »Du wirst darin entzückende Berichte über deine frühe Kindheit finden«, sagte ich ihm.

...

Als er acht Jahre alt war, hörte sie auf zu schreiben.

...

Vielleicht hatte sie Angst, ich könnte einen Besuch in Erwägung ziehen. Er war in dem Alter, wo Erklärungen erforderlich gewesen wären. Aber ich hatte damals selbst Kinder und war gar nicht in der Lage zu reisen.

...

Laurentas? Er sagte, es täte ihm leid. Und das stimmte wohl.

...

Ich sagte: »Ich hatte noch zwei Söhne. Maud-Lucy war immer deine Mutter.« Aber ich fühlte mich nicht so heiter, wie ich mich anhörte. In mir kochte die Wut. Und die ganze Zeit über hörte ich Walter Cronkite, der zunehmend so klang, als hätte er einen Schlag in die Magengrube bekommen.

...

Ein Nachrichtensprecher, damals, als Nachrichtensprecher sich noch auskennen mussten. Laurentas nahm die Briefe. Ich hatte sie in Stoff eingewickelt.

...

Er sagte: »Danke dafür. Sie war eine wunderbare Mutter.«

...

210

Ich stimmte ihm natürlich zu. Wer wüsste das besser als ich? »Es tut mir leid, dass du sie verloren hast, Laurentas«, sagte ich zu ihm, dann erhob er sich, um aufzubrechen. Er ging die Stufen hinunter, und ich stand auf der Veranda und schlang meine Arme gegen die Kälte um meinen Leib und wartete, dass er auf der Straße unter mir wieder auftauchte. Man konnte auf der ganzen Straße die Fernsehgeräte der Leute hören, alle waren ergriffen von der nationalen Tragödie, und da stand ich in meinem dünnen Pullover auf der Veranda mit meiner albernen Geschichte eines jungen Mädchens, das von einer Frau verraten worden war, und sie traf mich plötzlich mit solcher Wucht – so viel härter, als dies womöglich der Fall gewesen wäre, wenn es an einem Tag passiert wäre, an dem die arme Jackie kein Blut an ihrem Kostüm hatte.

...

Eigentlich nichts. Was gab es sonst zu tun? Er kam auf Geheiß von Maud-Lucy. Er hatte selbst bereits eine große, komplizierte Familie, und das war genug.

...

Ich verfolgte, wie sein schicker Chrysler die Straße entlangfuhr. Ich fragte mich, wo er wohl übernachten würde. Vielleicht hätte ich ihm anbieten sollen, bei mir zu bleiben.

...

Dann ...? Ich nehme an, ich ging zurück ins Haus. Ich knipste das Flurlicht aus, kehrte in mein Wohnzimmer zurück, setzte mich auf meine Couch und weinte mir wegen des Präsidenten die Augen aus.

KAPITEL 14

Bis Quinn daran dachte, Ona nach der Adresse ihres Sohnes zu fragen, war es vier Uhr nachmittags, und Belle fuhr
gerade am WILLKOMMEN IN GRANYARD-Schild vorbei.
Der Himmel hing drückend über einer Baustelle, wo wirr
angeordnete Eigentumswohnhäuser im dörflichen Stil ent-
standen, die so gar nichts mit den apfelgrünen Wonnen zu
tun hatten, die er aufgrund der Erzählungen erwartete.

»Hey«, sagte Quinn, als er eine Granitsäule entdeckte,
»ich hab hier schon mal gespielt.« Den Namen hatte er
vergessen, aber da stand er: Hobson Christian College,
ein Quintett seelenloser Gebäude, die auf einem knappen
Quadratkilometer entweihten Farmlands standen. Eine
technische Störung während des Soundchecks hatte bei
den Jungs eine Glaubenskrise ausgelöst, bis Quinn sie beruhigte: *Es ist die Sicherung, Jungs, hier braucht es keine
Gebete.*

»Wohin, Ona?«, fragte Belle und fuhr langsamer. Sie
sprachen sich jetzt mit Vornamen an, vereinte weibliche
Solidarität nach einem zwanzigminütigen Austausch über
Katzen. Wieder war er beeindruckt, dass Frauen anschei-
nend aufgrund von weniger als nichts Allianzen schmieden
konnten.

»Wie war das?«, fragte Ona und formte einen Trichter
um ihr Ohr. Sie hatten sämtliche Fenster heruntergekurbelt,

was Quinns Ansicht nach nur die Hitze verteilte. Aber auf ihn hörte inzwischen keiner mehr.

»Die *Adresse*«, sagte Quinn. »Sie haben sie doch, oder?« Er und Belle waren immer so unterwegs gewesen, damals, als sie noch reisten: ohne Kartenmaterial ins Blaue, nur auf ihren Instinkt und ihre Eingebung bauend. Mit Ona an Bord, die gefährlich mitgenommen wirkte, verlor dieser Modus Operandi etwas von seinem einst jugendlichen Schwung.

»Natürlich hab ich die«, erklärte Ona. »Halten Sie mich für eine dumme Gans?« Sie grub in den dunklen Tiefen ihrer großen schwarzen Handtasche. Die Dinge, die sie hervorholte – Fruchtdrops, zerknüllte Papiertaschentücher, Kassenbons –, waren mit den Jahren fusselig geworden. »Ich weiß, dass sie hier drin ist«, ärgerte sie sich. »Es hat was mit Pferden zu tun.« Wieder ergründete sie die dunklen Tiefen, bebte dabei vor Anstrengung, und ihr frisch frisiertes Haar stand nun ab wie Federn bei einem schlecht gerupften Hühnchen.

Sie hob ihren Blick. Bis auf die leuchtenden stechenden Augen und eine Spur Lippenstift wurde sie fast eins mit dem sonnenweißen Hintergrund der Windschutzscheibe. »Ich habe sie in diese Handtasche gesteckt«, behauptete sie. Sie warf Quinn einen finsteren Blick zu. »Haben Sie sie genommen?«

»Warum sollte ich sie an mich nehmen?«

Ona blies ihre vertrockneten Lippen auf. »Vielleicht haben Sie sie ja genommen, um die Adresse zu überprüfen?«

»Hab ich aber nicht.«

»Du hast doch das Gedächtnis einer Eintagsfliege, Quinn.«

»Ich denke, ich würde mich erinnern, wenn ich die Tasche einer Dame durchwühlt hätte.«

»Es gibt immer noch ein Telefonbuch«, beschwichtigte Belle. »Keine Sorge, Ona, wir werden ihn finden.« Sie war schweißnass von der brütenden Hitze, wie Quinn auffiel, und er kam sich vor wie ein Reiseführer, der seine Gruppe zu einem idyllischen Stadtplatz geführt hatte, auf dem allerdings gerade eine öffentliche Hinrichtung stattfand.

»Dann werde ich sie wohl in meine Reisetasche gepackt haben«, gab Ona zu, noch gereizter als zuvor.

»Lassen Sie uns nachsehen«, schlug Belle vor. »Wir überprüfen das.« Sie hielt an einer Tankstelle an und öffnete die Tür, durch die sofort ein Schwall dicker zäher Luft hereinkam.

»Moment, Moment«, sagte Ona und zog einen zerknitterten Umschlag aus der Tiefe ihrer Tasche. »Da hab ich sie.« Sie alterte zusehends. Was zum Teufel hatte er sich dabei gedacht, eine Frau ihres Alters auf eine derart lange Fahrt in einem Auto ohne Klimaanlage mitzunehmen? Seit dem Mittagessen – seit zweieinhalb Stunden – hatte sie sich nicht bewegt. War das nicht gefährlich?

Quinn untersuchte den Umschlag. »Wie alt ist die?«

»Was macht das schon?«

»Sie haben vorher angerufen?«

»Es wäre merkwürdig gewesen, vorher anzurufen. Ich habe nicht vorher angerufen.«

»Bridle Path Lane vierzehn-zwanzig«, las Belle. Sie wirkte ruhig, mütterlich. »Wir haben's bestimmt nicht mehr weit. Das spüre ich.«

Quinn fühlte sich gleichermaßen als Betrugsopfer wie als Schwindler. Ona hatte sich von ihm diese Reise erschwindelt, aber erst nachdem er sie dazu verleitet hatte, zu glauben, dass er ihr diesen Gefallen nur zu gern erweisen wollte. Was – wenn es hart auf hart kam – auch stimmte. Das war schon mal was. Er hielt sich daran fest und hoffte, dass es über die nächsten zwanzig Minuten hinweghalf, wenn sie womöglich entdeckten, dass das Haus von Onas Sohn einem Sturm zum Opfer gefallen war, den Besitzer gewechselt hatte oder zu einer Töpferei umgebaut worden war.

»Fragen Sie doch mal das Mädchen dort nach dem Weg«, wies Ona ihn an.

Trotz seiner Befürchtungen setzte er sich in Bewegung und überquerte den blasigen Asphalt, um die Tankstellenangestellte zu befragen, einen rothaarigen Teenager mit Aprikosenwangen. Sie erinnerte ihn an die junge Belle, derselbe ausgehungerte Ausdruck. Belle hatte diesen Ausdruck im Lauf der Jahre verloren und sah zwar nicht gesättigt aus, aber auch nicht mehr hungrig, doch seit dem Tod des Jungen war dieser hungrige Gesichtsausdruck zurück, aber auf eine Weise, die nicht mehr erregte, nicht mehr erregen konnte wie früher. *Ausgehungert* war jetzt das falsche Wort: *Verhungert* traf es besser. Er kaufte drei Schokoriegel und sprintete dann zurück zum Wagen, als liefe er vor einem Irrtum davon.

»Es ist gleich da vorn«, verkündete er. »Fünf bis sieben Kilometer.« Er verteilte die schmelzenden Riegel.

»Ich habe mir immer einen Ort vorgestellt, wo der Fluss das Land in grüne Hänge teilt«, sagte Ona, als Belle sich wieder in den Verkehr einfädelte. »Maud-Lucy hat mir das so hübsch beschrieben. Sie wohnten am Stadtrand. Vielleicht ist es dort hübscher.«

Zur Bridle Path Lane bog man rechts ab, es war ein langer zugebauter Hang, flankiert von Häusern im Zuckerbäckerstil, an dessen Ende sich ein Gelände mit niedrigen Ziegelbauten befand, vier Flügel, die sich zu einem funkelnden Atrium verbanden, glänzend wie der Bauch eines Schmetterlings. Davor hing eine künstlerisch gestaltete Holztafel: ORCHARD ACRES CONDOMINIUMS. Darunter baumelten in leiterähnlicher Anordnung – wie früher die verschiedenen Eissorten – die diversen Warnungen: SELBSTÄNDIGES WOHNEN; TEILBETREUTES WOHNEN; BETREUTES WOHNEN; PFLEGEABTEILUNG; GESCHLOSSENE PFLEGEABTEILUNG. Und darunter in unanfechtbarer Kalligraphie: BRIDLE PATH LANE 1420.

»Das ist ein Pflegeheim«, stellte Belle fest. Sie schnappte sich den Umschlag vom Armaturenbrett.

Ona zog die Stirn kraus. »Er sagte Eigentumswohnung.«

»Das mag ja stimmen.« Belle starrte auf das mehrstufige Zeichen. »Wie alt ist Ihr Sohn?«

Ona stieg steif aus dem Wagen und schien in der grellweißen Luft zu schrumpfen, ihre Kleider verblassten vor Licht, als sie sich um ein rundes Pflanzgefäß bewegte, aus dem Petunien hervorquollen.

»Ona, warten Sie«, rief Quinn, aber sie reagierte nicht auf ihn. Der Eingang war zum Glück nah, eine Automatiktür, die sich lautlos öffnete und sie verschluckte.

Belle schnaufte, schwitzte und sah ihr mit offenem Mund hinterher. »O Gott.« Sie schaute sich verzweifelt um. »O Gott. Und wenn er nun im Koma liegt?« Ihre Haltung schmolz auf der Stelle dahin, und ihre Stimme senkte sich zu einem Flüstern. »Er muss ... wie alt sein? Fünfundsiebzig?«

»Neunzig.«

»O mein *Gott*. Ich dachte, du weißt schon, ein *Sohn*. Er ist *neunzig*?« Sie schüttelte den Kopf, als wollte sie die Information verdrängen.

»Sie war vierzehn, Belle. Ich habe dir die Geschichte erzählt.«

»Das weiß ich«, blaffte Belle. »Glaubst du etwa, ich wüsste das nicht? Ich habe nur nicht *mitgerechnet.*« Ihr Rock war fleckig, wie ihm jetzt zum ersten Mal auffiel. »Du sagtest, sie habe einen Sohn, den sie eine Weile nicht gesehen hat. Natürlich weiß ich ... ich weiß, sie konnte unmöglich ... ich vergaß. Ich habe nicht mitgerechnet.«

Konsequenzen vorherzusehen hatte noch nie zu Quinns besonderen Fähigkeiten gehört, aber als er Belle hineinführte, erwog er den möglichen Ausgang ihrer Unternehmung – der Onas plötzlichen Tod und Belles Notfalleinweisung in die nächste Psychiatrie einschloss, sich aber nicht darauf beschränkte. Er erstellte eine Hitliste von sehr wahrscheinlich bis am wenigsten wahrscheinlich, und zwar auf genau die panische Weise, die ihn jedes Mal in den Wahnsinn getrieben hatte, wenn der Junge es tat.

Der Empfangsbereich ähnelte der Lobby von Great Universal Mail Systems: gemusterter Teppich, ein Pseudokristallkronleuchter, eine gläserne Empfangstheke und Bäume in Pflanzkübeln. Ona war verschwunden. Durch eine Doppeltür drang das Geräusch dessen, was versteckt wurde: das Schrappen von Gehstöcken und Gehhilfen mit großer Auflagefläche auf dem gefliesten Boden, ein Start-und-Stopp, das verlorene Gedanken mitten im Schritt nahelegte. Quinns Mutter, jung an Krebs erkrankt, war in einer Billigausgabe eines Ortes wie diesem gestorben. Als Kind war es ihm gelungen, die feuchten Gerüche von Krankheit und Alter und die an einen Busbahnhof erinnernde Ästhetik des Aufenthaltsraums zu ertragen; aber was ihn zutiefst verstörte, war das falsche Klappern der orthopädischen Hardware, diese arrhythmische, zwecklose, immer präsente Percussion. Klapper ... Pause ... klapper-klapper ... Pause ... Er versuchte aus dem Durcheinander eine Melodie herauszufiltern – eine Angewohnheit aus seiner Kindheit –, aber ihm erschloss sich kein ordnendes Prinzip.

Die Klimaanlage in der Lobby verströmte Eiseskälte, und Belle zitterte und starrte verdrossen auf ihre Schuhe, die, wie er jetzt bemerkte, nicht genau zueinanderpassten. Der eine hatte eine abgerundete Spitze und der andere eine etwas weniger runde. »Ich weiß nicht, was ich mache«, murmelte sie. »Weißt du, was ich mache?« Sie wartete, als würde Quinn, der einfache Fragen noch nie beantworten konnte – *Wann kommst du nach Hause?* –, plötzlich schwere Fragen beantworten können. »Wir werden heute Abend nach Hause zurückfahren, wenn du möchtest«, beruhigte er sie. »Ich suche für Ona ein Zimmer und fahre dann morgen zurück, um sie abzuholen.«

Sie weinte, ohne Tränen zu vergießen, was er sie in den zwanzig Jahren, die er sie nun kannte, noch nie hatte tun sehen. War es möglich, dass ein Mensch vor lauter Weinen keine Tränen mehr übrighatte? »Ich möchte nicht nach Hause«, flüsterte sie. »Möchte nicht zu Hause *sein*. Ich möchte nirgendwo sein.« Dann verbarg sie ihr Gesicht, aber als sie die Hände sinken ließ, waren ihre Augen trocken.

Eine große, schlanke Frau tauchte aus dem Nichts auf. »Ich habe eine Pflegerin angewiesen, Ihre Mutter zur Toilette zu begleiten«, sagte sie. Quinn musterte ihre langen Beine und die lackierten Zehennägel in den Riemchensandalen. Eine tief ausgeschnittene Bluse, ein schickes kurzes Jäckchen – weiß, aber keine Schwesterntracht. Ihre Ohrringe wechselten die Farbe, wenn sie den Kopf bewegte.

Sie hieß Arianne. Sie bot ihnen einen förmlichen Händedruck und Wasser aus dem Spender an. »Überlegen Sie einen Umzug für Ihre Mutter?«, erkundigte sie sich und sammelte ihre leer getrunkenen Becher ein.

»Ein Umzug für meine Mutter wäre fabelhaft«, erwiderte Belle apathisch, »aber man müsste sie erst aus ihrem Haus herausreißen.«

Arianne nahm mit einem einzigen raschen Blick Belle in Augenschein und überdachte dann offenbar noch mal die Identität der womöglich nächsten Bewohnerin von Orchard Acres.

»Sie müssen entschuldigen«, sagte Belle. »Mein Sohn ist gestorben.«

»Das tut mir leid«, gab Arianne zurück und gab dabei ihre Verkäuferstimme auf, wusste aber nicht recht, wohin sie blicken sollte.

»Sie ist nicht unsere Mutter«, sagte Quinn. »Sie ist eine Freundin von uns, die jemanden sucht, der, wie ich denke, hier wohnt.« Aber ihm fiel der Name nicht ein. Vitkusse gab es in diesen Örtlichkeiten keine.

Endlich tauchte Ona wieder auf, von der Hitze durchweicht, erschlagen und platt. »Ich würde bitte gerne Laurentas Stokes sehen«, sagte sie ganz geschäftsmäßig, obwohl ihre Stimme vor Müdigkeit brüchig war. »Er ist womöglich Arzt hier.«

»Ach du liebe Zeit«, antwortete Arianne. Ihr Lachen perlte, als wären Luftbläschen eingeschlossen. »Sie meinen Larry.« Sie neigte sich Quinn zu, den sie als den hier Verantwortlichen ausgemacht hatte. »Er lebt noch immer im B-Flügel, verbringt die Nachmittage aber hier. Hier befindet sich die Pflegestation. Sorgenfreie Rundumbetreuung für Ihre Lieben.« Sie schielte auf Ona. »Sind Sie eine Verwandte?«

»Ich habe ihn geboren«, erklärte Ona, »wenn es das ist, was Sie meinen.«

Ariannes Gesicht zeigte ein verdattertes Lächeln, ähnlich dem Grinsen der Cheshirekatze. Belle scharrte mit den Füßen, als stünde der Boden in Flammen. »Folgen Sie mir«, bat Arianne, und das taten sie dann auch und marschierten als schweigende Parade durch die Doppeltüren und in das neonbeleuchtete Reich dahinter. Quinn hakte Ona unter, erfüllt von Zweifel und Besorgnis, die jetzt – da Belles seit langem bestehender Vorwurf sich manifestierte – allerdings auch nichts mehr änderten.

Der Aufenthaltsraum war mit geparkten Rollstühlen vollgestellt, in denen Leute saßen, die gequetscht vor sich hin starrten. Obwohl Ona sich zweifellos einfügte, erkannte Quinn doch, dass sie sich gleichermaßen davon abhob. Er musste an die Körperfresserfilme und die geschickte Verkleidung der Aliens denken, denen man ihre wahre Herkunft aber dennoch ansah. »Welcher davon ist es?«, fragte sie. Sie wirkte äußerst aufgewühlt, wich geradezu in ihrer Haut zurück.

»Gleich hier«, antwortete Arianne ein wenig argwöhnisch. Sie führte sie noch ein paar Schritte weiter bis zu einem langgliedrigen Mann in einem Hightechrollstuhl vor einem großen Fenster mit Ausblick auf einen Hof. Um seinen Hals hingen ein Stethoskop und ein Fernglas.

»Larry«, sagte die Frau und berührte ihn an der Schulter, »Sie haben Besuch.«

Larry drehte sich mühsam um, und ein freundliches, mildes Lächeln erhellte seine Züge. Er hatte Onas breite Stirn und die lebhaften Augen.

»Was machst du denn hier drin, Laurentas?«, wollte Ona wissen.

»Kenne ich Sie?«

Sie stemmte die Hände in die Hüften. »Ich bin Ona Vitkus.«

»Sagen Sie das noch mal?«

»ONA VITKUS«, wiederholte sie. »DEINE MUTTER.«

»Nun, gnädige Frau. Wenn Sie das sagen«, sagte er. Seine Worte kamen leicht schleppend. »Das ist aber eine Überraschung.«

»Was machst du hier drin?«

»Ich wohne hier«, gab er zurück. »Gnädige Frau.«

»Er hat einen wunderschönen Tag, nicht wahr, Larry?«, sagte Arianne. »Dann lasse ich Sie jetzt mal alleine, Sie haben sicher viel aufzuholen.« Quinn fühlte sich verlassen, als ihre Schritte sich entfernten.

»Ich habe mich zweiundneunzig zur Ruhe gesetzt«, erzählte Larry Ona. »Meine Kinder leben alle so weit weg.« Er zeigte auf die andere Hofseite. »Da drüben wohne ich im Eckzimmer. Unabhängig, verstehst du. Dreimal am Tag bekomme ich eine Kleinigkeit im Speisesaal.«

Quinn schleppte einen Stuhl für Ona an, und zu seiner Erleichterung setzte sie sich, achtete aber darauf, sich nur auf der Stuhlkante niederzulassen. Warum versuchte sie, vor ihrem alten Sohn jung auszusehen? Welches Motiv sie auch immer antreiben mochte, Quinn war gerührt.

»Dies ist kein Ort für einen gesunden Mann«, meinte sie. »Ein Arzt, der bis zum Hals von Kranken umgeben ist?«

Quinn spürte Belle in seinem Rücken, ihre eifrige Aufmerksamkeit war von fast musikalischer Qualität, wie eine Pause zwischen den Takten.

»Ich hatte letztes Jahr einen kleinen Schlaganfall«, erwiderte Larry gelassen. Er fummelte an seinem Stethoskop herum. »Aber ich nehme vom Stuhl aus noch immer die Visite ab.« Er lächelte in die Runde seiner vorgeblichen Patienten, die sich in unterschiedlichem Maße für die Besucher interessierten. »Sie mögen meine beruhigende Art.«

»Ich dachte, du seist in eine *Eigentumswohnung* gezogen, Laurentas«, sagte Ona. »Ich wohne in einem Haus.«

»Es *ist* eine Eigentumswohnung«, erwiderte Larry verwirrt. Er zeigte wieder nach draußen. »Ich habe gerade Ausschau nach dem gelbbrüstigen Schmätzer gehalten. Gestern war da einer. Ungewöhnlich für hier.« Den Innenhof durchzogen schmale Wege, es gab eine Vogelfutterstation und üppig blühende Büsche am Rand. Quinn reckte den Hals, hatte aber keine Ahnung, wie ein Schmätzer aussehen könnte. Der Junge würde es wissen. Der Junge hatte zu allem anderen auch Vögel aufgelistet. »Die Aussicht ist besser von hier«, sagte Larry.

Ona blickte blinzelnd auf ihren Sohn und machte einen unglücklichen Eindruck. Eine Pflegekraft huschte mit einem Turm aus gefalteten Laken herein und verschwand hinter anderen Doppeltüren.

»Er sah sicher schön aus«, flüsterte Belle. Sie starrte ihn hingerissen an. Er wollte sich das nicht antun, was immer es war, nichts als Missverständnisse.

»Ich füttere Vögel«, sagte Ona.

»Verzeihung?«

»Ich füttere Vögel. IN MEINEM EIGENEN HAUS. Dieser Mann hilft mir dabei, obwohl es damit jetzt ein Ende hat. Er ist fertig mit seinen Verpflichtungen. DIESER MANN HIER.« Jetzt blickten alle auf Quinn, als erwarteten sie von ihm, dass er Pillen verteilte oder ihre Füße untersuchte. Er hatte heute Morgen ein neues T-Shirt angezogen und eine frisch gewaschene Jeans und war plötzlich froh darum.

»Ich erinnere mich nicht daran«, erwiderte Larry. »Das muss mir entfallen sein. Das passiert mir in letzter Zeit, wie ich leider zugeben muss.« Er klopfte sich auf seine Schädeldecke. »Dieses gute alte Gehirn.«

»Damals habe ich keine Vögel gefüttert«, sagte Ona. »Damals hatte ich viel zu tun. ICH HATTE VIEL ZU TUN.«

»Ging uns das nicht allen so, meine Liebe?« Er lächelte und entblößte dabei dieselben großen, quadratischen Zähne, die auch seine Mutter hatte. Die Neugier, die er ihr entgegenbrachte, wirkte milde und nachdenklich. Er war ein beneidenswert in sich ruhender Mann, der das Tempo und die Wechselfälle des Alters hinnahm. Dr. Stokes dürfte ein Typ gewesen sein, wie man ihn heute nicht mehr findet, der von Haus zu Haus ging und dabei »She'll Be Coming 'Round the Mountain« pfiff. Quinn mochte ihn, er wagte es, einen Blick auf Belle zu werfen, die sich äußerlich entspannt hatte. So hatte sie sich diese Zusammenführung von Mutter und Sohn bestimmt nicht vorgestellt – der Sohn schon mal Jahrzehnte älter als in ihrer Vorstellung –, und doch schien sie gebannt zu sein. Befriedigt.

»Was ist aus deinen Sachen geworden?«, wollte Ona wissen.

Larry tippte sich ans Ohr, wie um ein Hörgerät anspringen zu lassen, obwohl er keins trug.

»DEINE SACHEN«, wiederholte Ona. »Deine Möbel. Bücher, wichtige Papiere. WO SIND DEINE SACHEN?«

»Ach, Gnädige, meine Sachen«, sagte er. »Was für ein Unterfangen. Das Mädchen nahm das Silber. Die Jungs haben das Werkzeug, wie ich glaube. Der Rest wurde versteigert.« Er berührte eine Taste an der Lehne seines Stuhls, und die Rückenlehne klappte nach hinten. An den Futterröhrchen passierte nichts. Quinn begann sich zu fragen, ob der gelbbrüstige Schmätzer vielleicht in der Kategorie des Dodos zu suchen war, eine ausgestorbene Art, die man mit Sicherheit nicht zu sehen bekam.

»Es ist fürchterlich nett, Sie kennenzulernen«, sagte Belle.

Larry tippte sich an einen imaginären Hut. »Wen haben wir denn hier?«

»Ich bin Belle.« Strahlte sie etwa? Sie strahlte.

Larry wandte sich wieder an Ona. »Hättest du etwas davon haben wollen, meine Liebe? Ich hätte es für dich aufgehoben, wenn ich es gewusst hätte.«

»Bist du zufällig auf meine Geburtsurkunde gestoßen?«

Larry tippte sich wieder ans Ohr.

»MEINE GEBURTSURKUNDE.«

»Was um alles in der Welt sollte ich mit deiner Geburtsurkunde anstellen?«

»Meine Eltern gaben meine Papiere Maud-Lucy zur Aufbewahrung. DEINE MUTTER HAT SIE AN SICH GENOMMEN.«

Belle stupste Quinn an, fester als sie vermutlich beabsichtigt hatte, sie stand dicht neben ihm. »Wovon redet sie?«, flüsterte sie. Aber er wusste es nicht. Ona hatte ihm nicht die ganze Geschichte erzählt.

Ona legte eine ausgemergelte Hand auf den ausgemergelten Arm ihres Sohnes und beugte sich über sein Ohr. »Sie verwahrte solche Dinge in einer roten Emailledose.« Als er sich zu ihr hin drehte, richtete sie sich auf. »Meine Eltern hatten GROSSE ANGST, SIE KÖNNTEN KONFISZIERT WERDEN«, fuhr sie fort, »und dies aus gutem Grund. Und deine Mutter war das EINZIGE GESCHÖPF IN DIESEM GANZEN LAND, DEM SIE VORBEHALTLOS VERTRAUTEN.«

Eine der Gefangenen begann wie ein Jungvogel zu quäken – »Dooktor, Dooktor, Dooktor.«

»Entschuldige mich einen Moment«, bat Larry. Er fuhr

in die westliche Ecke des Aufenthaltsraums, wo er sich einer haarlosen Frau in einem kurzen Gespräch widmete, ihr Herz abhörte und dann zurückkam.

»Außer Ängste zu nehmen mache ich nur sehr wenig«, erklärte er.

»ICH BRAUCHE MEINE GEBURTSURKUNDE, LAURENTAS.«

»Ich habe deine Geburtsurkunde nicht.« Wenn er sprach, hatte er eine unheimliche Ähnlichkeit mit ihr, es lag an der Form seiner Lippen und den quadratischen Zähnen. »Wäre es nicht wahrscheinlicher, dass du meine hast?«

Einen Herzschlag lang erwiderte Ona nichts darauf, preschte dann aber vor. »Wir sprechen hier von Menschen, die ihr Geld in einer MEHLDOSE verwahrten«, sagte sie zu ihrem Sohn. »Sie besaßen ein Wohngebäude und später einen Lebensmittelladen, aber sie hatten Angst vor allem. Sie konnten nicht zur Ruhe kommen. Das war ihr Problem. Sie fanden in ihrer eigenen Haut keine Ruhe.« Ihre Stimme nahm kurzzeitig eine andere Färbung an. »Deine Mutter war das genaue Gegenteil.«

»Verzeihung, was sagtest du gerade?«

»DEINE MUTTER. SIE WAR DAS GEGENTEIL. Diese Frau war überall zu Hause. Nicht wie die Leute heutzutage. DIESE LEUTE«, wiederholte sie und zeigte dabei auf Quinn. »Diese Leute heutzutage haben keine Ahnung, wo sie sind. Und wo sie auch sind, es ist immer der FALSCHE ORT.«

Belle lachte leise, und Quinn spürte, dass sie an einen Ort wechselte, der ihm verschlossen war, und der Tag ging unwiderruflich in die Hose. Er war als Ein-Mann-Team auf sich allein gestellt und sah sich drei unergründlichen Individuen gegenüber, die offenbar ganz plötzlich und leidenschaftlich einen womöglich widersprüchlichen Plan verfolgten und wussten, wie die nächsten Momente – oder Stunden – ablaufen würden.

»Wenn meine Mutter etwas von dir an sich genommen hat«, sagte Larry, »dürfte es mit allem anderen im Feuer verbrannt sein.«

»Welches Feuer?«, fragte Ona. Zum ersten Mal wandte sie sich an Quinn – *Können Sie diesen Typen dazu bringen, Klartext zu sprechen? –*, aber er konnte ihr nicht helfen. Er stand da und fror auf einmal in seinem neuen T-Shirt, während er ihre Absichten zu durchschauen versuchte. Eines war klar: Sie war nicht zu einer tränenreichen Wiedervereinigung mit der Frucht ihres Leibes hergekommen. Sie war wegen ihrer Geburtsurkunde hier, und damit hatte es sich. Hätte er nur besser zugehört und sie beim Wort genommen. Aber er wäre dennoch mit ihr nach Vermont gefahren, so viel war ihm plötzlich über sich selbst klar, und es überraschte ihn.

»WELCHES FEUER?«, wiederholte Ona.

»*Das* Feuer«, sagte Larry. »Ich war natürlich noch ein Kind, aber ich glaube mich daran zu erinnern, sie sprach oft davon. Der Familiensitz, weißt du. Sieben Gebäude und einer der Obstgärten – einfach verschwunden über Nacht.«

Quinn blickte von einem zum anderen, dann durchs Fenster, als könnte Larrys Vogel wie eine Brieftaube mit einem Code um den Fuß auftauchen. »He, äh, er hat sie nicht, Ona.«

»DEINE MUTTER SCHRIEB MIR JAHRELANG VON DERSELBEN ADRESSE«, sagte Ona. Dabei betrachtete sie ihren Sohn eingehend, als wollte sie noch mal seine Identität überprüfen.

»Ihr Vater hat ein neues Haus über dem abgebrannten

gebaut. Eigentlich zwei. Eins für sich und eins für uns.«
Larry lächelte verträumt. »Ach du lieber Himmel, ich vermisse dieses Haus. Wir haben es schließlich verkauft, mit dem Ergebnis, dass das alles in eine Wohnsiedlung umgewandelt wurde. Ich werde vor dem Herrn dort oben dafür geradestehen, aber es bezahlt mir meine Versorgung hier.«

»Na, wenn das nicht peinlich ist«, meinte Ona.

Larry blickte auf. »Ich fürchte, ich habe Ihren Namen vergessen.«

Es war wie ein Glockenschlag. Quinn versuchte, Blickkontakt zu Belle aufzunehmen, aber diese studierte Larry selbstvergessen und war ganz woanders.

Ona beugte sich dicht an das Ohr ihres Sohnes. »Ona«, sagte sie. »Vitkus.«

»Was ist das, Polnisch?«

»Es ist Litauisch.«

»Kein Scherz?«, sagte er. »Meine leibliche Mutter war Litauerin.« Er schüttelte gequält den Kopf. »Woher kenne ich Sie, meine Liebe?«

Die arktische Luft der Klimaanlage hatte Onas ruiniertes Haar elektrifiziert, so dass es fast über ihrem Schädel schwebte. »Deine Mutter und ich waren Freundinnen«, erklärte sie, allerdings viel zu leise, als dass er es hätte hören können. Sie erhob sich und streckte ihre Hand aus. »Wir gehen jetzt. Mach's gut, Laurentas.«

Aufgeschreckt durch die Aufbruchsstimmung, kam Belle zu sich. »Wir gehen?«

»Bleibt doch«, bot Larry an. »Die Damen hier machen einen ganz hervorragenden Kaffee.«

Belle lächelte. »Das hört sich gut an.«

»Wir tun nichts dergleichen«, widersprach Ona. »Ich habe anderswo etwas Dringendes zu erledigen.«

Quinn war nur allzu froh, wieder in Gang zu kommen, aber Belle hatte andere Pläne. »Ich hätte nichts dagegen, diesen Vogel zu sehen«, sagte sie zu ihrem neuen Freund und sah ihn dabei auf eine Weise an, die, wie Quinn aus langjähriger Erfahrung wusste, die verkalkten Runzeln im Herz des alten Knackers zum Schmelzen bringen würde. »Diesen gelbbrüstigen Wasauchimmer.«

»Schmätzer«, sagte er und reichte ihr sein Fernglas. In dem Moment fiel Quinn auf, dass der Mann seinen einen Arm nicht benutzen konnte.

»Mein Sohn liebt Vögel«, erzählte ihm Belle.

Larry, der sie offenbar problemlos zu verstehen schien, sagte: »Je mehr, desto besser.«

»Wir gehen jetzt«, forderte Ona.

Belle starrte aus dem Fenster. »Ich werde hier bei Larry bleiben.«

»Du siehst sehr gut aus, Laurentas. Ich bin froh, dich wohlauf zu wissen. Mach's gut.« Und damit steuerte Ona die Tür des Aufenthaltsraums an.

»Äh ...«, sagte Quinn.

Belle war bereits abgetaucht, saß in dem von Ona freigegebenen Stuhl und unterhielt sich mit Onas Sohn über Vögel und Kinder. Larry hatte vier Töchter und zwei Söhne und neun Enkelkinder und einen ganzen Trupp von Ur- und Ururenkeln – Ona hatte sich mit keiner einzigen Frage danach erkundigt –, aber wie es schien, waren sie alle Zugvögel, und seine ganzen Nachkommen hatten nur Augen für den Horizont. »Mein leiblicher Vater war ein Zirkusmensch, verstehen Sie«, erklärte er Belle mit betrübtem Stolz und badete im Licht ihrer Aufmerksamkeit.

Sie manipuliert dich, Bruder, sagte sich Quinn. Früher hätte er das auch laut ausgesprochen, und Belle hätte es lustig gefunden und laut gelacht und zugegeben, dass ihr bei alten Männern und kleinen Kindern keine andere Wahl blieb, als diese zu becircen. Aber das hier war etwas anderes, wie er jetzt erkannte, ihr rohes, zerbrochenes Selbst strahlte auf einen von Motten zerfressenen alten Opa ab, der sie unwissentlich in Verbindung zu ihrem verlorenen Kind brachte. Wie sehr sie sich hier zu Hause fühlte. Es war, als sähe er sie von innen her. War es das, worum sie ihn in all den Jahren gebeten hatte, sie auf diese Weise zu sehen? Erfüllte er endlich ihren aufrichtigsten Wunsch? Mit ihren vom grellen Licht, das durch das Fenster knallte, verschwommenen Zügen, das helle Haar gebleicht vom selben Licht, hätte auch sie neunzig sein können, krank und zitternd und ihrer Kräfte beraubt. Er stellte sich vor, Ehemann einer vor sich hin dämmernden älteren Frau zu sein, und dieses Tableau führte ihm noch einmal mehr vor Augen, dass er Belle am Ende enttäuscht hätte.

Er wandte sich ab und ging auf geradem Weg durch die Lobby hinaus in den zur Neige gehenden Nachmittag, wo er am Eingang auf Ona traf, fast schon verschmolzen mit dem Gehweg. Alarmiert führte er sie mit so viel Fürsorge, wie sie zuließ, rasch zum Wagen, kurbelte sämtliche Fenster herunter und fuhr dann zum anderen Ende des Parkplatzes unter einen großen schattenspendenden Baum, der höchstwahrscheinlich den Umschlag der Orchard-Acres-Broschüre schmückte. Er holte eine Flasche Wasser aus seiner Reisetasche. Es müffelte ein wenig im Wagen, die Ausdünstungen im Aufenthaltsraum klebten offenbar noch an ihren Kleidern. Seine Freundin (als solche verstand er sie, als er die Wasserflasche hielt, während sie ihre klebrigen Kleider ordnete) war schwermütiger Stimmung.

»Ona ...«, setzte er an. »Möchten Sie wieder reingehen?«

»Warum sollte ich da wieder rein?«

Quinn nahm dies hin. »Es war ein kurzer Besuch. Mehr will ich damit nicht sagen.«

»Der Zweck dieser Reise war ganz alleine meine Sache. Sie boten sie mir an, und ich akzeptierte.«

»Weil Sie sagten, dass Sie ein Wiedersehen wünschten.«

»Wenn Sie mal in Ihrer eigenen Erinnerung kramen, dann habe ich Ihnen gesagt, dass ich nach Vermont muss. Sie und Ihre Frau lesen die Karten so, wie es Ihnen passt. Das machen die Leute für gewöhnlich.«

Er fragte sich, ob alle Menschen, die Gutes tun, sich derart angegriffen fühlten, wenn es ihnen nicht gelang, ihre guten Werke punktgenau zu erfüllen. »Ich habe dafür einen Gig sausenlassen«, erklärte er. Er wünschte, er wäre wieder in Maine hinter dem Schutzschild seiner Gitarre, um schwatzhaften tanzenden Menschen genau das zu geben, was sie erwarteten.

Ihre Augen füllten sich mit Tränen. »Es tut mir leid, Ihnen Umstände bereitet zu haben, Quinn.«

»Ich ... ich, Himmel, Ona, es ist doch nur ein blödes Rekordebuch mit lauter Menschen darin, die sich buchstäblich auf den Kopf stellen würden, um Unsterblichkeit zu erlangen.«

»Leute, die mit Kettensägen jonglieren und Stielaugen machen können«, sagte sie. »Ja, dessen bin ich mir sehr wohl bewusst. Aber ich wollte das. Anfangs war es mir nicht klar, aber jetzt schon.« Und bevor sie das Gespräch mit ihm einstellte, fügte sie hinzu: »Sie haben Ihre Musik, die Sie überleben wird. Sie können das nicht verstehen.«

Als Onas eklatante Fehleinschätzung von Quinn Porter als dem Bewahrer eines musikalischen Erbes bei ihm angekommen war, war sie bereits nicht mehr ansprechbar, verhärmt und stumm und offenbar geplättet von unerfüllten Erwartungen.

Belle hingegen kam zurück wie neugeboren. »Ich sah einen Schmätzer«, berichtete sie. »Du hast wirklich was verpasst.« Und zu Ona sagte sie: »Sie haben einen wunderbaren Sohn.« Dann verwies sie Quinn auf den Rücksitz und fuhr los.

FAMILIE

1. Größtes Familientreffen. 2369 Mitglieder der Familie Busse. USA.
2. Frau mit den meisten Geburten. 69. Frau Feodor Vassilya. Russland.
3. Familie mit dem üppigsten Haarwuchs. Victor und Gabriel Ramos Gomez. 98 Prozent des Körpers von Haaren bedeckt. Mexiko.
4. Familie mit den meisten Albinogeschwistern. 3. Familie Unoarumhi. Großbritannien.
5. Statistisch dominantes Vater-Sohn-Duo in der Baseball Major League. Bobby und Barry Bonds. USA.
6. Bevölkerungsreichstes Land. China. Über eine Milliarde. China.
7. Größte Blutspendenaktion. 3403 Spender in 12 Stunden. Kolumbien.
8. Größte Truthahnfarm. 10 Millionen Truthähne. Familie Matthews. Großbritannien.
9. Größte Versammlung von Clowns. 850. Großbritannien.
10. Längste Menschenkette. 595 Kilometer. 2 Millionen Menschen. Estland, Lettland und Litauen.

KAPITEL 15

Ona hoffte, dass die beiden ihre peinlichen Ausdünstungen als den noch anhaftenden Geruch des Aufenthaltsraums interpretierten. Oh, dieser schreckliche Ort voll alter Schlitzohren, die ihr Leben genauso kampflos drangegeben hatten wie ein von einer Hauskatze gefangener Grashüpfer. Sie hatte zehn demütigende Minuten in diesem Aufenthaltsraum verbracht und wie ein Fischweib auf die ramponierten Trommelfelle ihres Sohnes eingeschrien, während sie in ihrer feuchten Unterhose und dem schrecklichen Wissen, dass sie diesbezüglich nicht die Einzige war, vor sich hin dampfte. Und trotz all ihrer Mühen hatte sie nichts erreicht.

»Da ist es«, sagte sie, als sie ein Schild entdeckte: Apple Country Motor Court and Café.

»Es ist erst fünf«, meinte Belle. »Wir könnten uns noch was anschauen. Larry meint, die Gegend hier sei sehr hübsch, und wir seien nur zufällig im kaputten Teil gelandet.«

»Nein«, flehte Ona. »Ich bin ... krank.«

Belle fuhr auf den Parkplatz, und Ona stieg aus. »Ich brauche sofort meine Tasche«, sagte sie. »Jetzt *gleich*.«

Belle sah sie verdutzt an und gab Quinn die Autoschlüssel. Er öffnete den Kofferraum und legte ihr dabei seine freie Hand auf die Schulter. Sie hatte es noch rechtzeitig auf die Toilette geschafft – die öffentliche Toilette mit glänzenden

Fliesen und einer Schale voll kleiner rosafarbener Seifen –
aber weil sie überstürzt die Tür geschlossen hatte, wurde
ihre Bluse eingeklemmt und ihre Blase begann sich zu ent-
leeren, bevor sie sich ganz hinsetzen konnte, und jetzt stand
sie hier und starrte, eine Hand über dem ausgerissenen
Knopf, mit am Unterleib klebender Wäsche in einen leeren
Kofferraum. Die Tasche war weg: die Reisetasche, mit der
sie Howard 1948 verlassen hatte.

»Oh«, stöhnte Ona. »O nein!«

Quinn sagte: »Verdammt. Ich habe sie wohl im Haus vergessen.«

Danach ging alles in die Hose: Sie war einige Zeit weg-
getreten, aber offensichtlich nicht ihre Füße, denn als sie
wieder zu sich kam, stand sie sicher und aufrecht, und ihre
Begleiter ließen sich von einem klapperdürren Jungen – offenbar mit Äpfeln großgezogen –, der hinter der Empfangstheke des Motels stand, die Schlüssel geben.

Belle steuerte einen Raum im Erdgeschoss an. Quinn hatte das Zimmer daneben. Allem Anschein nach teilten die
Damen sich eines. War sie damit einverstanden?

Belle setzte sich auf ein Bett, während Ona ins Badezimmer ging. Sie schälte sich aus ihrer Hose, die an einigen
Stellen feucht, aber nicht nass war, aber ihre Unterhose
war nicht mehr zu retten. Der untere Teil ihrer Bluse (viel
zu lang, sie hatte der großen Louise mit dem langen Ober-
körper gehört) war feucht und vom Einstecken in die Hose
zerknittert. Sie stand völlig aufgelöst auf den kalten Fliesen
und fühlte sich wie eine hirnlose alte Schachtel, die bloß mit
einer zerrissenen Bluse bekleidet von Spiegeln umgeben
war. Ihre wunderbare Reise war nun noch ein zweites Mal
ruiniert worden.

Sie setzte sich auf die Toilette und heulte. Frankie war

derjenige, den sie sehen wollte: Frankie mit achtzig, der alt oder jung aussah, mit Schlaganfall oder ohne. Sobald ihr Blick auf Laurentas – Larry! – gefallen war, war ein Bild von ihrem Liebling, ihrem unerreichbaren Frankie in ihrem Kopf explodiert, sein Auftreten so fröhlich und offenherzig wie immer.

»Ist mit Ihnen da drinnen alles in Ordnung?« Die Tür öffnete sich einen Spalt, und Belle spähte hinein. Sie sah fast gesund aus – der Besuch bei Laurentas hatte die Farbe in ihr Gesicht zurückgebracht –, aber Ona misstraute ihren Stimmungsschwankungen. Doch sie machte einen ganz harmlosen Eindruck, als sie ins Badezimmer kam, das Gesicht offen wie ein Magnolienblatt. Weil ihr keine andere Wahl blieb, beschloss Ona, sich zu unterwerfen.

»Ich habe meine Unterhose nass gemacht«, flüsterte sie. »Nicht richtig nass, verstehen Sie. Aber ich möchte ungern diese Kleider wieder anziehen.« Sie fuhr sich über die Augen. »Meine Tasche ist weg, und ich habe nichts anderes anzuziehen.«

Belle zog ein Handtuch von der Stange und reichte es ihr mitfühlend. »Das Gleiche ist mir auch mal passiert, als ich schwanger war«, gab sie zu. »Da war ich mit Quinn auf einem Gig und musste den Barkeeper um ein Handtuch bitten.« Sie ließ das Waschbecken volllaufen und rieb Onas Hose und Unterhose mit Seife ein. »Ist Ihre Bluse denn in Ordnung?«, fragte sie und drehte dabei die Hähne der Badewanne so mühelos auf, als würde sie mit dem Finger schnippen.

Ona ließ den Riss los. »Sehen Sie mich bitte nicht an.«

Belle half Ona beim Ausziehen der Bluse – »Das ist unser kleines Geheimnis«, versicherte sie ihr – und dann beim Einsteigen in die Wanne, die Onas blamierten flatterigen Leib mit einem unwilligen Platschen aufnahm.

Zeit verstrich, an die sie sich teilweise nicht mehr erinnern konnte. Als Ona aus der Wanne stieg – sie bestand darauf, dies selbst zu tun, obwohl Belle es ihr von der anderen Seite der Tür aus anbot –, hingen ihre Sachen tropfend über dem Handtuchhalter, und auf dem geschlossenen Toilettendeckel lagen ein paar trockene jugendliche Kleidungsstücke, die sie offensichtlich anziehen sollte.

»Was ist damit?«

»Das ist alles, was ich habe«, rief Belle ihr zu. »Ihre Sachen werden eine Weile zum Trocknen brauchen.«

»Hätte ich doch nur was aus Polyester angezogen«, murmelte Ona und inspizierte eine zusammengefaltete Bluejeans, eine ärmellose rote Bluse, einen BH in Körbchengröße A und einen seidenen Schlüpfer mit Schmetterlingsmuster. Alles frisch gewaschen und gebügelt – die überfürsorgliche Arbeit der dunkelhaarigen Schwester.

Sie inspizierte die Unterhose, als würde sie ihre verlorene Weiblichkeit ausgraben. Es war über fünfzig Jahre her, seit sie zum letzten Mal geblutet hatte. Sie stieg hinein und zog sie hoch und rechnete fast damit, dass ein Flaschengeist auftauchte und ihr anbot, ihre Menses wiederherzustellen. Die mit Schmetterlingen gemusterte Seide hing wie ein weiterer schlaffer Muskel an ihr. Wie war es so weit gekommen? Sie starrte auf die hängenden Hüllen herab, die als ihre Brüste durchgingen, die vertikalen Falten an ihren Schenkeln und zerrte sich das Höschen so rabiat vom Leib, dass der Gummi riss.

Ein Schmetterling war Onas erstes Geschenk von einem Jungen gewesen. Vierzehn Jahre alt war sie und kam beschwingt von einem Tanz im Mechanics Institute zurück und verglich ihre Tanzkarte mit denen der Mädchen von der Wald Street. Und in dem Moment holte Mervin Fickett, ein Junge mit vorstehenden Zähnen von der Droschken-station an der School Street, sie in Höhe des Thibodeau-Häuserblocks ein und drückte ihr den schillernden Schatz in die Hand. Aufgespießt auf einem steifen Samtquadrat glänzte das ermordete Ding im Widerschein des Mondes. Woher Mervin einen solchen Schatz hatte, wollte er nicht sagen, aber er wollte, dass sie ihn bekam, weil, wie er ihr erklärte und die Worte dabei durch seine kreuz und quer stehenden Zähne schmatzte, die Flügel genau ihren Augen entsprachen.

Das reizende Geschöpf schürte ein schwindelerregendes Verlangen in ihr – wonach wusste sie nicht. In dieser ersten Sommernacht von 1914 – dem Sommer ohne Maud-Lucy – legte der törichte süße Mervin Fickett den ersten unschul-digen Stein auf den Weg, der den Rest von Onas Leben be-stimmen würde. Während Maud-Lucy ihre Tante daheim in Vermont pflegte, suchte Ona den Jahrmarkt auf, wo dieses Verlangen sie erneut überwältigte. Zehn Monate später war sie wieder zu Hause, krank vor Kummer und unvorstell-barem Schmerz, und gebar einen Jungen, der für Maud-Lu-cys Arme bestimmt war.

Viktor stahl ihr den Schmetterling und verkaufte ihn für fünf Cent. Nun wünschte sie sich, sie hätte ihn versteckt, all die Jahrzehnte an einem geheimen Ort aufbewahrt, denn sie hätte ihn gern dem Jungen geschenkt. Vielleicht war er die ganze Zeit für ihn bestimmt gewesen, für die überschäu-mende Freude, mit der er ihn entgegengenommen hätte. Und benannt hätte. Und gezählt hätte. Und behalten hätte. Keiner, den sie je gekannt hatte, hätte ihn mehr geliebt.

»Das passt alles nicht«, rief sie durch die Tür. »Ich werde warten müssen.«

Schweigen. »Soll ich Ihnen ein Nachthemd leihen?«

Die Zeit zog sich in die Länge und wieder zusammen, ein geblümtes Wäschestück schwebte über ihren Kopf herab, und sie spürte, wie ihre Arme durch seidene Träger geschoben wurden. »Sie müssen eine gute Mutter gewesen sein«, erinnerte sie sich, gesagt zu haben, bevor sie in steifen Laken aufwachte, einen Styroporbecher voll Tee neben ihrem Bett. Belle stand an der Tür und sprach mit Quinn, der davor wartete. Und da war noch jemand: Im Dämmerzustand des Wachwerdens glaubte Ona den kräftigen Körperbau des Pfadfinderführers zu erkennen.

»Ich will keinen Ärger«, sagte jemand. Ona setzte sich auf und fand zu ihrer normalen Klarheit zurück. Sie zog die Laken über die verrutschten Falten von Belles Nachthemd. Jawohl, in der Tat: Mr Ted Ledbetter in Fleisch und Blut.

»Was ist da los?«, fragte Ona. »Warum sind all diese Männer in unserem Zimmer?«

»Schluss jetzt«, sagte Belle und schlug die Tür zu. Draußen hörte man die Stimmen der Männer an- und abschwellen und sich um eine Frau streiten, die auf ihrem Hinterteil Schmetterlinge trug. Ona fiel zurück in die Kissen, die zu einem regelrechten Windbeutel aufgeschüttelt worden waren – vermutlich von Belle. »Herr im Himmel«, sagte sie, »die werden sich doch nicht duellieren?«

»Amy hat Ted erzählt, wo wir übernachten«, erklärte Belle. »Ansonsten würde er wohl noch immer durch Granyard fahren und Ausschau nach Ihrem Auto halten.« Sie ließ sich auf Onas Bett fallen und starrte auf ihr kleines rosafarbenes Telefon. »Er hätte ewig gesucht. Nach mir.« Ihr Haar hing in schlaffen Strähnen von ihrem durchsichtigen Schädel, und sie hatte noch immer die Kleider an, in die sie den ganzen Tag hineingeschwitzt hatte – wohl eher die ganze Woche. Ona verspürte den kurzen messerscharfen Stich mütterlichen Alarms, eine Empfindung, die sie seit mehr als einem halben Jahrhundert nicht mehr gehabt hatte.

»Also«, sagte Belle. »Sie dachten, er hätte Ihre Geburtsurkunde. Und das war alles?«

Ona wusste nicht, was sie mit zerbrechlichen Leuten machen sollte, sie hatte einen Großteil ihres Lebens mit Rüpeln verbracht. »Laurentas ist neun Jahrzehnte lang wunderbar ohne mich klargekommen«, erwiderte sie, »und ich würde mir was vormachen, wenn ich es anders sähe.«

»Larry hat sechs Kinder«, sagte Belle. »Vier Töchter, zwei Söhne.«

»Daran erinnere ich mich«, gab Ona zurück.

»Sie haben einen Urururenkel.« Sie hielt inne. »Warum haben Sie sich nicht gefreut, ihn zu sehen? Warum waren Sie nicht ganz aus dem Häuschen vor Freude?«

»Sie kannten Maud-Lucy nicht«, sagte Ona. »Ein Mann mit einer solchen Mutter hält nicht Ausschau nach einer anderen.«

»Ich spreche aber nicht über Maud-Lucy.«

»Nun, ich aber.« All diese Briefe voller Geflunker und Schmeicheleien. Kein Wort über den Brand. Und nicht ein flüchtiger Pieps darüber, dass sie Laurentas' Abstammung geheim hielt.

Sie rappelte sich im Bett in Sitzposition und zog die Decke dabei mit. »Es wird Sie nicht überraschen zu erfahren, dass ich eine zerstreute Mutter, sogar eine unwillige Mutter war. Ich war gereizt und verärgert und zu jung und die meiste Zeit zu ungeduldig. Meine Jungs waren schwierig, ich hatte keine einzige Freundin, ich hatte einen Mann geheiratet, der viel zu alt war für mich, und hasste es, seine Frau zu sein. Howard hatte Wahnvorstellungen, die für unsere Familie viel zu schwerwiegend waren.«

»Das hört sich ganz nach Quinn an.«

»Quinn ist Optimist. Howard war verrückt. Und dafür mache ich Präsident Wilson verantwortlich. Aber was ich sagen will: Mutter des Jahres war ich nicht.« Als das Telegramm mit der Nachricht von Frankie eintraf, war ihr erster Gedanke: *Ich habe es verdient.* »Ich war nicht wie Sie«, fügte sie hinzu. »Ihr Junge hatte Glück. Aber wenn es Sie beruhigt, ich habe die Söhne geliebt, die ich großgezogen habe.«

Eine Weile sagte keine etwas. Der Raum roch nach ihren Körpern und Teppichreiniger, der irgendwann mal zum Einsatz gekommen war.

»Ich kann nicht wirklich glauben, dass er nicht mehr ist«, sagte Belle. »Ich hoffe inständig, dass er noch irgendwo hier ist, sich nur vor mir versteckt.« Langsam und ergeben drückte sie erschöpft ihre glatte Stirn an Onas altersknotige Brust.

Und ohne weiter darüber nachzudenken, liebkoste Ona diese schwache leidende Seele, wie sie einstmals Frankie liebkost hatte. Bevor die Armee einen Mann aus ihm machte – einen toten Mann, wie sich herausstellte, aber Howard war der Ansicht, dass die Jungs stark gemacht werden mussten.

»Während der Schlacht von Saipan«, murmelte Ona, »hatte mein Frankie die Aufgabe, die anderen Jungs aus dem Wasser zu ziehen. Jungs, die von der aufgewühlten See ausgespuckt wurden und in seinen Händen zerfielen. Dieselben Kameraden, die er so gernhatte. Seine Aufgabe bestand darin, ihnen ihre Erkennungsmarken abzunehmen, ihre Überreste mit Ketten zu beschweren und dem Meer zurückzugeben.«

»O mein Gott!«, flüsterte Belle.

»Zwanzig Jahre alt und seine bezahlte Arbeit für die Navy

der Vereinigten Staaten bestand darin, die Söhne anderer Mütter in Ketten zu legen. Wie konnte mein Sohn einen solchen Job erledigen? Wie kann das überhaupt jemand?«

Sie lehnte sich zurück in das Kissen, und Belle lehnte sich an sie, ihr Kopf lag nun schwer auf Onas Brust. Und da verstand Ona nach all den Jahren und sosehr sie Frankie auch geliebt hatte, dass sie eine Tochter mehr geliebt hätte.

»Howard machte Schreckliches durch, nachdem Frankie getötet worden war«, erzählte sie. »Ich erinnere mich, dass er einen Spielzeugjeep von Binny Morris in einem Ramschladen an der Forest Avenue kaufte. Könnte einer der Jeeps von Ihrem Vater gewesen sein, wenn ich es mir recht überlege, eine Replik aus Blech des Jeeptyps, mit dem Frankie seine Spritztour in den Tod gemacht hat? Ein morbider, infantiler Kauf, wie ich immer fand. Er stellte ihn auf den Kaminsims, obwohl sein Anblick mich ganz duselig machte. Und da beschloss ich dann, für alle Fälle heimlich zurück auf die Sekretärinnenschule zu gehen.«

Belles Atem war ganz gleichmäßig geworden. Vielleicht schlief sie.

»Wissen Sie«, fuhr Ona fort, »ich hatte schon immer ein merkwürdiges Gefühl. Als wäre ich dort bei Frankie. Nicht, als er starb. Sondern wenn er seinen Job erledigte und so ein armes Kind wieder in der Tiefe versenkte. Ich sehe es fast bildlich vor mir, wie er das macht, wie eine Vision oder im Tagtraum, als stünde ich direkt neben meinem Sohn, während er dieser unverzeihlichen Aufgabe nachkommt.« Sie strich mit ihrer Hand sanft über Belles schmalen Rücken, die winzigen Hubbel ihres Rückgrats.

»Es tut mir so leid«, flüsterte Belle. »So leid.«

»Es dauert etwa ein Jahr«, gestand ihr Ona, »um dieses Gefühl der absoluten Fassungslosigkeit loszuwerden.«

»Ich halte kein Jahr durch«, entgegnete Belle. »Ich kann es nicht.« Sie wurde ganz still, und Ona setzte ihre Liebkosungen fort und behielt die Information für sich, dass das zweite Jahr noch schwerer sein würde als das erste. Stattdessen flüsterte sie: »*Sha, sha, sha*«, den alten beruhigenden Gesang ihrer Mutter.

Die Stimmen der Männer hatten sich beruhigt, aber sie waren noch immer da draußen, sich bekriegende Testosteronblöcke, die durch die Tür ausstrahlten. Warum, fragte sie sich, hatte der Allmächtige sie auf ihre alten Tage wieder ins Gefecht gezerrt? Sie war ganz gut allein klargekommen. Ganz hervorragend sogar. Dann hatte er ihr den Jungen geschickt und ein ganzes Feuerwerk von *Möglichkeiten* in Gang gesetzt – dieses längst totgeglaubte Gefühl der Möglichkeit –, an das sich zu gewöhnen sie einfach zu alt war. Und jetzt das: Wo in ihrem schwindenden begrenzten Leben sollte sie dieses süße erbärmliche kleine Schmuddelkind unterbringen, das sie an Dinge erinnerte, die sie lieber vergessen würde?

»Meine Freundinnen waren so gut zu mir«, sagte Belle unvermittelt und hob den Kopf. »Aber sie haben alle Kinder und klammern so sehr. An den Kindern, meine ich. Sie wissen nicht mal, dass sie es tun. Eng-eng-eng. Direkt vor mir, als wäre plötzlicher Tod ansteckend. Es hätte schließlich auch sie erwischen können, wissen Sie?« Sie holte tief und rasselnd Luft. »Er nahm so gut wie keinen Raum ein. Teds Jungs, die lassen alles überall herumliegen. Brauchst du das Sandwich, die Schuhe, das Mathebuch, den Rucksack nicht mehr, lass es einfach auf den Boden fallen, im Hof, unter dem Bett, Daddy räumt es später schon auf. Mein Sohn war nicht so. Ich bildete mir ein, dass es an mir lag. An meinem hervorragenden Einfluss. Aber wissen Sie, so war er einfach. So war er.« Sie setzte sich jetzt ganz auf und verschränkte die Hände über dem Herzen. »Jeden Tag wache ich benommen auf. Da ist dieser Groll in mir, und ich möchte, dass alle wissen, wie ich mich fühle, aber das kann man nur auf eine Weise erfahren. Aber ich will, dass sie es trotzdem wissen. Obwohl es nur einen Weg dazu gibt.« Ihr Gesicht zuckte, aber es kamen keine Tränen. »Wissen Sie, wie ich mich fühle?«

»Ja«, antwortete Ona. »Laurentas kannte ich nie und entschuldige mich dafür auch nicht. Mein Frankie war es, den ich zurückhaben wollte, mein Bester, den ich am meisten liebte.«

Belle betrachtete Ona lange. »Sie hätten mich gemocht«, sagte sie schließlich. »Ich war ein netter Mensch.« Sie versuchte zu lächeln. »Sie können alle fragen.«

Die Männer hatten wieder angefangen – ein Streit, von dem Ona nicht viel verstand. Wie belebend das sein muss, überlegte Ona, wenn man mit solchem Eifer begehrt wird. Einer von beiden klopfte an die Tür, aber Belle ignorierte es. *Meil,* ging es Ona durch den Kopf. Liebe.

»Ihr Junge hat mir ein Geschenk gemacht«, sagte Ona.

Belle beugte sich ihr zu. »Welches?«

»Meine Muttersprache«, antwortete Ona. »Schon als ich ihn das erste Mal sah, kam sie zurück. Kleckerweise. Ich kann es nicht erklären, außer er hatte einen Zaubertrick im Ärmel.«

»Er war voller Zauber.« Belle drückte Onas Hand. »Der Tee ist für Sie.«

Ona hatte ihr fast nichts gegeben, aber als Belle durch den seelenlosen winzigen Raum auf die Tür zuging, an der geklopft wurde, war der Raum erfüllt von ihrer Dankbarkeit.

Als sie ihre Augen wieder aufschlug, war es dunkel.

»Wie lange bin ich weg gewesen?«, fragte sie Belle, die im Schneidersitz auf dem anderen Bett saß. Sie sah aus, als hätte sie auch ein wenig Schlaf gefunden.

»Etwa drei Stunden. Es ist neun.« Sie knipste eine Lampe an.

»Sind meine Kleider trocken?« Onas Demütigung, dass sie wie ein untrainierter Pudel eingenässt hatte vor einer jungen Frau, deren bonbonrosafarbene Blase selbst während eines Hurrikans dichthalten würde, schmerzte aufs Neue.

Belle drehte Ona den Rücken zu, als diese das dünne Nachthemd auszog und sich ihrer Kleider bemächtigte. Ihre Bluse war rettungslos verloren, also nahm sie die Bluse an, die Belle ihr zuvor angeboten hatte – rot mit kleinen Goldknöpfen. Sie roch wunderbar und sah so anders aus als alles, was sie jemals getragen hatte, dass es ihrem Abenteuergeist neuen Schwung gab, mit dem sie am weit zurückliegenden Beginn dieses Tages aufgebrochen war.

»Ist Mr Ledbetter noch hier?«, wollte sie wissen.

»Hm ... ja«, sagte Belle. »Ich saß hier und habe nachgedacht.« Sie nahm einen Stift vom Telefontischchen und schüttelte ihn, um die Tinte zum Laufen zu bringen. »Ich werde Ihnen helfen.«

»Ich brauche keine Hilfe.«

»O doch, das denke ich schon.« Sie wedelte mit dem Stift, ihre Stimmung war völlig verwandelt. »Ich kann Ihnen zu Ihrem Weltrekord verhelfen.« Sie strahlte von einem inneren Licht. Kein Wunder, dass Männer sich ihretwegen duellierten. »Quinn hat Ihnen wohl nicht gesagt, wo ich arbeite?«

»Sie sind Bibliothekarin. Ich nehme an, Sie arbeiten in einer Bibliothek.«

»Ich arbeite im Staatsarchiv, und wenn es eine Sache auf

dieser Welt gibt, die ich gut kann, dann das Aufspüren von Informationen.«

»Das mag ja sein«, sagte Ona, und ihre Hoffnung verdoppelte sich gegen ihren Willen. »Aber wo nichts ist, werden auch Sie nichts finden können.«

»Das stimmt«, bestätigte Belle. Nun schien auch die Luft, die sie umgab, die Farbe zu wechseln. »Aber anhand einer Volkszählung wird das möglich sein.«

Onas Magen machte einen kleinen *kerflop*, als ein völlig klares Bild in ihrem Kopf auftauchte: ein junger Mann an der Tür ihrer Mutter. Anzug und Krawatte. Die Haare wie ein brennendes Streichholz. Maud-Lucy, die die Treppe heruntergetrappelt kam, um zu übersetzen, und dabei ihren Rock anhob, um nicht zu stolpern.

»Die Daten der Volkszählung von Maine reichen zurück bis ins achtzehnte Jahrhundert«, erklärte Belle. Sie nahm einen Block mit dem Aufdruck des filigranen Motellogos. »Wenn Sie nicht früher geboren wurden, sind wir im Geschäft.« Jetzt schrieb sie. »Wo, sagen Sie, sind Sie aufgewachsen?«

Ona stand auf. Belles Bluse passte ihr hervorragend. »Kimball, Maine.«

»Und wann sind Sie dort angekommen?«

»Neunzehnhundertvier. Ich war vier Jahre alt.«

»Schon erstaunlich, wie viel Zeit manche Leute bekommen«, sagte Belle und hob den Stift an. »Ich meine, es ist ohne Sinn und Verstand.«

Ihr Ton war gewichtig, reserviert, schwer zu entschlüsseln. Vielleicht erwartete sie von Ona den Einwurf, sie wünschte anstelle des Jungen gestorben zu sein. Und sie wollte auch gern glauben, dass sie eingewilligt hätte, wenn Gott sie gefragt hätte, aber insgeheim wusste sie, dass es anders war. Nicht, weil sie selbstsüchtig oder gleichgültig wäre. Nur zu erfüllt von ihren eigenen Wünschen. Sie wollte im Herbst ihre Hortensien blühen sehen. Bei einer weiteren Präsidentschaftswahl ihre Stimme abgeben. Und ihren Namen in einem Buch der Rekorde sehen. Sie zog das Leben dem Tod vor, so einfach war das. Und so ging es den meisten Leuten.

»Wie war Ihre Adresse?«

»Wald Street. Wir hatten keine Hausnummern.«

»Ihre Eltern?«

Wieder ein Platzregen von Worten in ihrem Kopf, Worte über Worte und dann: *Aš esu lietuvis!* Ich bin Litauer! Das war die Stimme ihres Vaters in gedämpfter Verzweiflung hinter einer verschlossenen Tür.

Dann nichts weiter als das flüssig perlende Geräusch von Stift auf Papier. Zaghaft fragte sie: »Eine Volkszählung ist ein Dokument.« Und dachte dabei: *Wer bin ich? Wer bin ich wirklich?* »Ich brauche drei.«

»Sind auch Ihre Söhne in Kimball zur Welt gekommen?«

»Für Laurentas gibt es keine Urkunde mit meinem Namen darauf. Aber Randall und Frankie, die wurden in Portland geboren.«

»Geburtsurkunden geben das Alter der Mutter wieder«, sagte Belle.

Ona war, als hätte Zimmer 114 im Apple Country Motor Court sich gerade in einen fliegenden Teppich verwandelt, denn sie hatte das angenehme Gefühl zu fliegen. »Ich bin Ihnen sehr dankbar.«

»Ich Ihnen auch.« Belle brachte eine letzte Notiz aufs Papier und verstaute dann alles in ihrer Tasche. »Lassen Sie uns dafür sorgen, dass der Traum dieses wunderbaren Jungen Wirklichkeit wird.«

246

Und in dem Moment klopfte es wieder leise an der Tür. Belle erhob sich und fuhr sich dabei nutzloserweise durch ihr ungekämmtes Haar. »Ted und ich verbringen die Nacht woanders.« Sie drehte sich um. »Es sei denn ...«

»Ich brauche keinen Aufpasser.«

»Außerdem ist Quinn ja hier«, sagte Belle.

»Ich brauche überhaupt keinen Aufpasser.«

Belle öffnete die Tür, und herein kam der Gruppenleiter der Pfadfinder und sah trotz der Stunden, die er im Auto verbracht hatte, frisch und munter wie ein neuer Rekrut aus. Hinter ihm, in einem Abstand, wie ein Hund ihn vermutlich zu einem Rivalen halten würde, lehnte Quinn mit finsterem Blick an einem Verandapfosten. »Geht's Ihnen gut da drinnen, Ona?«, rief er. Seine Stimme schnitt durch die warme Abendluft und traf direkt in ihr schnell schlagendes Herz.

»Natürlich geht es mir gut«, verkündete sie an alle gerichtet. »Herr im Himmel, warum auch nicht?«

Ona folgte Belle und Mr Ledbetter nach draußen, wo Belle Quinn mit einem neuen Ausdruck bedachte: Mitgefühl vielleicht oder was sonst zwischen zwei Menschen, die eine lange Beziehung verband, in dieser diffusen Sprachlosigkeit schwimmen mochte.

»Wir sind am Morgen wieder zurück«, erklärte Belle. »Ich werde Sie nach Hause fahren.«

»Quinn kann mich nach Hause fahren.«

»Seine Fahrerlaubnis ist abgelaufen. Oder so ähnlich«, sagte Mr Ledbetter.

»Ich habe sie zurückgekauft«, erwiderte Quinn. »Und Ona würde das auch gar nichts ausmachen.«

»Kein bisschen«, stimmte sie ihm zu, froh, Stellung zu beziehen. Es war so lange her, seit sie sich auf das menschliche Miteinander eingelassen hatte, dass sie es jetzt mit weit geöffneten Armen an sich drückte, selbst die Teile davon, die ihr das Herz brachen.

»Fahrt ihr nun oder nicht?«, fragte Quinn.

Mr Ledbetter schwankte unentschlossen. »Wir kommen am Morgen zurück. Belle und ich können hinterherfahren, wenn also was sein sollte« – und hiermit wandte er sich mit rührender Ernsthaftigkeit an Ona –, »können wir Sie in unserem Wagen mitnehmen, Mrs Vitkus.«

»Ich brauche keine verdammte Polizeieskorte, Ted«, erklärte Quinn ihm. »Nimm deine Freundin und hau ab.«

Der Gruppenleiter der Pfadfinder rieb sich die Schläfen, nicht vor Hass, sondern mit der Resignation eines Gruppenleiters, dessen Schutzbefohlene ständig stolpern. »Mrs Vitkus ...«

»Es ist mein Ernst, Ted. Geht und sucht euch eine B&B-Unterkunft mit Ananas auf den Vorhängen. Macht einen auf *Beziehung*.«

»Nun sei doch kein Idiot, Quinn«, gab Belle zurück. Sie tätschelte Onas Arm. »Sie kommen damit klar?«

»Bestens«, versicherte sie und wechselte wieder die Seiten. »Sehen Sie zu, dass Sie ein wenig Schlaf in den Armen dieses netten Mannes finden.«

»Ich möchte Sie nicht Ihrem Schicksal überlassen, Mrs Vitkus«, sagte der nette Mann jetzt. Den neuen Jungen hatte sie abgelehnt – *im Sommer komme ich ganz gut allein zurecht* –, war aber entschlossen, den Pfadfinder zu nehmen, den er im kommenden Herbst brachte, egal, wie widerwärtig ihr dieses Exemplar war.

»Sie ist nicht hilflos, Ted«, blaffte Quinn. »Herrgott noch mal, Sie sehen doch wohl, dass ich hier stehe, oder?«

»Ich bin nicht hilflos, Mr Ledbetter«, bekräftigte Ona. »Nur weit weg von meiner vertrauten Umgebung.«

Belle marschierte los Richtung Kleinbus und drehte sich dann um. »Sieh zu, dass sie was zu essen bekommt«, meinte sie – vermutlich zu Quinn. »Das letzte Mal hat sie in Keene was gegessen.« Es war jetzt völlig Nacht, und sie verschwand darin.

»Na dann«, sagte der Gruppenleiter der Pfadfinder zu Ona. »Ich denke ...«

»Es geht ihr gut, Ted. Gehen Sie.«

Endlich wandte Ted Ledbetter sich Quinn, seinem mutmaßlichen Rivalen, zu. Vom Standpunkt einer jungen Frau aus betrachtet, war es keine große Konkurrenz, und in Belles roter Bluse schätzte Ona nun die Männer ab, wie das Belle vielleicht getan hätte. Quinn: ein wenig gefährlich aussehend, groß und mit hängenden Schultern, die Linien in seinem Gesicht hart verdient. Mr Ledbetter: ungefährlich wie ein Lebkuchen in seinem Polohemd und mit den runzeligen Ellbogen, ein schlaksiger Abraham Lincoln, ein harmloser Familienmensch ohne Frau auf der Suche nach einer Familie.

Jetzt wandte er sich ohne jede Tücke an Quinn. »Ich liebte Ihren Sohn«, sagte er. Und in seinen Worten war keine Spur von Ironie. Das war kein Hundekampf. Das war der Schrei eines leidenden Mannes, und Quinn schien es zu wissen, also wich er entwaffnet zurück.

Mr Ledbetter entfernte sich leise. Sie verfolgten, wie er in seinen Bus stieg und sich in den spärlichen Verkehr zurück ins Zentrum von Granyard einfädelte.

»Haben Sie Hunger?«, fragte Quinn. »Das Restaurant sieht ganz passabel aus.«

»Ich könnte was vertragen.« Tatsächlich war sie ausgehungert. Ihr Streben nach Unsterblichkeit, das durch einen Hausbrand schon fast zum Scheitern verurteilt war, hatte durch eine nervöse Frau, die sich bei ihrem Ausflug eingeklinkt hatte, neuen Schwung bekommen. Wie kam es, dass Ona Vitkus nach so vielen allein verbrachten Jahren nun den Machenschaften von Liebenden und Eindringlingen ins Netz gegangen war und sich in deren Trauer, Eifersucht und plumpem Bemühen um Frieden verheddert hatte? Wenn das kein Schauspiel war: ihre verworrenen Wünsche, ihr aneinander Vorbeireden und dazu ihre ureigene ganz irdisch tickende Uhr.

***

Dies ist Miss Ona Vitkus. Dies sind die Erinnerungen und Bruchstücke ihres Lebens auf Band. Dies ist Teil sechs.

Nun mach schon. Du wählst aus.

...

Die Goldenen Zwanziger? Mal sehen. Das Zeitalter des Jazz? Die Weltwirtschaftskrise? Ich sehe schon, worauf das abzielt. Wenn du nach einer Geschichte des zwanzigsten Jahrhunderts suchst, bist du mit einem Lehrbuch besser bedient. Oder einem Mann. Erzähl deinem Mr Ich-weiß-nicht-wer, dass die Menschen nicht in Großbuchstaben leben.

...

Linkman. Sag Mr Linkman, dass Miss Ona Vitkus das Zeitalter des Jazz mit Windelwaschen verbracht und *Modern Priscilla* gelesen hat.

...

Das ist eine Zeitschrift für die Haushaltsführung. Aber ich erzähl dir eins über die Weltwirtschaftskrise. Zwei Dinge, weil du Aufzählungen magst.

Erstens: Einigen Leuten ging es richtig gut dabei.

Zweitens: Denkst du, ihr hättet das Recycling erfunden? Wir haben das Fleischpapier noch mal wiederverwendet.

...

Als Erstes wäschst du die Säfte ab.

...

Vom Fleisch. Rindfleisch und Schweinefleisch und so.
Dann bestreichst du das Ganze mit Essig. Den lässt du
dann trocknen, und dann benutzt du es wieder. Wir hatten
es im Laden, um Gitarrensaiten einzuwickeln.

...

Lass uns eine finden, die ich beantworten kann. Hier
ist eine: Leute, die einen beeinflusst haben. Frag mich
das.

...

Natürlich fällt mir dazu Maud-Lucy ein. In meiner
Mädchenzeit. Ansonsten Louise. Louise war eine echte
Nummer. Manchmal sehe ich sie, klar wie der Vollmond.

...

Nicht wörtlich. Herr im Himmel, ich sehe sie nicht wirklich. Aber sie ist da, vor meinem geistigen Auge.

...

Ist das so? Wie lange war er weg?

...

Fünf Jahre sind eine lange Zeit, wenn man noch so jung
ist. In meinem Alter ist das nicht mehr so. In meinem Alter
sind fünf Jahre ein Wimpernschlag. Was geschah, als er
zurückkam?

...

Du meine Güte. Und wie lange dauerte es das zweite
Mal?

...

Magst du denn den neuen Freund deiner Mutter? Dieser
irgendwie heimliche Freund, der womöglich eines Tages
dein Vater wird?

...

Gewiss hast du es erwähnt, wenn auch nur kurz. Du bist nicht der Einzige mit einem guten Gedächtnis.

...

Klingt, als wäre er ein sehr netter Mann.

...

Natürlich liebst du deinen Vater. Aber ich möchte doch sagen, dass es kein Verbrechen ist, auch den anderen Mann zu lieben, wenn er ein guter Mensch und freundlich zu dir ist.

...

Keine Ursache! Und wo ...?

...

Oh, Louise war was anderes: diese königliche Haltung, diese flinken Augen – o mein Gott, einfach ein Prachtweib. Unglücklicherweise holte das aus mir die Maus heraus. Ich hatte Howard verlassen, um Sekretärin zu werden, also würde man doch annehmen, dass es mir nicht an Selbstvertrauen mangelte? Aber es gibt gewisse Frauen, die nehmen das Heft in die Hand und du gehorchst.

...

Danke. Aber dieser Typ war ich nun gar nicht. Ich brauchte was, was mich erfüllte, und wenn du der Typ bist, den etwas erfüllen muss, dann machst du dich auf die Suche nach Füllmaterial, und sie hatte es.

...

Abgesehen von mir und den französischen Damen, die die Küche führten, war ich die einzige Frau an der Lester Academy, als Louise wie die letzten Blätter im Herbst hereingeweht kam. Also waren wir Schicksalsgefährtinnen, Louise und ich. Lester war unsere einsame Insel, und ich war ausgehungert, und Louise hatte die ganze Nahrung.

...

Sie waren gute Jungs, würde ich sagen. Ganz anders als diese Jungs heutzutage. Anwesende ausgenommen.

...

Keine Ursache. Sie kamen hauptsächlich aus Boston. Das Schulgeld war kein Pappenstiel, aber was Lester insgeheim am Leben hielt, war eine furchterregende Frau namens Mrs Emmaline Simpson. Sie war die Urenkelin des Gründers. Mrs Simpson wuchs in Lester auf, wo Frauen normalerweise keine hochgesteckten Ziele verfolgen, aber irgendwie schaffte Mrs Simpson es, auf dem Swarthmore College einen Bachelor of Arts zu machen.

...

Oh, das ist eine ziemlich schnieke Einrichtung, ich glaube in Pennsylvania. Sie besuchte uns jedes Jahr im Juni mit ihren hoch aufgesteckten weißen Haaren und den Perlmuttkämmen und einem schweren Kleid, das auch auf einer Vorhangstange nicht fehl am Platz gewesen wäre.

...

Sie verfolgte immer denselben Zweck: Sie wollte, dass im Englischunterricht mehr Schriftstellerinnen gelesen wurden.

...

Was in der Art von Mistress Anne Bradstreet. Sie machte also ihren sogenannten Vorschlag, überließ dann den Männern die sogenannte Entscheidung und kehrte um Punkt fünf in die Schule zurück, um ihren jährlichen Scheck abzuliefern. Wenn sie aufbrach, schenkte sie mir jedes Mal eine Schachtel mit Süßigkeiten aus Italien.

...

Eine Dichterin aus dem Amerika der Kolonialzeit. Sie schrieb etwas über ihren wunderbaren Ehemann.

...

Das ist schon in Ordnung, ich hatte von ihr auch noch nichts gehört.

...

Nun, Mrs Simpson starb. Die Treuhänder dachten, die alte Gaunerin würde ihr Geld womöglich einer Meute heimatloser Katzen vermachen. Aber sie belehrte sie eines Besseren, o ja. Ihre Hinterlassenschaft war gigantisch – Millionen und Abermillionen! –, aber jetzt kommt der Haken: Zum Fachbereich Englisch an der Lester Academy für Jungen würde von nun an eine qualifizierte Frau gehören.

...

Oh, ich gebe dir recht. Heimatlose Katzen hätten es auch verdient gehabt. Aber kannst du dir das Händeringen auf dem Treffen der Treuhänder vorstellen? Immer wieder kamen sie auf die Tradition von Lester zu sprechen.

...

Im Gegenteil, es war sogar amüsant. Ein Mann nach dem anderen plapperte unentwegt nur über Tradition, Tradition, Tradition. Wenn sie Tradition hätten *essen* können, hätten sie es getan. Sie kämmten sich die *Haare* damit. Unvorstellbar. Ich schrieb mit, was meine Aufgabe war, aber ich weigerte mich, einige der Worte aufzuschreiben, denn dafür gab es gar keine Kurzschrift.

...

Natürlich machten sie es. Das Geld bestimmt, tut es immer. Herbst 1954: Auftritt Louise, ein Ein-Frau-Wettersystem.

...

Hm. Klug. Das war das Erste. Unabhängig. Aber man musste wirklich – man musste sie kennen, um zu erkennen, wie sie war. Der Krieg veränderte gewisse Frauen. Notier dir das unter Zweiter Weltkrieg.

...

Das ist in Ordnung, ich kann warten.

...

Manche Frauen, richtig. Von außen betrachtet, muss ich wie eine von ihnen gewirkt haben, eine dieser veränderten Frauen. Ich hatte den armen Frankie verloren, ich hatte Howard verlassen, ich war von zu Hause ausgezogen und hatte ein anderes Leben angenommen. Aber ansonsten war ich dasselbe gezügelte Mädchen, das ich immer war, wenn man nicht mitzählt, dass ich mit vierzehn aus dem Stall ausgebrochen bin, die Folgen davon habe ich diesem kleinen Gerät ja bereits anvertraut – unter Druck, wie ich ergänzen möchte.

...

Du brauchst dich nicht zu entschuldigen. Du bist ein guter Junge. Ich möchte nur den Anteil deiner Einsatz-bereitschaft im Vergleich zu meiner festhalten. Aber was ich eigentlich sagen wollte, war, dass der Krieg auch Louise verändert hatte – sie hatte ihre beiden jüngeren Brüder an einem einzigen Tag verloren –, wobei man bei ihr allerdings das Gefühl hatte, dass sich dadurch in ihr etwas verstärkte, was bereits da war.

...

Lebhaft. Flammend. Sie war zweiundvierzig und sah aus wie dreißig. Ich war vierundfünfzig und sah aus wie sechzig.

...

Anfangs funktionierte es ganz gut mit ihr. Dann gab es ausgerechnet wegen Shakespeare einen großen Wirbel. Mr Shakespeare konnte auch ein unflätiger alter Necker sein, und Dr. Valentine nahm Anstoß an Louises Interpretationen. Im ersten Jahr also ein Scharmützel, nichts Fatales. Auch das zweite Jahr verlief für Louises Verhältnisse ganz ruhig. Sie lehrte meist, was zu lehren man ihr auftrug, und beklagte sich kaum. Aber im dritten Jahr hatte sie Fuß gefasst und begann zu improvisieren.

...

Ich erinnere mich, dass das Schuljahr schon recht weit fortgeschritten war – die Bäume *spuckten* Blätter. Und da kommt Louise herein in ihrem Gabardinekostüm, das ihr Hinterteil betonte und von einem Violett war, von dem man hätte schwören wollen, dass es ein Eigenleben hatte. Bis jetzt hatte sie sich reserviert verhalten – »Hallo« war alles, was ich von ihr direkt gehört hatte –, weshalb ich sie für hochnäsig hielt.

»Soll ich Sie bei Dr. Valentine anmelden?«, frage ich sie. Sehr höflich natürlich. Es ist schließlich mein Job.

»Wenn Sie sich trauen«, sagt sie zu mir.

...

Oh, das war sie. Sehr komisch. Und dann lacht sie ihr Dampfschifflachen und pflanzt ihren Hintern auf meinem Schreibtisch direkt auf einen Stapel Briefe, die abgeschickt werden müssen.

...

Dr. Valentine litt an chronischem Bedauern, weshalb ich die Briefe immer bis zum Ende des Tages aufhob, damit er sie noch mal durchsehen konnte. Ich wagte es nicht, sie zu bitten, sich woanders niederzulassen, aber ich wollte sie mit diesen Briefen auch nicht unbeaufsichtigt lassen. Also saß ich da. Eine Geisel.

...

Ich tat, was du tust. Zusehen. Die Lage sondieren.

...

Das war der Grund: Louise glaubt, sie stecke wegen George Eliot in Schwierigkeiten – das ist eine Schriftstellerin aus dem neunzehnten Jahrhundert. Sie hatte George Eliots geheimnisvolles Liebesleben im Unterricht behandelt. Woraufhin erst eine Mutter, dann ein Vater anrief.

...

Aber das war nicht der Grund, weshalb man sie zum Direktor zitiert hatte, doch ich wusste nicht, wie ich es ihr sagen sollte, weil sie unentwegt über George Eliot dozierte, die, was Männer anging, eine masochistische Ader hatte. Auch ich hatte damals das Gefühl, eine masochistische Ader zu haben, aus Gründen, auf die ich hier nicht eingehen werde. »Aber«, sagt Louise zu mir, »ihre Dichtung wurde dadurch umso *saftiger.*« Bei ihr klang das Wort *saftig* so, als würde sie in den von Satan dargebotenen Apfel beißen.

...

Saftig.

...

Mehr oder weniger. Ich bin eine schlechte Schauspielerin. »Geht Dr. Valentine etwa davon aus, dass große Dichter ihre Inspiration dem Staub verdanken?«, fragt Louise mich. »Der Luft?«

...

Ich bin mir sicher, dass ich keine Ahnung hatte, woraus große Dichter ihre Inspiration zogen, und überlegte krampfhaft, wie ich sie davor warnen konnte, dass Dr. Valentine Louise Grady in einer völlig anderen Angelegenheit einbestellt hatte.

...

Nun, es gab da ein Gerücht.

...

Über Louise und den Hawkins-Jungen.

...

Einen Jungen im Oberseminar. Nur ein gesunder strammer Kerl, der sich zweimal am Tag rasierte. Ein sommersprossiger Achtklässler brachte die Geschichte in Umlauf, und jetzt, *siehe da*, war sie überall. Die arme Louise quasselte weiter über George Eliot, obwohl sie in Wahrheit einbestellt worden war, weil sie die Sitten verdarb. Eine *Femme fatale* war.

...

Eine Intrigantin.

...

Jemand, der dafür sorgt, dass Menschen ein bestimmtes Gefühl entwickeln, das sie eigentlich gar nicht haben wollen. Es gibt kein entsprechendes Wort für einen Mann, obwohl es das geben sollte.

...

Nun, dafür zu sorgen, dass dieser Junge sich in sie verliebt.

...

Ich hatte keine Ahnung, ob das der Wahrheit entsprach oder nicht, aber ich war besorgt.

...

Weil sie die einzige Frau war, die ich jeden Tag sah. Ich wollte nicht, dass die einzige Frau im Hause gefeuert wurde.

...

Ich sagte: »Wenn Sie Ihre Vorlesungen vielleicht ein wenig gezähmter angingen, wären Sie keine solche Attraktion.«

...

Nein, nein. Das war, nachdem wir Freundinnen geworden waren. Louise liebte es, eine Attraktion zu sein. Sie *war* eine Attraktion.

...

Oh, das wirst du sein. Wart's nur ab. Die Mädchen werden vor deiner Tür Schlange stehen.

...

Ja, das werden sie. Deine Hübschheit ist derart, dass die Mädchen sie erst später bemerken werden.

...

Mit etwa achtzehn. Einundzwanzig.

...

So lang ist das gar nicht. Wirst sehen.

...

Genau, Louise sitzt also auf meinen nicht abgeschickten Briefen und rechnet mit einem erfrischenden Wortgefecht mit Dr. Valentine. »Diese Jungs sind allesamt behütete kleine Langweiler«, sagt sie zu mir. »Genau wie ihre Väter. Haben Sie das auch bemerkt, Miss Vitkus?«

Das war, wie ich zu Protokoll geben sollte, der erste vollständige Satz, den sie jemals gezielt an mich richtete. Und so plaudert sie weiter, obwohl inzwischen Dr. Valentines Tür offen steht und er keine drei Meter entfernt, ein Porträt elektrisierter Furcht, neben Mr und Mrs Hawkins steht, deren feuerspeiende Wut ich im Prickeln meiner Haarwurzeln spüre.

...

Du meine Güte, ja. Ich wäre fast gestorben. Aber Louise hatte einen sechsten Sinn für ein derartiges Publikum und nahm ihr Hinterteil von meinem Schreibtisch – ohne auch nur einen einzigen Brief anzustupsen –, steht auf und sagt, bevor sie sich ganz herumdreht zu mir, obwohl jeder, der in Hörweite war, verstehen konnte, was sie sagte: »Wenn es eins gibt, was das Männchen nicht erträgt, Miss Vitkus, dann ein Weibchen mit Geheimnissen.«

...

Wow passt. Bis zum heutigen Tag weiß ich nicht, ob sie sich damit auf die Geheimnisse George Eliots, ihre eigenen oder meine bezog. Auf alle Fälle stand ich in Flammen – oh, ich war in Licht getaucht –, denn nachdem sie dies sagte, wandte Dr. Valentine sich von Louise ab und sah sie nicht mehr an.

...

Mich. Er sah mich an.

...

Natürlich war ich das. Ich war ein Weibchen mit einem Geheimnis.

KAPITEL 16

Es war schon spät, als er gefangen in den ausgebleichten Laken des Motels aufwachte und von Selbstvorwürfen gequält in Panik geriet. Nachdem er zehn zermürbende Minuten lang an Onas Zimmertür geklopft hatte, rief er den Hotelmanager – es war derselbe ausgezehrte Teenager wie am Abend zuvor –, der die Tür aufschloss, worauf sie den demütigenden Anblick von Ona vor sich hatten, die in einem knielangen Nachthemd aus dem Bad kam. Quinn jaulte wie eine Katze, der man auf den Schwanz getreten war.

»Was machen Sie hier?«, jammerte Ona. »Raus mit euch!«

Quinn hielt sich die Hände vor die Augen, während der Manager das Weite suchte. »Ich habe hunderttausend Mal geklopft, Ona«, sagte er und drehte ihr dabei den Rücken zu. »Ich dachte ...« Er sah die offene Tür vor sich, dahinter das Tageslicht und die Versuchung von Onas vollgetanktem Auto. Er hatte genug von guten Taten. Teds theatralische »Rettung« hatte seinen Appetit aufs Gutsein ziemlich erschöpft.

»Raus mit euch!«, wiederholte sie. »Ich habe nicht vor, in den nächsten achtzehn Jahren zu sterben.«

Eine Stunde später, bei einem elenden Frühstück in der angeschlossenen Frittenbude, wo sie bereits am Abend gegessen hatten, blieb Quinn stumm vor Verlegenheit und trank mürrisch seinen wässrigen Kaffee, während Ona einen Dreierstapel Blaubeerpfannkuchen verputzte. Allem Anschein nach war noch keine Apfelsaison.

Ona brach das Schweigen. »Finden Sie nicht auch, dass ein erfolgreicher Chirurg, der im Schoße liebender Freundlichkeit aufwuchs, ein glücklicheres Ende finden könnte, als im Rollstuhl mit einem Fernglas durch ein Pflegeheim zu rollen?«

»Die Menschen schreiben sich ihr Ende nicht selbst«, sagte er.

»Nun, ich habe vor, mir meins selbst zu schreiben.« Trotz des Vorfalls mit dem Nachthemd war sie überraschend selbstbewusst, was Belles impulsivem Angebot geschuldet war, ihr helfen zu wollen, wie Ona bereits viermal erwähnt hatte.

»Wir könnten noch mal vorbeifahren und Ihrem Sohn einen weiteren Besuch abstatten, bevor wir die Stadt verlassen«, bot er an. »Ich möchte nicht näher darauf eingehen, Ona, aber es könnte Ihre letzte Chance sein.«

»Machen Sie sich mal keine Sorgen«, erwiderte sie. »Auf Laurentas warten bestimmt noch zehn Jahre.« Sie zwinkerte ihm über den Tisch hinweg zu.

Und er sagte so leise, dass sie es womöglich nicht mitbekam: »Ich war ein ganz erbärmlicher Vater.«

Ona nickte unverbindlich. »Es gibt Schlimmeres.«

»Wie etwa was?« Er wollte es wirklich wissen.

»Eine hinlängliche Mutter zu sein.« Sie trank einen Schluck aus ihrem Kaffeebecher. »Erbärmliche Väter gibt es dutzendweise, wem fällt das schon auf? Zu welcher Sorte Sie auch gehörten – und ich bin mir sicher, Sie waren gar nicht so schlimm, wie Sie glauben –, machten Sie es wahrscheinlich so gut, wie Sie konnten, und von einem Mann wird gar nicht mehr erwartet.«

»Belle hat mehr erwartet.«

»Ich werde Ihnen was sagen, Quinn«, erklärte sie feierlich. Dass sie ihn mit Namen ansprach, erschreckte ihn. »Würden Sie sich mehr wie ein trauernder Vater verhalten, dann würde Ihre Lady Sie zurückhaben wollen.«

Da er Zuneigung in ihrem Gesicht las, gab er nach: »Und wie verhält sich ein trauernder Vater?«

Eine Weile sagte sie nichts. »Wie dieser Ledbetter.«

Betroffen unterließ Quinn es zu antworten, und in dem Moment kam eine Gruppe von sieben Leuten hereingepoltert, johlende Jugendliche aus der Highschool in Teamtrikots. Sie nahmen ihre Plätze vor dem geschwungenen Fenster ein und machten sich breit, als gehörten ihnen die Nische, die Stadt, ihre eigenen Seelen und alle Freude und aller Unsinn auf der Welt.

»Mir wäre es lieb, wenn Sie aufhören würden, sie meine ›Lady‹ zu nennen«, sagte Quinn, »da sie es offensichtlich nicht mehr ist.«

»Sie stellten mir eine Frage. Ich gab Ihnen eine Antwort.«

Er dachte daran, aufzustehen und sie einfach hier zurückzulassen. Soll sie doch zusehen, wie sie ihre diesem Ledbetter verfallenen alten Knochen die dreihundertsiebzig Kilometer zurück nach Portland schleppt, nachdem der heiliggesprochene Pfadfinderführer überhaupt nicht aufgetaucht ist.

Er wehrte jede weitere Diskussion ab, und sie beendeten schweigend ihr Mahl. Ona nahm die Serviette von ihrem Schoß und tupfte sich das Kinn ab. »Ich frage mich, ob es einen Rekord für die köstlichsten Pfannkuchen gibt.«

Quinn betrachtete sie einen Moment. »Ich kann mir nicht vorstellen, wie er es geschafft hat, Sie mit diesem Rekordfimmel anzustecken.« Er trank seinen Kaffee aus. »Sie gehen ja förmlich auf darin.«

»Erstens«, entgegnete sie, »ist es kein Fimmel. Zweitens hat er mich mit seiner Begeisterung angesteckt.«

Immer wieder vergaß er ganz wesentliche Fakten über seinen Sohn: Der Junge war ein Enthusiast gewesen, das stimmte. Sein Lachen entlud sich aus dem Nichts und erschreckte einen wie ein Hund in der Nacht; woran er Freude hatte, hielt er gut versteckt, und er zeigte sie, wenn keiner damit rechnete. Sie tauchte auf und war schon wieder weg. Doch im Unterschied zu Belle und zu Amy und zu allen, die eine Schwäche für den Jungen hatten, fand Quinn diesen Kartentrick von einem Innenleben beunruhigend, sogar irreführend. Und da überfiel ihn unangemeldet die Erinnerung an eine der Rezitationen des Jungen: die metallische Stimme, die Listen, die Aufzählung, das reglose Gesicht und die zuckenden Finger. Er fühlte sich unwohl in Gegenwart des Jungen, hatte Angst vor der Welt, in der er lebte.

»Sehen Sie nur«, rief Ona. »Sehen Sie, wer da ist.«

Ted und Belle: Ted hatte ein entsetzliches Gebilde orangefarbener und brauner Lilien im Arm, Belle trug ein bezauberndes weißes Sommerkleid, das er noch nie gesehen hatte. Die Träger in Rot sahen aus, als könnte man sie essen. Ihr Haar glänzte. *Der Punkt geht an dich, Ledbetter*, sagte er sich verbittert. *Gut gemacht.*

»Ich muss euch um einen Gefallen bitten«, erklärte Belle. »Sagt nicht nein.« Bevor Quinn in Deckung gehen konnte, zündete sie die Granate. »Ted und ich werden in einer halben Stunde heiraten, und wir brauchen Trauzeugen.«

Die Highschoolkids applaudierten, Belle warf ihnen einen erschrockenen Blick zu und lächelte dann. Ted grinste wie eine Sonnenblume, während in Quinns Kopf ein Bienenschwarm tobte.

»Eine Hochzeit?«, sagte Ona. Sie erblühte geradezu. Er

bemerkte, dass man sie im richtigen Licht durchaus auf, sagen wir, fünfundneunzig schätzen würde.

»Wir haben heute Morgen die Bewilligung bekommen«, ergänzte Ted, »aber wir brauchen Zeugen, damit es rechtskräftig wird.«

»Die städtischen Beamten waren nicht sehr entgegenkommend«, fügte Belle hinzu.

»Das liegt nur an Vermont«, sagte Ted. »Die Leute hier reden nicht viel.«

»Außerdem wollten wir Leute dabeihaben, die wir kennen.« Belle wandte sich an Ona. »Ich ging davon aus, dass Sie noch hier sind. Quinn ist, seit er auf der Highschool war, nie mehr vor zehn aufgestanden.«

»Es ist übrigens nicht so überstürzt, wie Sie vielleicht denken«, sagte Ted zu Quinn. »Wir haben darüber« – hierbei sah er Belle liebevoll an – »schon eine ganze Weile gesprochen.«

Belle hob ihren Fuß, an dem eine weiße Sandale, verziert mit Goldnieten, baumelte. »Die hab ich bei Walmart gefunden. Wir sind schon seit sechs auf.« Sie sah – nein, nicht glücklich, aber weniger verloren aus.

»Ich habe heute Abend einen Gig«, warf Quinn ein, dem der Kopf noch summte. »Wir müssen in etwa zehn Minuten aufbrechen.« Er hatte einmal einen Baseball an die Stirn bekommen, aber das hier fühlte sich schlimmer an.

»Es sind diese religiösen Jungs«, klärte Ona alle auf. »Die werden nichts dagegen haben, wenn er sich etwas verspätet.«

»Es wird keine fünf Minuten dauern«, sagte Belle. »Ich erwarte nicht, dass du Räder schlägst, Quinn, aber wenn dir was an mir liegt, dann kannst du es jetzt zeigen.«

Sie bedachte ihn aus großen Augen mit einem gespenstischen Blick, der ihre gesamte gemeinsame Geschichte mit einschloss. Dies war alles, was er von ihr übriggelassen hatte.

Genauso hatte sie ihn auch am Abend vor dem dritten Geburtstag des Jungen angesehen, als sie Quinn nötigte, sich in ihrem dunklen Haus hinzusetzen, nachdem er von einem Gig nach Hause gekommen war und sein Equipment abgestellt hatte. »Das habe ich mir unter einem Familienleben nicht vorgestellt«, machte sie ihm klar und knipste eine Lampe an. »Einsamkeit war das Letzte, was ich erwartet hatte.« Es war einer jener Augenblicke, in denen die Uhren scheinbar zu ticken aufhören. »Ich würde das lieber ganz alleine machen«, sagte sie, »als die ganze Zeit verbittert zu sein. Mir wäre es lieber, du wärst *tatsächlich* abwesend als *virtuell* abwesend.«

Mit müden Augen nach einer Stunde Fahrt über regennasse Straßen fischte er die Einnahmen des Abends aus seiner Tasche. »Ich verdiene einen Lebensunterhalt«, erklärte er. »Ich halte meinen Teil ein.«

»Wir brauchen mehr als einen Lebensunterhalt«, flüsterte sie. »Wir brauchen ein Leben.«

Er sehnte sich nach seinem Bett, dem warmen Körper seiner an ihn geschmiegten Frau und zwei oder drei Stunden Vergessen, bevor sie von ihrem Sohn wieder geweckt wurden, der Angst vor Insekten, vor Staubmotten, weiten Mänteln und der Farbe Gelb hatte. Jeden Morgen dasselbe: Das immer gleiche Tremolo der Panik, das sich die Tonleiter hinaufschraubte, während Belle aus dem Bett sprang und Quinn von einem Adrenalinstoß im Kopf wach wurde.

»Ich dachte, wir wären der Situation ein wenig besser gewachsen, als wir es sind«, sagte sie. Aber natürlich *war* Belle der Situation gewachsen. Sollte es eine theoretische maximale Höhe geben, bis zu der eine Person sich einer Situation gewachsen zeigen konnte, dann hatte Belle sie erreicht: Sie hatte sich durch eisige Winde, barfuß und von Wölfen verfolgt, zu diesem zerklüfteten Gipfel hochgearbeitet.

»Wie bitte?«, fragte Quinn, weil ihr Gesichtsausdruck ihn alarmierte. »Warte!« Worte bargen zahllose Bedeutungen, und er war ein armseliger Dolmetscher. Ihm war schwummerig, und er fühlte sich betrunken, obwohl er seit dem Tag, als der Junge zur Welt kam, keinen Tropfen mehr angerührt hatte. Ihr Sohn: nur ein Fünftel vom Durchschnittswert in Größe und Gewicht, aber von alarmierender Klugheit, der Puzzles zusammensetzte, die für Zehnjährige gedacht waren, und Wörter aus Büchern abschrieb. Belles Tanten, die sich als Babysitter abwechselten, schwärmten von ihm und meinten, er mache sie durch seine bloße Existenz fix und fertig.

»Ich sage dir jetzt, was ich möchte«, erklärte sie und entfaltete ein Stück Papier. Es sah nach einer langen Liste aus. »Ich möchte, dass du den Zaun reparierst«, fing sie an. »Ich möchte, dass du gern früh aufstehst. Ich möchte, dass du an den Samstagen mit uns in den Park gehst. Ich möchte, dass du aufhörst aufzutreten.« Sie machte eine Pause. »Ich möchte, dass du dich so verhältst, als würdest du uns lieben.« In ihrer Stimme schwang eine harmonische zweite Ebene mit, der Klang eines alten Holzinstruments, es war dieselbe widerhallende Stimme, mit der sie ihm ihre Schwangerschaft offenbart hatte. Sie hatte vergessen, ihre Pille einzunehmen – in unbewusster Absicht, wie sie später befanden –, doch damals konnte sie sich nicht vorstellen, wie so etwas hatte passieren können. *Aber da es nun mal so ist, müssen wir es annehmen.* Damals wie jetzt strahlte ihre

Grundüberzeugung aus wie ein kleines Feuer. *Du brauchst mich nicht zu heiraten, Quinn. Eine Menge Jungs würden es nicht tun.*

»In Cambridge hat ein Studio neu aufgemacht«, tastete er sich vor. »Ich kenne den Typen.«

Belle schloss die Augen.

»Nein, Belle, hör zu, er sucht nach Studiomusikern.« Er griff nach ihren Händen. »Wir müssten nicht umziehen. Ich würde pendeln.«

»Oh, Quinn.« Belle seufzte und hielt sich die Hände vor die Augen. »Früher mal war das alles gut so für uns. Ich habe mich gerne in dieses Wunderland hineinziehen lassen. Aber das war davor.«

»Hör zu, Belle …«

»Ich liebte deine Musik. Ich dachte …« Sie verschränkte die Hände im Schoß über ihrem Baumwollnachthemd, auf dem die Liste ihrer Forderungen ominös knisterte.

»Du dachtest was?«

»Ich glaubte dir. Ich glaubte alles.«

Dass sie die Vergangenheitsform wählte, erfüllte ihn mit Trauer. Sobald sein Gig mit den Benders auf dem Campus beendet war, flitzte er zu ihr aufs Zimmer im Studentenwohnheim, Belle, ein Mädchen von neunzehn Jahren, an den Wänden abstrakte Malerei im Kiefernrahmen. »Ich glaubte, etwas anderes zu wollen«, fügte sie leise hinzu. »Ich wünschte, ich hätte etwas anderes haben wollen. Ehrlich, Quinn, das tue ich. Aber wie sich herausstellt, möchte ich genau das, was alle anderen auch wollen.« Ihre Stimme behielt das Timbre bei, diese ermattete Resonanz. Eine Stimme, wie geschaffen zum Singen, nur dass Belle keinen einzigen Ton halten konnte. Genau das liebte er an ihr: Für Belle war die Musik ein einziges Wunder.

»Auch ich wünschte, ich hätte etwas anderes wollen können.«

»Was ich möchte ...« Sie sah ihn an. »... ist noch ein Baby.«

»Oh. Nein. Oh, Belle. Ich kann nicht.«

Sie nickte feierlich. »Ich weiß.«

Ein kleines Klicken in seinem Kopf. »Gibt's ... gibt es einen anderen?«

»Nein«, antwortete sie. Aber er hörte: *noch nicht.*

Er hatte sie geheiratet, obwohl es einfacher gewesen wäre, es nicht zu tun – als Beweis, wenn er diesen brauchte, dass er sie liebte. Er hatte ihr gemeinsames Kind gewollt. Und ihr wegen der vergessenen Pille keine Vorwürfe gemacht. Dieses winzige Zeichen seines eigenen Anstands – seine Hoffnung, nicht *zu der Menge von Jungs* zu gehören – begleitete ihn durch ihre Trennung. Es gab Ultimaten und Rückzieher, lange qualvolle Nächte, in denen sie miteinander schliefen, Versprechen, die gegeben und gebrochen wurden, und viele Tränen, aber am Ende lief Belles aus dem Herzen kommende Liste auf eine einzige unmögliche Aufgabe hinaus: jemand anderer zu werden.

Als er schließlich aufbrach, gelobte er, genau das zu tun, jemand anderer zu werden wie die Goldsucher und die Landbesetzer des amerikanischen Westens, die sich den Horizont zum Ziel nahmen und ihr Geld nach Hause schickten. Er würde sich in einem guten Studio einen Namen machen, zu einem flexiblen und verlässlichen Handwerker werden, der bei Musikern hoch im Kurs stand und als gefragter Mann in den Begleitheften von CDs und Danksagungen Erwähnung fand. Er würde ihr beweisen, wie viel sein Traum wert war.

Die legale Auflösung erreichte ihn in Chicago, wo er all die Paragraphen im Kleingedruckten las und jedes *wohingegen* ihn an ihre Geschichte erinnerte, die ein so kompliziertes Geflecht darstellte, dass es nur durch Gesetzes-gewalt getrennt werden konnte. Fünf Jahre später, als er sie erneut heiratete – *Weil ich dich vermisst habe, Quinn, und Söhne Väter brauchen* –, sagte er »ich will« mit so viel Nach-druck und so laut, dass sie schallend loslachte.

Aber es war ihm ernst damit, mit diesem zweiten »ich will«, obwohl sein rätselhafter Sohn danebenstand – stierte, lauschte und mit seinen knochenartigen Fingern etwas Un-verständliches zählte. Zählte der Junge etwa Quinns Gedan-ken? War es das, was er zählte?

Er war sich vorgekommen wie eine Bulldogge, die man dem Jungen präsentierte, der sich einen Sittich gewünscht hatte.

Hatte er sich genug angestrengt? Er dachte, er hätte es. Ein Jahr später, ausgelaugt von seinem Job, bei Best Buy Soundsysteme zusammenzustellen, erfasste Quinn wieder die alte, schreckliche Rastlosigkeit, und Belle redete wieder davon, Babys zu wollen. Seine Finger schmerzten ihn, weil er nicht mehr spielte, und in den Monaten, in denen er ge-schuftet hatte, war sein glänzender Wunsch, Belle wieder zu ihrem Glück zu verhelfen, stumpf geworden.

»Er zählt gern Dinge auf«, äußerte er eines Abends vor-sichtig beim Abwasch, während sie abtrocknete. »Ist das nicht ungewöhnlich?« Wochenlang hatte er diese Frage un-ausgesprochen mit sich herumgetragen, aber jetzt platzte sie ungebeten aus ihm heraus und zerstörte ihr Tableau häuslicher Zufriedenheit.

Belle zuckte mit den Schultern. »*Eins, zwei, drei* waren seine ersten Worte.« Die Worte waren erst gekommen, als der Junge vier wurde, eins der zahllosen beunruhigenden Details, die Quinn seit seiner Rückkehr aneinandergereiht hatte.

Amy, die für ein langes Wochenende auf Besuch gekommen war, meinte: »Man nennt es Persönlichkeit, Quinn.« Sie riss ein Stück hausgemachten Lebkuchen ab und reichte ihm diesen als Kompensation dafür, ihn übertrumpft zu haben, aber seine Hände waren feucht und er verweigerte ihn.

Vorsichtig ergänzte er: »Ich meine nur, die anderen Kinder sind scheinbar nicht so …« Er hielt inne, sammelte sich. »Ich frage mich ja nur, ob Grund zur Besorgnis besteht.«

Belle unterbrach ihre Arbeit nicht, doch ihr Körper zeigte, dass sie zuhörte. »Was meinst du mit ›Besorgnis‹?«, fragte sie und bestätigte damit seine Überzeugung, dass sie aus Angst, die Familienzusammenführung zum Scheitern zu bringen, den Plan verfolgte, Informationen in fein abgestimmten Etappen preiszugeben. Seine Bestürzung wurde abgemildert durch den Stolz, den er dabei empfand, bei ihr so gut zwischen den Zeilen lesen zu können.

»Erstens stiert er«, sagte Quinn und benutzte seine Finger, um damit sein Anliegen noch durch einen bisher unerwähnten Punkt zu unterstreichen. »Zweitens bewegen seine Arme sich nicht beim Laufen.«

Jetzt beobachtete ihn Belle, in der Hand eine filigrane Untertasse. Sie war dazu übergegangen, den Kaffee in altmodischen Gefäßen zu servieren, was ihm überzogen vorkam.

»Er bewegt sich nicht wie andere Kinder«, fuhr er fort. »Seine Arme bleiben gewissermaßen … an Ort und Stelle. Hängen einfach runter. Seitlich. Als hätte ihn jemand gefesselt.«

Belles Stirnfalten zogen sich zusammen. »Machst du … machst du dich etwa lustig über ihn?«

»Nein! Um Gottes willen, nein, Belle. Ich bin ein … ein engagierter Vater.« Er warf einen panischen Blick auf Amy. »Ich habe keine Erfahrung mit Kindern« – hierauf folgte ein Augenrollen von Amy – »und weiß deshalb nicht, was normal ist und was ... nicht.«

Schweigen.

»Drittens«, zählte er weiter auf, »ist es, als hätte er ein Aufnahmegerät in seinem Kopf. Wenn er beim ersten Mal etwas falsch hört – sagen wir jemandes Namen –, dann bleibt das haften, als wär's auf einem Endlosband und könne nicht mehr mit der korrekten Information überspielt werden.« Inzwischen hatte er sich sein Loch gegraben und beschloss weiterzugraben. »Ich habe einfach den Eindruck, dass es da ein paar besorgniserregende Bereiche gibt. Mögliche ... Bereiche. In seiner sozialen Entwicklung oder was auch immer.«

»Mit seinem Vokabular lässt er die anderen Kinder im Regen stehen«, warf Amy ein.

»Das weiß ich, er hat ein immenses Vokabular. Ein beeindruckendes Vokabular.« Er wusste nicht, wie der Junge zu seinen Worten kam oder auch zu der häufig ausgeklügelten Syntax, zu der er sie verwob. »Aber okay, was hat es damit auf sich, dass er seinen Lehrer Mr Linkman nennt? Ich habe ihn schon fünfzigmal korrigiert, aber er sagt immer noch Mr Linkman. Ich meine, er weiß, dass der sechzehnte Präsident der Vereinigten Staaten Abraham *Lincoln* war. Er kann dir alles über *Lincolns* Haus der Kindheit erzählen, kennt den Namen der Frau von *Lincoln* und welches Stück *Lincoln* sich in jener Nacht angesehen hat, in der er erschossen wurde, und die Namen der Männer aus *Lincolns* Kabinett und wer das *Lincoln*-Memorial gebaut hat, aber er besteht nach wie vor darauf, seinen Lehrer Mr Linkman zu nennen.«

Belle und Amy tauschten wissende Blicke aus, die ihn ernüchterten. »Vielleicht ist der Grund der, dass der Name seines Lehrers Mr Linkman ist«, gab Belle zurück. »Andy

273

Linkman.« Die Frauen prusteten los vor Lachen, und die anhaltende Anspannung des Gesprächs löste sich in einem harmonischen Akkord auf, den alle als Erleichterung empfanden.

»Mensch, Quinn«, erwiderte Amy, »mir scheint, du hast ein *Aufnahmegerät* in deinem Kopf.«

»Lass ihn«, sagte Belle liebevoll. »Ich mag einen Mann, der sich Sorgen macht.«

»Das war offensichtlich ein schlechtes Beispiel.« Aber es gab andere: Der Junge nannte Grashüpfer *Grashörner*. Er sagte statt Begrenzung *Begänzung*. Und statt Dankbarkeit *Dankbarkeil*.

Die Frauen lachten wieder, vor allem Amy. Er ließ ihnen ihren Triumph – das gehörte zu seiner Kampagne, ein besserer Mensch zu sein – und setzte dann hinzu: »Ich will damit sagen, dass er, ganz egal, wie oft er das Wort Grashüpfer sieht oder hört, dennoch Grashörner sagen wird. Und ich frage mich – wenn du nichts dagegen hast, Amy –, ob das vielleicht ein Problem sein könnte. Ich frage mich das als besorgter Vater.«

Belle versteifte sich. »Es ist alles in Ordnung mit ihm.«

»Du hörst mir nicht zu.« Quinn kam jetzt in Fahrt, aus Gründen, die er rational nicht benennen konnte. »Können seine Lehrer ihm nicht helfen?«

»Ich weiß es nicht, Quinn. Warum marschierst du nicht mal runter zur Schule, sofern du sie überhaupt findest, und fragst Mr *Lincoln*? Wenn du glaubst, der Sache nicht gewachsen zu sein, dann sag's mir jetzt.«

Wie es schien, war der Moment gekommen. Anderthalb Jahre war er jetzt auf der Hut gewesen, hatte seine Fragen vorsichtig formuliert und war kunstvoll ausgewichen, während der Junge seine rätselhaften Gewohnheiten pflegte.

»Ich *frage* ja nur, wenn's erlaubt ist?«, erwiderte er. »Als sein *Vater.* Jetzt ist er auf seinem Zimmer, und was macht er da? Schuhbänder zählen oder die Bowling-Punktzahlen der ganzen Welt auswendig lernen oder zweihundert blanke CDs zu einem nicht zu entschlüsselnden Muster anordnen oder mysteriöse Punkte auf eine Liste schreiben. Warum hat er keine Freunde? Warum zum Teufel muss er alles *zählen*?«

Amy richtete sich auf. *Welche* CDs?, fragten ihre Augen. *Was meinst du damit, keine Freunde?* Belle warf ihm einen Blick hilfloser Entrüstung zu. Hatte sie damals beschlossen, ihm Medikamente zu geben? Genau dann, als Quinn andeutete, dass der Junge geschädigt und Amy als Zeugin dabei war?

»Er ist einfach, wer er *ist*«, erklärte Belle und sah sie beide an. »Unser eigener komischer kleiner Junge.« Wie man es besser nicht hätte formulieren können – typisch Belle. In einem fein austarierten Satz schaffte sie es, sie als Trio zu vereinen, indem sie Amys Verantwortung stärkte und die von Quinn zerstreute.

Im späteren Verlauf des Abends, während Belle mit dem ausgeklügelten Ritual, den Jungen ins Bett zu bringen, beschäftigt war – zehn Schluck Wasser, Kissen zehnmal aufgeschüttelt, zehn tiefe Atemzüge –, meinte Quinn vertraulich zu Amy: »Sollte ein Neunjähriger nicht in einem Baseball-Team sein?«

»Er ist bei den Pfadfindern.«

»Aber er kann kein einziges anderes Kind in seiner Truppe benennen.« Quinn hatte ihn an diesem Morgen zu einem Gruppentreffen gebracht, eine demütigende Übung, bei der er Ted Ledbetter, seinen noch unbekannten späteren Rivalen, dabei beobachtete, wie er den Kindern seine Fähigkeiten demonstrierte. »Findest du das nicht seltsam, Amy?

Von einem, der Listen erstellt? Dass er nicht ein Kind seiner Truppe beim Namen kennt?«

Sie tranken Scotch im Wohnzimmer – besser gesagt, Amy trank Scotch, Quinn eine Limo. »Mal ehrlich«, sagte Amy, »finde ich es seltsam, dass du ihm fünfzigmal erklärt hast, der Name seines Lehrers sei Mr Lincoln, und er, obwohl er wusste, dass dem nicht so war, dich nicht korrigiert hat.«

Quinn nahm einen langen unproduktiven Schluck von seinem Pseudodrink.

»Er hat Angst vor dir, Quinn. Du musst dich mehr bemühen.« Sie stellte ihren Drink ab, der verführerisch im Glas schwappte. »Ein schwesterlicher Rat? Belle glaubt, du hättest zu deinem eigenen Kind nie eine richtige Bindung entwickelt, und unabhängig davon, ob das nun stimmt oder nicht« – hier machte sie eine bedeutsame Pause –, »schüttest du Öl ins Feuer, indem du Urteile über seine grundlegende und unveränderbare Natur fällst.«

Quinn hasste das Wort Bindung, weil es ihn an eine Haftpflichtversicherung erinnerte und er Amy im Verdacht hatte, es zu benutzen, um ihn zu reizen. Aber sie war ein wenig beschwipst, und ansonsten kamen sie gut miteinander aus, also ließ er es ihr durchgehen.

»Er ist kein Kind, zu dem sich leicht eine Bindung aufbauen lässt.«

»Was könnte leichter sein?«, sagte sie ohne Groll. »Er ist ein wunderschönes, wunderbares Kind. Ich liebe ihn.« Und dann betrachtete sie ihn mit einem so ungeschützten Ausdruck von geradezu schmerzhafter Hilflosigkeit, dass er es nicht über sich brachte, ihrem Blick standzuhalten.

Belle und Ted warteten auf seine Antwort. Er spürte, dass die Schüler sie von ihrer Ecknische aus beobachteten.

»Ich war noch nie auf einer Hochzeit«, zwitscherte Ona. »Nie hat mich jemand gefragt.«

»Ich hätte lieber zu Hause geheiratet«, gab Ted zu, »aber das ist auch gut. Einfach perfekt.« Er wandte sich seiner Zukünftigen zu, unfähig seine Verwirrung zu verbergen. »Aber meine Mutter und die Jungs werden enttäuscht sein.«

»Wir machen noch ein Fest«, versprach Belle. »Vielleicht sogar noch mal eine Zeremonie.« Sie schob ihre Hand in seine Armbeuge, wie sie das auch bei Quinn gemacht hatte.

O Gott, sagte sich Quinn. *Sie liebt den Kerl.* Und warum auch nicht? Ted Ledbetter wollte eine richtige Hochzeit, zu der er seine gebrechliche Mutter und die reizenden Söhne und alle Pfadfinder von Trupp 23 und die anderen Lehrer von der King Middle School und die Frauen, die seine engelhafte verstorbene Frau gekannt hatten, zusammenscharte; er wollte eine Versammlung an einem Strand, wo er seine Liebe untermalt von Möwengeschrei und Celloklängen hinausposaunen konnte, aber weil Belle eine Versammlung der Lieben nicht ertragen hätte – nicht jetzt, vielleicht auch nie –, hatte er eingewilligt, einem städtischen Beamten von Vermont mit Pokergesicht einen vorgefertigten Text nachzusprechen. Er verpflichtete sich den zusammengeknautschten Überbleibseln einer Frau, die er liebte, einem Strafprozess, der sich über Jahre hinziehen würde, einer Schwägerin, die ihn in einen lebenslangen Grenzstreit verwickeln würde, einem Schwiegervater, der ihn so gut durchkauen würde, dass nichts mehr zum Schlucken übrigblieb.

Quinn versuchte seine Eifersucht und seine Verbitterung in Stellung zu bringen, aber zu seiner Überraschung kramte er etwas anderes aus: Hochachtung.

»Es dauert höchstens fünf Minuten«, beteuerte Belle.

Lächeln konnte er nicht. »Es ist mir eine Freude.«

Ted drängte sich dazwischen, er roch nach Pfefferminz und trug dasselbe Hemd wie tags zuvor, himmelweit entfernt von dem Hochzeitsanzug, den er sehr wahrscheinlich schon seit Monaten in einem Sack von der Reinigung aufbewahrte. »Sie wird es nicht bereuen, Quinn, das verspreche ich.«

Quinn bezweifelte es nicht, so gern er es getan hätte. Ted war genau der Mann, den Belle von Anfang an hätte heiraten sollen. »Verdammt«, sagte er leise, »lasst uns einfach gehen!«

Ona erhob sich. »Ich bin wohl kaum präsentabel, um einer Hochzeit beizuwohnen, geschweige denn an einer teilzunehmen.«

»Ich doch auch nicht«, pflichtete der liebestrunkene Ted ihr bei, »aber nichts wird mich aufhalten.«

Das mehr als üppige Bukett entpuppte sich als zwei getrennte Sträuße, von denen er einen Ona reichte. »Für die Trauzeugin.« Sein Lächeln wurde breiter, und er schien sich zu entspannen, denn weder Quinns Anwesenheit noch die funktionale Zeremonie, noch die Tatsache, dass seine nächsten Verwandten zwei Staaten weit weg waren, standen seinem Glück nunmehr im Weg.

»Ich nehme an«, sagte Ona, als hätte er um *ihre* Hand angehalten. Quinn warf ihr einen strafenden Blick dafür zu, dass sie so fließend die Seiten wechselte, aber sie riss ihre Augen nur ein wenig weiter auf und bedrängte ihn wortlos, sich der Situation gewachsen zu zeigen.

»Viel Glück, Leute!«, rief eine der Schülerinnen mit einer rosafarbenen Baseballkappe.

Quinn zahlte die Rechnung, und Ona hakte sich bei ihm unter, als wären sie eine offizielle Hochzeitsgesellschaft. Mac Cosgrove hatte Quinn immer ermahnt, sich mit Leuten zusammenzutun, die zielbewusst waren. Und in diesem Moment eskortierte er eine davon hinaus zum Wagen, sie hatte ihre Lippen nachgezogen und roch sehr angenehm.

»Sie sind ein Gentleman«, ließ sie ihn wissen, als er sie durch die von Fingerabdrücken verschmierte Tür bugsierte. »Sie verhalten sich wie ein Gentleman.«

Ungeachtet ihres Alters, ihrer Hinfälligkeit, und trotz Ermangelung weiblicher Reize schaffte sie es, an seinem Arm in Belles roter Bluse zu schweben wie das Mädchen, das sie einst gewesen war, und es schmeichelte ihm, dass sie ihm den Hof machte. Es war ihm höchst willkommen. Sie blickte zu ihm hoch, als würde sie ein Juwel beurteilen, und so blieb ihm nichts anderes übrig, als für die Braut einzutreten und alles dranzusetzen, um zu glänzen.

TEIL VIER
Draugas (Freund)

* * *

Dies ist Miss Ona Vitkus. Dies sind ihre Lebenserinnerungen und Bruchstücke auf Band. Dies ist Teil sieben.

...

Wir sprachen über Louise. Und dieses fürchterliche Gerücht. Kurz darauf tauchte Louise das erste Mal an meiner Tür auf.

...

Ich glaube, es war Oktober. Winter kann es noch nicht gewesen sein. Aber dennoch bringe ich ihre Ankunft mit dem Winter in Zusammenhang, denn ihre Wangen waren rot vor Kälte. Wenn ich es mir recht überlege, kommt es mir vor wie ein Januarabend, denn die Luft war knackig kalt wie nur mitten im Winter. Du kennst dieses Gefühl, als würde die Luft brechen?

...

Ja, gut. Das Wetter war damals anders. Ich hatte gerade eins meiner Lieblingsgerichte fürs Abendessen gekocht, und plötzlich stand Louise Grady vor meiner Tür.

...

Fleischauflauf mit gebratenem Kohl als Beilage. Das Geheimnis ist der Kümmel, falls es dich je interessieren sollte.

...

Es ist ein Samen. Vermutlich dachte ich dabei an meine Mutter. Sie war im Lauf des Sommers gestorben, und Papa war schon lange vor ihr tot. Aber bis zum Sommer 1955 wohnte Mama in der Wald Street und kümmerte sich mit ihren einundneunzig Jahren noch immer um ihre Pastinaken. Und dort im Garten fiel sie an einem heißen Julitag auch um, was ich damals eine sehr lässige Art fand, um abzutreten.

...

All die Dinge, die da wuchsen, dürften den Aufprall gemildert haben, meinst du nicht? Eine elegante Reihe von Karotten, die ihr zuruft: »Hab keine Angst! Hier unten riecht es köstlich!«

...

Ich weiß. Lustig. Also da steht Louise mit ihren feuerroten Wangen im Oktober vor mir. Ich lud sie zum Abendessen ein – was sich wohl schlecht vermeiden ließ, nachdem sie schon mal mit einer eindeutigen Absicht dort stand.

...

»Oh, danke schön, Miss Vitkus.« Das hat sie gesagt, als wäre meine Einladung eine große, in Geschenkpapier eingewickelte Überraschung.

...

Oh, die konnte essen, diese Louise. Damals hieß es, mollig ist schön. Da sah man keine halb verhungerten Kleiderbügel in ihrer Unterwäsche herumstolzieren. Louise hatte dieses violette Kostüm an.

...

Herr im Himmel, nein. Ich war nicht der Kostümtyp. Ich hatte einen ganzen Schrank voller Hemdblusenkleider. »Was führt Sie an einem so kalten Abend zu mir, Miss

Grady?« Das fragte ich sie, nachdem sie den Auflauf in sich hineingeschaufelt hatte.

...

Sie sagte: »Miss Vitkus, ich bin auf der Suche nach einer Verbündeten.« Ich hatte keine Ahnung, warum sie eine Verbündete benötigte. Der Junge, der das Gerücht in Umlauf gebracht hatte – unglücklicherweise ein Junge aus einer Arbeiterfamilie in der River Street mit einem Stipendium –, war der Schule verwiesen worden.

...

Weil Louise den kleinen Kerl direkt vor dem Hawkins-Jungen und seinen Eltern zur Rede gestellt hatte. Als sie damit fertig war, war Mrs Hawkins in Tränen aufgelöst und entschuldigte sich überschwänglich. Die Jungen auch: beide in Tränen aufgelöst.

...

Es war vorbei, ja, aber Louise wollte kein Risiko eingehen. Wie ich hatte sie keinen Mann, der für ihre Rechnungen aufkam. »Wie würde es Ihnen gefallen, wieder ein Schulmädchen zu sein, Miss Vitkus?«, fragte sie mich.

...

»Ich bin kein Schulmädchen mehr, seit ich vierzehn war, Miss Grady«, erklärte ich ihr. Und für den Fall, dass sie mich für ungenügend gebildet hielt, beeilte ich mich hinzuzufügen, dass ich eine hervorragende Lehrerin hatte.

...

Ganz genau! Maud-Lucy Stokes, die mich wie eine Gräfin unterrichtete.

...

Sie sagte: »Dann werden Sie sicherlich die Chance willkommen heißen, Ihre Studien aufzufrischen, Miss Vitkus«, und lädt mich ein, an ihrem Oberseminar für

Literatur teilzunehmen. Dafür würde ich meinen Posten jeden Montagnachmittag von eins bis drei verlassen, denn offensichtlich hatte Dr. Valentine seine Einwilligung dazu gegeben. Du hast keine Ahnung, wie radikal dieser Vorschlag 1955 war.

Hat dir jemals jemand gesagt, dass du ...?

...

Dein Gesicht. Kein einziger urteilender Knochen darin.

...

Keine Ursache. Also sage ich zu Louise: »Es wäre mir eine Ehre, an Ihrem Seminar teilzunehmen, Miss Grady.« Und Louise antwortet: »Nennen Sie mich Louise.«

...

Natürlich tat ich das. Dann durchforstete ich meine Schränke und fand eine Flasche Sherry, die der Vormieter zurückgelassen hatte. Ich hatte nicht die richtigen Gläser, aber wir stießen dennoch an.

...

»Prost«, denke ich. Ich weiß es nicht mehr genau. Ich weiß nur, dass wir mit den falschen Gläsern anstießen und ich mir wünschte, ich hätte die *richtigen* Gläser, und bis zum heutigen Tag erinnere ich mich an diesen Moment – *kling!* – als den Beginn unserer Freundschaft. Ich bin froh, dass es dazu ein Geräusch gab.

...

Das will ich wohl meinen! Wir tranken die halbe Flasche leer, und weil ich das Trinken nicht gewohnt war, habe ich Dr. Valentine wohl öfter als einmal erwähnt.

...

Oh, ich vergötterte ihn. Er war so ... vollkommen. Aber Louise hatte sich etwas in den Kopf gesetzt.

...

Als sie meine Wohnung verließ, drehte sie sich um und fragte: »Wie lange sind Sie schon verliebt, Ona Vitkus?« Sie schloss mich in ihre Arme. Sie duftete selbst in der kalten Nachtluft nach Veilchen. »Er ist Ihr heimlicher Geliebter«, sagte sie. »Aber, meine liebe Ona, sind Sie auch die seine?«

...

...

Entschuldige. Ich habe dich für einen kurzen Moment vergessen. Du hast so eine Art, einfach zu verschwinden. Weißt du, was *unerwidert* bedeutet?

...

U-n-e-r-w-i-. Egal. Du wirst dieses Wort nicht brauchen, ein so hübscher Junge wie du.

...

Vergiss ihn! Der arme Mann schlich den Rest des Trimesters auf Zehenspitzen um Louise herum und ging sogar so weit, sie an den endgültigen Modulen des Seminars herumpfuschen zu lassen. Das war Dr. Valentines Wort: *Module*. Ich denke, dass er es erfunden hat, aber als die sechziger Jahre dann in vollem Schwang waren, gebrauchte es jeder.

...

Die Idee dahinter war die, die Zeit so zu komprimieren, dass sie den flatterhaften Gehirnen der Jungs Rechnung trug. Zum damaligen Zeitpunkt war das revolutionär, aber Dr. Valentine war kein Rebell, weißt du. Er war nur ein Mann im falschen Job. Er liebte morgens seinen Tee und dazu einen Muffin. Ehrlich gesagt, war er nur eine klügere, freundlichere, gebildetere, besser aussehende und bezaubernde Version von Howard.

...

Genau, also bereitete Louise sich auf das letzte Modul des Oberseminars Literatur vor, mit dem Ziel, die Jungs für Nathaniel Hawthorne, Walt Whitman und Henry Wadsworth Longfellow zu begeistern.

...

Langatmige Schwätzer aus dem neunzehnten Jahrhundert. Aber Louise schummelte ein paar Schriftstellerinnen mit skandalösem Privatleben darunter.

...

»Diese Jungs müssen tiefer eintauchen in die belebenden Wasser der Literatur«, pflegte sie zu sagen. Und ich fand, dass sie recht hatte, obwohl keiner mich fragte.

...

Oh, die Jungs waren Feuer und Flamme. Die Idee von weiblicher Rebellion war einfach unwiderstehlich. Außerdem waren sie da ohnehin schon halb in Louise verliebt.

...

Weil sie zuhörten. So, wie du das jetzt tust. Die arme Louise musste für jedes Buch auf ihrer Liste kämpfen. Sie sah es als ihre Pflicht an, zukünftige Ehemänner hervorzubringen, mit denen es zukünftigen Ehefrauen möglich war, sich bei Kaffee und Hefegebäck zu unterhalten, ohne sich das Buttermesser in die eigene Brust zu stoßen.

...

Weil Louise von zwei unzulänglichen Männern geschieden war. Keine Kinder, weswegen sie über mütterliche Neigungen im Überfluss verfügte. Die echten Mütter waren ihrer Aufgabe nicht nachgekommen, so sah es jedenfalls Louise.

...

Ich bin mir sicher, dass sie ihr Bestes gaben.

...

Ja, da bin ich mir ganz sicher, ich bin *ganz deiner Meinung*, aber nach Louises Vorstellung war das nicht annähernd genug. Mangels Alternative kam ihr die Last zu, nicht nur die zukünftigen Ehemänner dieser Welt auf Hochglanz zu polieren, sondern sie auch davor zu bewahren, behämmerte Dummchen zu heiraten.

...

Indem sie die Jungs zwang, Werke wie »Désirées Baby« zu lesen – das ist eine schockierende Geschichte von einer Schriftstellerin namens Kate Chopin. Louise war ein weiblicher Kreuzritter. Ihre Mutter war eine alte Suffragette aus Philadelphia.

...

...

Entschuldige, ich habe dich wieder vergessen. Weißt du, man trifft so viele Leute, die Jahre vergehen, aber es gibt gewisse Zeiten, gewisse Leute ...

...

Sie nehmen Raum ein. So viel Raum. Ich war mit Howard achtundzwanzig Jahre verheiratet, und er hat in meiner Erinnerung doch nur einen ganz winzigen Eindruck hinterlassen. Eine kleine Kerbe. Aber andere, die ziehen bei dir ein und machen sich breit und fangen an, in der Geschichte, die du aus deinem Leben machst, mit ihren Armen zu schlackern. Sie haben Flügelspannweite.

...

Das würde ich schon sagen, ja. Ich würde sagen, dass du ein Junge mit Flügelspannweite bist.

...

Keine Ursache. Also, Louise schleppte diese Unmengen an Büchern an, damit Dr. Valentine sie absegnete. Aber Louise war eine ganz Raffinierte. Ein Stapel um den

anderen traf ein – riesige schwankende Bücherberge.
Vor Dr. Valentines Büro waren sechs Stühle an der Wand
aufgestellt, und dort, auf diesen Stühlen mit den geraden
Rückenlehnen, auf denen die Jungs nach einer absurden
Übertretung vor Angst schwitzend warten sollten, depo-
nierte Louise ihre Bücher.

...

Ein Stapel pro Stuhl. So etwas Komisches hast du noch
nie gesehen, all diese Bücher, die als ordentliche Türme
dort lagen, jeder so hoch wie ein sitzender Junge. Man
hätte ihnen gern Hüte aufgesetzt.

...

Ganz im Gegenteil. Oho, Louise präsentierte ihre Bücher
mit der Unschuld einer Zuckerstange. Sie trug diesen roten
Rock mit dem Wirbelmuster und eine strahlend weiße
Bluse mit Flügelärmeln. Dazu passende Schuhe: rot mit
weißen Paspeln. Ich habe seit Jahren nicht mehr an diese
Schuhe gedacht: Sie *sprachen* geradezu.

»Ich ziehe diese in Erwägung«, sagte sie zu Dr. Valentine, »und die hier und die und die. Ihre Zustimmung
vorausgesetzt.«

Nun sah Dr. Valentine zwar auf seine Weise ganz gut aus,
war aber ein wenig linkisch. Schlaksig. Er beugte sich über
einen Stapel, griff nach einem Buch, beugte sich über den
nächsten – wie einer dieser Vögel mit den langen Hälsen,
die man in Sumpfgebieten neben der Straße sieht, wo sie
nach Kaulquappen stochern.

...

Nicht so lustig, wie es klingt.

...

Weil Dr. Valentine über Eleganz verfügte. Wir hatten die
Bücher also auf sechs Stühlen gestapelt, und Dr. Valentine

weiß gar nicht, wo er anfangen soll. Außerdem hatte
Louise sie mit solch offensichtlichen Aufregern befrachtet,
dass ihre eigentliche Wahl sich dagegen fast unschuldig
ausnahm.

...

Billige Paperbacks. Ein paar kommunistische Schriften.
Der Bericht einer Dame der Nacht aus dem siebzehnten
Jahrhundert. In anderen Worten, einige der Bücher, die sie
tatsächlich behandeln wollte, schlüpften ungelesen durch.

...

Dir entgeht auch nichts, oder? Es war *genau* wie bei
einem Zaubertrick – ein Jahrmarktsschwindel, wo du
dem Zuschauer eine sprechende Elster zeigst und ihm die
Tasche ausraubst, während er dem Vogel beizubringen versucht, »Cincinnati« zu sagen.

...

Da hast du recht! Heute erinnert mich alles an Vögel.
Behalt das Fenster im Auge. Ich hatte heute schon einen
Junko hier. Der könnte Nummer fünfzehn werden. In ein
paar Wochen hast du deine zwanzig und noch ein paar
dazu.

...

Auch dreißig sind möglich. Du könntest dreißig schaffen.

...

Also der arme Dr. Valentine brauchte zwei Wochen, um
all die Stapel durchzugehen. »Désirées Baby« und noch ein
paar andere gute Bücher gingen ihm durch, aber er fischte
ein Buch mit dem Titel »Mrs Dalloway« von Virginia Woolf
heraus, die nicht mal Amerikanerin war. Dieses Buch nahm
er mit nach Hause, damit seine Frau es las.

...

Es geht darin um eine Dame, die losgeht, um Blumen für ein abendliches Fest zu kaufen. Was sie gar nicht tun musste.

...

Weil sie jede Menge Geld hat. Sie hätte jemanden schicken können. Oder sie sich liefern lassen.

...

Weißt du was, mir ist gerade der Name von Dr. Valentines Frau eingefallen. Sadie. Auch sie veranstaltete abendliche Feste.

...

Ich war nie eingeladen. Aber Louise, die ging immer hin. Sadie Valentine erwies sich als gründliche Leserin, da sie die Szene in »Mrs Dalloway« entdeckte, wo eine Dame eine andere Dame küsst, und um dorthin zu gelangen, musste sie ein ganzes Stück weit lesen.

...

Nein, die Dinnerparty findet am Ende statt. Die ganze Geschichte findet an einem Tag statt, Louise hat viel Aufhebens darum gemacht. Die Dame, die die Party ausrichtet, durchlebt an diesem einen Tag ihr ganzes falsches Leben und dazu ihr anderes Leben, das sie hätte haben können.

...

O nein, Louise hat es dennoch durchgenommen. Ich glaube nicht, dass Dr. Valentine je dahinterkam. Es ist kein dickes Buch. Nicht ganz mein Ding, aber Louise war eine wunderbare Lehrerin. Seit ich ein Mädchen war, hatte ich nicht mehr mit solchem Eifer gelernt.

...

Das *war* es! Es war *wundervoll*! Die Wahrheit ist, Menschen sind ersetzbar.

...

Das sind sie. Wenn du lange lebst, entdeckst du das. Es dauerte länger als fünfunddreißig Jahre, bis jemand Maud-Lucys Platz einnahm, aber er wurde eingenommen, von Louise, die ebenfalls eine brillante Frau war, bereit, sich die Mühe zu machen und mich zu bilden.

...

Ich bin nicht gut im Zusammenfassen. Ich denke, man müsste – wenn man es in einem Satz formulieren sollte – sagen, dass es in dem Buch um unsägliche Einsamkeit geht. Hoppla, da ist dein Junko. Das ist Nummer fünfzehn.

HEIRATEN

1. Längste Verlobungszeit. 67 Jahre. Octavio Guillien und Adriana Martinez. Verheiratet mit 82 Jahren. Mexiko.
2. Häufigste Eheschließung mit derselben Person. 66, Tendenz steigend. Lauren und David Blair. USA.
3. Höchstrate an Eheschließungen. 35,1 pro tausend. Virgin Islands, USA.
4. Größter Hochzeitskuchen. 6818 kg. USA.
5. Längste Ehe. 86 Jahre (1743–1829). Lazarus und Molly Rowe. USA.
6. Größte Anzahl der bei einer Hochzeitszeremonie heiratenden Paare. 35 000. Südkorea.
7. Größtes Fernsehpublikum bei einer Hochzeit. 750 Millionen. Prinz Charles und Lady Diana. Großbritannien.
8. Längste Schleppe eines Hochzeitskleids. 775 Meter. Niederlande.
9. Stadt mit den meisten Hochzeitszeremonien. Las Vegas. 280 am Tag. USA.
10. Längster Kuss. 30 Stunden, 59 Minuten, 27 Sekunden. Louisa Almedovar und Rich Langley. USA.

KAPITEL 17

Dem großen Zeiger an Quinns Uhr zufolge dauerte die Zeremonie – vollzogen in einem beigefarbenen Büro im zweiten Stock der Stadthalle von Granyard – sechs Minuten und zweiundzwanzig Sekunden. Die frisch Vermählten traten in Teds frisch gesaugtem Kleinbus die Heimfahrt an. Quinn verstaute Ona im Reliant und übernahm das Steuer. Etwa dreißig Kilometer weit fuhren die beiden Paare in Kolonne, dann verlor Quinn die Geduld, überholte Teds langsamen Windstar und ließ den Motor aufheulen, wobei Onas Trauzeuginnenbukett fröhliche Wolken violetter Pollen freisetzte.

Die Hochzeit hatte ihnen viel Stoff zum Nachdenken gegeben, und so sprachen sie nicht viel. Es war eine angenehme Fahrt, denn es war kühler geworden, und er musste an den Jungen denken. Während der fünf Jahre, die er weg gewesen war, hatte Quinn oft das Gefühl gehabt, die Erde zu umkreisen, während das wirkliche Leben sich tief unter ihm abspielte, kaum sichtbar. Als er wieder in die heimische Atmosphäre eintrat, machte er die angenehme Erfahrung einer Annäherung und hielt sich dann monatelang mit seiner Willenskraft daran fest. Die unvermeidliche Bruchlandung kam mitten im Winter während eines Experiments zur Vater-Sohn-Bindung, eingebettet in eine kurze Reihe von Gitarrenstunden.

Er hatte einen zweiten Tagesjob angenommen und unterrichtete nun in einem Musikladen auf der Forest Avenue – Stanhope Music Company – der Laden aus der Vergangenheit seiner zukünftigen Freundin – und entdeckte dabei, dass er ein lausiger Lehrer war. Der Ladeninhaber erachtete ihn für »einschüchternd übereifrig« und fügte hinzu, dass viele der Schüler (zugegebenermaßen die Unbegabten) ihn nicht mochten.

»Das hier ist was anderes«, hatte Belle ihm versichert. Er sah noch immer ihre Lippen vor sich, die diese Worte formten. »Er ist dein Sohn.«

Für die sechste Unterrichtsstunde lud Quinn den Jungen erneut in die angenehm beheizte, geräumige Garage von Belle ein, die im Moment zum Zwecke der Renovierung leer war. Er stellte einander gegenüber zwei Stühle auf und ordnete einen kleinen Stapel mit Bedacht ausgewählter CDs.

»Die weiteste von einer Marching-Band zurückgelegte Wegstrecke«, sagte der Junge, »waren fünfundsiebzig Kilometer und hundertsechsundfünfzig Meter.«

Quinn stöpselte zwei Gitarren ein. Belle kam vorbei, ließ Snacks da, tätschelte beiden den Kopf und zog sich zurück.

Der Junge nahm sich einen einzigen Keks vom Teller und trank einen winzigen Schluck Ginger-Ale. »Sie marschierten von der Stadt Assen, Niederlande«, fügte er hinzu, »bis zur Stadt Marum, Niederlande, am 9. Mai 1992.«

Quinn ging davon aus, dass es eine bestimmte Art gab, auf solche Gesprächseröffnungen zu antworten, doch ihm wollte einfach nie eine einfallen. Er bedrängte den Jungen, auf die Schallisolierung aus Altmaterial zu achten, die er seit der letzten Unterrichtsstunde installiert hatte, und auf das ordentlich gestapelte Equipment, die Beute aus einem lokalen Studio, das pleitegegangen war.

»Es dauerte dreizehn Stunden und fünfzig Minuten«, erzählte der Junge. »Sechzig Marschierende traten an, und zweiundfünfzig beendeten den Marsch.«

Das Fußbodenproblem – rissiger Beton – blieb ungelöst, war womöglich auch unlösbar, sofern er sein Budget nicht überzog. Aber leichtfertige Hoffnung war in seinem neu ausstaffierten Haushalt das Gewürz der Saison, also hielt Quinn sich stur an der Erwartung fest, bis zum Frühjahr ein Studio auf die Beine gestellt und ans Laufen gebracht zu haben.

»Es war die Idee deiner Mutter«, erklärte er dem Jungen. »Wir werden diese Wand wegschlagen, neue Türen einsetzen und es als Proberaum vermieten.« Er lächelte voller Eifer. »Mit dem zusätzlichen Angebot, Tonaufnahmen zu machen.«

Er sagte »wir«, um den Jungen mit einzuschließen, dem er bereits seinen gerade erst erstandenen Aufbau vorgeführt hatte – welcher Junge war nicht begeistert von elektronischen Geräten? –, aber bis jetzt hatte der Junge noch keinerlei Interesse gezeigt. »Ich werde tagsüber Studiomusiker sein«, fuhr Quinn fort und tätschelte dabei die Gitarre auf seinem Schoß, »und kümmere mich nachts um Heim und Herd.«

Und als Reaktion auf das Schweigen des Jungen ergänzte Quinn: »Weißt du, was *Kompromiss* bedeutet?«

Nach einem Augenblick ernsthafter Überlegung erwiderte der Junge: »Ich glaube nicht, dass das funktionieren wird.«

Was er damit sagen wollte, konnte man nur raten, und so bat Quinn ihn, sich die Kontrollkabine hinter der Wand und den Spielort vor ihm vorzustellen, mit einem schwebenden Mikro über seinem Kopf, dazu ein offenes Terminbuch, vollgestopft mit Namen, ein summendes Reich, das der Junge, der ein Problem mit räumlicher Wahrnehmung hatte, sich jedoch nicht vorstellen konnte.

»Macht nichts«, sagte Quinn. »Du wirst es bald in echt sehen. Hast du dir die Songs angehört, die ich dir gegeben habe?«

»Ja.«

»Dreimal, wie ich dich gebeten habe?«

»Und noch siebenmal dazu. Zehnmal.« Der Junge sah ihn erschrocken an.

»Das ist keine Prüfung. Versuch dich zu entspannen. Was denkst du?«

»Die Songs haben zu viele Noten.«

Ein schrecklicher und zugleich unerwünschter Gedanke brach durch die Decke von Quinns so akribisch konstruierter Zurückhaltung, und dies nicht zum ersten Mal: Dieses Kind konnte nicht das seine sein. Das war einfach unmöglich.

»Sie sollten dich inspirieren«, gab Quinn zurück. Vom Aussehen her kam der Junge ganz nach Belle: ein offenes Gesicht, eine verletzliche Unschuld. Was er nicht von Belle hatte – jener Teil, der einem geheimnisvollen, in einem Bau lebenden Tier ähnelte –, erinnerte ihn an seinen eigenen Vater, der kaum sprach, außer es galt, eine Erklärung abzugeben.

»Okay«, sagte der Junge und schien jeden nicht-väterlichen Gedanken Quinns zu absorbieren. Woher kannte er diese? Aber er kannte sie, und Quinn fühlte sich in die Ecke gedrängt. Ertappt musste er den Preis für seine fünfjährige Abwesenheit zahlen. Aber er beschloss zu nehmen, was sich ihm anbot – nicht nur jetzt, sondern für alle Zeiten.

Ihr Jungs müsst jetzt Männer sein, hatte sein Vater einmal gesagt. *Eure Mutter ist tot, und das war's.*

Der Junge hatte für den Unterricht seine Pfadfinderuniform angezogen, die Logik dahinter überstieg Quinns Vorstellungsvermögen. Quinn musterte die messerscharfen Falten und den Firlefanz der Uniform, Aufnäher für alles Mögliche, nur nicht für Musik. Er legte eine Gitarre – eine Les-Paul-Junior-Raubkopie, die Belle günstig erstanden hatte – in die Arme des Jungen und führte ihn durch eine zutiefst erfolglose Tonleiter. »Nicht denken«, sagte er, »spüren.«

»Was spüren?«, fragte der Junge.

Weinen wird sie nicht zurückbringen. Nun lasst uns diese Sachen in den Lastwagen tragen.

»Vielleicht sind zehnmal einfach zu viel«, schlug der Junge vor. In seinen Armen sah die Gitarre wie ein radioaktiv verseuchter Gegenstand aus. Quinn fragte sich, ob es sein konnte, dass ein menschliches Wesen tatsächlich keine Musik mochte.

»Hier«, sagte er und ordnete die Finger des Jungen im Anfänger-G-Akkord. »Wir werden die eins-vier-fünf Akkordverbindung von letzter Woche versuchen, nur um dich daran zu erinnern, wie das klingt. Dann werden wir uns die andere Tonfolge ansehen, die ich dir beigebracht habe. Erinnerst du dich an die Blues Box?«

Die Mundwinkel des Jungen bogen sich sichtlich nach unten.

»Na gut. Großartig. Wenn du am Montag wieder zur Schule gehst, werden die Mädchen sich darum reißen, dir deine Bücher zu tragen.«

»Ich kenne keine Mädchen.«

»Wirst du aber kennenlernen, wenn du Blues spielst.«

»Du sagtest, das sei Rock.«

Quinn stieß lange und leise die Luft aus. »Was ist die

Grundlage von Rock'n'Roll, das Herz und der Kern aller modernen Popmusik?«

»Blues«, rezitierte der Junge bedrückt.

»Und was ist das beste Bluessolo, das jemals von einem Musiker erschaffen wurde, der kein Schwarzer war?« Quinn steigerte sich jetzt hinein, versuchte aber, es zu verbergen.

»›Sleepy Time Time‹, von Eric Chapman.«

Eric Chapman war Belles Nachbar von gegenüber, der jeden Tag seinen Wagen wusch und ihn dann mit einem Laubbläser trocknete. Eric Chapman hatte Quinn vom breitarschigen Sitz seines Rasenmähers aus einmal erklärt, dass ein Mann ohne Job nicht das Recht zur Fortpflanzung habe.

»*Clapton*«, korrigierte Quinn seinen Sohn zum fünfzigsten Mal. »Eric *Clapton*. Clapton, Clapton, Clapton.« Er nahm die Gitarre aus dem schmalen Schoß des Jungen und legte sie auf den Boden. »Was hältst du davon, wenn wir einfach nur zuhören?«

»Ich kann zuhören«, meinte der Junge offenbar erleichtert, dass er die metaphorische Last der Gitarre losgeworden war. Quinn war sich des Vater-Sohn-Tanzes bewusst, den er hier aufführte, war aber hilflos, wie er seine Füße setzen sollte.

Es ist an der Zeit, dass du dich in die Riemen legst, Mister. Oder möchtest du, dass ich dieses Ding durchbreche?

»Entspann einfach deine Ohren«, bat Quinn, bevor er die Musik einschaltete. Er drehte die Balance ganz nach rechts, und Claptons Töne kamen nur durch einen der Lautsprecher, der Rhythmus war in den Hintergrund verbannt. Die großen mondartigen Augen des Jungen nahmen entweder alles oder nichts in sich auf. Wer vermochte das zu entscheiden? Als der Song richtig Fahrt aufgenommen hatte, erwartete Quinn Claptons virtuosen Einsatz zum ersten Mal in seinem Leben mit Angst. Sein Kopf dröhnte.

»Hörst du jetzt, wie das Solo kommt?«, fragte er und gab sich dabei alle Mühe, etwas anderes zu fühlen als das, was er fühlte. »Hör mal auf den Ruf und die Antwort.« Er schüttelte verwundert den Kopf, wie er das immer tat, aber es fühlte sich, wieder zum ersten Mal, wie eine einstudierte Geste an, und er begann, den Jungen dafür verantwortlich zu machen, dass er ihm die zuverlässigsten Quellen seiner Freude kaputtmachte. »Es ist ein Gespräch, das er mit sich selbst führt. Hörst du das? Es ist, als würde sich etwas aus dem Meer erheben. Hör einfach zu.«

Du klingst genauso wie die Schallplatte, mein Schatz, hatte seine Mutter gestaunt, als sie vor seiner Zimmertür stand. Eine fortwährende Erinnerung: ihre mageren Finger, die im Takt auf die Türklinke tippten. Ihre von der Krankheit gelb werdenden Fingernägel. Seine Mutter, die Musik liebte. Jede Art von Musik. Aber ganz besonders seine.

Der Junge drehte den Kopf endlich den Lautsprechern zu, während sich der Raum mit melodischer Freude füllte. Er schien körperlichen Schmerz zu empfinden, keuchte durch den geöffneten Mund. Quinn starrte in das alte Land der reglosen Augen seines Sohnes. Falscher Song, falsche Band, wurde ihm klar. Da gab es zu viel zu hören, zu viele sich windende Schätze, zumal für einen Jungen, der weder mit dem Fuß tippte noch mit dem Kopf wackelte oder sonst auch nur die entfernteste Affinität zu musikalischer Verzückung erkennen ließ.

»Versuch, es zu *empfangen*«, forderte Quinn ihn jetzt auf und meinte damit die grandiose Phrasierung von Eric-Clapton-Clapton-Clapton. »Hörst du die Noten, die er *nicht* spielt? Du hörst, wie sich der Druck aufbaut-aufbaut-aufbaut, und dann, *wumm* – ist er schlagartig an einem anderen spektakulären Ort, aber du hörst doch die Noten, die er *nicht gespielt* hat? Du hörst sie, aber sie sind nicht da. Dabei sollte dir die Luft wegbleiben.«

»Okay«, sagte der Junge.

»Ich erwarte von dir nicht, dass du so spielst. Das verstehst du, oder?«

»Okay.«

»Hier geht es um Wertschätzung. Es fängt mit Wertschätzung an.«

»Okay.« Mit dem Stuhl verwachsen, hatte der Junge die reglose Haltung eines Verbrechers eingenommen, der sein Urteil erwartet.

»Entspann dich, mein Freund. Es ist nur Rock'n'Roll.«

»Du sagtest Blues.« Die Lippe des Jungen bebte.

»Hab ich«, gab Quinn zu. »Das hab ich gesagt.«

Der Junge erholte sich – vielleicht war er robuster, als er aussah. Quinn griff nach seiner eigenen Gitarre und wiederholte das Solo in Zeitlupe, Note für Note.

»Was bedeutet ›their father's hell‹?«, fragte der Junge.

»›Their father's *hell* did *slowly go* by‹?« Das war aus »Teach Your Childen«, dem Song, den sie vor drei Wochen drangegeben hatten.

Dreh den Lärm ab! Zwing mich nicht, hier hereinzukommen!

»Ich weiß es nicht«, antwortete Quinn. »Um das zu wissen, muss man Dichter sein.«

»Ich bin kein Dichter«, sagte der Junge. »Du etwa?«

»Vielleicht sollten wir es gut sein lassen.«

Der Junge erhob sich förmlich. »Ich glaube«, gab er trübsinnig zu, »das wäre das Beste.« Er nahm den Keksteller und die Gläser und steuerte die Tür zum Durchgang an, wo er sich noch einmal kurz umdrehte. »Erstens, die Marching-Band aus den Niederlanden wurde Marum genannt, es ist derselbe Name wie die Stadt, zu der sie marschiert sind. Zweitens, die größte spielbare Elektrogitarre der Welt ist dreizehn Meter, achtundzwanzig Zentimeter und dreizehn Millimeter lang. Drittens, du spielst zehnmal besser als Eric Chapman.«

Quinn nickte. »Das stimmt«, bestätigte er und dachte an den psychopathischen Fettarsch Eric Chapman auf seinem Sitzrasenmäher. »Ich blase Eric Chapmans Türen ein.«

Er verfolgte, wie der Junge im Haus verschwand, und spielte das berühmte Solo dann noch einmal, indem er alle Noten griff, dabei aber alles verfehlte, was die wilde Strahlkraft des Stücks ausmachte – Claptons Ton, seine Phrasierung, seinen angeborenen musikalischen Herzschlag –, und das schmerzte ihn, wie es ihn jedes Mal schmerzte, und doch liebte er dieses Solo so sehr, die Bewegung, die es aufhäufte, den Trost, den es bot, den Ort, den es besuchte, die Geschichte, die es erfand – das alles liebte er so sehr, dass er nicht davon ablassen konnte, immer wieder in diese Geschichte einzutauchen, auch wenn er jedes Mal und immer wieder daran scheiterte.

Als sie sich der Grenze von Maine näherten, fragte Quinn Ona: »Wann genau waren Sie zum letzten Mal auf einer Hochzeit?«

»Neunzehnhundertsiebenundsechzig«, sagte sie. »Da heiratete ein Junge aus Lester ein Mädchen aus Henneford. Sie waren fast dreißig, was damals uralt war. Und was ist mit Ihnen?«

»Pah.«

»Ach ja, genau.« Sie sah ihn an. »Sie sind schon völlig

abgestumpft, vermute ich, eine Hochzeit wie die andere. Ich für meinen Teil fand die Zeremonie amüsant, vor allem als Mr Ledbetter sich den Ring des Standesbeamten borgen musste.«

»Bis es Nacht ist, wird er ihr einen Diamanten an den Finger gesteckt haben.«

»Zweifellos.« Sie schaute aus dem Fenster. »Ich würde zu gerne das Gesicht der Schwester sehen, wenn Ihre Lady mit einem Ehemann zurückkommt.« Sie sprach gegen das Flattern des Windes, was ihrer Rede etwas Drängendes gab, als hätten sie es eilig, etwas zu verhindern, was bereits passiert war. »Und auch das von ihrem Vater«, fügte Ona hinzu und schrie jetzt. »Ich nehme nicht an, dass er erfreut sein wird.«

»Das glauben Sie doch selbst nicht. Diese Sippe ist davon überzeugt, dass Ted Ledbetter übers Wasser laufen kann.«

Sie kurbelte ihr Fenster hoch. »Er ist ein netter Mann.«

»Er läuft aber nicht übers Wasser.«

»Nicht im wörtlichen Sinne.« Ein paar Kilometer zogen vorbei. »Sind Sie sehr enttäuscht?«

»Dass der Pfadfinderleiter nicht übers Wasser läuft?«

Sie deutete auf ihn. »Dass der Pfadfinderleiter Sie im Spiel um die Liebe übertroffen hat. Das meinte ich.«

»Ich weiß, was Sie meinten.«

»Wenn ich es mir recht überlege«, sagte Ona, »sind Sie noch gar nicht übertroffen worden. Sie hat Sie zweimal geheiratet. Es steht zwei zu eins.«

Quinn lachte laut – es war ein Gefühl wie der erste Drink nach einer Trockenperiode, ein Cocktail der Erleichterung mit einem Schuss Reue darin. An jenem Ort, den er für den ebenen, beständigen Ort hielt, der für Belle reserviert war.

Sie war zu gut für ihn: Alle außer Belle selbst hatten das von Anfang an gewusst. Trotz des lauwarmen Empfangs durch ihre Familie (*Gitarrist ist kein Job*) und ihre Freundinnen (*Dieser Typ will keine Babys*) hatte Belle einen nützlichen Hang zur selbsterfüllenden Prophezeiung: Sie hatte ihm die Haare immer mit der kleinen roten Schere gestutzt und ihn gebeten, auf Familienanlässen schmachtende Songs zu spielen – kurz gesagt, dafür gesorgt, dass er besser rüberkam, als er war, was ihn davor bewahrte, schlechter zu werden, als er war.

»Ich war treu«, sagte Quinn, »falls Sie sich das gefragt haben.«

»Hab ich nicht.«

»Während der Scheidung und danach, beide Male. Für den Fall, dass sie es sich anders überlegte.«

»Eine Menge Männer fangen an rumzuschmusen, sobald sie die häuslichen Gefilde verlassen haben«, meinte Ona. »Oder auch in vielen Fällen schon davor.«

»Ich habe das nicht getan.«

»Ich bin froh, das zu wissen«, erwiderte sie. »Mr Ledbetter scheint mir der treue Typ zu sein, aber das ist kein Punkt für ihn, wenn auch Sie treu waren.« Sie lächelte. »Eins zu eins. Ausgeglichen.«

In den schwindenden Stunden seiner guten Tat versuchte Quinn das entsprechende Pfadfindergefühl dazu aufzubringen. Ledbetter war ein Musterexemplar darin, Kids zu lieben und einem die Frau wegzunehmen. Und dennoch. Durfte Quinn ausblenden, dass Belles Trauer und Mut das Büro des Standesbeamten zum Leuchten gebracht hatten? Durfte er ausblenden, wie ihr Gesicht von einem zarten Licht des Trostes erfüllt gewesen war?

»Ich denke, jede Frau in der Situation Ihrer Lady würde

die häuslichen Tröstungen eines Mannes wie Mr Ledbetter vorziehen«, sagte Ona. »Er ist kein Tänzer wie Sie.«

»Ich nenne es Arbeit.« Quinn nahm die nächste Ausfahrt und brachte den Wagen auf einem verschlafenen Stück der Route 1 zum Stehen und stieg aus.

»Was soll das?«, fragte Ona, als er ihre Tür aufriss.

»Setzen Sie sich ans Steuer«, forderte er sie auf.

»Hier?«

»Wollen Sie die Prüfung bestehen oder nicht?«

»Diese Straßen hier kenne ich nicht. Wie soll ich ...?«

»Sie wollen doch den Rekord, oder?«

Sie wartete gute dreißig Sekunden. Dann erklärte sie: »Das will ich.«

»Dann zeigen Sie mir, was Sie draufhaben.«

Ona warf ihm einen bohrenden Blick zu und hievte sich dann aus dem Wagen. Quinn begleitete sie zur Fahrerseite, rückte ihren Sitz zurecht und sprintete zur Beifahrerseite.

»Los!«, sagte er.

»Ich fahre los, wenn es sicher ist, loszufahren«, gab sie zurück, startete den Motor und legte den Gang ein.

»Werfen Sie einen Blick in den Rückspiegel«, wies er sie an. »Und dann noch einen über die Schulter.«

»Ich bin kein Trottel«, sagte sie und fuhr los. Knappe zwei Kilometer legte sie schweigend zurück. »Ich fahre seit achtzig Jahren.«

»Sie bleiben fünfunddreißig Stundenkilometer unter der Höchstgeschwindigkeit.«

»Sagt der Mann mit hundert Verwarnungen für das Fahren mit überhöhter Geschwindigkeit?«

Quinn lachte, und Ona gab Gas. Sie machte es gut. Ihre Zuversicht erstaunte ihn, und er sagte ihr das auch.

»Ihr Junge war ein ganz ausgezeichneter Lehrer«, erzählte sie. »Er stellte mir die Fragen für die schriftliche Prüfung, während ich fuhr. Somit hatte ich gar keine Gelegenheit, einen Fehler zu machen.«

»Sie sollten mit Ihren Augen ein wenig weiter nach vorn schauen ...« Quinn hielt abrupt inne. »Sie haben sich von einem Elfjährigen Fahrstunden geben lassen?«

»Er war sehr gut. Und weitaus geduldiger als Sie, wie ich ergänzen möchte. Aber Sie sind kein schlechter Lehrer, Quinn.«

»Ich bin ein ganz erbärmlicher Lehrer. Glauben Sie mir.«

Nach ein paar weiteren Kilometern fragte sie: »Darf ich jetzt anhalten? Hab ich bewiesen, dass ich kein hoffnungs-loser Fall bin?« Sie fuhr an den Rand. »Ich bin erschöpft, wenn Sie es wissen wollen.«

Und plötzlich sah sie auch alarmierend danach aus. »Mein Gott, Ona, warum haben Sie denn nichts gesagt?«

Sie grinste. »Weil ich noch immer einen guten Tjost mit einem leichtsinnigen Musiker genieße.«

»Sie haben das ganz hervorragend gemacht«, lobte er. »Sie sind auf einem guten Weg ins Buch der Rekorde.«

Er übernahm das Steuer und fühlte sich seltsam be-schwingt. Bis sie Portland erreichten, war Ona eingenickt, ihr Körper hing schief zur Seite, und ihr kleiner Kopf wackelte auf dem Schultergurt hin und her. Sie schien seit gestern um eine Größe geschrumpft zu sein. Als er die letzte Kurve nahm und sie auf die frisch geklebten Flyer an den Telefonmasten ihrer Straße zufuhren, wurde sie wach. Durch die geöffneten Fenster konnte man den Laut-sprecher des Autohändlers hören, über den die Verkäufer auf ihre Posten gerufen wurden. Quinn hatte mal als Ver-käufer für Volvo gearbeitet, aber das Signalsystem, das ein um einen Halbton tieferes A von sich gab, war sein Verderben gewesen, bevor er überhaupt ein einziges Auto vorgeführt hatte.

Vor Onas Haus war einer der Flyer in einem geborstenen Zaunpfosten hängengeblieben. Quinn sprang aus dem Auto und öffnete ihr die Tür, fühlte sich als Gentleman und war mit sich zufrieden. »Trautes Heim«, sagte er. Er hatte seinen Teil erledigt und noch ein bisschen was dazu. Er hatte die ursprüngliche Aufgabe des Jungen mehr als erfüllt, hatte sie sogar mit einiger Anmut zu Ende geführt.

Außer ... Das Grundstück schrie ihm geradezu die Projekte zu, die noch warteten: der marode Pfosten, eine Regenrinne, die sich gelöst hatte und die er zu reparieren versprochen hatte. Alles musste gestrichen werden. Er begleitete Ona über den Weg hinauf, den er vom Unkraut befreit hatte, über die Stufen, die er abgestützt hatte. Ona trug Teds überbordendes Bukett, das noch keine welke Blüte zeigte und hinter dem ihr ganzer Körper von den Augen abwärts verschwand.

»Sie sollten zu diesem Nachbarschaftsding gehen«, empfahl er ihr und zeigte dabei auf den hängengebliebenen Flyer. »Ein paar Leute treffen.«

»Deren Kinder mich ganz schrecklich schikaniert haben«, sagte sie, »und die nichts taten, um dem Einhalt zu gebieten.« Sie grummelte. »Ich war die Hexe vom Viertel, wissen Sie. Ich aß Pudel zum Frühstück. Jetzt bin ich fast unsichtbar, und das kommt mir sehr zupass.« Sie hob ihre Nase über den Strauß und deutete auf die Straße. »Da unten in dem grünen Haus wohnt ein ganz netter Mann, aber der ist den ganzen Winter über nicht da. Das Paar daneben ist ganz passabel. Der Frau, die neben den beiden wohnt, ist es egal, wie mein Hof aussieht, aber der Mann sieht nach mir, wenn es einen Schneesturm gibt.«

Quinn malte sich den Ort im Winter aus, und ihm wurde ganz duselig von dieser Verantwortung: Die vielen Dinge, die in einem Haus nicht funktionierten, vervierfachten sich im Winter.

»Hallöchen!«, ertönte eine Stimme von der Straße. Eine Frau mittleren Alters kam federnden Schrittes in gelben Clogs über den Gehweg. Frisch gebügelte Bluse, rosafarbene Chinos, klebriges Make-up.

Quinn hob beide Arme, als würde er sich einer anstürmenden Kavallerie stellen.

»Wir dachten schon, Sie seien weg!« Die Frau streckte ihre Hand aus. »Shirley Clayton«, sagte sie. »Fünf Häuser weiter unten.« Sie hatte den entschlossenen Händedruck einer Maklerin, die gerade ihre Lizenz erhalten hatte, und Quinn erkannte plötzlich ihr puppenrosa Gesicht von der Plage jener ZU VERKAUFEN-Schilder, die überall in der Stadt vor Hauseingängen prangten. »Wir dachten schon, sie wäre weggezogen, aber ich konnte niemanden fragen, keine einzige Kontaktnummer.«

»Ich stehe direkt hier«, meldete Ona sich, die Augen schmal und glitzernd. »Direkt vor Ihnen.«

»Wo habe ich nur meine Manieren gelassen?«, fragte sich Shirley.

»Also ich kann Ihnen das bestimmt nicht sagen.«

Shirleys Blick flitzte zurück zu Quinn, der sich wie ein Kaninchen vor dem Gewehrlauf fühlte. Ona fand ihren Schlüssel und rammte ihn in den locker sitzenden Türknauf. Ein gewiefter Waschbär würde das Schloss in achtzig Sekunden aufbrechen – noch etwas, das er vergessen hatte zu reparieren.

»Was für schöne Blumen!«, rief Shirley aus.

»Fassen Sie die bitte nicht an.« Ona öffnete die Tür, wo

die vergessene Reisetasche vorwurfsvoll in der Diele wartete. »Wohin genau dachten Sie, dass ich weggezogen bin?«

»Wir *vermuteten*«, sagte Shirley und näherte sich der Tür
wie eine Katze, die auf ein Leckerchen hofft, »wir vermuteten, Sie seien weg … auf einer Reise.«

»Auf *der* Reise meinen Sie wohl.« Ona schoss die Röte in
die Wangen. Sie wandte sich an Quinn. »Diese Dame hat
Louises Haus an ein paar Vampire mit ruppigen Kindern
und einem ungezogenen Hund verkauft.«

»Das war nicht ich, Mrs Vitkus, erinnern Sie sich?«, wehrte Shirley ab. »Da verwechseln Sie mich mit einem anderen
Makler.« An Quinn gewandt sagte sie: »Ich wohnte noch
nicht mal hier, als das Haus ihrer Freundin verkauft wurde.
Ich war damals Hausfrau in Albany.«

Ona schürzte die Lippen, wodurch ein kecker Strahlen-
kranz aus Falten entstand. »Ich weiß ganz genau, worauf Sie
aus sind.«

»Na dann, tschüssi, ich bin schon weg.« Sie drückte
Quinn einen der Flyer in die Hände. »Nachbarschaftswache.
Sieben Uhr. Sie sind höchst willkommen.«

Ona betrat ihr Haus und schloss die Tür, so dass Quinn
und Shirley auf der Veranda zurückblieben.

»Sind Sie ihr Sohn?«

»Nein.«

»Enkel?«

»Nein.«

»Leute sterben, das ist eine Tatsache«, sagte sie. »Wenn
man nicht vorausplant, kann es Monate dauern, bis sich
jemand um das Haus kümmert, und in der Zwischenzeit
geht es vor die Hunde.« Sie zeigte nach Westen auf die gesamte Straße mit dem Autohändler und dem brandneuen
Supermarkt, der sämtliche Dächer überragte. »Das ist eine

begehrte Wohnlage. Äußerst freundlich. Die Preise gehen nur nach oben.«

Während sämtlicher Besuche Quinns hatte er bis auf Ted Ledbetter und der Frau von *Essen auf Rädern* keine Menschenseele durchs Tor kommen sehen. Er erinnerte sich an den Mann in dem grünen Haus – ein älterer Herr in einer leuchtend orangefarbenen Strickjacke, der einmal hallo gerufen und gewinkt hatte –, aber damals hatte Quinn sich mit einer Leiter abgemüht und konnte nicht reagieren.

Shirley beäugte das abblätternde Verandageländer. »Diese Alten haben eine so naive Einstellung zu dem, worauf sie ›sitzen‹.«

»Ich bin nicht verwandt«, entgegnete Quinn.

»Ich könnte dieses Haus hier innerhalb einer Woche verkaufen und ihr einen Platz im Betreuten Wohnen besorgen. Das gehört dazu, das tue ich für diese Leute. Mein Ehemann ist Bauunternehmer. In Westbrook entsteht gerade etwas Neues, ganz modern.«

»Ich denke nicht, dass sie dafür infrage kommt.«

»Diese Leute verstehen gar nicht, was wir ihnen für einen Service bieten«, protestierte Shirley. »Verkauf dein Haus, und kaufe dir Seelenfrieden von dem, was es abwirft. Mal ganz aufrichtig, wir sind um Sicherheit besorgt. Es ist ein Nachbarschaftsanliegen. Diese alten Leutchen, die lassen ihre Herdplatten an.« Sie deutete auf das Landschaftsschutzgebiet. »Das Land da draußen ist unersetzbar.«

Unfähig, ihren Gedankensprüngen zu folgen, sagte Quinn: »Ich bin ein Freund.«

»Eine Straße weiter? Mr D'Angelo, einundneunzig? Ich habe sein Haus um den zehnfachen Preis dessen verkauft, was er dafür gezahlt hat, und er ist überglücklich im Eventide drüben in Falmouth.« Sie nahm den Flyer zurück. »Haben Sie Geschwister?«

»Hören Sie«, antwortete Quinn. »Sie wird Sie überleben.«

Shirley musterte ihn, dachte nach und gab dann endlich auf und klapperte zurück zu ihrem verkaufsfertigen Cape-Haus – frisch gestrichen, herausgeputzt und strahlend, als könnten die Leute, die dort wohnten, ihre Freude gar nicht für sich behalten.

* * *

Dies ist Miss Ona Vitkus. Dies sind ihre Lebenserinnerungen und Bruchstücke auf Band. Dies ist Teil acht.

Woher hast du dieses Ding überhaupt?

...

Wirtschaftsjournalistin? O Mann. Deine Tante scheint ja sehr klug zu sein.

...

Louise? Noch mal?

...

Nun ja. Das war sie. Eine Freundin.

...

Eine gute Freundin, jawohl. Aber weißt du ...

...

Es ist nur ... ich hatte nie eine richtige Freundin.

...

Zuverlässig. Mit der man durch dick und dünn geht. Die Sorte. Wo waren wir stehengeblieben?

...

Sie verließ die Lester Academy im Frühjahr 57 am Ende ihres fünften Jahres dort. Bis dahin hatten wir Dutzende Bücher gelesen. Alle diese Schriftsteller, *sie* waren jetzt meine Freunde. Es war so vergnüglich dieses Seminar! Gewissermaßen waren wir *alle* Freunde, auch wenn ich

der langweilige alte Guppy war, den man ins Aquarium
geworfen hatte.

...

Du weißt doch, wie Guppys ihre Münder aufblasen, etwa
so ...?

...

Lach nicht! Genau das habe ich getan, mir Wissen einverleibt. Ich war so unglücklich, siebenundfünfzig zu sein,
ich hielt mich für so alt! Aber schon nach zwei Minuten in
Louises Gegenwart fühlte ich mich schlauer.

...

Zum Beispiel der Unterschied zwischen *Überzeugen*
und *Überreden*. Die Bedeutung von »Sein oder Nichtsein«.
Louise liebte Shakespeare, vor allem all diese frechen
Frauen, die vorgaben, Männer zu sein.

...

Ich habe tatsächlich gerade erst diese Woche *Hamlet*
gelesen.

...

Es war, wie ... es war, als würde ich in eine Meute
Verrückter hineinlaufen, von denen ich geglaubt hatte,
sie seien vor mir gestorben. Louise trug in sich wohl die
Gabe der Vorahnung: Sie sorgte dafür, dass ich auch an
meinem Lebensabend noch Gesellschaft hatte.

...

Überzeugen ist für die Gedanken, *überreden* für die
Tat. Du könntest mich nicht *überzeugen*, dass es eine
gute Idee war, meine entsetzliche Altweiberstimme auf
Band aufzunehmen, aber du hast mich *überredet*, es
dennoch zu tun, oder etwa nicht, du kleiner
Teufel?

...

314

Mal sehen, da ist dieser unentschlossene Prinz Hamlet. Sein Onkel hat seinen Vater getötet. Hamlet weiß sich in der ganzen Angelegenheit keinen Rat, also führt er oft Selbstgespräche, und da taucht dann »Sein oder Nichtsein« auf.

...

Weil er sich fragt, ob der Tod, der für ihn ein unerforschtes Land ist, womöglich dem Leben mit seinen bekannten Schattenseiten vorzuziehen wäre.

...

Wie etwa Missgeschicke und unerhörte Reichtümer und was du dir sonst noch denken kannst. Habe ich schon erwähnt, dass Louise mir Tanzen beigebracht hat?

...

Direkt in meinem Wohnzimmer an der High Street. Diese albernen Dinge passieren immer im Winter, wenn die Menschen so sonnenhungrig sind, dass sie nicht mehr wissen, was oben und unten ist. Sie kaufte ein Buch für mich, wie sie das oft tat, und ich bereitete einen Eintopf und Brot zu. Meine Wohnung duftete vom Backen, was im Winter ganz wunderbar ist. Louise kam lächelnd herein. Sie hatte einen neuen Galan – Louise hatte immer einen neuen Galan.

...

Einen Liebsten. Einen Verehrer.

...

Sie kam immer allein. Der Tisch war hübsch gedeckt. Für Louise holte ich immer die Stoffservietten heraus, meine wirklich guten, handgeklöppelt von meiner Mutter. Louise wusste feine Dinge zu schätzen, in dieser Hinsicht war sie wie Maud-Lucy. Sie tupfte sich die Lippen wie Maud-Lucy mit den Ecken der Servietten ab. Bei all unseren gemeinsamen Mahlzeiten – und ich dürfte sie tausend-mal bewirtet haben – hat sie keine Serviette schmutzig gemacht.

...

Kein Fleckchen. Der Abend, an den ich gerade denke, da gab es einen Himmel voller Sterne wie aus einem Fass hingegossen. Auch die Lichter der Konservenfabriken sahen hübsch aus, sie funkelten entlang des Flusses wie Sterne oder die Spiegelung von Sternen. Louise und ich plauderten über ihren neuen Galan – ich hörte gar nicht richtig zu, sie entsprachen alle mehr oder weniger demsel-ben Männertyp –, und irgendwie kamen wir darauf, dass ich nicht wusste, wie man tanzte.

...

Nun, jetzt weiß ich es. Louise streifte ihre Schuhe ab und führte mich ins Wohnzimmer. Musikalisch war ich nicht gut ausgerüstet, weshalb wir am Ende das Radio anmach-ten. Ich bevorzugte Glenn Miller, aber in diesem Jahr war Elvis groß in Mode.

...

Weil er mit seinen Hüften wackelte und dumme Mäd-chen zum Weinen brachte. Der Sender, den Louise mochte, spielte Elvis. Drei Songs in Folge.

...

Oh. Gut. Lass mal überlegen. Da war »All Shook Up«.

...

Erstens: »All Shook Up«.
Zweitens: »Jailhouse Rock«.
Drittens: Das »Hound Dog«-Stück.
Louise hört den ersten Song und fragt mich: »Weißt du, wie der Jitterbug geht?« Also ehrlich, manchmal war diese Frau von allen guten Geistern verlassen. »Louise«,

sagte ich zu ihr, »wann und wo in meinem zusammengepressten Leben hätte ich lernen sollen, wie man Jitterbug tanzt?«

»Hier«, antwortet sie. »Gleich hier in deinem Leben. Ich bin der Junge, du bist das Mädchen.«

...

Oh, ich kann nicht.

...

Nein, ich kann nicht.

...

Erwarte keine Wunder. Mehr sag ich gar nicht. Fahr deine Erwartungen herunter. Meine Hüfte spinnt.

...

Schritt, Schritt und Schritt zurück. Gut. Schritt, Schritt und Schritt zurück. Du hältst die Hand der Dame so. So ist es richtig. Schritt, Schritt, Schritt zurück. Dann wirbelst du die Dame unter deinem Arm hindurch, und zwar so.

...

Das war mein Fehler. Ich bin auf Louises Fuß getreten, wie du jetzt gerade ... Warte eine Sekunde. Puh. Ich muss mich hinsetzen.

...

Mir geht es ausgezeichnet. Ich bin nur außer Atem. Puh. Wir haben viel gelacht. Ich sehe noch immer Louises Gesicht vor mir, so deutlich, wie ich deins sehe.

...

Wie ein umgekehrtes Dreieck, zart, aber leidenschaftlich. Ein Fuchsgesicht. Diese frechen Augen. Diese Frau konnte lachen. Und sie bewegte sich wie warmes Wasser.

...

Oh, ich weiß, was rede ich da. Aber es stimmt. Selbst im Wohnzimmer, wo wir ohne Publikum herumalberten und sie mir diesen dämlichen Tanz beibrachte. Man konnte sehen, warum die Männer so viel von ihr hielten. Es lag an ihrer Ausstrahlung, und die war reine Poesie. Ich hatte kein Talent für den Jitterbug, wie ich das gerade auch demonstriert habe, aber dann begann dieser andere Song, ein Song aus einem Film.

...

»Tammy«. Über ein Mädchen, das sich verliebt. Jahrelang hatte ich nicht mehr an diesen Song gedacht. Debbie Reynolds sang ihn mit einer Stimme, bei der man an Ahornsirup denken musste.

...

Es war ein Walzer: *eins*-zwei-drei, *eins*-zwei-drei. Louise sagte: »Darf ich bitten?«, und ich sagte: »Du darfst«, und siehe da, schon tanzten wir Walzer, und Louise, weißt du, war eine wirklich gute Tänzerin, auch als sie den Männerpart übernahm, und wir walzten durch den ganzen Song und rempelten dabei nicht einmal den Schemel an. »Versuch nicht mitzudenken«, sagte sie, »lass dich gehen. Du versuchst, mit dem Mann zu verschmelzen und dich von ihm führen zu lassen.« Denk daran, wenn du dein Mädchen hast.

...

O doch, das wirst du. Ein so gutaussehender Junge wie du. Am Ende des Songs – das fiel mir gerade ein – war ich in Tränen gebadet. Einfach so.

...

Vermutlich aus Selbstmitleid. Weil ich mich allein auf der Welt fühlte. Randall war ein guter Sohn, sehr höflich, pflichtbewusst, gehorsam. Aber dennoch gleichgültig. Howard und ich, wir gehörten zu seinen Verpflichtungen. Howard besuchte er jeden zweiten Sonntag im Monat und mich an jedem vierten Sonntag. Wie ein Uhrwerk. Wie Aufzeichnungen.

...

Oh, aber es hat mir eigentlich nie was ausgemacht, allein zu sein. Wenn man jedoch in den Armen seiner einzigen Freundin tanzt und dieser verträumte und träumerisch gesungene Song im Radio spielt, dann weint man. Man tut es einfach.

...

Natürlich verstehst du das. Warum sonst würde ich dir das alles erzählen?

...

Sie verharrte dort, wo sie war, in der Walzerhaltung. Es war, als wären wir mit nichts weiter als einem Schlüpfer bekleidet draußen in einem Schneesturm erwischt worden. Man hätte denken können, Louise sei selbst der Schnee, der um mich herum herabfiel und die Kälte und den Wind erträglich machte, obwohl sie deren Quelle war.

...

Wir haben tatsächlich nie mehr darüber gesprochen. Wir aßen wie immer unseren Nachtisch und plauderten wie immer noch ein Weilchen, dann gab sie mir wie immer einen Kuss auf die Wange und ging nach Hause, wie sie das immer tat.

...

Ich erinnere mich nicht mehr. Kuchen sehr wahrscheinlich. Ich hatte noch immer das Rezept mit der Tomatensuppe im Kuchen von Maud-Lucy ... all die Jahre aufbewahrt. Den machte ich immer wieder. Eigentlich stammt das Rezept von Maud-Lucys Tante, die nämliche, derentwegen sie damals im Sommer 1914 nach Granyard zurückgekehrt ist, um sie zu pflegen. Wäre diese Tante nicht gewesen, wäre ich nie mit dem Jahrmarkt durchgebrannt. Ich hätte mich niemals von Viktor umgarnen lassen. Ich hätte nie meinen ersten Sohn bekommen. Neunzig Jahre lang habe ich diesen dummen Kuchen gebacken.

...

Nein wirklich! Tomatensuppe. Der ist köstlich. Ich werde einen für dich backen. Es wäre mir eine Freude, einen für dich zu backen. Louise war ganz verrückt nach diesem Kuchen.

...

Das geht so. Andere Hand ... so ist's richtig. *Eins*-zwei-drei, *eins*-zwei-drei. Gut. *Eins*-zwei-drei, *eins*-zwei-drei.

Warte. Du hast vergessen, das Gerät abzu...

KAPITEL 18

Auf dem Rückweg von Granyard tauchte jedes Mal, wenn Ona einzudösen begann, ein Bild auf, das sie selbst und Maud-Lucy zeigte, wie sie an Shurtleff's Dry Goods vorbeischlenderten, in dessen Schaufenster Stoffe aus Seide und Musseline schimmerten. In dieser Erinnerung schlendern sie ganz lässig, Ona ist zwölf oder dreizehn, und die wahrscheinlichste Jahreszeit ist der Frühling: zeitiger Frühling, strahlender Mittag, auf der Mercantile Road sind sämtliche Markisen mit ihren bunten Streifen herausfordernd heruntergelassen. Sie befinden sich in Rufweite der Fabriken, sofern die Rufe das Brausen der Wasserfälle hätten durchdringen können. Jenseits der Fußgängerbrücke kommen Hunderte von Männern und Frauen, darunter auch ihre Eltern, vor Hitze fast um oder verbrennen sich ihre Finger oder bedienen im Halbschlaf eine Maschine.

Maud-Lucys Stimme sagt laut an ihrem Ohr, drängend und melodisch: »Da wirst du nicht arbeiten. Du bist für was Besseres bestimmt.«

Und plötzlich wird die Erinnerung ganz klar, Zeit und Ort präzise: Menschen, die zum Einkaufen unterwegs sind, drängen sich zu Grüppchen zusammen, um sich über das entsetzliche Schicksal der *Titanic* auszutauschen, es ist in aller Munde und das einzige Gesprächsthema, also ist tatsächlich Frühling – April 1912 –, und sie ist zwölf, nicht dreizehn, und ihre Haare sind zum ersten Mal hochgesteckt, ein aufregender Initiationsritus, die ganze glänzende Masse zusammengehalten von vier der guten Kämme Maud-Lucys. Sie stehen im sonnenbeschienenen Eingang von Stanhope Music Company, wo Howard Stanhope, ihr späterer Ehemann, Gefängniswärter und Mühlstein, ein Klavier poliert.

»Er gehört zurück in die Stadt«, vertraut Maud-Lucy ihr an, »unter Stadtleute.«

Howard eilt herbei, ein stattlicher Geschäftsmann, der seine Manschetten zurechtrückt. Seine Frau, eine Stämmige mit einem lieben Gesicht, war um einiges älter als Howard und verkaufte samstags Notenblätter für eine Fünf-Cent-Münze das Stück, bis der Krebs ihr die funkelnde Stimme raubte. Sie war auch diejenige, die sich um die Raumaufteilung gekümmert hatte – Klaviere vorn, Phonographen und Grammophone hinten, Ziehharmonikas mit ihren glänzenden Knöpfen halb aufgezogen im Schaufenster, als würden sie gleich von selbst zu spielen anfangen. Kleinere Gegenstände schimmern in einer langen Glasvitrine: Mundharmonikas in drei Größen, Plektren und Bögen, Löffelsets mit einer in vier Sprachen geschriebenen Gebrauchsanleitung auf Kimball-Geschäftskarten.

Ona wird diese heiliggesprochene und clevere Mrs Stanhope einmal hassen, deren Design sich in acht Jahren bis zur präzisen Aufstellung der Notenpulte im Laden von Portland genauso wiederholen wird. Die erste und beste und unersetzliche Mrs Stanhope, mit der Ona über einen Zeitraum von achtundzwanzig Jahren ständig verglichen werden wird, bis eines Tages im Jahr 1948 Howard – der in einem von Katzen malträtierten Stuhl sitzt und das Radioprogramm *Vic and Sade* auf seinem geliebten Crosley hört, nachdem er das Geschäft mit seinen Tin-Pan-Alley-Träumen mehr oder weniger zugrunde gerichtet und nun einen Speicher voller unverkaufter Noten hat –, *dieser* Howard Stanhope, dieser Schatten seiner selbst, die Augen hinter seinen verschmierten Brillengläsern fast versunken in den Höhlen, *dieser* Howard seinen Blick auf Ona, die Mutter seines im Krieg getöteten Sohns, richten und sagen wird: »Wenn die erste Mrs Stanhope mir in die Augen blickte, kam es oft vor, dass sie unvermittelt ein Lied anstimmte.«

Worauf Ona, die am Ende ihrer Kräfte ist, um Frankie trauert und insgeheim davon träumt, sich mit der Sekretärinnenkunst zu befassen, erwidern wird: »Oh Howard! Ach du lieber Gott. Ich gehe.«

An diesem Tag jedoch im April 1912 begrüßt Howard, dessen Ruin noch Jahrzehnte entfernt war, die Damen, und Maud-Lucy bittet ihn um ein Lied. »Ein wenig Freude für mein Mädchen hier, Mr Stanhope«, sagt sie, weil sie weiß, dass Howard berüchtigt ist für Schwermütiges.

Er übertreibt es mit seiner Freundlichkeit, wie er das immer tut, zieht ein Blatt aus dem Regal und präsentiert es schwungvoll. »Für manche ist es ein düsterer Tag, Miss Stokes«, erwidert er unter Bezugnahme auf die Tragödie auf See. Nachdem er lang und geräuschvoll eingeatmet hat, stellt er seine neue Ballade vor, die er für den samstäglichen Einkauf geschrieben hat, ein trauriger Bericht über ein Automobil, das sich überschlägt und in die Wasserfälle stürzt, dort auf eine Eisscholle trifft und im schwarzen hungrigen Fluss versinkt. Ein paar Passanten bleiben an der Tür stehen, dann kommen noch ein paar und tippen mit ihren Füßen, damit er im Takt bleibt. Verzaubert und aufgewühlt lauscht Ona. Howards gepflegte Haare und seine manikürten Fingernägel täuschen nicht darüber hinweg, dass seiner Verzweiflung etwas Verhängnisvolles anhaftet.

Hätte sie Geld, würde sie ein Lied kaufen. Sie versucht, ihn sich glücklich, jünger und auf einer Picknickdecke liegend vorzustellen, mit Mrs Stanhopes beruhigender Hand auf seiner Stirn.

»Triumphal«, flötet Maud-Lucy und applaudiert. Ona hört den Funken eines Flirts und wird sich in ihrem Kleid mit dem weiten, aus drei Bahnen zusammengesetzten Rock und ihren glänzenden Haaren zum allerersten Mal der groben Züge Maud-Lucys bewusst, deren Hemdblusenkleid ohne jeden Schick ist. Howard korrigiert seine Blickrichtung und zielt direkt auf Ona, die fast in Flammen steht. Sie reckt das Kinn, um ihren Hals zu zeigen, und muss über ihren eigenen Mut staunen.

Sie wird taxiert, gewürdigt und geachtet – von Howard Stanhope, dem alten Mr Drapeau, der gekommen ist, um sich Violinsaiten zu kaufen, von den Comeau-Jungs, die mit ihren Zeitungen im Weg stehen, von Mrs Farrar und ihrer Tochter Belle-May, die sich Noten aussuchen. Sie schmilzt dahin vor Mitleid mit Howard Stanhope und seiner schönen Ballade und der Rizinusölstimme, ohne im Traum daran zu denken, dass in wenigen Jahren ihre eheliche Hand auf seiner großen rosafarbenen Stirn liegen und ihre zitternde Stimme vergebens versuchen wird, sein fieberhaftes Streben nach Ruhm zu besänftigen.

Dann fällt ihr Blick auf Maud-Lucy, die ihren Kopf auf dem dicken Hals gedreht hat und Ona besitzergreifend und stolz ansieht, wobei auch etwas mitschwingt, was nichts mit Besitzerstolz zu tun hat. Es sieht aus wie Schmerz. Es ist Eifersucht.

Was nun die alte Ona betraf – deren 104-jähriges Selbst durch die Tür ihres Hauses tritt und Quinn draußen allein lässt, damit er diese Shirley loswird –, so erspähte die alte Ona ihre alte Reisetasche dort, wo Quinn sie vergessen hatte. In diesem Moment war Howard sowohl der stattliche Ladeninhaber wie auch der Schatten seiner selbst mit dem Dackelblick in dem von Katzen zugerichteten Stuhl. Er war überall und nirgends, als der Strauß von Belles Hochzeit seine Blütenblätter auf den makellosen Boden abwarf. Als Ona sich bückte, um sie aufzuheben, erhaschte sie einen Blick auf ihre von einem Sonnenstrahl erfasste Hand, von Flecken verunstaltet, aber noch immer schmal und spitz zulaufend, ein Echo der Kindheit, wie um die Nutzlosigkeit körperlicher Schönheit aufzudecken. Ihre Kürze. Ihre nutzlosen Aufforderungen.

Sie hatte auf Laurentas' Hände geschielt, die in seinem an den Stuhl gefesselten Schoß lagen. Ihr armer, diffuser Junge mit seinem sich auflösenden Leben. Seine Hände waren noch immer wunderschön.

Würde die Zeit sich unseren Wünschen beugen, hätte Ona sich in die brechenden Wellen gestürzt, sich an jenes ferne Ufer geschleppt und dieses dumme Mädchen ordentlich durchgeschüttelt. *Das alles hältst du für Liebe?* Maud-Lucys Bild leuchtete unheilvoll, ein verräterischer Fingerzeig, als würde sie bereits mit Laurentas in ihren Armen mit dem Zug abreisen. Zu wessen Erinnerung gehörte dieses Bild, zur jungen Ona oder zur alten? Kann eine Erinnerung wieder hervorgeholt werden, damit wir jetzt etwas sehen, was wir damals nicht sahen? Die alte Ona, erschöpft von ihrer Reise und in den Schränken nach einer Vase suchend, hätte der jungen Ona gern gesagt: *Siehst du nicht den Eisberg, der da auf dich zukommt? Keiner wird dich mehr lieben, als sie sich selber lieben.* Aber die junge Ona kann das nicht sehen.

Ona schüttelte die Erinnerung ab und arrangierte Mr

Ledbetters Blumen in einer Glasvase, einem Geschenk von Louise. Die Lilienblüten quollen über wie Feuerwerksexplosionen. Sie schloss die Augen, sie hörte Stimmen im Kopf, war leicht verwirrt. Erinnerungen an Kimball, die neunzig Jahre zurücklagen: ein unfehlbares Anzeichen einer tiefen Betrübnis in der Gegenwart. Aber sie hatte sich nicht für betrübt gehalten.

»Okay, Ona, ich muss los«, sagte Quinn, der seinen Kopf durch die Tür streckte. Oh! Jetzt erkannte sie es: das älteste dumme Mädchen der Welt, wieder einmal verlassen.

»Wo verbreiten Sie diesmal die Frohe Botschaft?«, fragte sie.

»Tatsächlich hat die Gottesschwadron ihren Jungen zurück.«

»Den Drogenabhängigen? Er kam zurück?«

»Hat sich vorzeitig entlassen.«

»Und jetzt setzt man Sie ohne große Umstände vor die Tür, ding-dong, einfach so?«

»Wie den Bettler am Tisch des Reichen. Die Jungs riefen an, als Sie schliefen. Die Verbindung wurde immer wieder unterbrochen, aber das Wesentliche habe ich verstanden.« Er warf einen Blick auf seine Uhr.

»Ich habe *ganz sicher* nicht geschlafen«, entgegnete sie. »Hab höchstens mal für eine Minute meine Augen zugemacht.«

»Ich habe mir noch einen Happy-Hour-Gig ergattert, der in fünfundvierzig Minuten beginnt.«

»Gut, Sie sind mir ja eine Arbeitsbiene.«

»Genau das sagt man mir nach.« Er sah wieder auf seine Uhr. »Hören Sie. Passen Sie auf sich auf.«

»Sie sind ein guter Fahrer, Quinn, ungeachtet dessen, was man mir weismachen wollte.«

Er lachte. »Überraschung.« Er streckte seine Hand aus. »Ich melde mich bei Ihnen.«

»Das wäre wunderbar.« Ob er es nun tun würde oder nicht, sie wusste es nicht. Doch etwas ging zu Ende, so viel stand fest. »Mr Ledbetter wird mir bald einen neuen Jungen bringen«, sagte sie. »Hoffentlich ist es nicht dieser Jammerlappen.«

»Wer auch immer es ist, Ona, bemühen Sie sich, ihm keine Angst einzujagen.«

»Viel Glück mit Ihrer Musik.«

»Viel Glück mit Ihren Rekorden.«

Sie sah ihm hinterher, als er die Straße entlang zur Bushaltestelle trottete, und dachte: *Laurentas hätte mich geliebt.*

Um sechs Uhr war sie bettfertig und fast weinerlich vor Müdigkeit. Sie zog ihr eigenes Nachthemd an und packte ihre ungetragenen Kleider aus, darunter auch ein Sonntagskleid aus flaschengrünem Baumwollstrick, in dem sie auf der Hochzeit eine gute Figur gemacht hätte. Angewidert schob sie es auf einen Kleiderbügel.

Um halb sieben saß sie bei Tee und Toast und hörte Nachrichten. Um sieben putzte sie sich die Zähne. Um zehn nach sieben schlug sie die Bettdecke zurück, ließ die Rollos im Schlafzimmer herunter und schlug ihr Buch auf: *Nicholas Nickleby* von Mr Charles Dickens, ein Roman, den sie zuletzt 1921 gelesen hatte. Um sieben Uhr fünfzehn schlief sie mit dem Buch auf ihrer Brust ein.

Irgendwann später – bei völliger Dunkelheit – wurde sie plötzlich wach, und ein einziges Wort klopfte von innen an ihren Schädel: *pavojus, pavojus, pavojus.*

Gefahr.

Sie schoss hoch, das Buch fiel auf ihren Schoß und das Wort verblasste, während ihr beschleunigter Puls ihr mitteilte – was? Etwas. Sie hielt den Kopf schief. Die Wahrnehmung einer Bewegung. In ihrem Haus stimmte etwas nicht.

Derart alarmiert und erstarrt, ließ sie ihre Augen sich an die Dunkelheit gewöhnen. Nach und nach nahm die Dunkelheit Gestalt an, und die Einrichtung ihres Zimmers materialisierte sich als verschwommene Formen: eine Skyline von Parfümflaschen auf ihrem Frisiertisch, der skelettartige Schaukelstuhl und seine abstandsgleichen Lehnen, ein dunkles Rechteck, wo sich die Tür zum tieferen Dunkel des Flurs hin öffnete.

Lauschend spürte sie eine Veränderung in der Qualität der Stille, die sie gewohnt war. Und erschrocken begriff sie, dass sie nicht allein war.

»Wer ist da?«, rief sie in ihr dunkles Zimmer hinein. Ihre Stimme krächzte vor Angst, sie hätte auch gar nichts sagen müssen. Sie verfluchte ihr schlechtes Gehör und schalt sich und wünschte sich dabei, sie hätte es Louise sagen können. *Ist bestimmt nur eine Maus. Ich werde mir wieder eine Katze anschaffen, Lou.*

Sie glitt aus dem Bett und näherte sich dann auf zitternden Beinen der Tür. Wieder: Da war was. Einen kurzen überschäumenden Moment lang dachte sie: *Es ist der Junge.* Sie räusperte sich, ein Adrenalinstoß überschwemmte sie, und sie rief ins Leere: »Bist du das?«

Und dann alles auf einmal: ein Poltern auf ihrer Treppe, tiefe männliche Alarmrufe – »Raus da! Nichts wie raus!« –, unheilvoll splitterndes Glas und schlagende Türen. Dann, genauso abrupt: tiefe Grabesstille.

»Weg mit euch, geht weg«, flüsterte sie, verriegelte ihre Schlafzimmertür und wich zuckend zurück ans Fenster. Das

Herz schlug ihr bis zum Hals. Sie klammerte sich am Fenstersims fest und spähte hinaus auf die Straße, wo eine fliehende menschliche Silhouette, dann eine zweite, in einem zerbeulten Wagen verschwanden. Bei ihrem Wendemanöver spritzten Grasbüschel hoch, dann rasten sie davon.

Ona drückte sich eine Hand an die Kehle und versuchte, allein in ihrem schrumpfenden Universum, sich den Nachwirkungen der Angst zu stellen. Die Straßenbeleuchtung erhellte ihr Grundstück entlang des Zauns, der Rest lag im Dunkeln. Ein Flyer für das Nachbarschaftstreffen, der noch immer am Zaunpfosten klebte, erinnerte an einen Pfeil, abgeschossen vom feindlichen Lager. Alles sah so anders aus: die Straßenlampe wie ein großer wütender Mann, die nachtstillen Häuser wie Spielsteine bei Monopoly. Sie konzentrierte sich auf die Häuser, ihre Nähe beruhigte sie. Sie weinte nicht.

Stattdessen überlegte sie, was sie falsch gemacht hatte. Die Reise nach Granyard hatte sie aufgewühlt: Wann hatte sie zuletzt derart erfüllte vierzig Stunden erlebt? Weil sie von Kummer und Überraschung erfüllt war, hatte sie vergessen, die Verandabeleuchtung einzuschalten, ihre nächtliche Vorsichtsmaßnahme seit dem Einbruch am anderen Ende der Straße im Mai – vor einem ganzen Leben, als der Junge seins verlor und sein Vater in ihres trat.

Sie atmete durch den geöffneten Mund, und ihr Puls beruhigte sich. Erst dann wagte sie, ihre Nachttischlampe einzuschalten, es war kurz nach drei Uhr morgens. Sie hatte acht Stunden lang geschlafen. Sie zog ihre Hausschuhe und ihren Morgenmantel an, entriegelte die Tür und spähte ins Dunkel. Im leeren Flur nahm sie außer ihrem jetzt wieder schneller gehenden eigenen Atem nichts wahr.

Einen Fuß vor den anderen, sagte sie sich und zitierte

damit Louise in ihren letzten Tagen. Diese Erinnerung beruhigte sie. Sie betätigte den Schalter für das Treppenhaus und ging Schritt für Schritt nach unten. In der Diele knipste sie ein weiteres Licht an. Louises Vase lag in Scherben auf dem durchweichten Boden, die Blumen verstreut und zertrampelt. Sie bückte sich, um die Scherben aufzusammeln, und dachte dabei wieder an den Jungen und sein kleines Aufnahmegerät. Das war irgendwo da draußen, ein surrendes Band mit ihrem Leben darauf. Ihren kläglichen Bruchstücken. Mit einem Stöhnen richtete sie sich auf.

Dann kam ein Mann aus ihrem Wohnzimmer.

»Lass das fallen, Oma«, sagte er. Seine Stimme: ausgeglichen und entspannt.

Die Glasscherbe fiel mit einem unschuldigen *klirr*. Kein Mann, nicht ganz. Ein großer Teenager mit fettigen Haaren und einer schwarzen Maske, wie sie Zorro in dem alten Fernsehfilm trug. Die Maske war billig und über der Nase eingerissen. Durch die Löcher der Maske wirkten seine Augen bleich und verschwommen, rot gerändert. In seiner Hand schimmerte eine kleine furchterregende Waffe. Er musterte sie und lachte.

»Sind Sie allein?«

Sie nickte, war zu verängstigt, um etwas zu sagen. Er steckte die Pistole in die Tasche seiner Hose, die so weit war, dass sie wie ein Rock aussah. Hinter ihm im Wohnzimmer bemerkte sie, dass sämtliche Schubladen von Randalls schönem Sideboard ausgekippt waren. Haufenweise Tischwäsche. Umgekippte Sesselpolster. Und sie hatte geschlafen, während all der Schaden angerichtet wurde.

In Erwartung einer Anweisung blieb sie reglos stehen.

»Wo ist das Bargeld, Oma?« Ruhig wie eine sehr alte Katze.

»Ich habe nur das, was da drin ist«, erwiderte sie und meinte ihre Tasche, die zusammen mit den zerstörten Blumen platt auf dem Boden lag, die Brieftasche auseinandergenommen, alles durchweicht: eine Kreditkarte, ihre abgelaufene Fahrerlaubnis, ihre Versicherungskarten, ein Foto des Jungen in seiner Pfadfinderuniform, ein alter Coupon. Sie brannte vor Scham, als sie ihre verstreute Habe sah, genau das, was ein Einbrecher sich von der Brieftasche einer alten Dame erwartete. Ihre nutzlosen Dokumente.

»Na los«, forderte er. Er winkte mit allen Fingern. »Keksdose? Blumentopf? Nun mach schon, Oma, gib auf.«

»Ich gehöre nicht zu diesen alten Leuten, die du in den Filmen siehst«, gab sie zurück und bebte plötzlich vor Wut. »Ich verwahre mein Geld auf der Bank wie alle anderen auch.« *Auf diese Weise komme ich da nicht raus*, sagte sie sich, *nie im Leben.*

Er packte sie an der Schulter und zwang sie, die Treppe hinaufzugehen, wo er sie atemlos und zitternd in Louises Schaukelstuhl drückte. Ein stechender Schmerz fuhr ihr in die Hüfte, aber sie presste ihre Lippen gegen den Schmerz zusammen. »Was bist du, hundert?«, fragte er und entblößte dabei seine scheußlichen Zähne. Seine Haare wirkten nass, und er hatte Schuppen und verströmte einen ganz speziellen Geruch, sumpfig und medizinisch. Sein knochenweißer Arm war schwarz von Buchstaben, die sie zu keinem Wort zusammensetzen konnte. Während er sie musterte, kehrte ihre Angst zurück und sie bekam weiche Knie.

»Hier ist nichts«, sagte sie und hielt sich an der Stuhllehne fest. Der Boden schien sich zu bewegen.

»Bleib!«, befahl er und stach ihr mit dem Finger in die Brust. Sie spürte die Nachwirkung in ihrem Brustbein. Fieberhaft durchwühlte er ihre Kommode und ihren Nachttisch, wobei er alles mehr oder weniger Richtung Bett warf. Das Paket für die Guinness-Weltrekorde rutschte zu Boden und verteilte fächerartig seinen Inhalt. Er fand ihre Reisetasche und den Notfallfünfer, der in dessen seidener Innentasche überlebt hatte, seit sie damit 1948 das Haus in der Woodford Street verlassen hatte. »Siehst du?«, sagte er und rieb ihr den Geldschein unter die Nase.

Während ihr Eindringling ihr Schlafzimmer plünderte, fiel Ona der Notfallknopf ein, den sie versteckt unter Nachthemd und Morgenmantel um den Hals hängen hatte. Man hatte ihr gesagt, sie solle ihn immer wieder mal testen, hatte dies aber erst einmal getan. Nach dem Anfangsläuten und neunzig Sekunden Schweigen hatte sich eine Frauenstimme über die Box im Wohnzimmer gemeldet, sie »meine Liebe« genannt und sich erkundigt, ob sie »okay« sei. Sie ging davon aus, dass die Batterie inzwischen leer war.

»Sie haben nichts«, stellte ihr Eindringling fest. »Verdammt noch mal gar nichts.« Er schürzte die Lippen, als überlegte er, ob er sie dafür zur Verantwortung ziehen sollte.

»Deine Freunde sind ohne dich abgehauen«, sagte sie mit zitternder Stimme.

Er zeigte wieder seine Zähne. »Die kommen nicht weit. Das Auto ist ein Stück Scheiße.«

»Komisch, dass du nicht mit ihnen gegangen bist«, fügte sie hoffnungsvoll hinzu.

»Ich liebe Herausforderungen. Du zählst allerdings nicht dazu.« Er öffnete den Reißverschluss einer Make-up-Tasche, die sie vierzig Jahre lang nicht benutzt hatte, und holte einen alten Lippenstift heraus. Ihre Hüfte schmerzte vom Stillsitzen, aber sie hatte Angst, er könnte bei der kleinsten Bewegung ausrasten. Leute wie er brachten einen entweder um, wenn sie erschraken, oder flüchteten wie die Bienen, sofern sie das aus den Krimis, die sie sich immer angesehen hatte, bevor sie so gewalttätig wurden, noch richtig in Erinnerung hatte. Sie fischte den Knopf aus ihrem Hemd, fasste ihren Entschluss und drückte das Ding.

Unten wurde der Kontakt mit dem Summer hergestellt, und ein schriller Doppelton ertönte. Erstaunlicherweise zuckte er kaum zusammen, und da wurde ihr klar, dass er in einer gänzlich anderen Welt war. »Wer ist das, dein Freund, der anruft?«, fragte er, als sie leise zu zählen begann. Er stand auf, warf den Rest ihrer Sachen auf den Boden, steckte den Fünfer ein und grinste sie aus seiner verschwitzten Maske heimtückisch an. »Eins noch, Oma«, sagte er.

Ihr entfuhr ein unfreiwilliges Piep, wie von einem Küken, dann nahm sie alle Luft zusammen, die sie hatte, und brüllte laut und kehlig: »*Nein!*«

Er lachte. »Äh, denkst du vielleicht, ich würde dich ...?«, meinte er. »Denkst du das wirklich?« Er lachte wieder. »Du bist viel zu hässlich.«

Während sie die aufsteigende Galle herunterschluckte, hob er seine Hand, ließ sie eine Weile in der Luft schweben und schlug ihr damit fast sanft auf die Wange. »Brav bleiben«, sagte er und sprang dann die Treppe hinunter und verließ das Haus mit einem leisen Klick, als aus der Gegensprechanlage nach genau neunzig Sekunden eine Stimme ertönte: »Hallo, Miss Vitkus, sind Sie okay?« Ona rieb sich die Erinnerung von ihrer Wange und tapste ans Fenster, wo sie ihren Eindringling wie ein aufgescheuchtes Eichhörnchen in die Nacht flüchten sah. Wenigstens diese Befriedigung hatte sie.

Nach wenigen Minuten kamen die Sanitäter, danach zwei Streifenpolizisten. Dann tauchte eine Ermittlungsbeamtin auf, gefolgt von ein paar scheuen und ängstlichen

Nachbarn, ausgenommen Shirley Clayton, die auch um drei Uhr morgens unerträglich gefasst wirkte.

»Oh mein Gott«, flötete Shirley. Sie drängte einem der Streifenpolizisten, der zu jung für eine Fahrerlaubnis aussah, ihren Händedruck auf. »Ich bin die Nachbarin. Wen soll ich anrufen, Mrs Vitkus?«

»Keinen. Gehen Sie!«

»Sie hat einen Enkelsohn«, sagte Shirley. »Sind gerade erst von einer Reise heimgekehrt.«

»Wie heißt Ihr Enkelsohn denn, Ma'am?«, erkundigte sich die Ermittlungsbeamtin, eine junge Frau im grauen Blazer. Früher einmal hatte Ona eine Haut wie sie gehabt.

»Bitte«, antwortete sie. »Ich brauche niemanden.«

Die hübsche Ermittlungsbeamtin wollte eine Beschreibung der Einbrecher, aber Ona erinnerte sich an ihren Peiniger nicht in körperlicher Gestalt, sondern eher als Verkörperung des Spotts. *Oma.* Er hatte es geschafft, dass sie sich durch seine Augen sah: ihr Alter, ihre Angst, ihren kahl werdenden Kopf, ihre winzige Gestalt. Die einzig mögliche Rache wäre, sich nichts daraus zu machen.

Aber es machte ihr was aus. Sie fühlte sich unbedeutend und hässlich und angeglotzt: ein winziges Nichts. Erst gestern – oder war es heute Morgen gewesen? Die Zeit war zähflüssig und weich geworden – hatte Quinn sie in diesem Licht gesehen, als er ihre dünnen weißen Beine mit den Akkordeonfalten sah. Der Einbrecher mit den fettigen Haaren hatte ihr bestätigt, dass sie eine verstaubte, erschreckende, geschlechtslose Hülle war, und dafür hasste sie ihn.

»Ein schlimmer Fall von Bindehautentzündung«, erklärte sie, weil es ihr wieder einfiel. »Und auf seinem Arm eintätowierte Buchstaben. Die anderen zwei sind abgehauen, bevor ich einen Blick auf sie werfen konnte.«

Die Ermittlungsbeamtin fragte sie nach ihrem Alter, und als Ona es ihr nannte, ging eine mitfühlende Schockwelle durch das Trio von Nachbarn, die mit Shirley ins Haus gekommen waren. Wegen der Liegefalten auf ihren Gesichtern und den hastig übergeworfenen Kleidern waren sie unkenntlich. Ona hatte Angst vor ihnen, Angst vor ihren guten Absichten, ihrer Empörung ihretwegen, Angst, sie könnte sich womöglich in ihren Urteilen über sie getäuscht haben, doch als der ältere Streifenpolizist sie aus ihrem Haus drängte, fühlte sie sich unerklärlicherweise hilflos.

Draußen auf der Veranda wedelte ein Mann mittleren Alters im Bademantel mit einem Flyer und sprach auf den jüngeren Streifenpolizisten ein, und Gesprächsfetzen wurden ins Haus getragen. Es hatte eine Reihe von Einbrüchen gegeben, folgerte sie – diskutiert auf dem Nachbarschaftstreffen, für das sie nur Verachtung gezeigt hatte. Sie war die Erste, bei der man einbrach, während sie zu Hause war.

Die Ermittlungsbeamtin schaute sich in der Küche um. Ging sie davon aus, dass das Haus immer so aussah – völlig auf den Kopf gestellt und mit Glassplittern übersät?

»Ich halte mein Haus tadellos in Schuss«, rechtfertigte sich Ona.

Der erste Streifenpolizist kam zurück. »Wenn wir diese Kerle finden, Mrs Vitkus«, sagte er, »werden wir ihre armseligen Ärsche mit einem Fußtritt auf den Mond befördern.« Er legte ihr eine Hand auf die Schulter, die noch von den grabschenden Fingern des Einbrechers schmerzte, bestimmt bekam sie einen ausgewachsenen Bluterguss. Aber der Officer hatte ein tröstendes Gesicht, und ohne Vorwarnung kamen ihr die Tränen.

Zum Protokoll gehörte nun noch, dass Ona den Schaden inspizierte, der jetzt durch Stiefelabdrücke verdorben war, und feststellte, was mitgenommen worden war. Nichts, wie sich herausstellte. Nur Louises Vase war gewissermaßen weg. »Geld und Drogen«, sagte die Ermittlungsbeamtin, und von beiden hatte Ona nicht viel. Ihr Medizinschränkchen enthielt nichts Verlockenderes als Aspirin und Metamucil, aber selbst das hatten die Diebe nicht angerührt.

»Können Sie dafür sorgen, dass das nicht in die Nachrichten kommt?«, bat Ona. »Ich fühle mich wie eine Lockente.«

Sie versprachen ihr, es zu versuchen, und sie musste ihnen glauben.

Als die Polizei sie endlich in Frieden ließ, kam Shirley zurück, um die Möbel zurechtzurücken, das Pulver abzuwischen, mit dem man die Fingerabdrücke sichtbar gemacht hatte, und den Eingangsflur zu säubern. »Ich konnte ein paar Lilien retten«, sagte sie zu Ona. »Auf den meisten ist herumgetrampelt worden.«

Eine weitere Nachbarin, eine sehr junge Frau, kam mit einer klassischen Rauchglasvase zurück, wie man sie in Haushalten findet, in denen Blumenlieferungen üblich sind. Eine weitere Frau – womöglich Shirleys Tochter, dieselbe rosafarbene Fülle – steckte alles wieder zurück in Onas Handtasche und bot ihr eine Tasse Tee an, den sie kleinlaut akzeptierte. Diese Frauen waren wie Louise, um ein Vielfaches multipliziert: energische Menschen, die eine Krise genossen, sich in aufrichtige Empörung hineinsteigerten und in Zeiten, wo man es am wenigsten erwartete, über gewaltige Vorräte an Zuneigung verfügten. Wie hatte sie so alt werden können, ohne das zu wissen?

Als der Tag anbrach, waren alle gegangen und die Nacht war überstanden. Ona beschloss, den Tag damit zu verbringen, alles zu waschen, was die Einbrecher angefasst hatten, einschließlich ihrer Bettwäsche und des Nachthemds.

Der junge Streifenpolizist, der selbst noch eine Großmutter hatte, parkte seinen Wagen bis zum Schichtwechsel vor ihrem Haus, dann löste ein anderer ihn ab.

Als es richtig hell war – sie hatte an Laurentas denken müssen, der durch das gelbliche Licht des Aufenthaltsraums fuhr –, stellte Ona zur Unterhaltung das Radio an und hörte, wie ihre Geschichte die Nachrichten für die Pendler eröffnete. Eine brüske betroffene Stimme machte viel Aufhebens um die mutmaßliche Gebrechlichkeit des »Opfers« und die damit korrespondierende Verdorbenheit der Einbrecher.

Sie vermutete, dass Shirley geplaudert hatte. Das Telefon begann zu läuten, weil die örtlichen Medien ihre »eigenen Worte« dazu hören wollten. Aber sie hatte keine Worte für diese schwindelerregenden Stunden, die gerade erst vorbei waren und ihr vorkamen wie damals der Jahrmarkt mit all dem Trubel und der Verwirrung und dem Heimweh und der Schande und den sich widerstreitenden Bedürfnissen.

Wie, fragte sie sich, hatte ein elfjähriger Junge es geschafft, ihr einzureden, noch achtzehn weitere derartige Jahre haben zu wollen? Die Müdigkeit überwältigte sie von innen her, verlangsamte ihren Blutkreislauf und machte ihre Knochen weich. Sie legte den Hörer beiseite und saß da mit ihren Gedanken und spulte im Kopf das lange entmutigende Gespräch ab, das sie mit der Ermittlungsbeamtin geführt hatte. Bis auf die aus ihrer Brieftasche entwendeten Geldscheine und dem Fünfer aus ihrer Reisetasche hatten die Einbrecher – sosehr sie sich auch bemüht hatten – hier nichts von Wert gefunden.

KONKURRENZ

1. Jeanne Louise Calment. 122 Jahre und 164 Tage. Frankreich.
2. Shigechiyo Izumi. 120 Jahre und 237 Tage. Japan.
3. Sarah Knauss. 119 Jahre und 237 Tage. USA.
4. Lucy Hannah. 117 Jahre und 248 Tage. USA.
5. Marie Louise Meilleur. 117 Jahre und 230 Tage. Kanada.
6. Maria Capovilla. 116 Jahre und 347 Tage. Japan.
7. Tane Ikai. 116 Jahre und 175 Tage. Japan.
8. Elizabeth Bolden. 116 Jahre und 118 Tage. USA.
9. Carrie White. 116 Jahre und 88 Tage. USA.
10. Kamato Hongo. 116 Jahre und 45 Tage. Japan.

KAPITEL 19

Ihre Stimme drang durch das Knacken seines Mobiltelefons und zerriss dann den Schleier des Schlafs, aus dem sie ihn aufgeschreckt hatte. Sieben Uhr morgens: eine Stunde für Jäger und Vogelbeobachter.

»Ein kleiner Notfall«, sagte sie.

Er setzte sich auf. »Was für ein Notfall?«

Sie sagte: »Es ist nichts.« Sie sagte: »Würden Sie bitte zu mir kommen, gleich jetzt.« Sie klang unverändert: robust und selbstsicher. Er malte sich aus: tropfender Wasserhahn, ein Fenster, gegen das ein Vogel geflogen war.

Er hatte seine Aufgabe erledigt, seiner Pflicht Genüge getan, seine Schuldigkeit getan und noch mehr dazu. Vielleicht war es von vornherein unmöglich gewesen, den Dienst, auf den der unvollendete Junge einen Eid geschworen hatte, zu vollenden. Sieben Besuche im Dienste der Nächstenliebe – was könnte leichter sein? – hatten ihn irgendwie in einen dichten Dschungel menschlicher Verwicklungen geführt.

Dann sagte sie, mit vollkommen anderer Stimme: »Ich habe niemanden, den ich sonst anrufen könnte«, und er zog sich ein Hemd über, während er das Telefon ausschaltete.

Er traf sie auf der Veranda an, wo sie die Tür inspizierte.

»Bei mir wurde gestern Nacht eingebrochen«, teilte sie ihm mit. »Ich muss dieses Haus einbruchsicher machen.«

Sie wirkte klein und durchsichtig, wie eine Babyschildkröte aus einer Naturdokumentation. Er musste gegen den Impuls ankämpfen, sie aufzuheben und auf sichereres Gelände zu bringen. Während sie dastand und vor seinen Augen immer weniger wurde, zog er ihr die Einzelheiten aus der Nase, als kämen sie aus einem alten Fernschreiber in Punkten und Strichen, die er dann zu einer Geschichte zusammenfügte. Als Ona in ihr Badezimmer davonschlurfte – *Die Nachbarn haben mir die ganze Nacht lang Tee eingeflößt* –, rief er Belle von Onas Wählscheibentelefon aus an.

»Ich habe es gerade erfahren«, sagte sie. »Ted hat es im Radio gehört. Geht's ihr gut?«

»Das sagt sie jedenfalls.«

»Grüß sie von mir«, bat Belle. »Wirst du sie von mir grüßen?«

»Sicher, das werde ich, aber ich dachte, ich fand, dies verlangt eher nach einer weiblichen Hilfe.« Er hätte die Schlösser austauschen sollen, es waren ganz billige Schlösser, und er hätte sie austauschen sollen.

»Ted bringt eine Lasagne vorbei.«

»Gut, aber ich dachte, du könntest vielleicht auch vorbeikommen. Mir scheint, ihr beiden habt euch richtig gut verstanden. Sie tut so, als wäre nichts passiert, aber sie ist so blass, dass sie fast unsichtbar ist.«

»Ich gehe heute wieder arbeiten, Quinn.« Und nach einer Pause: »Ich werde dir diese Last nicht abnehmen.«

»Darum habe ich dich auch nicht gebeten.«

»Hast du wohl.«

»Sie ist nicht mehr meine Last. Ich meine, sie gehört nicht zu mir.«

»Zu wem dann?«

Er warf einen Blick aus dem Fenster auf den vor dem Tor geparkten Streifenwagen. Der Rasen musste dringend gemäht werden, auf den neuen Jugendlichen kam viel zu. »Die Bullen bewachen ihr Haus. Sie ist nicht allein.«

»Ich muss los, Quinn. Ich darf an meinem ersten Tag nicht zu spät kommen.«

»Viel Glück. Du schaffst das, Belle.«

»Und du auch«, sagte sie nach einer Weile.

Er überprüfte Onas Fenster und schraubte eine neue Birne in die Verandalampe, tauschte ihre Schlösser aus und ersetzte für alle Fälle dann auch noch die Batterien in ihren Rauchmeldern und zahlte alles aus eigener Tasche. Als er am Spätnachmittag vom Baumarkt mit einem Schild, auf dem ROTTWEILER stand, zurückkam, traf er sie zusammen mit Ted Ledbetter in der Küche an. Sie aßen Lasagne von Tellern, die er bisher noch nie zu Gesicht bekommen hatte – verziert mit winzigen goldenen Vögeln.

»Mr Ledbetter hat mir etwas ganz Leckeres mitgebracht«, sagte sie.

Wie Ted es geschafft hatte, einen ganzen Tag lang Mathe an der Sommerschule zu unterrichten, eine Lasagne zu backen und sie auch noch zu liefern, war eines seiner vielen Geheimnisse. Quinn überreichte Ona das ROTTWEILER-Schild. »O Mann«, sagte sie, »das sollte wohl helfen.«

»Die Schlösser sehen gut aus«, stellte Ted fest. »Super Job.«

»Quinn ist recht geschickt«, entgegenete Ona. »Was man bei einem Musiker gar nicht erwarten würde.«

Das hatte er seinem Vater zu verdanken, der ihn in den männlichen Künsten unterrichtet hatte. *Eure Mutter hat euch Jungs ja nur verhätschelt.* So brutal der von der Entrüstung seines Vaters vergiftete Unterricht auch war, so war es Quinn doch gelungen, das ein oder andere von ihm zu lernen.

»Ich habe jetzt einen Auftritt, Ona«, erklärte er ihr. »Werden Sie zurechtkommen?«

»Ich habe mit dem Streifenpolizisten gesprochen«, sagte Ted. »Sie werden das Haus noch ein paar Tage beobachten.«

Quinn war nie gut darin gewesen, zwei Dinge gleichzeitig zu empfinden. Zu wissen, dass der Polizist – und Ted – mit im Boot waren, empfand er als Erleichterung, doch eine Erleichterung ganz anderer Art war es für ihn, als Ona ihm aus der Küche folgte und ihn an der Eingangstür stoppte. »Er hat sie mit *Spinat* gefüllt«, flüsterte sie. »Hätte ich einen echten Rottweiler, dann hätte ich sie ihm unterm Tisch gegeben.«

»Bon appétit«, sagte er, und sie lachte.

Er sah auf seine Uhr. »Verdammt, jetzt hab ich meinen Bus verpasst.«

»Wieso um Himmels willen verlässt ein Mann wie Sie mit diesem irren Musikerterminplan sich auf den Stadtbus?«

»Ich werde mir wieder ein Auto zulegen. Im Moment bin ich aber im Sparmodus.«

»Ich habe wochenlang den Bus genommen, nachdem ich meine Fahrprüfung nicht bestanden hatte. Ich hatte nicht viel dafür übrig. Zu viele Tunichtgute.«

»Ich bin auch ein Tunichtgut.«

»Sie sind das genaue Gegenteil eines Tunichtguts, Quinn. Worauf ich hinauswill – Sie dürfen sich mein Auto leihen. Es ist ein gutes Auto. Das haben Sie selbst gesagt.«

Wenn er den Wagen nähme, müsste er ihn auch zurückbringen.

»Ich kann ihn in der nächsten Woche ohnehin nicht benutzen«, sagte sie. »Die Polizei beobachtet mich.« Sie verschränkte ihre dürren Arme. »Sie haben mich nach Vermont gebracht, Quinn. Es ist das mindeste, was ich tun kann.« Bevor er antworten konnte, fügte sie hinzu: »Bitte, Quinn. Nehmen Sie ihn.«

Also willigte er ein und versprach, das Auto in der folgenden Woche zurückzubringen, nach seiner Schicht bei GUMS. Sie ließ den Schlüssel in seine Handfläche fallen und legte ihre Hand darüber, als hätte sie ihm gerade den Schlüssel zu ihrem Herzen überreicht.

Eine Woche später schnappten die Cops die Diebe – drei hoffnungslose Junkies, erwischt im Haus eines Fremden. »Direkt ins Kittchen«, sagte Ona, als sie ihr glänzendes neues Schloss öffnete. »Diese Ermittlungsbeamtin ist mir die *Richtige*.«

Quinn fand, dass sie ein wenig mitgenommen aussah, aber sie erklärte sich für kerngesund und wunschlos zufrieden. »Sie haben mir doch nur fünf Dollar geklaut und eine Vase zerbrochen«, erinnerte sie ihn. »Man könnte ja denken, ich sei von den Russen verschleppt worden.«

Ein leichtes Anschwellen der Konsonanten – Reminiszenz an den Akzent, den er herausgehört hatte, als sie sich zum ersten Mal trafen – war das einzig verbliebene Anzeichen ihrer Not. Ansonsten wirkte sie ungeschlagen in ihrer ordentlich aufgeräumten Küche mit einer dampfenden Kanne Tee auf dem Sideboard.

»Ihre Maklerin hat mich gerade angehalten«, sagte er. »Ich soll Ihnen ausrichten, dass sie für Sie betet. Sie beten alle zu Gott, dass er Sie von Ihren, Zitat, ›Irrungen und Wirrjungen‹, Zitat Ende, befreit.«

»Nun, ich habe einen Ohrring wiedergefunden, den ich verloren glaubte.« Sie trug das passende Set, eisgrüne Tropfen, die ihre Augen betonten. »Die Einbrecher müssen ihn gelockert haben, als sie ein Stuhlkissen schüttelten.«

Entweder trotz oder wegen Onas tapferer Prahlerei bekam Quinn weiche Knie. Es war das gleiche Schwächegefühl, das ihn als Teenager befallen hatte, nachdem sein Bruder heulend die Nachricht verkündet hatte, Dad habe gerade von »dort« angerufen und Mom sei tot, eine Nachricht, die ein Loch in den Tag riss und Quinn in seinem Schlafzimmer bloßstellte, wo er vor einem Spiegel stand und Gitarrenposen ausprobierte. Die Nachricht war seit Monaten zu erwarten gewesen und warf ihn dennoch um, im wahrsten Sinne des Wortes: Er schlug zu Boden, ein eins achtzig großer Teenager von vierzehn Jahren, der wie eine abgeschossene Gans umfiel.

Er war hier, um den Wagen zurückzubringen. Und sanft eine Tür zu schließen. Aber er fand sein Gleichgewicht nicht ganz. Der Gedanke an diese Mistkerle in Onas Haus – die ihre dreckigen Hände auf ihre Sachen legten, auf *sie* – erfüllte ihn mit klebriger Wut. »Sie müssen doch Angst gehabt haben, Ona«, sagte er. »Hatten Sie Angst?«

»Ich hätte gern Louises Vase zurück. Das ist das Einzige.« Sie öffnete einen Schrank. »Ich habe was gekocht, falls Sie Hunger haben.« Es war halb fünf nachmittags. Sie stellte klappernd zwei Teller auf den Tisch – sie passten nicht zueinander, wie ihm auffiel, und waren schon oft benutzt worden. »Sie können den Wagen erst mal gerne behalten.«

Quinn fiel nichts dazu ein, nicht solange sie ihn so ansah.

»Die Streifenpolizisten sind so nett gewesen«, ergänzte sie. »Ich möchte sie nicht in die peinliche Situation bringen, mich herauswinken zu müssen. Ich denke, ich werde mich noch ein paar Wochen still verhalten.« Sie krümmte ihren Finger, weil ihr etwas einfiel. »Sehen Sie.« Sie öffnete ihre Mikrowelle, ein altmodisches Ding mit Wählscheibe. Drinnen ein Stapel Post. »Fremde schicken mir Schecks.«

Quinn sah ein Dutzend Umschläge verschiedenster Art durch – einige mit Geschäftslogos bedruckt, andere kleiner und blumig und mit Hand beschriftet. Die Schecks variierten in der Höhe, aber fünfzig Dollar schien die übliche Summe zu sein.

»Heiliger Bimbam«, murmelte Quinn. »Wie viel insgesamt?«

»Über fünfhundert? Ist das Mitleidsgeld?«

»Wenigstens haben sie nicht hier auf dem Grundstück ihr Lager aufgeschlagen und Kerzen aufgestellt.« Nach dem Tod des Jungen und einem hysterischen Bericht in der Sonntagsausgabe über das Long-QT-Syndrom hatte Belle über dreißig Schecks mit der gleichen gefühlskalten Notiz und maschinengeschriebenen Unterschrift zurückgeschickt.

»Das ist, weil ich alt bin. Mehr steckt da nicht dahinter.« Sie überflog einen der letzten Briefe. »Ich werde eine gute Woche brauchen, um meine Brot-und-Butter-Antworten zu schreiben.«

»Sie behalten das Geld?«

»Ich brauche ein neues Dach.« Sie inspizierte einen der Schecks. »Wissen Sie, es war nur mein Wort, aber die Leute haben mir dennoch geglaubt. Ich spreche von meinem Alter. Sie haben mir aufs Wort geglaubt.« Sie blickte auf. »Ich muss Ihnen noch was zeigen.« Sie griff in die Tasche ihres Pullovers und reichte ihm ein Dokument.

Quinn sah es sich an. »Sie haben einen Lernführerschein?«

»Eine der Kirchendamen hat mich zur Zulassungsstelle gefahren. Es war mir höchst peinlich, sie darum zu bitten, aber ich habe den Sehtest in vier Sekunden bestanden. Auch in der schriftlichen Prüfung habe ich mit neunzig Prozent bestanden, und ich kann Ihnen sagen, dass ich mich dumm und dusselig gelernt habe. Jetzt bin ich schon zu zwei Dritteln wieder zurück in der Legalität.« Sie steckte den Führerschein in ihre Tasche. »Was sagen Sie zu ein paar Fahrstunden im Austausch dafür, dass Sie meinen Wagen benutzen können?«

Es wäre so einfach, ihn zurückzugeben, das verdammte Ding einfach zurückzugeben und sich aus diesem Haus auf und davon zu machen, in dem sein Sohn herumspukte und auf dem schwer die Verpflichtung lastete und das gewaltige und sinnlose Bedauern. Noch vor sechs oder auch vor fünf Wochen hätte er das getan: auf und davon wie ein von einem Geschütz getroffener Mann. Aber das war, bevor Ona ihn für einen Gentleman hielt und in ihm das Bedürfnis geweckt hatte, einer zu sein. »Dann fangen wir wohl am besten gleich damit an«, schlug er vor und scheuchte sie durch die Tür.

»Was mir Kopfzerbrechen bereitet, ist das parallele Einparken«, sagte sie und starrte dabei, die Hände in die Hüften gestemmt, den unschuldigen Reliant finster an. »Sämtliche Dokumente der westlichen Hemisphäre werden diesen Wagen nicht für mich einparken.«

Quinn stellte ihre Mülltonnen auf, die aus Aluminium waren und ein ziemliches Geklapper verursachten, wenn man dagegenfuhr – häufig dagegenfuhr. Ein paar Nachbarn kamen heraus, um nachzusehen, was da los war, darunter auch Shirley Clayton, die rief: »Alles in Ordnung da drüben?« Selbst ihre Stimme war rosa.

»Ich leiste hier meinen Beitrag für sicherere Autobahnen, Shirley«, rief er zurück.

Nachdem die Lektion beendet war, folgte er Ona ins Haus, wo sie ein Glasgefäß aus dem Kühlschrank holte.

»Leider nur Reste. Ich habe gerade noch zwei Portionen übrig.«

»Sie bieten mir Ledbetters Lasagne an?«

»Ich hasse es, Essen wegzuwerfen.«

»Sie ist eine Woche alt. Außerdem mit Spinat.«

»Sie könnten Eisen vertragen, Verzeihung, wenn ich das so offen sage. Sie sehen schrecklich aus, Quinn. Von Mal zu Mal schlechter, wenn ich Sie sehe.«

»Würde es Ihnen was ausmachen, mir einen dieser hübschen Teller zu geben?«

Sie lächelte mit ihren langen, rechteckigen Zähnen, und ihm wurde klar, dass er noch etwas verweilen und sich auf sanftere Weise von ihr lösen musste, denn sie war zerbrechlich und allein und weitaus weniger robust, als sie zu glauben schien. Er schaute alle paar Tage bei ihr vorbei, fuhr sie zur Bank oder zum Lebensmittelladen oder zur Bibliothek, oftmals in dem schmalen Zeitfenster zwischen einer Schicht bei GUMS und einem abendlichen Gig. Bei einer dieser Gelegenheiten entdeckte sie seine Sachen auf dem Rücksitz und bat ihn, seine Gitarre mit hineinzunehmen, wo er sich an die Akkorde für »Till the End of Time« erinnerte, ein Klassiker von Perry Como, den er vor Jahren für eine Hochzeit einstudiert hatte. »Das ist mir den ganzen Tag nicht aus dem Kopf gegangen«, erzählte sie ihm und krächzte den ganzen Text mit, das Gesicht gerötet, nachdem Quinn zweimal die Tonlage abgesenkt hatte.

In der Zwischenzeit passierte er jedes Mal beim Kommen und Gehen Shirley Claytons ZU VERKAUFEN-Schild und die fanatisch getrimmten Hecken und machte sich irgendwann klar, wonach er aussah: wie der häusliche Betreuer. Und wenn er Ona unweigerlich an ihrer Tür antraf, manchmal sogar am Ende der Einfahrt, wo sie bereits nach ihm

Ausschau hielt, fühlte er sich mehr denn je so wie das Ding, nach dem er aussah.

Ab August kochte sie für ihn regelmäßig, Gerichte aus der Heimat, die sie auf den guten Tellern servierte: Hausmannskost, gut aussehend und lecker, mit Wurzelgemüse und Sahne. »Sie sind so dünn geworden«, sagte sie, und er kam sich vor wie das Gegenteil eines häuslichen Betreuers. Er fühlte sich wie das Kind.

Dann zitierte Belle ihn zu sich nach Hause, wo er wie ein Pfadfinder seinem Leiter seine guten Taten unterbreitete. Wie Beweise auflistete.

»Ich bin froh, dass es ihr gutgeht«, sagte Belle. »Es ist gut, dass du dich um sie kümmerst.« Sie trug einen Ehering aus Weißgold mit blitzenden Brillanten an ihrem Finger. Quinn schaute sich dezidiert um und fragte sich, wo Ted sein mochte, hatte aber das Gefühl, dass es ihm nicht mehr zustand, eine solche Frage zu stellen.

»Wie geht es in der Arbeit?«

Sie zuckte mit den Schultern. »War wieder ein Fehlstart. Sie sind alle wunderbar geduldig.«

Die merkwürdige Abwesenheit von Dingen – ein weiterer Tisch, eine Stehlampe – ließen den Raum unterernährt aussehen. Es gelang ihm nicht, die Dinge, die behalten wurden, mit denen, die weggeworfen wurden, zu einer Geschichte zu verbinden. Sie hielt ein gerahmtes Foto des Jungen in Händen – dasselbe, das auch Quinn in seiner Wohnung hatte.

»Er wäre stolz auf dich«, sagte sie. »Er hatte sie so unglaublich gern.«

»Das ist etwas mehr als das, womit ich gerechnet habe«, gab er zu. »Ich weiß nicht, wie ich es zum Abschluss bringen soll.«

Sie sah ihn lange und eindringlich an. »Was du bekommen hast, ist eine Freundschaft«, erwiderte sie. »Und die sollst du nicht zum Abschluss bringen.« Sie stellte das Foto auf einen hässlichen Beistelltisch – ein Relikt aus ihrer ersten Ehe, ein Geschenk einer ihrer Tanten. »Ich bin noch ein paar andere Sachen durchgegangen«, fuhr sie fort und öffnete eine mit Stoff überzogene Kiste, wie aus dem Märchen. »Ich habe ein paar Erinnerungsstücke herausgesucht. Nur ein paar. Für einige wenige.«

Sie hob den Deckel, hielt den Inhalt aber verborgen und wiegte die Kiste im Arm, wie ein Kind, das entschlossen ist, sich während der großen Prüfung nicht übervorteilen zu lassen. Denn wie eine Prüfung kam es ihm vor, und seine Nerven lagen blank. Wenigstens gehörte er zu den Auserwählten. Er fragte sich, was Amy wohl bekommen hatte.

Sie zog aus der verzierten Kiste einen für ihn bestimmten Gegenstand: einen Stapel Blätter, auf die der Junge aus Zeitungen Veranstaltungstermine geklebt hatte, Aufzeichnungen von Ort und Zeit der unermüdlichen Arbeitseinsätze Quinns über einen Zeitraum von drei Jahren. Er blätterte die akribisch zusammengestellten Blätter durch – Hunderte mit der Schere ausgeschnittene Papierstreifen zu pedantischen Mustern geordnet –, und es erstaunte ihn, dass seine Spuren so gewissenhaft verfolgt worden waren.

»Wann hat er das alles gemacht?«

»Keine Ahnung. Ich habe nicht gedacht, dass er überhaupt verfolgt, was du tust.«

Quinns Haut wurde heiß, als Bars und Clubs vor seinen Augen vorbeihuschten, Cafeterien und Aulen, Restaurants und Allzweckhallen, Festivalbühnen und Marktplätze. Hatte der Junge das alles gezählt? Die Bandnamen, die Veranstaltungsorte, die vielen, vielen Tage? Es waren so viele,

jeder seiner Auftritte aus der Masse herausgesucht, glatt-
gestrichen, ordentlich eingeklebt und auf verrückte Weise
geheiligt und womöglich auch auswendig gelernt.

Eingepasst in dieses handgemachte Buch hätte Quinns
Leben eigentlich klein aussehen sollen. Aber das Gegenteil
war passiert. Der Junge hatte dafür gesorgt, dass sein Leben
groß aussah. Und produktiv. Und etwas wert. So viele Seiten,
so weiß und sauber und ordentlich gestaltet: Hunderte von
Notizen, über und über in unterschiedlichstem Zeitungs-
druck. Er erinnerte sich an die Briefmarkenalben seiner
Jugend, ein Durcheinander aus eingerollten Ecken und
tropfendem Kleber.

Er legte den Stapel ab und atmete durch seine geöffneten
Lippen ein und aus.

»Und das«, sagte Belle und holte eine CD heraus, eine der
Dutzenden, die der Junge zu Säulen gestapelt hatte.

»Was ist da drauf?«

»Nichts. Sie sind alle leer.«

Sie fühlte sich leicht und kalt an, wie die Hand des Jungen
in seiner Hand.

»Du hast Musik in sein Leben gebracht«, sagte Belle. »Ich
dachte, das könnte dich daran erinnern.« Ihre Großzügigkeit – ihre Bereitwilligkeit, hier etwas Gutes zu finden – traf
ihn wie eine Wand aus Wasser.

Sie schloss die Kiste und begleitete ihn zur Tür. Als er
den Scheck hinlegen wollte, hielt sie seine Hand fest. »Du
glaubst doch nicht im Ernst, dass das hilft, oder?«

Er schüttelte den Kopf. »Es hilft mir.«

»Genau das meine ich, Quinn. Ich meinte dich. Du
glaubst doch nicht ernsthaft, dass *dir* das hilft.« Sie schloss
seine Finger um den knisternden Scheck. »Keinen mehr«,
sagte sie. Sie hielt ihn an den Schultern fest und gab ihm

einen Kuss auf die Wange. »Früher oder später«, flüsterte sie, »wirst du etwas fühlen müssen.« Die CD war ihr Abschiedsgeschenk, die Zeitungsausschnitte sein Trost. Quinn war hier fertig. Er kannte sie nur zu gut.

Am nächsten Tag unternahm Quinn mit Ona die nächste Einparkstunde. Diesmal stieß sie pro Versuch nur gegen eine Mülltonne. Um diesen Fortschritt zu feiern, lud Ona ihn auf einen Kuchen ein.

»Wow«, sagte Quinn, als er einen rötlichen festen Kuchen sah, den sie mit Kapuzinerkresseblüten aus dem Vorgarten verziert hatte.

»Ich habe noch nichts von Ihrer Lady gehört.« Ona deckte die guten Teller auf. »Wie geht's ihr?«

»Verheiratet.«

»Ich hatte gehofft, sie könnte ein paar Dokumente für mich ausfindig machen«, sagte Ona. »Ob sie das vergessen hat?«

»Sie arbeitet noch nicht wieder richtig.«

»Oh!« Ona schüttelte den Kopf. »Die Arme.«

»Ich hoffe, sie hält.« Er nahm sich ein Stück Kuchen. »Ich meine Belles Ehe.« Es war ein ernstgemeinter Versuch, er meinte es auch so.

»Natürlich hält die«, bekräftigte sie. »Dieser Ledbetter ist ein Streber.«

»Ich bin ein Streber«, sagte er.

Sie sah ihn mit schiefgelegtem Kopf an. »Sie sind ein Träumer.« Sie tauschte die Teller. »Nehmen Sie dieses Stück, das ist größer.«

»Der ist gut, Ona. Was ist da drin?«

»Das ist ein Geheimnis.«

Er vermutete Apfelsauce, wie man sie während der Wirtschaftskrise als Ersatz für Butter genommen hatte. »Sind die Blumen essbar?«

»Natürlich sind die essbar. Warum sonst sollte ich sie auf den Kuchen legen?«

Er sah sie an, sein kleines Eichhörnchen von einer Freundin. »Und was sind Sie?«, fragte er. »Streber oder Träumer?«

»Streber«, antwortete sie. »Aber ich verändere mich. Stellen Sie sich das mal vor, in meinem Alter.« Sie aß ein winziges Stück Kuchen. »Möchten Sie den Wagen für die nächste Woche behalten?«

Er hielt inne. Traf einen Entschluss. »Wenn es Ihnen nichts ausmacht.«

»Es macht mir nichts aus.«

Er hatte seinen Sohn nicht genug geliebt. Dieses Wissen lebte wie ein böses Geschwür in seinem Herzen. Er wollte gern glauben, dass der Junge in einer nunmehr verlorenen und unmöglich gewordenen Zukunft ihm vergeben hätte, ihre verpfuschte Geschichte betrachtet und deren Logik erkannt und zu Punkten auf einer Liste umgeformt hätte. Und dass dies – Kuchenessen mit Miss Ona Vitkus – einer dieser Punkte gewesen wäre.

»Ona«, wollte Quinn wissen, »wie war er denn?«

»Wer?«

Quinn sagte nichts.

»Ich kannte ihn nicht lange genug, um das zu sagen«, erwiderte sie ruhig. »Aber ich kann Ihnen sagen, wie *ich* in seiner Gesellschaft war.«

Er wartete. »Und?«

»Eine Träumerin.« Dabei glitzerten ihre Augen unter den verlaufenden Falten.

KAPITEL 20

Und so sah sein Leben jetzt aus: Er sorgte für einen gut gefüllten Terminplan und achtete auf sein Geld. Dem Geld kam eine fast biblische Bedeutung zu, es war zu einem eisernen Symbol der Rechtschaffenheit geworden, wogegen alle anderen Bereiche seines Lebens löcherig wirkten. Er würde, um es im Jargon seiner katholischen Mutter zu sagen, »still und leise« zahlen. Wenn Belle das Geld ablehnte, würde er es auf einem separaten Konto modern lassen, als eine stetig wachsende Erinnerung an sein Versagen als Vater. Kindesunterhalt ohne Kind.

Die Nacht war kühl, der Sommer ging zur Neige, der Himmel war voller Sterne. Er parkte den Reliant auf dem hinteren Parkplatz des Jailbreak, wo alle Jungs gleichzeitig zu ihrem wöchentlichen Gig eintrafen. »Hast du das Kabel mitgebracht?«, rief er Gary zu.

Gary sprang breit lächelnd aus seinem Jaguar. »Aber ja doch.«

Quinn holte einen Lautsprecher aus dem Kofferraum von Rennies SUV und fragte sich dabei, wie lange sein Rücken das wohl noch mitmachte. Musik konnte dem Körper ganz schön zusetzen. Er folgte den Jungs in die stickige Wärme des Jailbreak, wo sie auf eine andere Band stießen, die bereits aufbaute.

»Verdammt, was soll das?«, rief Alex.

ROCK STEADY stand auf ihrem Banner in roter Horror-filmfarbe. Zwei gutaussehende Collegetypen zogen Kabel durch ein Schlagzeugpodest, ein Drummer im Teenageral-ter bastelte an seinem Schlagzeug herum. Der Einzige, der nicht dazu passte, war ein mittelalterliches Wrack mit einer Sox-Kappe, der eine Vintage-Stratocaster stimmte.

Die Jungs wandten sich wie ein Mann an ihn. Und Quinn sagte seufzend: »Ich werde mit Sal reden.«

»Soll ich das nicht lieber übernehmen?«, fragte Rennie. »Du siehst aus wie totgefahren, ernsthaft.«

»Nur zu.« Quinn hatte heute Abend nicht die Energie, sich mit Sal, dem geizigen und sprunghaften Besitzer des Jailbreak, auseinanderzusetzen.

»Ich komme mit, Ren«, erklärte Gary und stellte seine In-strumententasche ab. »Pass auf unsere Sachen auf!«

Quinn nickte, schwindelig vor Müdigkeit, und stellte sich neben Alex vor die rückwärtige Wand, wo ihm Hunderte von abgerissenen Postern in den Rücken stachen.

»Sieh dir mal die Strat von diesem Typen an«, sagte Alex. »Ich wette, die ist aus den Fünfzigern. Wo er die nur herhat?« Und fügte gleich darauf hinzu: »Ob er sie wohl verkauft?«

Quinn schloss die Augen und versuchte die Musik aus-zublenden, die über die Hausanlage abgespielt wurde – Mariah Careys stöhnend-ächzendes Feuerwerk über drei Oktaven –, indem er eine Bestandsaufnahme all seiner In-strumente machte, die er im Lauf der Jahre gekauft und ver-kauft hatte. Die Zahlen leuchteten grell und tadelnd.

Der Club war zur Hälfte gefüllt, aber in der nächsten Stun-de würde es hier rammelvoll sein von Leuten, die stunden-lang tanzen wollten. Alex trug dasselbe rote Hawaiihemd, das er immer anhatte. Gary liebte T-Shirts mit Logos, und Rennie bevorzugte Golfhemden in schlank machendem

Schwarz. Früher hatten sie zusammen mit ihm in seiner mutterlosen Wohnung auf der Sheridan Street gesessen und die von seinem Vater im Laden gekauften Kekse gegessen, während sie ihre ersten Setlisten zusammenstellten. Um ihr Glück zu besiegeln, hatten sie ihre Fäuste zusammengeführt, sich im Lauf der Jahre immer wieder über ihre Ausrüstung ausgetauscht und ganze Stunden damit zugebracht, das Für und Wider von Effektpedalen oder der Suche nach russischen Röhren zu diskutieren, als würde das angestaubte, vierzig Songs umfassende Repertoire der Benders eine regelmäßige Infusion neuester Technologie erfordern.

Diese Jungs hatten seine Mutter gekannt und geliebt. Allein deshalb blieb er mit ihnen zusammen.

»Hast du die heutige Morgenausgabe gesehen?«, fragte Alex. »Ein groß aufgemotzter Artikel über diese Band, bei der du immer einspringst? Eine allerliebste Story über unsere Jungs mitsamt Farbfoto von ihnen und der Mami in ihrem Heimstudio, dazu üppiges Bildmaterial jenseits von Gut und Böse.« Er lachte. »Die Mom ist ein Schatz.« Eine Pause. »Hörst du mir überhaupt zu?«

»Ich höre zu.«

»Okay, sie haben demnach einen Superdeal mit Warner Records abgelehnt und Schatzi-Mami ist auf hundert ...«

Jetzt wurde Quinn wach. »Sie haben Warner abblitzen lassen?«

»O ja! Der Leadsänger – wie alt ist der, zwölf? – quasselt unentwegt von Gotteswerk und all dem anderen Mist, als wäre Warner der Inbegriff des gottlosen Kommerz, und dass sie auf einer Plattenfirma bestehen, die gleichermaßen umsatzstark wie gottgefällig ist. Kannst du das glauben?«

»Ja, wenn du deine Frage ernst meinst.« Ein komplexer Gefühlscocktail aus Stolz und Neid tobte in ihm.

»Aber das ist nicht die eigentliche Geschichte. Du hast es also nicht gelesen?«

»Ich hatte eine Hochzeit in Bangor.«

»Also in der Story geht es darum, dass sie einen großen Schlabberkuss von Warner ablehnen, und dann – siehe da – gibt es da tatsächlich eine umsatzstarke Plattenfirma, die auch noch gottgefällig ist. Wie viel Glück ist das denn?« Er kicherte in sich hinein. »Heiliger Bimbam!«

»Und wer hat sie jetzt unter Vertrag genommen?«

»Solomon. Der größte Fisch in Gottes Teich. Unsere Chorknaben haben das Angebot angenommen.« Alex warf einen Blick auf seine Uhr, die ihn sicherlich sechshundert Dollar gekostet hatte. »Also nicht alle. Ihr Leadgitarrist ist gegangen. Befand, dass er Atheist ist.«

Diese Nachricht grub sich wie ein Stein in seinen Magen.

»Wenn ich du wäre«, fügte Alex hinzu, »würde ich mich taufen lassen. Rock deine Seele an Abrahams Busen, bevor der Zug mit der fetten Beute ohne dich abfährt. Oh, warte.« Er klopfte an die zerfledderte Wand. »Aber dann können wir, du weißt schon – das hier nicht mehr machen. Vielleicht könnte Colin eine Weile einspringen.« Colin war Alex' neunzehnjähriger Neffe, ein Geologiestudent, der Gitarre spielte wie ein Mädchen.

Die Band, die sich vorgedrängt hatte, begann mit ihrem Soundcheck. »Was wäre, wenn wir uns echt reingekniet hätten …«, setzte Alex an. Diese rhetorische Frage kramten die Jungs alle paar Jahre hervor. Aber es war bloßes Gerede. Was wollten sie wirklich? Genau dies: einmal in der Woche stellvertretend das Auf und Ab von Quinn leben, ansonsten aber Geld auf die hohe Kante ihrer Aktienfonds legen.

»Sieh doch mal nach, was da so lange dauert«, forderte Quinn ihn auf.

Alex verstand den Hinweis. »Pass auf unsere Sachen auf.«

Quinn nickte.

»Passt du auch auf?«

»Ich passe auf.«

Alex ging auf die Jungs am anderen Ende der Bar zu, wo eine heftige Diskussion zwischen Rennie in seinen neuen Sneakers und Jeans, die einen flachen Arsch machten, und Sal im Gange war, der mit seinem Finger auf seinen Terminkalender einstach. Quinn stieß verärgert die Luft aus und beschloss, sich einzumischen, aber der ältere Gitarrist der Band, die widerrechtlich hier war, kam auf ihn zu, das Gesicht bleich und mehlig und ausdruckslos wie Hausmannskost.

»Du bist Quinn Porter«, meinte er.

Quinn lief ständig ehemaligen Bandmitgliedern über den Weg – früher oder später tauchten sie alle wieder auf, oftmals völlig unkenntlich geworden, weil sie zwanzig Kilo zusätzlich mit sich herumschleppten, einen Abschluss in was Vernünftigem gemacht und ihr Selbstbild nachjustiert hatten, damit es zu ihren verkackten Erwartungen passte.

»Entschuldige?«, sagte Quinn.

Das Gesicht des Mannes rötete sich und schien dann in Zeitlupe zusammenzufallen: ein geleeartiges Wackeln in den Wangen, der kleine Mund, der Mühe hatte, sich zu öffnen, die Augen hilfesuchend voller Panik und von roten Äderchen durchzogen.

»Alles in Ordnung, Mann?«

Der Fremde sprach wieder oder versuchte es: Quinn verstand ihn nicht. Dann entdeckte er jedoch das Gesicht unter dem Gesicht.

»Juke ...?«

Der Mann nickte heftig, seine Stimme steckte irgendwo

südlich seines Kehlkopfs fest. Es dauerte noch einen Moment, bis Quinn begriff, dass dieser Mann – Juke Blakely, der elf Jahre lang in der David-Crosby-Geschichte gelebt hatte und jetzt eine Rolle in einer völlig anderen Geschichte spielte – einfach nur heulte. »Wenn du mich schlagen willst«, keuchte er, »nur zu. Wenn du mich mit deinen bloßen Händen in Stücke reißen möchtest, sei mein Gast.« Sein Mund bewegte sich vor Anstrengung, seine Stimme zu kontrollieren, im Zickzack.

»Langsam«, bat Quinn. »Juke. Mein Gott.«

»Ich wollte euch sagen« – er hörte sich an, als wäre er zu schnell gerannt –, »dir und deiner Frau sagen, ich wollte euch sagen ...«

»Sag mir nichts. Wirklich, Juke. Lass es.«

Jukes weicher Körper wankte vor und zurück, ein Stotterschritt unaufhaltsamen Weinens, seine Züge zerkaut in Stücke, die nicht zueinanderpassten: die Augen in Falten verschwunden, der Mund eine Welle, die Stirn gequält, die ganze Masse vor Elend in Auflösung begriffen. Seine Bandkollegen auf der Bühne bekamen es mit und hielten inne in ihrem immer weiter ausladenden Aufbau. Einer von ihnen sagte ins Mikro: »Check, eins, zwei. Alles okay mit dir, Juke? Check eins.« Mehrere Gäste wurden aufmerksam und stierten unverhohlen.

»Nimm's locker, mein Freund«, sagte Quinn.

Vielleicht war es das Wort *Freund*: Ein plötzliches Anschwellen von Jukes Gebrüll legte das Wählen der Notrufnummer nahe. Quinn führte ihn nach draußen auf die schmutzige Betonplatte, die als Lieferrampe des Jailbreak diente.

»Hör zu und setz dich.« Quinn half Juke beim Hinsetzen. »Herrgott, Mann. Nun krieg dich wieder ein.«

»Man hat mir gesagt, ich darf nicht mit dir sprechen«, sagte Juke, und seine bleichen Wangen bebten. »Sprechen Sie nicht mit der ... Familie, als wäre ich eine Maschine, die sie an- und ausschalten können.« Ein Plektrum klebte an seiner schweißnassen Handfläche.

Quinn beugte sich über ihn. »Atme.«

»Der Prozess hat mich fertiggemacht«, fuhr Juke fort, als spräche er mit sich selbst, und er hielt oft inne, um wieder Luft zu holen. »Ich wollte euch sagen, wie leid ... aber es hieß immer, reden Sie nicht ... mit der Familie ... sagen Sie nicht ... sagen Sie nicht, dass es Ihnen leidtut, sagen Sie nicht ... Verzeihung.« Quinn wurde selbst ganz kurzatmig. »Ich habe meine ... Ersparnisse für Anwälte ausgegeben und begriffen, verstehst du ... begriffen, dass Fehler Konsequenzen haben.«

Juke schüttelte den Kopf, auf seiner wächsernen Nase standen Schweißperlen, seine tiefen Atemzüge ließen mehr und mehr Worte zu. Er wischte sich die Hände an seiner Hose ab, und das Plektrum fiel zu Boden. »Ich hatte einen Rückstau von acht Patienten und eine Unmenge von Krankenakten und war völlig durch den Wind. Und sie warnten mich davor, euch um Verzeihung zu bitten, aber ich kann ... es jetzt sagen, egal, was es bringt, verzeih mir. Ich sage es, ich bitte dich, gütiger Gott, und ich danke dir, dass du die Hunde zurückgepfiffen hast, bevor ich alles verlor.« Er saß keuchend da.

Quinn setzte sich neben ihn. »Es sind nicht meine Hunde.«

Juke atmete minutenlang ein und aus, wie es schien, bis er sich erholt hatte. Seine Stimme wurde leise. »Ich sehe mich noch, wie ich dieses Rezept ausstelle. Ich sehe es ständig vor mir. Die Tinte auf dem Papier. Meine Hand am Stift.

Sie sagten, ich solle nicht mit dir oder deiner Frau sprechen. Aber jetzt kann ich es sagen, o mein Gott, es tut mir so leid, so leid, so leid.«

Quinn starrte auf den verwahrlosten Hinterhof mit seinen Pockennarben von alten Frostaufbrüchen. Garys Jaguar ähnelte einem Spielzeugauto, geparkt in zwei Schritten Abstand von Onas breitem Reliant auf der einen und Rennies SUV auf der anderen Seite. Ein paar Lichtmasten legten über das ganze Elend einen öligen Glanz. Wie viele Stunden seines Lebens hatte er in Hinterhöfen und Gassen verbracht und einen Haufen Equipment bewacht? Er musste an Belles Vater denken, den in Ungnade gefallenen Spielzeugmagnaten, der immer und immer wieder – und noch mal – die Schriftsätze und Mandate und was sonst noch zur widerrechtlichen Tötung durchging.

»Ich habe meine Hunde nicht zurückgepfiffen«, wiederholte Quinn. Und dann dämmerte es ihm: Das musste Belle getan haben. Die gute alte Belle. Kurz flackerte Freude in ihm auf: Der Welt war ein wenig Anstand zurückgegeben.

Juke fuhr sich mit den Händen über die Wangen und hinterließ dabei glänzende Spuren im Schweißfilm. Die Nachtluft tat langsam ihre Wirkung. Er holte wieder zuckend Luft: »Es ist, als wäre ich durch einen dunklen Wald gekrochen und hätte gerufen und gerufen.« Er wischte sich mit dem Ärmel seines limonengrünen Hemds, das mit grünen Hummeln gemustert war, die Stirn trocken. Darüber trug er dieselbe Lederweste, die er schon damals immer getragen hatte, nur dass sie aufgrund seiner Leibesfülle inzwischen auf die Größe eines Deckchens zusammengeschrumpft war.

»Es war ihr Vater, der die Fäden zog, Juke. Belle ist nicht so. Ich möchte nicht, dass du denkst, sie hätte es veranlasst.«

»Ich habe es verdient«, schniefte er. »Ich verdiente es, bis ganz nach unten zu fallen.«

»Nein, das stimmt nicht«, widersprach Quinn und meinte es auch so. Im Stillen dankte er Gott, an den er nicht glaubte, für die Beinahe-Unfälle in seinem eigenen Leben, von denen er nie etwas erfahren würde, weil er kein Ausnahmefall war.

Jukes Stimme rutschte eine halbe Oktave tiefer. »Ich sah deiner Frau direkt ins Gesicht und sagte: ›Warum versuchen wir es nicht mal *damit*?‹« Er gab vor, auf einem Block zu schreiben. »»Warum versuchen wir es nicht mal *damit?*‹« Er fing erneut zu weinen an, leise jetzt, und Quinn verfolgte dieses Schauspiel der Verzweiflung fast ehrfürchtig.

»Sie ist nicht mehr meine Frau«, klärte er Juke auf.

Juke nahm die Hände vom Gesicht. Seine Augen waren fast vollständig zugeschwollen.

»Sie hat einen anderen geheiratet«, sagte Quinn. »Aber einen guten Mann.«

Die Band hatte angefangen: eine weiße Coverversion von »I Feel Good«.

»Deine Leute werden sich fragen, wo du abgeblieben bist«, meinte Quinn.

»Eigentlich sind sie ohnehin ein Trio«, erwiderte Juke und wischte sich das Gesicht ab. »Der Blonde ist das Kind meiner Schwester, sie hat ihm gesagt, er soll mich dazuholen. Sie denken, ich wüsste nicht, dass ich ein Sozialfall bin.«

Einer der Lichtmasten gab den Geist auf. Sie blieben noch eine Weile sitzen und lauschten dem Ende von »I Feel Good« und dem Anfang von »Sweet Home Alabama«. Die Leadgitarre war nicht schlecht.

»Erinnerst du dich an die Nacht auf der Insel?«, fragte Juke.

Quinn nickte. »Der verdammte David Crosby.«

»Denkst du … manchmal daran?«

»Manchmal. Immer mal wieder.«

»Ich habe es keinem erzählt.« Juke klang jetzt schläf-rig, wie ein Mann, dessen Fieber gerade nachgelassen hat. »Nicht mal meiner Frau, weil ich danach noch eine Weile hoffte, er würde mit mir in Kontakt treten, und das wollte ich nicht verschreien. Ich Idiot.« Er kicherte kraftlos, und Quinn wurde von einem wirren Mitleid erfüllt, das sie beide erfasste.

»Aber du warst gut, Juke.«

»So gut auch wieder nicht.« Er schüttelte den Kopf. »Idiot.«

In dem Moment stürmte Rennie durch die Hintertür, die Lippen zusammengepresst, verärgert und seinen Gigbag schleppend. »Scheißkerl«, murmelte er. Mit zornrotem Gesicht schrie er Quinn zu: »Wir sind *gefeuert.*« Er riss den Kofferraum seines SUV auf, schob seine Tasche hinein und setzte sich dann untröstlich auf den mit einem Teppich aus-gelegten Kofferraumboden. Dann tauchten Gary und Alex auf, gingen auf Quinn zu, machten aber einen Bogen um ihn, als sie Jukes tränenüberströmtes Gesicht sahen.

»Hör zu«, murmelte Quinn dicht an Jukes Ohr. »Jedes an-dere Kind – ich meine jedes andere Kind in der bekannten Welt – hätte diese Tabletten nehmen können, und es wäre nichts passiert.«

»O Gott«, flüsterte Juke und vergrub das Gesicht wieder in seinen Händen. »Ich habe einen Sohn.«

Diesmal traf Jukes Reue Quinn an einem bisher verschüt-teten Ort. Er vollführte innerlich einen wilden, unfreiwil-ligen Sprung weg von seinem eigenen Schmerz, der ihn aber dennoch einholte und sich mit einer sauberen, klärenden

Erinnerung in ihn bohrte: nicht an den Jungen, sondern vielmehr an eine Fotografie des Jungen, die der Junge ihm in sein gemietetes Zimmer in Chicago geschickt hatte. Das mühevolle Lächeln, die gestärkte Uniform, der unechte Hintergrund eines Bauernhofzauns. Die Frauen liebten dieses Foto (*Ist das deiner?*), weil sie dachten, er liebe seinen Sohn. Er hatte es gerahmt und behalten und am Ende mit nach Hause gebracht.

»Deine Jungs suchen nach dir, Mann«, sagte Gary, der aus dem Nichts auftauchte und auf Juke herabsah. »Alles in Ordnung mit dir, Kumpel?«

»Es geht ihm gut«, antwortete Quinn. Er stand auf und beugte sich dann zu Juke herab. »Steh auf, Mann. Du musst aufstehen.«

Quinn half dem Mann auf die Beine – er war schwer und er zitterte – und gab ihm einen Klaps auf den Rücken. »Geh einfach wieder rein. Es ist gut.«

»Sag mir, sag mir nur ...«

»Ich verzeihe dir, in Ordnung? Ich verzeihe dir.«

»Deine Frau ...«

»Belle kann jedem alles verzeihen. Das ist das Beste an ihr. Geh in Frieden, mein Guter«, sagte er, indem er einen der hartnäckigen Segenswünsche der Resurrection Lane klaute. Er verfolgte, wie Juke auf die Tür zuging, wo aus der dahinterliegenden Dunkelheit voll aufgedrehte Basstöne dröhnten.

Rennie und Alex standen jetzt auf dem Parkplatz, Rennie lief zu seinem Van, um sein Equipment wieder einzuladen.

»Was zum Teufel sollte das alles?«, erkundigte sich Alex.

»Nichts.«

»Sal sagt, sein Barkeeper habe eine Nachricht auf deinem Anrufbeantworter hinterlassen.«

»Ich habe keinen Festnetzanschluss mehr, hab nur noch Voicemail.«

»Dann funktioniert deine Voicemail nicht, weil wir eigentlich *gestern* Abend hier sein sollten, doch da hätte Rennie ohnehin nicht mitspielen können wegen Kaylas Vortrag. Aber Sal stellte sich wegen der Verwechslung ziemlich beschissen an, und da ist Rennie dann explodiert, und jetzt ist Sal richtig, richtig angepisst.« Er schaute sich um und legte dann nach: »Wir sind alle ziemlich angepisst, um ehrlich zu sein.«

»Ihr werdet es überleben«, sagte Quinn.

»Hättest du einen Anrufbeantworter ...«, begann Alex, schüttelte dann aber den Kopf. »Wir zählen auf diesen Gig, Quinn, was anderes sag ich gar nicht.«

»Fick dich, Alex«, blaffte Quinn ihn an. »Was Sal uns zahlt, das stellst du doch für weniger als eine Arbeitsstunde in Rechnung.«

»He, he«, mischte sich Gary ein. »Locker, Jungs.«

Quinn sah Gary an – den zuverlässigen, gutmütigen Gary, der vier Hunde hatte – und bekam mit, wie er Alex etwas ins Ohr flüsterte, der daraufhin zurückwich. Den ganzen Sommer über hatte Gary es sich zur Aufgabe gemacht, alle an den »Verlust« ihres Bandkollegen zu erinnern. In Amys Katalog der moralischen Verfehlungen, die sie Quinn vorwarf, tauchte *neigt zu Gewalttätigkeit* nicht auf, aber plötzlich hätte er Gary am liebsten in den Hals gegriffen und ihm die Leber herausgerissen. Gary, seinem Freund seit dreißig Jahren.

»Ich meinte ja gar nicht das Geld«, sagte Alex. »Ich meinte ... ihr wisst schon, den Spaß.«

»Sehe ich aus, als hätte ich Spaß?« Er starrte auf den Salonhaarschnitt seines Freundes, auf dessen schöne Uhr. Er brüllte Richtung SUV – brandneu und auf Hochglanz poliert –, wo Rennie noch immer saß und brütend auf seinen Altherrenbauch stierte. »Hörst du mich, Ren? Sehe ich aus, als hätte ich *Spaß*?«

Er ging hinein – als würde er durch Wasser laufen –, wo Sal sich wegen des Schlamassels an seinem neuen Angestellten abreagierte, der den Terminkalender nicht im Griff hatte. »Kein Problem«, sagte Sal, »bis auf Rennies *Attitüde*.« Sal meinte, er habe was gegen *Attitüde*, und diese reichen Typen könnten ganz schön ruppig werden.

Quinn gab ihm recht, sicher, aber sie kannten sich nun mal schon viel zu lange, um es auf diese Weise enden zu lassen, und vielleicht könnte Sal ja mal einen Moment innehalten und darüber nachdenken, was Rennie alles hinnehmen müsse, um ein solches Unternehmen zu leiten, und wenn schon ruppig, dann solle er erst mal seine Tagesaufsicht kennenlernen, und da lachte Sal ein wenig und sie schüttelten sich die Hände, und er entschuldigte sich und entschuldigte sich noch mal dafür, dass er nichts wegen, du weißt schon, gesagt habe, und wie komme die Mutter des Kindes denn damit klar, und Quinn sagte, keine Sorge, der Mutter des Kindes gehe es gut, und Sal meinte, verflixt noch mal, das sei schon was, und Quinn erwiderte, ja, das sei schon was, und als er auf den Parkplatz zurückkehrte, sagte er nichts. Doch in ihren aufgeregten Gesichtern, ihrem angehaltenen Atem, sah er etwas, das er verstand, und ihm wurde es plötzlich übel. Er verstand ihre Sehnsucht. Wenn er mit seiner aufpolierten Gitarre zu einem Vorspiel ging und dachte *Diesmal ist es so weit, das ist es*, hatte er ganz genau so ausgesehen wie sie. Ganz genau so. Er wollte dabei sein. Dachte, er hätte es verdient, nur weil er es sich so sehr wünschte.

Also sagte er: »Sal überlegt es sich noch mal«, und half ihnen dann, den Rest der Ausrüstung einzuladen.

Er fuhr nach Hause, genoss es, allein zu sein, und wünschte seine Mitmusiker dahin, wo der Pfeffer wächst, froh und dankbar, ein Auto zu fahren, das so wenig hip war, dass keiner der Jungs auf die Idee kam, mitfahren zu wollen. Die vom Mondlicht beschienene Autobahn nahm einen vorwurfsvollen Glanz an, und jeder zurückgelegte Kilometer erinnerte ihn an frühere Fluchten.

Wäre der Junge doch nur nicht mitten in der David-Crosby-Geschichte zur Welt gekommen, die Quinn, als er sich summend der Erinnerung an eine von Sternen erhellte Insel mit einem geschmückten Pavillon darauf und einer in greifbare Nähe gerückten Möglichkeit hingab, auf seinem Weg zum Krankenhaus begleitete. Als er und Belle endlich ihr zartes, untergewichtiges Baby nach Hause brachten, fühlte sich die Zukunft, die Quinn sich ausgemalt hatte, an wie eine geschlossene Tür, hätte es da nicht einen unerwarteten mildernden Höhepunkt gegeben: Das Baby hatte bemerkenswerte Finger. Lange, schwammartige Glieder an Fäusten so groß wie Puppenaugen. Und Quinns erster Gedanke war: Gitarre.

Dieses Gefühl, das ihn dabei überkam, zu benennen, empfand er jetzt als viel zu gefährlich. Belle hätte es eine Erinnerung der Liebe genannt. Es fühlte sich an wie eine Heimsuchung, ein kurzer Blick auf das-was-möglich-gewesen-wäre. Und es loderte nur so kurz auf, dass danach außer einer stechenden Erinnerung von Licht nichts übrigblieb.

Kurz hinter der Stadtgrenze hielt ein Polizist ihn an. Er war jung, ging nach dem Lehrbuch vor, ein Kind in Erwachsenenkleidern. »Dürfte ich Ihre Fahrerlaubnis und den Fahrzeugschein sehen, Sir?«

Mist, sagte sich Quinn. *Mistmistmistmist.* Er fand Onas Fahrzeugschein in einer Plastikhülle, frisch und leuchtend und tadellos, was man von seinem Rücksitz nicht sagen konnte, der aussah, als hätte er einen Raubüberfall auf einen Musikladen begangen.

»Warten Sie hier, Sir.« Der Bulle kehrte zu seinem tuckernden Wagen zurück, während Quinn in den Samstagabendverkehr auf der Brighton Avenue starrte, diesem Stück der Verkehrsader, die von Restaurantketten und Billigmotels verstopft wurde. Direkt vor ihm leuchtete das große helle Schild des Lowe-Baumarkts und dahinter das vom Autohändler an der Ecke Sibley Street. So nah, so gut zu erreichen, dass er fast kurz vorbeischauen, in zwei Minuten in Onas Einfahrt sein und an ihre Tür klopfen und ihr einen fürchterlichen Schrecken einjagen könnte, dann viel Gezeter und Alarm, bis Ona ihn freigesprochen hatte – *Natürlich hat er meine Erlaubnis, wie hätte er denn sonst an meinen Schlüssel kommen können?* –, aber gewiss nicht, bevor der Bulle sich Quinns Fahrchronik angesehen hatte.

Die Minuten verstrichen. Quinn überließ sich dem, was Amy gern »das Karma der Stunde« nannte und das einem dabei helfen sollte, mit dem Universum eins zu werden, es sei denn, das Karma versagte völlig und man war am Ende eins mit seinem eigenen lächerlichen Selbst. Das Leid, das Juke über ihn ausgekippt hatte, kehrte als etwas zurück, das pulsierend unter Quinns Haut anschwoll, und er konnte im Moment nichts anderes tun, als es geschehen zu lassen.

Der Bulle war zurück, sein Gesicht hing wie ein Ballon ins Fenster. »Mr Porter, die Besitzerin dieses Wagens ist Miss Ona Vitkus.«

»Das weiß ich. Sie ist eine Freundin.«

»Sie ist eine Freundin. Okay. Sieht so aus, als hätten Sie im vergangenen Winter viel zu tun gehabt. Ich sehe hier allein im Januar drei Strafzettel wegen Geschwindigkeitsüberschreitung.«

»Die hab ich bezahlt«, sagte Quinn. »Und ich habe den Kurs gemacht, dieses Fahrer…ding.«

»Es nennt sich Defensivfahren, Sir. Und dann wurden Sie im Mai wegen einer abgelaufenen Fahrzeugzulassung angehalten …«

»Ich habe den Wagen verkauft. Ich habe ihn nicht mehr.«

»… und wegen zu schnellen Fahrens …«

Fünfzig Stundenkilometer zu schnell, eine saftige Geldstrafe, die er sich in der Nacht nach dem Tod des Jungen eingehandelt hatte. Binnen zwei Tagen hatte er das Auto verkauft und Belle das Geld gegeben.

»… weswegen dann Ihre Fahrerlaubnis eingezogen wurde.«

»Ich habe bezahlt. Mit dem Staat von Maine bin ich im Reinen.«

»Im Reinen. Okay.« Der Cop hielt seine Taschenlampe auf Quinns Führerschein gerichtet.

»Sehen Sie selbst, er ist aktuell«, sagte Quinn.

»Er scheint aktuell zu sein, Sir, das ist korrekt. Aber manchmal trügt der Schein. Und es erklärt nicht, was Sie in einem Auto machen, das Miss Ona Vitkus gehört.«

»Ich habe ihre Erlaubnis.«

»Sie haben ihre Erlaubnis. Okay. Diese Zulassung ist ebenfalls abgelaufen. Sind Sie sich dessen bewusst, Sir?«

»Wie bitte?«

»Sie hätte im April erneuert werden müssen, Sir.«

»Herrje!«

»Würden Sie aus dem Fahrzeug aussteigen, Mr Porter?«

»Fragen Sie sie doch selbst«, sagte Quinn beim Aussteigen. »Sie wohnt vier Blocks von hier.«

»Legen Sie Ihre Hände hierhin, Mr Porter, wo ich sie sehen kann?«

»Ich habe ihre Nummer als Kurzwahl«, fügte Quinn hinzu und spreizte die Hände auf dem Dach. »Warten Sie, streichen Sie das, sie ist schon im Bett, wir sollten sie nicht erschrecken.« Er rechnete damit, abgetastet zu werden, aber der Bulle überprüfte noch immer die Zulassung. »Hören Sie, sie ist eine Freundin. Ich habe ihre Grundmauern neu verfugt.«

Der Polizist richtete den Strahl seiner Taschenlampe auf den Rücksitz. »Sind das Ihre Sachen, Mr Porter?«

»Ich bin Gitarrist. Ich bin nur auf dem Nachhauseweg von einem Gig. Auf diese Weise habe ich die Strafzettel wegen zu schnellen Fahrens im Januar bekommen.«

»Auf Ihrer Heimfahrt von einem Gig. Okay.« Der Bulle stellte mittels seiner Armbanduhr eine theoretische Verbindung her. »Wo war der?«

»Portsmouth.«

»Portsmouth. Okay. Das liegt wie weit entfernt, eine Stunde? Ich hab früher mal selbst in einer Band gespielt. Hab ein bisschen Bass gespielt.«

Quinn fragte sich: *Früher? Als du wie alt warst, sechs vielleicht?*

»Wissen Sie, was meine Erfahrung ist?«, sagte der Cop. »Für gewöhnlich fangen Gigs um acht oder neun Uhr abends an, aber jetzt ist es gerade mal zehn nach neun.«

»Termine wurden durcheinandergebracht. Lange Geschichte.«

»Lange Geschichte. Okay.«

Quinn atmete langsam. »Ich bin Profimusiker. Ich zahle Steuern.«

»An den Staat von Maine, dafür danke ich Ihnen, Sir.«

»Sehen Sie, ihr Haus ist gleich da unten, Sibley Street. Direkt neben dem Autohändler. Sie können es von hier aus sehen.«

»Lassen Sie Ihre Hände dort, wo sie sind, Mr Porter«, ermahnte er Quinn. »Ich weiß, wo die Sibley Street ist. Ich kenne die Dame sogar persönlich, der das Fahrzeug gehört.«

»Sind Sie der Polizist, der nach dem Einbruch ihr Haus bewacht hat?«

»Und Sie der Enkel, den sie nicht anrufen wollte?«

»Ihr Freund. Ich bin ihr Freund. Sie hat mich angerufen.«

Der Bulle klemmte sich die Taschenlampe unter den Arm. »Jemand sollte sich um sie kümmern, Sir. Sie ist eine nette Dame.«

»Es kümmert sich ja jemand um sie!«

»Lassen Sie Ihre Hände da, wo sie sind, Sir.«

»Ich kümmere mich um sie! Ich bin das!«

»Entspannen Sie sich, Sir. Sie können Ihre Hände jetzt runternehmen.« Der Bulle gab ihm seine Fahrerlaubnis zurück. »Also, ich könnte Sie jetzt auf der Stelle festnehmen, Sie mit runter auf die Wache nehmen und dieses Auto abschleppen lassen, weil Sie nicht mehr fahren dürfen, bis diese Zulassung erneuert und Ihre Fahrerlaubnis aktiviert ist.«

»Sie ist seit Wochen aktiviert.«

»Manchmal stimmen unsere Unterlagen nicht überein, Sir. Das kommt manchmal vor.«

»Und genau das ist passiert.«

»Sie können morgen anrufen und das alles klären, Sir. Da ich sehe, dass wir beide dem Musikerglauben angehören, und da ich das Leben dieser netten alten Dame nicht noch schwerer machen möchte, als es ohnehin schon ist, werde ich Ihnen einen kleinen Spielraum gewähren.«

Wie sich herausstellte, erlaubte der kleine Spielraum eine Reihe von Anrufen – erst bei Rennie, der ihm sagte, er könne ihn mal, dann bei Alex, dessen Telefon aus war, dann bei Gary, der gerade in einer seiner drei Parkbuchten den Wagen abgestellt hatte und meinte, gern behilflich sein zu wollen.

Aber schließlich waren es Ted – Ted und Belle –, die eine Stunde später in Teds Minibus auftauchten.

»Gary hatte eine Art Krise«, sagte Belle. »Die Hunde sind abgehauen, also rief er mich an.« Sie war forsch und geschäftsmäßig. »Officer Kelsey meinte, Ted könne dich in Onas Wagen nach Hause bringen. Wir kümmern uns morgen um die Zulassung.«

»Ich werde von hier den Bus nehmen«, erwiderte Quinn.

»Doch nicht mit deinen ganzen Sachen.« Sie sprang zurück in den Minibus und ließ die Männer auf der Straße zurück. Sie kurbelte das Fenster herunter und sagte: »Mach's nicht noch schlimmer.«

Er sah sie an. »Ich habe heute Abend Juke getroffen. Richard Blakely. Der MTA.«

Ein kaum wahrnehmbares Nicken. »Wie geht's ihm?«

»Der ist ein Nervenbündel. Ein Wrack, wie es mir selten begegnet ist.«

»Er wird's überleben«, gab sie zurück. »Leute überleben so was.«

»Es tut mir leid, Belle. Wegen allem.«

»Das weiß ich doch.«

»Man kann es nicht wiedergutmachen.«

»Ich weiß. Manchmal geht das nicht.«

Sie streckte kurz ihre Hand aus dem Fenster und drückte seine. Dann fuhr sie davon.

Hinter dem Lenkrad von Onas Reliant saß Ted mit mürrischer, aber nachsichtiger Miene, und während sich das Karma der Stunde in einen Haufen unheiliger Scheiße auflöste, bedauerte Quinn es, sich nicht für den Arrest entschieden zu haben. Er stieg ein.

»Ich weiß das zu schätzen«, murmelte er und rückte den Sitz zurecht.

»Es ist das mindeste, was ich tun kann nach allem, was Sie für die Truppe getan haben.«

»Was ich getan habe ...?«

»Der Geldstapel wurde immer größer, und Belle musste mir erzählen, woher es kam. Sie hat es mir heute Abend gesagt, bevor wir herkamen.«

Die gute alte Belle. Langsam setzte sich die Erkenntnis, und dann war es sonnenklar: Sie hatte das Geld an Ted weitergegeben, der nun von ausgedehnten Exkursionen und dem zukünftigen Kauf eines Busses mit sechzehn Sitzen laberte. Quinn hörte zu, seine Züge verhärteten sich, und seine Fassung geriet ins Wanken wie eine gedrehte Viertel-Dollar-Münze.

Ted streckte ihm die Hand hin. »Im Namen von Trupp 23 ...«

»Danken Sie nicht mir«, sagte Quinn. »Ich will keinen Dank.«

»Sie können es auch direkt überweisen«, meinte Ted. »Belle ist nicht gerne die Vermittlerin. Und auf diese Weise behält die Truppe einen besseren Überblick.«

»Genau.«

»Ich gebe Ihnen die Adresse.«

Er kam sich vor wie eine gezinkte Karte in einem von

Onas Kartentricks und hätte fast gelacht – oder geweint –, als er die Stimme seiner Mutter vernahm, die aus einer nebulösen Vergangenheit kam: *Wir suchen uns unsere Strafen nicht selbst aus.* Vielleicht war es auch gar nicht seine Mutter. Vielleicht war es Ona. Hörte sich ganz nach ihr an.

AUSDAUER

1. Längste im Stehen verbrachte Zeit. 17 Jahre. Swami Maujgiri Maharaj. Indien.
2. Längste treibend auf einem Floß verbrachte Zeit. 133 Tage. Second Steward Poon Lim. Großbritannien.
3. Längste in vollem Körperkontakt mit Eis verbrachte Zeit. Eine Stunde und sechs Minuten und vier Sekunden. Wim Hoff. Niederlande.
4. Wartend auf einer Krankenhausliege verbrachte Zeit. Siebenundsiebzig Stunden und dreißig Minuten. Tony Collins. Großbritannien.
5. Längste Zeitspanne beim Münzendrehen. 19,37 Sekunden. Scott Day. Großbritannien.
6. Längste Ansage beim Square-Dance. 28 Stunden. Dale Muehlmeier. USA.
7. Längste mit einer Kugel im Kopf gelebte Zeit. 87 Jahre. Bis jetzt. William Pace. USA.
8. Häufigste Flüge einer Katze. 79. Smarty. Besitzer Peter Godfrey. Ägypten.
9. Längstes Überleben nach einem Erdbeben von einer Katze. 80 Tage. Taiwan.
10. Längste im Weltraum verbrachte Zeit. 803 Tage und 9 Stunden und 39 Minuten. Sergei Krikalev. Russland.

* * *

Dies ist Miss Ona Vitkus. Dies sind ihre Lebenserinnerungen und Bruchstücke auf Band. Dies ist Teil neun.

...

Weil ich mich heute nicht gesprächig fühle.

...

Mir geht ein Lied im Kopf rum.

...

»Ich bin gewöhnt an ihr Gesicht«.

...

Es ist aus *My Fair Lady*. Louise war ganz verrückt auf
diesen Film. Sie konnte die Dialoge auswendig hersagen.

...

Korrekt. Im Film singt dies ein Herr über eine Dame, die
er sehr zu seiner Überraschung liebgewonnen hat.

...

Ich habe eigentlich nicht an Louise gedacht. Ich habe an
dich gedacht.

...

Weil ich dich diese Woche vermisst habe. Wodurch mir
klargeworden ist, was ich einige Zeit lang gar nicht richtig
bemerkt habe, nämlich dass ich allein lebe. Und deshalb ist
mir nicht nach Reden zumute.

...

Fragen zum Koreakrieg zu beantworten würde meine Stimmung sicherlich *nicht* anheben. Dein Mr Linkman scheint besessen zu sein von Kriegen, ist ihm das bewusst? Sag ihm, dass alle Kriege gleich sind: Jede Menge sinnloses Töten und danach kommen die Menschen zerbrochen zurück. Wenn wir schon vom Krieg sprechen, wie kommst du mit deinem Feind zurecht?

…

Du weißt schon wer. Der, der immer gegen dein Pult tritt und dir auf dem Flur ein Bein stellt.

…

Ich kenne alles Mögliche. Ich habe zwei Jahrzehnte lang unter jungen Knaben gearbeitet, erinnerst du dich?

…

Troy Packard. Genau. Wie geht's dir mit ihm?

…

Hm. Weißt du, ich habe gestern Abend eine Dokumentation über den Uhu gesehen.

…

Du auch? War die nicht großartig?

…

Erinnerst du dich noch an die Stelle, wo der Uhu sein Gefieder aufplustert, um größer zu erscheinen, als er tatsächlich ist? Um dem Feind Angst zu machen?

…

Ich wüsste nicht, warum ein Menschenjunge das nicht auch tun kann. Steh mal auf!

…

Richte deine Schultern gerade aus, du neigst dazu, sie hängen zu lassen. Aufrechter. Und jetzt zieh sie nach hinten. Brust raus! Wie fühlst du dich?

…

Ganz im Gegenteil, du siehst gewaltig aus! Regelrecht bösartig!

...

Bleib mal eine Sekunde lang so stehen. Schultern zurück. Und jetzt sprich mir nach: Nein!

...

Oh! Na gut. Dann artikuliere es lautlos. Mit einem furchterregenden Gesicht.

...

Ausgezeichnet! Ich bin zu Tode erschrocken. Und jetzt noch furchterregender. Zehn Mal furchterregender.

...

Das ist es! Wie fühlt sich das an?

...

Ich habe fast ein ganzes Jahrhundert dafür gebraucht, um es zu lernen. Und du kannst davon profitieren.

...

Es wird funktionieren. Leute wie dein Quälgeist werden vor einem aufgeplusterten Uhu so schnell sie können das Weite suchen.

...

Wie bitte?

...

Ach so, danke dir. Ich habe mich auch an dein Gesicht gewöhnt.

KAPITEL 21

Nach einem unruhigen Schlaf, der immer wieder von Phantomen gestört wurde – Juke (*Verzeih mir*) und dem jungen Polizisten (*Sie sind der Enkel, den sie nicht anrufen wollte?*) und Belle (*Mach's nicht noch schlimmer*) und Ted (*Im Namen von Trupp 23*) –, legte Quinn das Foto des Jungen in eine Schublade und ließ den Rahmen unter einem Haufen T-Shirts verschwinden in der Absicht, seine Reue hinter sich zu lassen. Er fischte eine Zeitung aus der Recyclingtonne seines Nachbarn und fand das viertelseitige Farbfoto von Resurrection Lane ohne Zack, den Vom-Christen-zum-Kokser-und-vom-Christen-zum-Atheisten-Gewandelten.

Er rief Brandon an. Dann Tyler. Dann die Jays. Aber es war noch zu früh für einen Anruf, denn ungeachtet ihrer gereinigten Seelen hielten sie sich an Musikerzeiten. Es tat ihnen leid, den Anruf nicht entgegennehmen zu können. Sie wünschten einen wunderschönen Tag. Sie wünschten einem den rettenden Segen Gottes.

Während er auf den Bus wartete, erreichte er Sylvie, er war schon spät dran, und dies bedeutete, dass er sich direkt in der Werkshalle melden und das aufmunternde Ritual, in der GUMS-Lobby einen kostenlosen Kaffee zu trinken, sausenlassen musste.

»Quinn«, sagte Sylvie, »um Himmels willen! Ich habe dir fünfzig Nachrichten hinterlassen.«

»Irgendwas ist mit meiner Voicemail nicht in Ordnung. In der Zeitung steht, Zack ist weg. Stimmt das?«

»Er war früher mal ein ganz Lieber, war er wirklich. Jetzt ist mein rücksichtsvoller Neffe in Miami – der Drogenhauptstadt der westlichen Hemisphäre –, ohne sich auch nur von der Familie verabschiedet zu haben. Hat meinem armen Bruder das Herz gebrochen. Seit der Junge geschlüpft ist, hat er nur Sorgen bereitet, und Gott verzeih mir, aber ich bin froh, dass ich ihn endlich losgeworden bin.« Sie seufzte. »Hör zu, kannst du sofort herkommen? Sofort wie in jetzt gleich?«

»Ich bin auf dem Weg zur Arbeit, Sylvie. *A-r-b-e-i-t.*«

»Willst du etwa pampig werden? Dazu bin ich nämlich nicht in der Stimmung. Freche Antworten bekomme ich von meinen geheiligten Söhnen schon mehr als genug, besten Dank auch – die nämlich, wie es diese *idiotische* Plaudertasche von einem Reporter verbreitet hat, ihrer, Zitat, ›heiß gelaufenen Bühnenmutter‹, Zitat Ende, die Stirn geboten haben, indem sie Warner Records sagten, sie sollen verschwinden.«

Quinn lachte. »Hab ich gehört.«

»Ich bin nicht heiß gelaufen. Und auch keine Bühnenmutter. Ich bin eine Geschäftsfrau.«

Aus dem Hörer drang ein kehliger Laut, der an das Schnurren einer gefährlichen Katze erinnerte. »O Gott, Quinn! Doug hat recht, ich bin völlig durch den Wind, ich brauche jemanden zum Reden. Und hätte ich die Telefonnummer von Mr Jesus H. Christ selbst, könntest du deine Lederhosen darauf wetten, dass ich längst angerufen hätte. Aber in Abwesenheit des großen Selbstgerechten halte ich mich an dich.«

»Sylvie? Knurrst du?«

»Ich *rauche*. Und zu deiner Info, du sprichst mit der Königin der A-r-b-e-i-t. Ich habe meine dreieinhalb Hektar nicht vom verdammten französischen König geerbt.« Er hörte ein langes Inhalieren des Nikotins. »Du hast ja keine Ahnung, was die mir zugemutet haben mit ihrem Gequatsche über ›künstlerische Differenzen‹, o mein Gott, ›künstlerische Differenzen‹. Und jetzt denken sie natürlich, es sei Gottes Wille, dass sie am Ende einen anständigen Deal von Christ Incorporated bekommen haben.«

»Und haben jetzt einen Mann zu wenig. Richtig?«

»Ich muss einen Vertrag unterschreiben, Anwälte konsultieren. Und Doug ist völlig unbrauchbar und versteckt sich im Krankenhaus, wo er, soweit ich weiß, Leute zu einer Gehirnoperation zwingt, nur um seine Zeit zu füllen. Es ist nicht so, dass ich das nicht hinkriegen würde, Quinn, ich bin nur …«, ihre Stimme kippte und ihm wurde klar, dass sie nicht nur Angst hatte, wie er einmal gedacht hatte, sondern Panik. »Du bist der Einzige, den ich mir in diesem Business vorstellen kann und der kein gieriger Hai ist. Wir brauchen dich hier.«

Hoffnung flammte in seiner Kehle auf. »Ich habe um vier Uhr Schluss«, sagte er. »Entspann dich, Sylvie.«

»Ich kann mich nicht entspannen! Ich wünschte, meine Kinder wären nie auf diesen Zug aufgesprungen. Sie fühlen sich … unbesiegbar. Alles, was sie sich in den Kopf setzen, Simsalabim, es wird wahr.« Sie hielt inne. »Offen gestanden, mache ich dich dafür verantwortlich.«

Selbst für Sylvie war das heftig. Er sagte: »Ups, ich glaube, du vergisst, wer ihnen ein Wohnmobil gekauft hat.«

»Darauf gehe ich jetzt nicht ein«, erwiderte Sylvie. »Dazu sage ich nichts. Ich meine damit dein *Beispiel*. Dein herausragendes, inspirierendes lebendes *Beispiel* für diese leicht zu beeindruckenden kleinen ... *Murmeltiere*, dass es möglich ist, von der Musik zu leben.«

Quinn war sprachlos. Das war das größte Kompliment, das Sylvie ihm je gemacht hatte, auch wenn sie es ihm als Anklage entgegenschleuderte. Sie legte auf, bevor er sich bedanken konnte. Und bevor er sie daran erinnern konnte, dass er keine Lederhosen trug – und niemals getragen hatte, nicht mal in den Achtzigern.

Er bog auf den Angestelltenparkplatz von GUMS ein, der von kleinen, unter architektonischen Gesichtspunkten aber beachtlichen Bäumen gesäumt war.

»Willkommen, Porter«, höhnte Dawna und tippte dabei auf das Klemmbrett an ihrer Hüfte. »Was für eine Freude, Sie zu sehen.« Sie kritzelte seinen Namen auf den Tagesplan und teilte ihm dann einen Job zu, den keiner haben wollte: glatte Hochglanzbeilagen, die per Hand in viertausend Broschüren für eine Firma gesteckt werden mussten, die Wanderausrüstung verkaufte. Dieses Eintüten per Hand war eine Korrekturmaßnahme, die laut Dawna aufgrund einer Panne während einer Schicht in der vergangenen Woche nötig geworden war, zu der es *überhaupt nicht erst gekommen wäre*, hätte Quinn sich bei seiner Station abgemeldet, *wie er das angekündigt hatte*.

»Ich habe einer kleinen alten Dame geholfen«, verteidigte er sich.

Dawna brach in lautes Gelächter aus. Quinn war es egal, denn im Geiste war er noch bei seinem Gespräch mit Sylvie. *Wir brauchen dich hier.*

Wenn es einen Gott gibt, betete er, *dann lass ihn bitte Gitarrist sein.*

»Ich habe angerufen«, erinnerte er sie. »Rennie hat mir den Tag freigegeben.« Aber Dawna verfügte über ein langes, boshaftes fotografisches Gedächtnis, das die zweiwöchige Tour mit der Resurrection Lane nicht löschen wollte, als er das erste Mal, überhaupt das erste Mal, nicht zur Arbeit erschienen war, ohne vorher anzurufen. Im Nachhinein wurde ihm jetzt bewusst, wie begeistert und begierig er gewesen sein musste, in Zacks verdorbene Fußstapfen zu treten.

Gegen halb elf tauchte Rennie auf, vordergründig um nachzusehen, wie alles lief. »Hey«, grüßte er und hievte sich auf den Arbeitstisch. Die Taschen seiner Hose blähten sich auf wie ein Mädchenrock.

»Tut mir leid wegen gestern Abend«, sagte Quinn.

Rennie schaute sich um. Er war nicht dafür bekannt, dass er den Chef rauskehrte, und seine Anwesenheit in der Halle wurde kaum wahrgenommen. »Gary meint, ich solle mich entschuldigen. Damit sage ich nicht, dass es nicht dein Fehler war. Es *war* dein Fehler, du bist derjenige, der dafür zu sorgen hat, dass so ein Mist einfach nicht passiert, aber ich komme mir wie ein Trottel vor, dass ich derart ausgerastet bin.« Er überflog sein lautes Reich. »Ich weiß auch nicht, was da über mich gekommen ist.« Er senkte den Blick. »Dort zu spielen ist die einzige Freude, die ich habe.«

»Vergiss es, Ren!«

»Bist du gut nach Hause gekommen?«

»Belles neuer Ehemann hat mich mitgenommen.«

»Hu. Klingt zivilisiert.«

»Sieht so aus, als würde ich seiner Pfadfindertruppe einen neuen Bus finanzieren.«

Perplex wandte Rennie sich ab. »Ich weiß, dass es hart war. Hätte ich mein Kind verloren, dann hätte ich mich umgebracht.«

»Ich habe mit Sal gesprochen«, sagte Quinn. »Wir sind wieder dabei, nächsten Sonntag wie immer.«

»Das kann nicht wahr sein!« Rennie strahlte übers ganze Gesicht. »Verdammt, ich glaub's nicht! Hast du's den Jungs schon erzählt?«

»Das Vergnügen überlasse ich dir.«

»Ich werde sie anrufen«, erklärte Rennie. Zwanzig Jahre glitten aus seinem Gesicht. »Gleich jetzt. Ich werde alle anrufen.«

Er sprang herunter und kam mit dem *Uff* eines alten Mannes auf dem Boden auf, verschwand dann aber fast hüpfend aus der Halle. Zog man die Taille ab, die wie schmelzendes Kerzenwachs über seinen Gürtel hing, könnte er von hinten betrachtet noch immer der Junge aus der Nachbarschaft der Sheridan Street sein, der coole schwarze Junge der Band, wenngleich ein schwarzer Junge mit flammender Akne und Hochwasserhose.

»Das war Ihre Pause«, teilte Dawna ihm mit.

Nach der Mittagspause wies sie ihn ein, wie er die zusammengestellten Broschüren in den Tintenstrahldrucker einführen musste, ein Gerät, das Geräusche wie bei der Verdauung, verstärkt durch eine schlechte Musikanlage machte. Der Lärm setzte ihm zu, auch mit Ohrstöpseln, was Dawna in Anbetracht seiner normalen Arbeit eine ziemliche Ironie fand. Sie war mal mit einem Musiker verheiratet gewesen und schien Quinn dafür verantwortlich zu machen.

Während er bis weit in den Nachmittag hinein den Schlund der Maschine stopfte, saß Dawna brütend am Ende des Förderbands, schnappte sich die codierten Broschüren und knallte sie in die Bindemaschine. Sie trug hautenge Jeans und ein gelbes Top, das wie Unterwäsche wirkte. Trotz ihrer vogelartigen Züge sah sie gar nicht so schlecht aus. Sie schwitzte ganz bezaubernd, verschränkte ihre drahtigen und eindrucksvoll gebräunten Arme mit den maritimen Tattoos, um auf die nächste langsame Ladung zu warten, und verdrehte ihre stark geschminkten Augen.

»Für Ihre Augenhöhlen wäre es entspannter, wenn Sie mir sagten, ich solle mich beeilen«, schrie Quinn über den Maschinenlärm hinweg.

Dawna hob ihre brutal gezupften Brauen. »Ernsthaft?« Sie bahnte sich ihren Weg um die Kartons und Postsäcke herum und stand dann fünf Zentimeter vor seinem Gesicht, so dass er ihr Hustenbonbon riechen konnte. »Beeilung. Verdammt. Los.«

Und um ihrem Anliegen Nachdruck zu verleihen, nahm sie einen Stapel Broschüren aus dem bodenlosen Behältnis, zählte sie nach Gefühl, richtete sie aus, legte sie flach auf das Band, und während sie schmatzend von der Maschine aufgesaugt wurden, legte sie den nächsten Stapel zurecht. Ihr bedeutete dieser Job etwas. Dieser Job und ihre Mitgliedschaft im Fitness-Studio und vielleicht ein neuer Freund und womöglich ein Kind. Ein auf vier Säulen ruhendes Leben, von ihr wertgeschätzt.

»Ich habe Sie zweimal eingearbeitet«, beteuerte sie. »Sind Sie sich zu gut dafür oder einfach nur ein ganz gewöhnlicher durchschnittlicher Tollpatsch?«

»Mein Gott, Dawna, können Sie mir nicht mal eine Pause gönnen?«

»Sie hatten Ihre Pause.«

»Ich meinte das metaphorisch.«

»Mein Ex war ein großer Fan von Metaphern. Die erwiesen sich als sehr praktisch, als er meine Kreditrechnung in die Höhe trieb.«

»Treffer«, sagte er, jetzt ernsthaft gekränkt. »Der Punkt geht an Sie, Dawna, die Kontrolleurin.«

»Was ist Ihr Problem, Porter?«

»Das Leben ist kurz«, gab er zurück. »Das ist mein Problem.«

»Erzählen Sie mir was, was ich noch nicht weiß.«

»Meinen Sie das wörtlich?«

Sie forderte ihn heraus: »Ja.«

»Es tut mir leid, dass ich Sie damals fertiggemacht habe. Und es tut mir leid, dass die Broschüren letzten Freitag nicht erledigt wurden. Denn mir ist grade aufgefallen, dass Sie den Laden hier so ziemlich schmeißen.«

Er musste den Lärm übertönen, so dass das Kompliment viel überschwänglicher klang als von ihm beabsichtigt. Vor Erstaunen sprachlos, dachte Dawna nach, während die Maschine, die keinen Nachschub mehr bekam, rülpste und gurgelte.

Die Mittagspause verbrachte er am Telefon mit dem Staat Maine, der, wie sich herausstellte, überhaupt kein Problem mit seiner Fahrerlaubnis hatte und andeutete, dass jede anderslautende Aussage ein Missverständnis gewesen war – natürlich aufseiten Quinns, nicht der des Polizeibeamten. Als Quinn in die Halle zurückkam, war Dawna noch immer da. Sie arbeiteten schweigend eine Stunde lang, dann noch eine.

Dann sagte Quinn. »Jetzt Sie.«

»Was?«

Er erhob die Stimme. »Erzählen Sie mir was, was ich noch nicht weiß.«

Dawna überlegte eine Minute. Sie zog eine Broschüre aus dem Stapel. »Sehen Sie das? Da wird jemand verklagt werden.« Er verstand sie nicht sofort, weil der Maschinenlärm die Konsonanten zerquetschte.

»Sehen Sie sich das Ding an!«, wiederholte sie und wedelte damit vor seiner Nase herum. »Werfen Sie einen Blick auf diesen Typen!«

Quinn sah nichts weiter als ein gestelltes Foto von Kindern in bezaubernden Wanderklamotten unter einem Himmel, auf dem Wolken SALE buchstabierten. »Welchen Typen denn?«

»*Diesen Himmel.* Hallo. Sehen Sie sich *diesen Himmel* an. Sind denn alle Musiker taub. Mein Arschloch-Ex war taub.«

»Worauf wollen Sie hinaus, Dawna?«

Sie schnippte gegen die anstößige Broschüre. »Ich will damit sagen, dass das hier genauso, aber auch ganz genauso aussieht, wie die Ausverkaufswerbung von Lands' End im letzten Sommer. Exakt das gleiche Layout, exakt die gleiche Farbe, exakt die gleiche Wolke, die exakt den gleichen Himmel beschreibt. Sie wollen einem weismachen, dass ihr billiger Scheiß von Lands' End ist.«

Dawna hatte sich jetzt in Rage geredet und setzte ihm mit dem Stolz der Erfahrung auseinander, wie sich dieser Wanderausrüster selbst in einen Rechtsstreit hineingeritten hatte. Und während sie über diesen unglaublichen Beschiss spottete und ihm *diese Farbe* und *dieses Bild* und *diese Schrift* und *dieser Himmel* entgegenschleuderte, brütete Quinn eine widerliche Erkenntnis über Worte aus.

Jahrelang hatte er versucht, es sich zu verdeutlichen, aber er hatte es immer wieder verdrängt und sich geweigert, es zu sehen oder zu spüren oder zu benennen. Jetzt spürte er es. Sah es. Benannte es hier und jetzt in dieser lauten Halle von GUMS, wo Dawna ihn in die Feinheiten des Nachahmungsmarketings einwies.

Ihre Abhandlung hatte sie lockerer, fast nachsichtig gemacht. »Mensch, schon fast drei«, stellte sie fest. »Machen

Sie Schluss, Porter. Ich habe Ihnen heute Morgen gewissermaßen die Pause gekürzt.«

Er ging in die Lobby, zog sich die Ohrstöpsel heraus und nahm den angelegten Weg, der zur Straße und dann zu Parkplatz C und der Bushaltestelle dahinter führte. Er beschleunigte seine Schritte, rannte und als er die Straße erreichte, war er außer Atem, seine Knie brannten und die falsch verstandenen Worte sprangen wie Flipperkugeln in ihm hin und her, hell und spannungsgeladen.

Look at this guy!

Ein Fehler, der ganz leicht passieren konnte – ständig kam es bei Worten zu Missverständnissen. *This guy, this sky.* Für den Hörer war es leicht, es falsch zu verstehen. Zumal dann, wenn man es durch die Lippen von David Crosby hörte, gefiltert durch eine Menschenmenge im Freien, wo Unmengen an Ozeanwellen gegen ein Kliff donnerten, während deine eigenen wohltuenden Akkorde durch eine Lautsprecherwand vibrierten. Zumal wenn diese Worte genau die Worte waren, die dein begieriges Ohr unbedingt zu hören wünschte.

Look at this guy! Diese Worte hatte Quinn gehört. Er hatte genickt, gelächelt, die Augen auf seinen über die Saiten flitzenden Fingern. Aber es waren nicht genau diese Worte, die da so fröhlich über die von einem Schnurrbart gerahmten Lippen David Crosbys sprangen.

Look at this sky! The sky's amazing! Und umwerfend war der Himmel in der Tat an diesem verzauberten Abend, weit und hoch und mitternachtsblau und von Sternen übersät. *I love this beautiful place*, hatte der alte David gesagt. Und damit einen realen, geographischen Ort gemeint. Nämlich: dieses Wasser. Diese Klippe. Dieses ausgefallene Haus. Diesen umwerfenden Himmel. Dieser Himmel ist umwerfend.

Der Bus kam, hielt und nahm ihn mit. Er setzte sich nach hinten und schloss die Augen und blickte in sich hinein, überrascht, dort seine Mutter zu finden, seine Mutter, an die seine Erinnerung im Lauf der Jahre fast zu nichts verblasst war. *Ich könnte dir den ganzen Tag zuhören, Liebling*, staunte sie, während sein Vater sich schnaubend in seine Zeitung vertiefte.

Er hatte flinke, geschickte Finger, ein Ohr für Harmonien und ein makelloses Timing. *Sie müssen ziemlich talentiert sein*, hatte Ona gesagt, und das war er auch. Aber selbst talentierte Leute stießen früher oder später mit ihrem Kopf gegen die von ihnen selbst gezogenen Zimmerdecken, wie dies Quinn jetzt geschah, und fast hätte er geschrien, als der seismische Schlag ihn traf. Er konnte mühelos im Stil von hundert Gitarristen improvisieren, aber musikalische Invention von der Art, die Zuhörer in ihren Bann zog – *Dieser Typ ist umwerfend!* –, war Quinn nicht gegeben.

Er war kein Träumer, egal, was Ona dachte. Er war ein Streber. Ein Streber, der Musik liebte. Und zwar alles davon: die sublimen Inventionen seiner Idole, ja, aber auch die Folksongs, die mit zwei Akkorden auskamen, die Medleys der Hippiezeit, den Deltablues, den Classic Rock, die Macarena, den Ententanz, den Electric Slide. Er liebte diese alle mit einer schmachtenden und irrationalen Liebe, in die er kopfüber eintauchte, als wäre die Musik – und zwar jede, die beste wie die schlechteste – ein Kind, das seiner Obhut anvertraut war.

»Alles in Ordnung mit Ihnen, Mann?«, sprach ihn eine Stimme von jenseits des Gangs an. Ein Mann im orangefarbenen Bowlinghemd, ein regelmäßiger Fahrgast. Klein, verhuscht, mitfühlender Blick und feuerrote Geschwüre am ganzen Hals. Hinter ihm saß ein weiterer Stammfahrer, ein missgestaltetes Wrack mit zitternden Gliedmaßen. Weiter vorn bohrte ein Teenager im mehrstöckigen Elend seines Schwabbelspecks. Heute war eine ganze Busladung voller Pilger auf Reisen unterwegs, die sie sich nicht selbst ausgesucht hatten, weil sie einmal dachten, für etwas Besseres als das geboren zu sein.

Er hatte hundert Songs, fünfhundert Songs, tausend Songs gespielt, bei denen die Leute sich auf die Lippen gebissen, zu denen sie mit den Köpfen gewackelt, sich erinnert hatten an einen Ort, an dem sie einst gelebt, an eine Person, die sie einst geliebt, an eine Version von sich, die sie vergessen hatten. »Rock of Ages« und »I am a Rock« und »Rock Around the Clock«. »The Long and Winding Road« und »Roadhouse Blues« und »Blue Suede Shoes«. »Born to be Wild« und »Wild Thing« und »Thing Called Love«. War es wirklich so dumm, das alles geliebt zu haben? Die schlammige Akustik und die Smokings mit dem Staub des Orchestergrabens, die plattfüßigen Bräute und ihre pausbäckigen Ehemänner, die Großmütter und Schwippschwager, die sich über die Tanzfläche schoben? Die von der Sonne ermatteten Massen auf den Volksfesten, die Jugendlichen auf den Abschlussbällen in ihren Billigklamotten, die Firmenfuzzis, die beim Mitklatschen immer die Eins betonten, die Bier saufenden Nachtschwärmer im Pub und ihr kumpelhaftes Lachen.

Er liebte das, und sie liebten ihn. Er liebte die Leere, die sie füllten.

Und genau das hatte der Junge verstanden. Dieser Junge, dessen viele Listen seine eigene Leere gefüllt hatten, die Leere, die der Vater zurückgelassen hatte.

Etwas löste sich in seiner Brust wie ein Erdrutsch, und es erwischte ihn so plötzlich, dass er sich vorbeugte und versuchte, es drinzubehalten.

Ausgerechnet der Junge.

Der Junge, der Musik voll Verwunderung und Schmerz hörte. Der Junge mit seinen rasierklingenscharfen Zeitungsausschnitten und ordentlichen Klebertropfen, der beharrlich und aufmerksam die Geschichte seines Vaters arrangierte, bewahrte und pflegte, Seite um Seite um Seite.

ERFOLG

1. Höchster Rang, den ein Kamel im Polizeivollzugsdienst errungen hat. Reserve Deputy Sheriff. Bert. Los Angeles County Sheriff's Department. USA.
2. Höchster Sprung eines Kaninchens. 45 Zentimeter. Golden Flame. Besitzer Sam Lawrie. Großbritannien.
3. Größter Schneemann. 34,62 Meter. USA.
4. Erster Zieleinlauf von Vater und Sohn auf Platz eins und zwei beim Daytona-500-Rennen. Bobby und Davey Allison. USA.
5. Letzte überlebende Riesenschildkröte. Lonesome George. Ecuador.
6. Größte Schneeflocke. 38 mal 20 Zentimeter. Jahr 1887. USA.
7. Ältester Milliardär. John Simplot. Alter 95. USA.
8. Erster Vater und Sohn, die beide Präsidenten der Vereinigten Staaten wurden. John Adams und John Quincy Adams. USA.
9. Größte Distanz, die Augäpfel aus dem Kopf herausgepoppt sind. 1,09 Zentimeter. Kim Goodman. USA.
10. Höchste Anzahl von Verdienstabzeichen, verdient von einem einzigen Pfadfinder. 142. John Stanford. USA.

Dies ist Miss Ona Vitkus. Dies sind ihre Lebenserinnerungen und Bruchstücke auf Band. Dies ist Teil zehn.

Wie ist der Kuchen?

...

Ich wusste es. Du und Louise.

...

Diese Geschichte kann ich dir nicht erzählen. Ich möchte nicht näher darauf eingehen.

...

Hab ich dir nicht gerade gesagt, dass ich nicht näher darauf eingehen möchte?

...

Sie wurde gefeuert. Das ist alles, was du wissen musst.

...

Kein Junge, der Geschichten herumerzählt. Diesmal war es Mr Finn, der Bibliothekar, der eine Lüge erzählte. Ein hässlicher, *hässlicher* Mann.

...

Stell dir alle seine Züge genau in der Mitte seines erstaunlich langen Gesichts ganz eng zusammengedrängt vor. Er bestand aus einem Prozent Augen-Nase-Mund und neunundneunzig Prozent Gesicht. Als würde man einen aufgeblasenen Luftballon so umdrehen, dass der Knoten dich ansieht? Das wäre eine zuverlässige naturgetreue Nachbildung.

...

Ein hassenswerter Troll, das war er. Eine Ratte im Unkraut. Ein- oder zweimal am Tag platzte er mit der einen oder anderen Beschwerde ins Büro.

...

Zu späte Buchbestellung. Schwatzende Jungs. Eine vom Hausmeister zurückgelassene Flasche Bodenreiniger.

...

Ich meinte damit nicht, dass Bibliothekare im Allgemeinen Ratten im Unkraut sind. Ich bin mir sicher, dass deine Mutter sehr nett ist. Die meisten Bibliothekare sind das.

...

Dann also alle. Ich bin Kundin in der kleinen Zweigstelle drüben bei Stevens, kennst du die? Die sind alle sehr hilfsbereit. Aber Mr Finn war eine ganz andere Geschichte. Er sorgte dafür, dass seine Bücher sauber blieben. Er litt jedes Mal, wenn er sie ausleihen musste.

...

Hinter seinem Rücken nannten die Jungs ihn »der Kaiser«. Sie hatten Namen für uns alle.

...

Sharpie. Und jetzt iss deinen Kuchen auf.

...

Weil sie mich für eine Falschspielerin hielten.

...

Jemand, der die Karten gut beherrscht. Ich zeigte den Jungs, die warten mussten, immer Tricks. Die gleichen, die ich auch dir zeige. Damit erleichterte ich ihnen das Warten. Sie waren gute Jungs, die meisten jedenfalls.

...

Jetzt, da du das erwähnst, sie erinnern mich *tatsächlich* an dich. Nicht alle. Einige. Ein oder zwei. Einer vielleicht.

...

Guter Zuhörer.

...

Gern geschehen. Also. Der Troll. Mit dem Gesicht. Zu unserer ersten Auseinandersetzung kam es bereits am neununddreißigsten Tag meiner Anstellung.

...

Ich *habe* sie gezählt! Bevor ich dich überhaupt kannte! Das gab mir das Gefühl, etwas vollbracht zu haben. Ich war so glücklich zu arbeiten. Na ja, die Bibliothek war leer bis auf Mr Finn selbst, der auf einer Leiter hockte und die Regale nach Fingerabdrücken oder Gott weiß was absuchte.

...

Was ich wollte, hätte nicht einfacher sein können: mir ein Buch ausleihen.

...

Bleak House von Mr Charles Dickens. Ich hatte es seit Maud-Lucy nicht mehr gelesen und suchte nach einem dicken Wälzer, weil ein Winter vieler langer Abende vor mir lag.

...

Er hat tatsächlich *nicht* gefragt: »Kann ich Ihnen helfen?« Weit gefehlt.

...

»*Wer sind Sie!*« Etwa so.

...

Ich weiß! Eine solche Unhöflichkeit! Wie ein donnernder Gott: »*Wer sind Sie!*«

...

Eher vor den Kopf gestoßen als überrascht, würde ich sagen. Über dieser aufgeblasenen Mitte konnte ich gerade so sein Gesicht erkennen, dazu die hellen Sohlen seiner Schuhe.

...

Dieses windige alte Wiesel hatte mich schon hundertmal an meinem Schreibtisch gesehen. Wir hatten mindestens zwei Dutzend Mal direkt miteinander zu tun gehabt. Und doch erkennt er mich in seiner kostbaren Bibliothek nicht.

...

Nichts. Ich war zu aufgewühlt, um etwas zu sagen. Wie Mr Finn von seiner Bücherleiter aus finster auf mich herabsah, von all den Sprossen, die Schuhsohlen glänzend und als würden sie ein Urteil fällen. Glaubte er etwa, ich wäre jemand von der Straße?

...

Ich werde dir sagen, wie ich mich fühlte. Wie ein Mädchen aus der Papiermühle von Kimball, das Lumpen in einem Raum sortiert, dessen Fenster so schmutzig sind, dass man den Tag nicht von der Nacht unterscheiden kann. Maud-Lucys Unterricht zählte gar nichts mehr – das genau war das Gefühl, das er mir vermittelte: dass ich ungebildet war.

...

Ich sage dir, was mir zu sagen auf der Zunge lag: »Ich kann lesen, du Fiesling, hast du Eier im Kopf? Ich bin ausgebildete Sekretärin, du aufgeblasener alter Widerling!« Das *hätte* ich gerne gesagt.

...

Komm bloß nicht auf die Idee, ich wäre so wie Louise gewesen, trotz dieses einen denkwürdigen Ausrutschers in meiner Mädchenzeit. Ich war das genaue Gegenteil von Louise. Wie ein junges Streifenhörnchen flitzte ich auf leisen Sohlen vor Mr Finn davon.

...

Polternde Abgänge sind nicht mein Ding. Louise hätte die Leiter unter ihm weggezogen.

...

Ich auch! Ich hätte mir eine *Karte* gekauft, um das zu sehen. Und weißt du was? An jenem Abend grub ich eine Reisetasche voller Bücher aus, die ich aus dem Haus auf der Woodford Street mitgenommen hatte, und rate mal, was ich fand?

...

Ganz genau. In bestem Zustand. Das Exemplar, das ich von Maud-Lucy bekommen hatte.

...

Es geht um ein Waisenmädchen mit einer skandal-trächtigen Geburt. Und um seine Mutter, eine bedeutende Dame der Gesellschaft, die Schande über sich gebracht hat, ihr ganzes Leben lang aber so tut, als wäre es nicht geschehen.

...

Könntest du. Es gibt jede Menge dramatischer Todes-fälle. Ein Mann steht ohne ersichtlichen Grund lichterloh in Flammen. Wo war ich stehengeblieben?

...

Oh! Der fragliche Junge war diesmal der Morton-Junge. Wieder einer aus dem Oberseminar, ein liebenswerter Rot-haariger, der viel zu früh zu einem schönen Mann herange-wachsen war. Und diesmal gelang es nicht, die Eltern vom Gegenteil zu überzeugen.

...

Denn Mr Finn war trotz all seiner undenkbar schlechten Eigenschaften genauso redegewandt wie Louise und konnte ihr Wort für Wort Paroli bieten.

...

Die *Eltern*, solche Leute hast du noch nicht gesehen. »Es ist *Doktor* Morton«, sagte die Ehefrau. Sie hatte diese kultivierte eisige Sprechweise. Ich glaubte, mir würden die Wimpern abfrieren.

...

Ich führte Protokoll und versuchte mich dabei unsichtbar zu machen – wie ich das gelernt hatte –, während der ungehörigste Krawall losging.

...

Es spielte überhaupt keine Rolle, dass der Morton-Junge alles abstritt oder Louise den Treuhändern erklärte, dass Mr Finn sie abgrundtief hasste und seine Anschuldigungen sich den vorherigen Vorfall zunutze machten, von dem sie gründlich entlastet worden war. Zwei der Treuhänder waren anwesend, wohlhabende Männer, denen die Lester Academy mehr bedeutete als ihre Liebe zu Gott.

...

Der eine war bei der Eisenbahn, der andere führte eine Bank.

...

Ich weiß es nicht mehr. Mr Glanzschuh und Mr Seidenkrawatte. Einer von ihnen hatte übergroße Zähne. Natürlich waren auch Dr. Valentine und Mr Finn anwesend, dessen Begeisterung von sich selbst keine Grenzen kannte, außerdem der Morton-Junge mit seinen großen grünen Augen und die beeindruckenden Doktoren Morton. Großzügige Spender natürlich, was den Ausschlag gab.

...

»Wir wissen, was wir wissen.« Das sagten sie immer wieder. Ich hörte schließlich auf, es mitzuschreiben.

...

Gut über eine Stunde. Ich glaubte, vor Erschöpfung umzukommen.

...

Irgendwann – ich habe vergessen, wann – kamen dann alle überein, dass es, sollte Louise noch am selben Nachmittag die Lester Academy verlassen, keinen Eintrag in ihre Personalakte geben würde, sie also unbescholten bliebe. Und dieses Wort schrieb ich dann auch auf: *unbescholten.*

...

Natürlich nicht. Kannst du dir einen solchen Handel mit einer Frau wie Louise vorstellen?

...

Sie ... das ist der Teil, über den ich nur ungern ...

...

Nun gut, sie packte mich am Handgelenk, zog mich auf die Beine und verkündete: »Ich denke, wir sind uns alle einig über den unantastbaren Charakter von Miss Vitkus. Miss Vitkus hat ohne ein einziges Mal zu fehlen drei Jahre lang Woche für Woche an meinem Montagsseminar teilgenommen. Sie kann sicherlich ein Wort zu meinen Gunsten sagen.«

...

Mehr als geschockt. Ich war völlig durcheinander. Für den Fall, dass du selbst noch nicht dahintergekommen bist – du bist ein kluger Junge und hast das sicher getan –, auf der Lester Academy wurde ich von allen als zum Inventar gehörig angesehen. Ein gutgebauter Holzstuhl, auf den sich nie jemand gesetzt hatte.

...

Dank dir. Aber auch ein netter Stuhl ist ein Stuhl. Außer Louise wusste keiner etwas über mich.

...

Auf der großen Rasenfläche der Academy gab es zum Beispiel einen Granitblock, auf dem die Namen der im Krieg umgekommenen Jungs aus Maine eingemeißelt waren, aber keiner wusste, dass einer davon mein Frankie war.

...

Ich sprach nur jeden Tag mein Frankie-Gebet, wenn ich an den Namen vorbeikam und auf leisen Sohlen hinein-ging. Und jetzt stand ich plötzlich im Scheinwerferlicht, und Louise prahlte mit mir wie mit einem Schwein, das einen Preis gewonnen hatte. »Miss Vitkus«, sagt sie, »über-reden Sie diese Leute, dass ich eine aufrechte Frau bin und Mr Finn ein lügnerischer Sie-wissen-schon ist. Bitte über-reden Sie sie!«

...

Genau das ist mir auch aufgefallen! Es ist so lächerlich, dass einem das unter solchen Umständen auffällt, aber da stand ich und hatte vor mir eine Mauer aufgebrachter Menschen, die mein Gehalt zahlten, und mir fiel dazu nur ein, dass Louise Grady *überreden* anstatt *überzeugen* gesagt hatte. Dies war der beste Hinweis, dass ihr Ge-polter nur Fassade war und sie sich dahinter in Auflösung befand.

...

Als Erstes richtet Mr Glanzschuh den Blick über seine neugierige Nase auf mich. »Haben Sie etwas dazu zu sagen?«, fragt er mich. Ich sollte nein sagen. Was hatte ein Stuhl auch zu sagen?

...

Sie warteten. Dr. Valentine und Mr Finn und Mr Glanzschuh und Mr Seidenkrawatte und Doktor Morton und
Lady Doktor Morton und der Morton-Junge. Und Louise
natürlich. Sie warteten und warteten, während ich dastand, stumm wie ein Pflasterstein.

...

Weil ich an den Tag denken musste, an dem Louise
mehrere anzügliche Gedichte von John Donne vorgetragen
hatte – das ist ein toter englischer Dichter –, wobei sie
auf ihrem Schreibtisch saß und ihre Beine übereinander-
geschlagen hatte wie Lauren Bacall, als diese Humphrey
Bogart um Feuer bat.

...

Filmschauspieler aus den Vierzigern.

...

Haben und Nichthaben, das war, glaube ich, der erste.
Und *Jagd im Nebel*. Das sind zwei. Ich hab sie alle gesehen.
Tote schlafen fest natürlich. *Gangster in Key Largo*.

...

Nun, das sind vier. Du wirst dich mit vier zufriedengeben
müssen.

...

Sie warteten einfach. Vor allem Dr. Valentine.

...

Ich war nicht die Schnellste. Ich wälzte in meinem Kopf
dieses Lauren-Bacall-Bild.

...

Nichts. Meine Gedanken rasten, aber es kam kein
Wort über meine Lippen. Kein Wort zugunsten meiner
Freundin.

...

Sie stürmte aufgeregt hinaus, wie du dir denken kannst.

Sie verließ das Haus wutschäumend für immer und ewig. *Kling-peng*, einfach so.

...

Was ich mir *wünsche* ...? Ich wünsche mir, ich hätte diesen Männern gesagt: »Jetzt hören Sie mir mal zu! Mr Finn ist ein dicker fetter Lügner!« Aber das konnte ich nicht.

...

An jenem Abend stand sie vor meiner Haustür. Ich dachte, sie würde mich abkanzeln, aber stattdessen rauschte sie ohne ein Wort in mein Wohnzimmer und ließ eine hübsche Pralinenschachtel auf den Stuhl fallen. Sie hatte sie aus ihrem Lieblingsladen in Portsmouth, New Hampshire, für mich aufgespart.

...

Dann zeigte sie auf ihre Wange.

...

Nun, ich küsste sie. Sie war sehr weich. Wir hatten im Unterricht erst in dieser Woche über biblische Bildsymbole gesprochen, und dabei kamen wir auf Jesus und Judas zu sprechen.

...

Derjenige, der Jesus auf die Wange geküsst hatte.

...

Damit die Römer wussten, welchen Mann sie sich schnappen sollten. Du kennst die Geschichte nicht? Mir stellen sich jetzt noch die Haare auf. Ich küsste Louise, wie Judas Jesus geküsst hatte.

...

»Ich habe nichts Schlimmes getan«, sagte sie. »Begreifst du denn nicht, was da passiert ist, Miss Vitkus? Ich bin von einer Bande verängstigter Männer zur Strecke gebracht

worden, und du hast mitgeholfen, mich auf dem Scheiter-
haufen brennen zu lassen.«

...

Sie hatte einen Hang zur Dramatik, aber ich wäre vor
Kummer fast gestorben. Das »Miss Vitkus« gab den Ausschlag. Ich hatte sie verloren, meine einzige Freundin.

...

»Du hast deinen angebeteten Valentine mir vorgezo-
gen«, sagte sie. Das waren ihre Abschiedsworte.

...

Ich weinte tagelang. Ich blieb eine Woche lang der Arbeit fern. Was mir meine in puncto Anwesenheit makellose
Personalakte ruinierte, falls es dich interessiert. Ich weinte
und weinte. Wochenlang. Jahrelang.

...

Weil der Direktor gar nicht mein Angebeteter war. Oh,
ich hätte für meine Freundin einstehen sollen. Ich hätte
etwas sagen sollen und hab es nicht getan.

...

Weil ich Angst hatte.

...

Vor Dr. Valentine. Angst, seine Wertschätzung zu verlieren. Er hatte mich eingestellt, mich respektiert, sich auf
mich verlassen. Er gab mir das Gefühl, unersetzlich zu sein,
ein Gefühl, das alles andere übertrumpfte. Noch nie im
Leben hatte ich mich unersetzlich gefühlt. Ich liebte diese
Arbeit einfach zu sehr.

...

Aber ich *mache* mir Vorwürfe.

...

Aber ich war *nicht* jung. Ich war schon fast sechzig.

...

Oh! Vielleicht. Ich war nicht sehr geübt in der Kunst, Freundschaften zu pflegen. In dieser Hinsicht war ich jung.

...

Nur Maud-Lucy. Die sich als Nicht-sehr-gute-Freundin erwies.

...

Das war es. Du meine Güte. Zwei Freundinnen in meinem ganzen Leben.

...

Du hast noch jede Menge Zeit. Du wirst noch viele Freunde finden.

...

Es *ist* schwer.

...

Es *dauert* seine Zeit. Von dem Tag an, als ich sie zum ersten Mal sah, wünschte ich mir, Louise Grady würde mich einmal ansehen und mich *wahrnehmen.* Jahrelang hütete ich diese funkelnde Chance wie ein Juwel in einem Kästchen. Genau das ist mit *unerwidert* gemeint.

TEIL FÜNF
Vakaras (Abend)

KAPITEL 22

Ona hatte ganze drei Tage lang nichts, aber auch gar nichts von Quinn zu sehen bekommen. Der Reliant, der wie ein unerwünschter Verwandter wieder in ihrer Einfahrt stand, schien ihr etwas sagen zu wollen.

Nichts ist von Dauer.

Die Einbrecher hatten Laurentas völlig aus ihrem Kopf verdrängt, aber wenn sie jetzt darüber nachdachte, wunderte sie sich, wie sie ihn im Geiste so lange als Neunundvierzigjährigen hatte festhalten können – als gesunden Mann mit kantigem Kinn und massiger Gestalt. Die Erinnerung an den Aufenthaltsraum ließ sie nicht los, und die labile Geistesverfassung ihres Sohnes war genauso verstörend wie der kneifende Griff, mit dem der Einbrecher sie an der Schulter gepackt hatte.

Doch sie empfand keinen Schmerz in ihrer Schulter, nur eine merkwürdige Empfindlichkeit. Vielleicht brauchte der Wiedersehensschreck beim Anblick von Laurentas einen lädierten Ort, wo er sich festsetzen konnte. Jedes Mal, wenn sie ihren Arm hob, dachte sie an ihn.

Glücklicherweise wartete da noch ihr Weltrekord als Gegengewicht zu ihrem Gefühl der Schwäche. Sie kehrte zu ihrem alten Übungsprogramm zurück, das der Junge für sie entwickelt hatte:

1. Zehnmal Heben einer Bohnendose.
2. Zehnmal Arme dehnen.
3. Zehnmal Beine dehnen.

Die Liste ging noch weiter, und sie folgte seinen Anweisungen, als stünde er direkt vor ihr und nickte ihr mit seinen riesigen Augen aufmunternd zu, wenn sie klagte.

In der Morgenzeitung entdeckte sie eine weitere entfleuchte Seele, 114 und auf einen schmalen Passus unter »Meldungen aus aller Welt« zusammengeschrumpft. Nur noch wenige Namen stimmten mit den ursprünglichen Listen des Jungen überein, und obwohl sie vor Mitleid zusammenzuckte, wenn sie die Verstorbenen von der Liste strich, genoss sie es doch, die vorgegebenen Gewinner auf der Leiter hinaufzuschieben. Den neuen Rekord hielt nun eine Holländerin, die unangekündigt in den Pool der Anwärter geplumpst war, nachdem man ihre Dokumente plötzlich gestempelt oder gesiegelt oder in Gold getaucht hatte oder was immer sonst getan werden musste, um diese höheren Weihen zu erlangen. Sie lief unter dem Namen »Henny«, ein Name, der an ein Huhn denken ließ, das auf einem Bauernhof herumlief. Wer lungerte da sonst noch im Dunkel und bereitete seine Dokumente vor, um sie auf ihrem Weg zur Unsterblichkeit zu überholen? Aber keiner von ihnen fuhr noch selbst Auto, so viel stand fest.

Am Nachmittag kam Belle zu ihr, zurechtgemacht, aber noch ziemlich glanzlos.

»Ich habe an Sie gedacht«, sagte Ona. »Wie ist das Eheleben?«

»Der arme Ted.« Belle kam die Stufen heraufgetrottet. »Ich hätte schon viel eher kommen sollen.«

»Ihr Mann hat mir nach meinen Unannehmlichkeiten

eine Lasagne gebracht«, sagte sie. »Sie haben ihn doch hoffentlich nicht verlassen?«

»Ich bin noch gar nicht mit ihm *zusammen*«, erwiderte Belle. »Jemand hätte ihn aufhalten müssen. Er hat was Besseres verdient. Was meinen Sie, war ich ganz bei Verstand?«

»Ich kenne Sie kaum. Wie kann ich da sagen, inwiefern Ihr Verstand sich von einer Narzisse unterscheidet.«

»Quinn stand einfach nur da.«

»Sie haben ihn dazu aufgefordert.«

»Hab ich das?« Sie sah noch immer unterernährt aus, wirkte aber den Umständen entsprechend recht unbeschwert. »Es ist süß, wie Sie ihn verteidigen.«

»Ich verteidige ihn nicht.«

»Leugnen Sie es nicht, genießen Sie es.«

Ona kam sich vor wie jemandes kleine Schwester, ein Gefühl, das sie früher bei Louise gehabt hatte. »Ich habe mich über die Karte gefreut. Danke, dass Sie kein Geld beigefügt haben.«

»Ich war so wütend wegen des Einbruchs«, sagte Belle. »Haben Sie sich davon erholt?«

Onas Blick fiel auf die Mappe in Belles Armen. »Ist die für mich?«

»Aha! Ich habe endlich wieder zu arbeiten angefangen. Mein vierter Versuch. Ich dachte zwar, ich kann es nicht, aber offensichtlich geht es.«

Von Onas Körpermitte aus begann sich ein elektrisches Summen bis in die Extremitäten auszubreiten. »Ich hatte Angst, Sie hätten mich vergessen.«

Belle klopfte auf die Mappe. »Das half. Mehr als Sie sich vorstellen können. Es war, als würde ich meinen kleinen Jungen mit zur Arbeit nehmen. Was ich auch schon mal gemacht habe am Take Your Daughters to Work Day. Mein

Gott, er hat die Mädchen bei der Arbeit glatt überrundet. Einige Menschen sind eben für die Recherche *gemacht.*« Sie lächelte aufrichtig, ein Hinweis vielleicht auf ihr verschwundenes Ich. »Hier sind sie ... Dokumente in Hülle und Fülle.«

Von Unruhe gepackt, ging Ona Belle voraus ins Wohnzimmer, wo Belle wie ein Magier, der seinen Zaubertrick vorbereitet, ihr Handwerkszeug ausbreitete, indem sie Formulare und Zertifikate auf dem Kaffeetisch arrangierte. Es waren Ausdrucke aus dem Mikrofiche-Gerät auf glänzendem Papier, einige im Negativ weiß auf schwarz, einige handgeschrieben, einige trugen noch die flockigen Buchstaben einer schweren manuellen Schreibmaschine.

»Sehen Sie sich an, welche Spuren Sie hinterlassen haben«, meinte Belle. Sie wedelte mit ihrer Hand darüber, als würde sie Feenstaub verteilen. »Es hat mich einen ganzen Tag gekostet. Ich meine damit vierundzwanzig Stunden.« Sie rückte drei der Dokumente zurecht – endlich waren sie da! –, eins ums andere in chronologischer Reihenfolge. Ona nestelte an ihrer Lesebrille und untersuchte sie.

1. *Eheurkunde.* 25. Januar 1920. Ona Vitkus, Alter 20; Howard Stanhope, Alter 39. Geburtsdatum der Braut: 20. Januar 1900. Geburtsdatum des Bräutigams: 1. Februar 1880.
2. *Geburtsurkunde.* 21. Dezember 1920. Randall Wilson Stanhope, 3854 Gramm. Vater: Howard Stanhope, Alter 40 Jahre. Mutter: Ona Vitkus Stanhope, Alter 20 Jahre.
3. *Geburtsurkunde.* 19. Juni 1924. Franklin Howard Stanhope, 3004 Gramm. Vater: Howard Stanhope, Alter 44 Jahre. Mutter: Ona Vitkus Stanhope, Alter 24 Jahre.

Ona legte die Hände an den Hals. Sie hatte ihre Stimme verloren.

»Bereit für das große Finale?«, fragte Belle und hielt die letzten Seiten zurück wie die letzte Karte bei einem Trick. Sie lächelte wieder und zückte dann ein Blatt Papier in Querformat – drei normale Seiten, die zusammengeklebt waren und sich theatralisch auffalteten –, ein echter Trick. »Das ist der Zensus von 1910 für Kimball, Maine.«

Die Information lag nun auf dem Tisch, Dutzende von Nachnamen, die die Geschichte ihrer Einwandererstadt erzählten. *Fitzmaurice, Kaubris, Murphy, Roche, Vaillancourt, Sinclair, Flynn.* Vor ihr lag ihre Nachbarschaft aufgelistet, festgehalten in tadelloser Handschrift. Als Erstes entdeckte Ona die Donatos, die Mieter ihrer Eltern aus dem ersten Stock. Die Donatos, genau: zwei kleine Leute mit Grübchen und ihr großer Hund. Als Nächste in der Liste: *Stokes.* Maud-Lucy Stokes, die Königin des zweiten Stockwerks. Die Handschrift gehörte zu einem jungen Mann, den Ona nun in Farbe vor sich sah: ein geisterbleiches Gesicht und eine orangefarbene Schmalztolle, ein schokoladenbrauner Mantel. Als Maud-Lucy zum Übersetzen nach unten gekommen war, hatte er eine gockelhafte Verbeugung vollführt.

Sie las *Burns, Masalsky, Doherty, Carrier.* Sie wanderte auf der Seite wieder nach oben und dort, genau über *Donato,* wurde sie fündig.

Vitkus, Jurgis,
Vitkus, Aldona.

»*Sha, sha, sha*«, flüsterte sie.

Sie sah ihr Haus, Erdgeschoss und zwei Stockwerke finanziert mit Goldstücken, die Aldona in ihre Unterröcke eingenäht hatte, und den amerikanischen Dollars, die beide bei der Schichtarbeit in den Fabriken verdienten. *Haben gutes Haus gebaut, Ona! Ona-Liebes, was denk du?*

Es ist tipptopp, Papa!, sagte Ona im Alter von sechs Jahren, und ihre Eltern lachten daraufhin. *Was du sagen?* Sie konnten ihren amerikanischen Slang nicht übersetzen, aber es machte ihnen nichts aus, sie hielten ihre Hände und strahlten, zeigten ihre großen quadratischen Zähne.

Ein fast hundert Jahre lang festgehaltener Augenblick: An jenem schönen hellen Sommermorgen kamen ihre Eltern ihr zum ersten Mal vor wie Fremde, trotz ihres Einstiegs in das große amerikanische Vorhaben – das Immobiliengeschäft. Sollte es für einen derartigen Anlass einen litauischen Toast geben, so kannte die kleine Ona ihn nicht. Und erst als Randall sprechen lernte, konnte Ona das Opfer in seiner ganzen Tragweite akzeptieren, das ihre Eltern für die Assimilation erbracht hatten. Ihre Liebe zu ihr war zu ernst und forderte einen so hohen Preis – die Kommunikation mit ihrem einzigen Kind –, dass es ihr selbst jetzt noch unvorstellbar war, wie sie ihn hatten zahlen können.

»Du meine Güte«, sagte sie, als sie endlich ihren Namen fand. »Da bin ich.«

Belle rückte das Papier näher an die Tischkante und las über Onas Schulter hinweg vor: »Geburtsort: Vilnius, Litauen. Alter: 10. Das ist Ihr Beweis. Zehn Jahre alt im Jahr 1910. Sie hätten mich von Anfang an um Hilfe bitten sollen.«

»Nein, nein«, versicherte Ona ihr und blickte auf. »Wir haben die Suche so genossen.« Ona schielte auf die anderen Kategorien, neunzehn Überschriften dominierten die zusammengeklebten Seiten. Der junge Volkszähler hatte jede Spalte mit ordentlich, leicht nach rechts geneigter Schrift (sicherlich ein Schüler der Palmer-Methode) ausgefüllt, vieles davon so klein, dass es ohne ihr Vergrößerungsglas gar nicht zu entziffern war. »Wo genau erscheint mein Alter?«, fragte sie.

»Genau hier.« Belle zeigte auf eine Stelle auf der linken Seite des Blatts. *Position im Haushalt; Alter; Geburtsort, Familienstand; Gemietet oder Eigentum ...* »Hier ist die Information zu Ihrem Vater: Alter: 49. Beruf: Säurekocher. Betrieb: Papiermühle.«

»Für damalige Verhältnisse waren meine Eltern alt«, stellte Ona fest. »Ich dürfte eine große Überraschung gewesen sein.«

Belle fuhr fort. »Aldona. Alter: 45. Beruf: Lumpensortiererin. Betrieb: Sackfabrik.« Ona versuchte, die Worte zu erkennen, sie in sich aufzunehmen, als wären Worte beseelt. Sie folgte Belles Finger, als dieser über das Blatt wanderte und eine Kategorie nach der anderen erfasste, bis er verweilte.

»Sie hatten Geschwister?«

»Nein. Ich war ein Einzelkind.«

»Sehen Sie das?«

Ona konnte es nicht sehen.

Belle zögerte. »Da steht: Anzahl der lebenden Kinder: 1. Anzahl der Geburten: 2. Es wird nicht darauf eingegangen, ob es sich um einen Bruder oder eine Schwester handelte.«

»Ich hatte weder einen Bruder noch eine Schwester«, erwiderte Ona, aber plötzlich wusste sie, doch, sie hatte einen.

Brolis: Dieses Wort war wie ein einzelnes Hagelkorn herabgefallen, als sie die Tür öffnete und den uniformierten Jungen auf ihrer triefenden Veranda stehen sah. *Brolis*: das erste Wort, das sich aus seiner hundertjährigen Ruhepause befreit hatte.

Er erschien ihr, als sie die Augen schloss, ein Aufblitzen: ein Baum in Blüte, ein Junge in einem blühenden Baum, ein schlaksiger Schlingel, der aus dem Schaum von rosafarbenen Blütenblättern hervorgrinste. Seine Wangen sind rosig. Rosafarbene Knie schimmern durch die Löcher in seinen Strümpfen. Wieder ein Aufblitzen: die gleichen rosigen Wangen und eine Art von Kostüm – aber nein, das war der andere Junge.

Vakaras. Das Wort krachte herab, schwerer als die anderen. Wie war es möglich, dass sie es jetzt wieder wusste, ein Jahrhundert später? Aber da war er, der Name ihres Dorfs. Nicht Vilnius, die Stadt, die man als Finte gebraucht hatte, um die zurückgelassene Familie zu schützen. *Vakaras.*

Ona Vitkus stammte aus einem Ort, der Abend hieß.

Sie erhob sich. Sie hatte Hunger. *Kopūstas, grietinė, bulvė.* Sie wollte etwas Süßes, Matschiges essen. Etwas mit Kohl und Sahne.

»Ona?«, sprach Belle sie an.

Ona hielt sich den abschweifenden Kopf. »Ich brauche mein Vergrößerungsglas.« Sie eilte in die Küche, der Pulsschlag dröhnte ihr in den Ohren. Das Vergrößerungsglas lag auf ihrem wöchentlichen Zeitungsstapel. Als sie danach griff, fiel das Wort für *Zeitung* klirrend zu Boden. Sie riss das Vergrößerungsglas an sich, und jetzt prasselten auch die Worte für *lesen, Wort, Buch* herab. Sie klammerte sich an die Herdklappe, um das Gleichgewicht nicht zu verlieren, und Schlag auf Schlag kamen die Worte für *kochen, sieden, backen.*

Es war wie eine Folge von Blitzeinschlägen. Sie schlurfte zurück ins Wohnzimmer und die Worte *Stuhl, Teppich, Fenster* zischten ihr um die Ohren. Jeder Schritt setzte ein elektrifiziertes Wort frei, und sie sprach diese laut aus, und die Aussprache kam in einem fehlerlosen *pushka-pushka-pushka.* Ihre Brust schmerzte beängstigend, obwohl etwas anderes in ihr – etwas Süßes und Angestammtes – zur Ruhe kam.

»Ist alles in Ordnung mit Ihnen?«, fragte Belle.

»Wo ist es?« Ona tastete sich mit ihrem Vergrößerungsglas über die Seiten. Ihre Finger prickelten.

»Gleich hier.« Belle legte ihren Finger mit dem abgeknabberten Nagel auf die Stelle. »Hier.«

Ona fand ihn: ihren Bruder, für immer verloren und für immer namenlos.

Anzahl der lebenden Kinder: 1. Anzahl der Geburten: 2.

Sie sah eine feuchte Tür, eine feuchte Koje, einen herabhängenden feuchten Schal, an dessen Spitzenende sie nicht drankam. Sie sah ein windgepeitschtes Deck und ihre weinende Mutter. Sie sah ihren eigenen Frankie, der Matrosen dem Meer übergab, als hätte sie dort neben ihm gestanden. Sie sah den Jungen mit den rosigen Wangen aus dem Kirschbaum, der bleich in den Schal ihrer Mutter gehüllt war, sie sah die Steine, die ihr Vater küsste, bevor er sie in das Leichentuch legte. Sie erhaschte die Worte *nicht weinen, nicht weinen.* Und dann *mein Baby, mein Baby.* Und *Bruder, Bruder, Bruder.* Sie sah das Netz aus Armen, das Loslassen, den sinkenden eingewickelten Leib.

Brolis, brolis, brolis.

Sie hörte das Einatmen des Meeres, als es ihn aufnahm.

Ona?, hörte sie jemanden rufen, weit weg, eine Geräuschkulisse wie Verkehrslärm oder Vogelgezwitscher. In ihrem Kopf hingegen herrschte eine ungewöhnlich gläserne Klarheit. Sie schwebte klaren Blicks durch ihr Haus, berührte alles, und überall dort, wo ihre Hand sich mit einem Gegenstand verband, wurde ein weiteres Wort losgerüttelt, und sie sprach jedes Wort in ihrer Muttersprache, sobald es da war. *Tür. Geländer. Wand.*

Ona? Vögel in der Ferne, eine Lärmkulisse. *Ona?*

Etwas bedrängte sie, sie spürte, dass da ein Zauber im Gange war – ein Zauber, nach dem sie rasch grabschen musste, bevor er verschwand. Gleichzeitig jedoch erfasste sie ein immer stärkeres Gefühl von Ruhe, Sicherheit und Heimkommen.

Außerhalb ihrer Blase der Klarheit herrschte gedämpftes Chaos, eine anschwellende Panik, eine Stimme am Telefon, aber nichts davon drang zu ihr. Worte lösten sich, zuerst körperlose Substantive, dann grelle Adjektive, dann ein gewaltiger Erguss vollkommen geformter Sätze, wie Kaninchen, die fröhlich aus einem bodenlosen Hut hüpften. *Mein Bruder, mein großer Bruder mit seinen von der Baumrinde aufgeschürften Knien. Wo ist dein Name? Was wurde aus deinem Namen?* Aus Angst, den Zauber zu brechen – und was sollte dies anderes sein als ein Zauber? –, redete sie immer weiter, Wort um Wort, jede Silbe ein Geschenk, das sie aus der Verpackung löste.

Als sie wieder in der Küche war, tastete sie haltsuchend um sich. Ihre Hand landete auf dem Paket mit den Anmeldeformularen für den Guinness-Rekord: *Welchen Weltrekord haben Sie vor zu brechen/aufzustellen? Wann/wo/ wie beabsichtigen Sie diesen Weltrekord zu brechen? Wie wollen Sie diesen Weltrekord dokumentieren?* In ihrem Kopf war plötzlich eine Klarheit, ein Lichtspeer, der sowohl ihr tatsächliches Leben freilegte als auch das Leben, das sie hätte leben können, ein Leben, in dem sie das *pushka-pushka-pushka* ihrer Eltern sprach. Während sie sich dieser zauberhaften Doppelzüngigkeit hingab, drang eine andere Stimme zu ihrem Bewusstsein vor, eine Männerstimme, weich und ruhig, *Der Pfadfinderleiter ist hier*, seine Hände auf ihren Händen, *Ona, meine Liebe, Ona, meine Liebe*, sein

Gesicht angenehm verschwommen und eine Frauenstimme, die wieder in ein Telefon schreit, aber es kam kein Wort für Telefon, kein Wort für Mikrowelle, für Radio, für Mixer. Kein Wort für Elektrizität, keins für Kühlschrank, aber als sie diesen berührte, kamen *Eiskiste* und *Eis* und *Eismann, Milch, Eier.* Und *Käse* und *Ziege* und *Hühnchen* und *Hund* und *Katze* und *Ratte* und *Käfer.* Und *Bruder*, mein Bruder, *Lass uns zurückgehen, Mama, bitte lass uns zurückgehen, ich möchte nach Hause, ich möchte nach Hause.* Immer und immer wieder jetzt dieser einzelne Satz, und kurz bevor sie ging oder torkelte oder krabbelte oder in ihr Bett getragen wurde, um sich hinzulegen und dieses Gefühl der absoluten Ruhe einzufordern, damit der süße Wortregen die pockennarbige Oberfläche ihres Lebens langsam durchdringen konnte, fragte sie sich und wiederholte, auf Englisch jetzt, träumerisch resigniert: *Wo ist zu Hause? Wo ist zu Hause? Wo ist zu Hause?*

Dies ist Miss Ona Vitkus. Dies sind ihre Lebenserinnerungen und Bruchstücke auf Band. Dies ist ebenfalls Teil
zehn.

...

Ha! Ich fürchte, du wirst dich mit einem *kleinen* Finale
zufriedengeben müssen.

...

Ich sah Louise wieder.

...

Ja, in der Tat! Viele Jahre später.

...

Sogar genau auf dieser Straße hier, zwei Tage nachdem
ich hier einzog. Randall kaufte ein neues Haus draußen in
Cumberland – seiner damaligen Flamme gefiel dieses hier
nicht, sie hasste es geradezu –, und so sorgte er dafür, dass
ich hier einzog.

...

Ich liebe dieses Haus. Da soll einer mal versuchen, mich
gewaltsam hier rauszuholen! Ich war also hier, schnitt
Rosen und war mit meinen Gedanken ganz bei der Sache,
als mich ein merkwürdiges Gefühl überkam. Ich blickte
auf, um zu sehen, was da war, und da klapperte Louise
Grady drei Türen weiter auf der gegenüberliegenden Seite

die Stufen hinauf zu diesem weißen Haus. Siehst du dieses Haus?

...

Damals war es weiß. Louise trug diesen wogenden weißen Rock und sah aus, als wäre sie aus dem Nichts aufgetaucht, wie eine unheimliche Geistererscheinung. Das war zwanzig Jahre nachdem sie mich zu meinem Judaskuss aufgefordert hatte.

...

Oh, das kannst du dir nicht vorstellen! Sie war dreiundsiebzig, aber dieser hüftwackelnde Gang ließ keinen Zweifel zu. Man konnte das Knistern ihrer Lebensmitteltüten hören, und danach verstummte jeder Laut im bekannten Universum.

...

Ich wedelte mit meiner Rosenschere über dem Kopf herum und schrie wie ein Fischweib!

...

Etwa so: »Louise! Louise Grady!« Ich hatte Angst, sie könnte wieder zu Luft werden. Hast du jemals *Die unglaubliche Reise* gesehen?

...

Die letzte Szene, wo der Hund endlich ...

...

Genau so: Louise stellt ihre Lebensmitteltüten ab, und dann *knall-peng* kommt sie auf mich zugerannt wie dieser Hund, endlich wieder zu Hause, nach Tausenden von Kilometern auf ihren schartigen Pfoten.

...

Ja. ich weiß. Wir trennten uns in der Tat unter traurigen Umständen. Aber Louise hatte die Gabe, die Realität zu verschieben, wie andere Leute ihre Möbel verschieben. Und

da war sie, stand da draußen in Randalls Vorgarten, hoch-
erfreut, mich zu sehen, oh, wie sie mich vermisst hatte, und
so weiter.

...

Es war, als hätte sie meinen Judaskuss völlig vergessen.
Sie ließ ihn verschwinden: *Puff.* Weg. Wenn ich an die
Tränen denke, die ich vergeudet habe.

...

Das kann ich nur vermuten, denn wir haben nie darüber
gesprochen, aber ich vermute, dass die dazwischenliegen-
den Jahre sie mir ähnlicher gemacht haben.

...

Eine alleinstehende Frau. Und es ging ihr gesundheitlich
schlecht. Vielleicht brauchte sie eine Verbündete.

...

Überleg mal. Sie hat mich zweimal ausgewählt. Ich vermisste sie so sehr, nachdem sie gegangen war.

...

Wo die Menschen eben so hingehen. Um bei Gott dem
Allmächtigen zu sein.

...

Ich meinte ... ich wollte sagen, sie starb. Ich vermisste
sie so sehr, nachdem sie *starb.*

...

Also lass mal überlegen, wir gingen oft ins Kino, manchmal mit anderen Frauen. Louise liebte Robert Redford,
vor allem in seinen Rollen ohne Hemd. Manchmal blieben
wir noch lange auf, um das Ende neu zu schreiben, Louise
packte dann einen Besen oder einen Handschuh oder
einen Topf, und los ging es. Sie machte es genauso, wie sie
damals Shakespeare unterrichtet hatte.

...

Ganz ausgezeichnet. Und in all meinen Jahren an der Lester Academy war Louise die Einzige, die glaubte, dass ich bildungsfähig war. Oh, und Vögel!

...

Einmal fuhren wir nach Texas, um uns den Früh-jahrszug der Vögel anzusehen. Ich bezahlte die Reise, aber Louise fuhr, und als wir dort ankamen, heuerten wir einen gutaussehenden Guide an, der uns die Vögel in schwindelerregenden Schwärmen zeigte, und am letzten Tag ... Ach, du meine Güte, daran habe ich seit Jahren nicht mehr gedacht.

...

Der Guide hielt seinen Wagen auf einer staubigen Straße an. Louise saß vorn und war pikiert, weil er uns wie zwei alte Damen behandelte. »Aber wir *sind* doch alte Damen, Lou«, erklärte ich ihr, woraufhin sie zu mir sagte: »Wenn du meinst. Aber ich denke, dass dieser junge Mann sich ziemlich vergafft hat.«

...

Sie *hasste* es, alt zu werden. Sie war bereits krank, aber das wussten wir nicht. Sie bewegte sich ächzend, war schrullig und steifbeinig und ohne jeden Charme und erwartete dennoch, dass man sie wie die Inkarnation der Kleopatra behandelte.

...

Nun, der Guide half uns beim Aussteigen, und wir hatten keine Ahnung, was er mit uns vorhatte. Dies war das trostloseste Stück Straße, das man je gesehen hat.

...

Ein Zaun aus Pfosten und Draht und dahinter eine Weide, dieselbe Aussicht, wie man sie überall in Texas hat, nur dass man von hier den Golf von Mexiko sehen konnte, der ein paar hundert Meter hinter ein paar windschiefen Häusern begann, die geradezu bettelten, aufs Meer hinausgetrieben zu werden. Unser Guide flüsterte etwas, aber Louise hörte damals schon schlecht und verstand nicht, was er sagte.

...

»Niederschlag.« Ich hielt es für eine religiöse Beschwörung. Das weiß man in Texas nie. Aber dann folgten wir seinem Blick. Uns blieben die Münder offen stehen. Es war ein Niederschlag, in der Tat.

...

Als die Vögel alle auf einmal zurückkamen, völlig ausgepowert und so kaputt und ausgetrocknet und hungrig, dass sie ganz wörtlich vom Himmel fielen. Nicht viele Menschen bekommen das zu sehen, aber wir schon, direkt dort, auf einer staubigen Straße in Texas.

...

Kolibris! Kolibris überall! Keuchend auf Zaundraht. Ruhend im Gras. Im Staub sitzend. Einer von ihnen setzte sich auf den Schirm der Kappe des Guides und leuchtete dort wie ein Juwel. Das Kerlchen erstarrte dort und atmete kaum, während weitere Kolibris angeflogen kamen, nachdem sie die Gefahren des Golfs überstanden hatten und nach achthundert Kilometern das erste Mal trockenes Land entdeckten. Und von den Hunderten an Wildblumen, die neben dieser Straße wuchsen, blieb keine unbesetzt, auf jeder saß ein Vogel und trank nach Herzenslust.

...

Das gehört zu den Dingen, mit denen Louise mein Leben bereicherte.

...

Ich weiß nicht, wie lange wir dort standen. Es war, als würden wir die Schaffung der Welt beobachten, ganz ehrlich.

...

Kein Wunder – nur das Wirken der Natur. Das Wunder ist, dass ich nicht zu Hause in meinem Wohnzimmer saß und mir im Fernsehen *Der Preis ist heiß* ansah, was ich nämlich getan hätte, wenn der Allmächtige nicht Louise Grady in ein Haus in der Sibley Street in Portland, Maine, gesetzt hätte, gute zwanzig Jahre nachdem ich dachte, sie für immer verloren zu haben.

...

Sie verschwanden. Wie das Kolibris so machen. Gerade noch hier und schon wieder weg, wie bei einem Zaubertrick. Stell es dir vor: Tausend Kolibris mit rubinroten Kehlen fallen aus dem Nichts direkt auf uns zwei alte Damen zu, die ihren Augen nicht trauten.

...

Louise war diejenige, die mitzählte. Sie ergriff meine Hand und drückte sie jedes Mal, wenn ein Vogel herabfiel. Meine Hand tat mir noch nach Tagen weh.

...

Nein, es gefiel mir. Mir war, als hätte ich diese Kolibris geträumt, aber der Schmerz half mir dabei, mich zu erinnern, dass sie real waren.

...

Zwei Jahre später.

...

Knochenkrebs. Sie zog bei mir ein, nachdem eine Immobilienmaklerin sie beim Hausverkauf übervorteilt hatte.

...

Hab ich. Ich kümmerte mich um sie bis zum Ende. Direkt hier in diesem Haus. Und weißt du, was komisch war?

...

Ich musste mit Ärzten und Versicherungsmenschen und mit offiziellen Miesmachern jeder Couleur hart verhandeln, von denen manche hundertmal fieser waren als Mr Glanzschuh.

...

Ich habe mich behauptet! Aber dann fiel mir eines Tages auf, dass ich mir Louises Persönlichkeit angeeignet hatte, um anständig für sie zu sorgen. Ich war jetzt diejenige, die sagte: »Nein, *Sie* hören mir zu!« oder »Das reicht ganz und gar nicht!« Mein ganzes Leben lang hatte ich darauf gewartet, mich zu behaupten, und jetzt endlich tat ich es auch.

...

Ganz genauso wie der Uhu.

...

Im Januar, kurz vor meinem siebenundachtzigsten Geburtstag. Draußen rieselte der Schnee, wie ich mich erinnere. Es war so ein Tag, an dem man gehen möchte, wenn man bereit dazu war.

...

Sie war es definitiv nicht. Louise wehrte sich bis zum Ende mit Händen und Füßen.

...

Ich gab ihr Morphium.

...

Es ist eine schreckliche Sache, die Kontrolle über das Wohlbefinden eines anderen Menschen zu haben. Aber sie wurde sehr ruhig. Ich saß auf dem Bett neben dem ihren und sah ihrer Pantomime zu, das ist nämlich der Effekt, den das Morphium bei ihr auslöste.

...

Sie gab vor, eine Flasche zu öffnen, Wein in ein unsichtbares Glas zu schütten, den Wein im Glas herumzuwirbeln und ihn dann zu trinken. So anmutig und präzise, dass ich ihn fast schmecken konnte.

...

Es war traurig, ja schon, aber es erinnerte mich auch daran, wie bezaubernd Louise sein konnte, wie anders als diese knochendürre Person, die dort in ihren Kissen lag und eingebildeten Chardonnay schlürfte. Ihre Augen glänzten vom Morphium, aber ich hoffe, dass in ihnen auch das Licht ihres ganzen Lebens funkelte. Ich war stolz, diejenige zu sein, in deren fürsorgende Hände sie sich begab.

...

Sie sagte gar nichts. Aber ich sagte ...

...

Ich sagte: »Lou, was wird wohl aus dem Hawkins-Jungen geworden sein?«

...

Es platzte einfach so aus mir heraus. Ich weiß auch nicht, warum. Vermutlich erinnerte ich mich wegen des Schnees an die Lester Academy und alle die dunklen Winternachmittage an meinem Schreibtisch.

...

Nichts. Sie lag einfach in ihrem Bett, ließ ihre Blicke durch den Raum wandern und bereitete sich wohl darauf vor zu gehen. Nahm die letzten Eindrücke ihres Lebens in sich auf. Ich war davon zutiefst gerührt, weil sie ein Zimmer in meinem Haus auf sich wirken ließ, in dem ich mich um sie gekümmert hatte. Und sie geliebt hatte.

...

Das tat ich. Ganz sanft.

...

»Ich liebe dich, Lou.« Etwa so.

...

Ihre Augen wurden ganz klar, so scharf und bohrend, wie ich sie noch nie gesehen habe.

...

Sie sagte: »Miss Vitkus, dieser Junge war köstlich.«

...

Ich weiß nicht genau. Womöglich hatte es nichts zu bedeuten. Könnte am Morphium gelegen haben.

...

Ich dachte an den Jungen, der das Gerücht in Umlauf gebracht hatte. Der wegen Lügens von der Schule verwiesene Arbeiterjunge. Ich konnte mich nicht mal mehr an seinen Namen erinnern.

...

Sie starb an diesem Abend und ließ mich, um es mit Louise zu sagen, in zehnerlei Dunkelheit sitzen. Ich hatte wegen meines Judaskusses sehr gelitten, wie du weißt, jahrelang.

...

Ich glaubte, eine Person verraten zu haben, die mir so viel gegeben hatte. *Jahrelang* trauerte ich. Und es fiel mir deswegen auch schwer, Freundschaften zu schließen. Aber wer war nun der Verräter?

...

Wir werden es nie wissen. Ich war siebenundachtzig, aber ich fühlte mich erst wie eine alte Frau, als Louise starb. Sie hat mir das Leben verschönert, und das ist die Wahrheit. Im Lauf der Zeit vergaß ich den Rest und erinnerte mich nur noch daran.

...

Verzeihen ist in der Tat eine praktische Sache. Schließlich machte ich aus ihr wieder die Louise der eintausend Kolibris.

...

Du?

...

Du wirst der reizende Junge sein, der meine Geschichten erzählt.

KAPITEL 23

Jedes beneidenswerte Detail des Grundstücks der Familie Mills blitzte in jener Kammer von Quinns Gehirn auf, in der er nicht therapierbares Verlangen verstaute, und während er im satten Sonnenlicht vor Sylvies kreisförmiger Einfahrt siedete, musste er kurz innehalten, um diesen komplizierten Schmerz zu verarbeiten.

Sylvie riss die Tür auf. »Gut, dass du hier bist.« Sie richtete ihren Blick auf die rosastichige Einfahrt. Sylvie war pingelig, was das Parken betraf.

»Ich bin per Anhalter gefahren«, erklärte Quinn ihr. »Ihr seid fünf Kilometer von der nächsten Bushaltestelle entfernt.«

Sie warf ihm einen verdutzten Blick zu, als hätte er chinesisch gesprochen.

»Komm rein«, bat sie und führte ihn durchs Haus. »Die Kids proben.« Ihre Armreifen klirrten, als sie die Terrassentüren öffnete, die auf einen grell beschienenen Garten und einen gepflasterten Gehweg hinausführten, der das Haus mit dem Studio verband. »Ich nehme an, du weißt, dass hier die Fetzen flogen«, sagte sie. »Ganz ehrlich, ich kriege mich kaum noch ein vor Wut auf diese Kids.« Sie sah ihn mit einem rätselhaften Grinsen an. »Aber ich habe gestern Abend mit ihnen gesprochen, und Gott sei Dank gibt es eine Sache, auf die wir uns einigen können.« Sie schob die

Studiotür lautlos auf. »Du errätst vermutlich schon, was das ist.«

Erleichterung erfüllte ihn wie warmes Lampenlicht, weich und golden, denn er hatte den ganzen Tag über Vermutungen angestellt. Er folgte ihr ins Studio, das in makellosem Zustand war und nach neuem Plastik roch. Riesiges Equipment war intelligent gestapelt, kleinere Geräte standen aufgeräumt in offenen Regalen, meterlange Kabel hingen zusammengerollt an Haken mit Farbcodes. Als Quinn diese Schönheit auf sich wirken ließ, rauschte seine ganze Ausrüstungshistorie – beginnend mit dem lackierten Marvel-Amp von seiner Mutter – in einer Art cineastischem Flash an ihm vorbei, wie dieser von Menschen berichtet wird, die in letzter Minute dem Tod von der Schippe gesprungen sind.

Sylvie stürmte in den Aufführungsraum, leer bis auf ein paar Stühle und eine Telecaster in Butterscotch-Blond aus den Fünfzigern in einem Gitarrenständer. Die Jungs standen mit dem Rücken zu ihm um das Klavier und diskutierten über ein markiertes Notenblatt.

»Jetzt hört mal alle her«, sagte Sylvie.

Brandon wirbelte herum. »Hey, das ist ja Pops!«

»Hey, Pops! Hör dir das an!«

Gegen Sylvies Einwände ließ er sich zum Klavier scheuchen, bedrängt von den Jungs, sich dies anzuhören, sich das anzuhören, das wird dir gefallen, Pops, was meinst du, Pops, sollen wir das aufnehmen, worauf ein Quartett geschliffener Töne aus den gesegneten Kehlen der Jungs zu einer süßen Klangwoge anschwoll, Brandon und die Jays mit geschlossenen Augen, gestrafften Schultern und mit den Fingern schnippend, die Adamsäpfel erregt, Tyler über die Tasten gebeugt wie ein Mönch im Gebet.

Nach acht Takten begriff Quinn, was er da hörte. Howard Stanhopes nicht veröffentlichter Song rutschte durch die Dekaden und landete in einer Harmonieflut, es war ein Hybrid aus der Fließbandschlagerproduktion der Tin Pan Alley, und einem Halleluja. Ein völlig neuer Klang, das geträllerte Klagelied eines unwürdigen Mannes, der den Herrn um eine zweite Chance anfleht.

»O Mann!«, sagte Quinn ehrlich beeindruckt. »Ihr Jungs habt euch zu erstklassigen Arrangeuren entwickelt. Wann zum Teufel ist das denn passiert?«

Während die Jungs lachten – ihre Gesichter wie reife Pfirsiche im Glanz von Quinns Erscheinen –, zog Sylvie das Notenblatt vom Klavier. »Wer hat das geschrieben?«

»Der Ehemann einer Freundin von mir.«

Ona hatte Howard einen fürchterlichen Songschreiber genannt, aber damit lag sie falsch. Hätte der Mann noch ein paar Jahrzehnte gelebt – was ja eigentlich gar nicht so lang war –, dann hätte er hier an Quinns Stelle stehen und seinem Song lauschen und wie ein dankbarer Narr heulen können.

»Steht hier nicht neunzehnhundertneunzehn?«

»Sie ist hundertvier. Er ist schon seit ein paar Jahrzehnten tot.«

»Pops meinte, es könnte uns gefallen.«

»Es ist alt genug, um Allgemeingut zu sein«, meinte die Geschäftsfrau Sylvie. Sie schielte auf Quinn. »Aber wir werden natürlich dafür zahlen. Wir setzen was auf.«

»Wir könnten doch so 'ne Art Konservatoren sein«, schlug einer der Jays vor. »Wie Paul Simon, als er diese Musik aus Afrika zurückbrachte.«

»Du hast eine Freundin, die hundertvier ist?«, fragte Sylvie.

»Hab ich.«

Sylvie sah ihn ungläubig an. »Ernsthaft?«

»Ja«, beteuerte Quinn. »Ernsthaft.« Er wandte sich an die Jungs. Strahlte er? Konnte das wahr sein? »Ich denke, der alte Mr Stanhope hat die ganze Zeit darauf gewartet, dass Jungs wie ihr auftaucht.«

»Toll, großartig, ihr seid musikalische Genies«, erklärte Sylvie. »Können wir jetzt mal Tacheles reden?« Obwohl sie so klein war, machte sie ganz den Eindruck, als könnte sie durchaus eine Tür aus den Angeln heben.

»Ich höre«, erwiderte Quinn, und dabei überflutete das nach alten Pennys schmeckende Adrenalin seine Zunge.

Auch die Jungs wurden aufmerksam.

»Hier ist der Deal«, sagte Sylvie. »Wie es aussieht, werde ich mit diesen Kids in einen Zirkuszug steigen, aber ich bin es so was von leid, den Zirkusdirektor ganz allein zu spielen.« Ein kollektiver Seufzer von ihren Söhnen und Neffen – diesen Teil kannten sie bereits. Sylvie schob ihre Armreifen zurecht und fuhr fort: »Schon gar nicht, wenn sich herausstellt, dass meine mühsam erarbeiteten Ratschläge einfach gar nichts mehr zählen, sobald die größte Entscheidung ihrer Karriere ansteht.«

»Tante Sylvie«, ließ sich einer der Jays vernehmen, »wir haben einen guten Deal ausgehandelt.«

»Du bist jetzt still.« Sylvie deutete auf ihn mit ihrem Fingernagel, der wie eine tödliche Waffe aussah und exakt die Farbe frischen Bluts hatte. Er zog seinen Kopf ein wie eine Schildkröte. »Ihr habt einen guten Deal ausgehandelt, nachdem ihr einen *großartigen* ausgeschlagen habt – einen Deal, an dem ich wochenlang getüftelt habe.«

»Mom denkt immer noch, unser Glaube sei eine Phase«, meinte Brandon.

Sylvie warf ihrem Sohn einen Blick zu, der Löffel hätte verbiegen können. »Euer Cousin ist auf dem rechten Weg geblieben und hat sich am Ende als Atheist entpuppt.«

Brandon bedachte seine Mutter mit einem Blick vielschichtiger Zuneigung, und der Seufzer, mit dem Sylvie diesen erwiderte, verriet die sumpfigen Tiefen ihrer Liebe. Sie passten nicht gut zusammen, die Mutter und die Söhne, und doch wurstelten sie sich gemeinsam auf Biegen und Brechen, koste es, was es wolle, auf eine verschlungene Zukunft zu.

»Was genau haben sie angeboten?«, wollte Quinn wissen.

»Nicht das, was wir wollten«, antwortete Tyler.

»Sie haben euch die Sterne auf dem Silbertablett präsentiert.«

»Es ist vorbei, Mom«, sagte Brandon. »Wir müssen nach vorn schauen.«

»Oh, ihr habt ja so recht, meine weisen jungen Söhne. Oh, meine weisen jungen Neffen.« Sie wandte sich wieder an Quinn. »Ich muss ihre Verträge unter Dach und Fach bringen, einen Terminplan ausarbeiten und tausend andere Kleinigkeiten, die ich nicht allein erledigen möchte.« Sie zwickte ihn in den Arm. »Ich brauche jemanden, auf den ich mich verlassen kann.«

»Den brauchst du«, bestätigte Quinn.

»Ein Vollzeitjob, unmögliche Arbeitszeiten – wie du nur zu gut weißt –, aber es ist eine Chance, die ich dir hiermit anbiete, Quinn. Ich weiß, das klingt jetzt nach Selbstbeweihräucherung, aber diese Kids werden es weit bringen.«

Ein inneres Licht durchflutete ihn, und das neue Equipment, die nahtlose Schalldämpfung, der makellose Glanz auf dem Fenster zum Kontrollraum standen ihm überdeutlich vor Augen. Und das alles war gewissermaßen jetzt seins: der Aufführungsraum mit seinem Stutzflügel, seinen eleganten Stühlen ...

Die Stühle. Mit den Stühlen stimmte was nicht.

»Dein Gehalt ist Verhandlungssache«, fuhr Sylvie fort. »Du wirst mich als Miezekatze kennenlernen. Im Moment will ich nur hören, ob du mit an Bord bist.«

Während Quinn herausfand, was genau an den Stühlen nicht stimmte und was das zu bedeuten hatte, griff Sylvie zu einem Klemmbrett und sagte: »Wie möchtest du bezeichnet werden? Co-Manager? Veranstaltungsaufsicht? King of the Road?«

»Warte«, bat er, lauter als beabsichtigt. Er setzte sich auf einen der Stühle, dessen sorgfältige Aufstellung ihm nicht entging – sie war keineswegs zufällig, wie er anfangs gedacht hatte. Vier Stühle nebeneinander, ein Stuhl in einigem Abstand dazu neben der Telecaster, die in einen Übungsverstärker eingestöpselt war.

Sie planten ein Vorspiel. Für einen dauerhaften Gitarristen. Einen mit erretteter Seele und – was noch viel wichtiger war – einer sonnigen, jugendlichen Visage, die das Coverdesign nicht vermasseln würde. Natürlich testeten sie Musiker. Das lag auf der Hand.

»Ich werde dich Oberbefehlshaber nennen, wenn du willst«, sagte Sylvie jetzt flehend.

Aber er war Musiker: Er wollte spielen. Sein Kopf begann zu dröhnen, und ein Bild blitzte auf: wie die gebräunten Arme von Dawna, der Aufsicht, fleckig und blass und ihre hart erarbeiteten Muskeln im Lauf der Jahre schlaff wurden. Er sah sie den Sortierer in einer noch weit entfernten Zukunft bestücken und Kataloge für Babyschuhe etikettieren, die erst noch erfunden werden mussten. Er war das Gitarrentenäquivalent zu Dawna: zäh; gut in seinem Job; ersetzbar.

»Ich brauche dich, Quinn«, erklärte Sylvie. »*Sie* brauchen dich. Du hast einen stabilisierenden Einfluss auf sie.«

Dies schien erstaunlicherweise der Fall zu sein: Hier waren die vier Jungs und warteten auf seine Antwort. Bauten nicht auf seine musikalischen Fähigkeiten, sondern seine väterlichen.

»Quinn! Hallo? Ich warte auf ein Ja.«

Wenn Belle das hören könnte: nach so vielen Jahren die Erfüllung des Wunsches, den ihr Vater bissig und oft ausgesprochen hatte, dass man nämlich Quinn Porter endlich »etwas im Management« anbot. Quinn zog kurz in Erwägung, Howard Stanhopes Song als Köder einzusetzen – als Tauschobjekt. Aber er wollte nicht der Mann in Howards Song sein, der Typ, der seine Schuld gegenüber dem Allmächtigen bereute, aber gleichzeitig die Frechheit besaß, eine Bitte zu äußern. Er wollte das genaue Gegenteil dieses Mannes sein. Er wollte – Gott steh ihm bei – Ted Ledbetter sein.

»Du bist der Einzige, der für uns dafür in Frage kommt«, sagte Sylvie. »Wir waren uns einig, es in der Familie zu belassen.«

»Aber ich gehöre nicht zur Familie, Sylvie.«

»Aber du bist nah dran«, meinte sie, worauf besänftigend ein zustimmendes Knurren der Jungs folgte. Keine Jungs, Männer: vier junge Männer, von Grund auf ehrlich. Sie waren nicht mehr die Teenager, die er aufgefordert hatte, ihre Hemden über den Hosen zu tragen. Während Quinn atemlos und überstürzt von Gig zu Gig geflitzt war, hatten sie ihre Augen auf einen Preis nach ihren Vorstellungen gerichtet. Vier Schildkröten und ein Hase. Diese Erkenntnis überkam ihn wie die Stimme aus dem brennenden Dornbusch: Er bewunderte sie.

»Es liegt an mir, stimmt's?«, fragte Sylvie. »Ich weiß, ich bin ein Miststück auf Rädern, ich weiß das. Du willst nicht mit mir arbeiten.«

»Offen gestanden, Sylvie, ich mag dich.« Er mochte sie dafür, dass sie jeden Morgen aufstand und für ihre Sache brannte.

»Der Job schließt eine Krankenversicherung mit ein. Ich werde auch deine Frau und deine Kinder mit angeben.«

»Ich habe keine Frau und keine Kinder.«

»Oh!« Sie blinzelte ihn an. »Ich dachte, das hättest du.«

Quinn erhob sich aus dem Vorspielstuhl und kramte vergebens nach einer Aspirin-Tablette in seinen Taschen. Seine erste Aufgabe als Oberbefehlshaber der Resurrection Lane wäre es, einen Gitarristen einzustellen. Für die vorsehbare Zukunft – tatsächlich die erste vorhersehbare Zukunft seines Lebens – würde er von den Kulissen aus zusehen und nicht mehr selbst spielen, sondern etwas vorgespielt bekommen. Eine vorhersehbare Zukunft mit Proben und Aufnahmesessions und Reisen, eine Zukunft, in der er Vorschläge, Termine, Pläne und Geld machte, aber keine Musik mehr.

»Sag doch ja«, forderte Sylvie ihn auf. »Erlöse mich von meinem Elend.«

»Ja.«

Jubel brandete auf, ein Rauschen wie Applaus in seinen Ohren. Tyler und Brandon und die Jays schlugen sich gegenseitig ab, während Sylvie auf und ab sprang und wie ein Mädchen kreischte. Es folgte eine maßlose Runde Umarmungen, Händeschütteln und Rückenklopfen, zusammen mit dem Gefühl, aufgeknackt zu werden. Quinn fühlte sich – es gab kein anderes Wort dafür – geliebt.

Eine Stunde später fuhr er per Autostopp mit dem Fahrer

eines Wäschelasters zurück in die Stadt, wobei ihm Howards Song als Endlosschleife durch den Kopf ging, dessen Fröhlichkeit zum Mitsummen ihn unerwartet aufmunterte. *Howard*, sagte er sich, *ich werde bei deiner Lady ein gutes Wort für dich einlegen.* An der Ecke Sibley Street wurde er rausgelassen, und von da an ging er hüpfenden Schritts bis zum Ende der Sackgasse in der Absicht, seiner Freundin zu erzählen, dass Howard Stanhope Jahrzehnte nach dem tödlichen Ende seines qualvollen Lebens wiederauferstanden war, um etwas Schönes zu vollbringen.

Die Melodie begleitete ihn, und er passte seine Schritte ihrem Rhythmus an, und er erkannte auf einmal das »glitzernde Mädchen«, dem der Reumütige in Howards Song so übel zugesetzt hatte. Er konnte ihre Anmut, ihre Grübchen, ihr Haar in der Farbe von Kirschholz sehen. *Howard*, sagte er sich, *ich habe mich revanchiert, Kumpel.*

In ihrer Einfahrt parkte ein ihm bekannter Kleinbus, der in ihm überraschend einen Eifersuchtsanfall auslöste. Während er noch überlegte, was das zu bedeuten hatte – etwa den Groll eines Liebenden, obwohl das nicht sein konnte –, bemerkte er, dass Ted ihn auf für ihn völlig untypische Weise schludrig abgestellt hatte, und auch, dass Belles Auto ebenso hier stand und sich merkwürdigerweise eine kleine Gruppe von Nachbarn vor der Veranda versammelt hatte.

Er fing zu rennen an, sprintete den Gehweg hinauf, nahm zwei Stufen auf einmal und rief ihren Namen.

KAPITEL 24

Oben traf er sie an, eingepackt ins Bett wie ein Geist.

»Ona«, sagte er, von Hilflosigkeit überwältigt. »O Gott!«

»Pst«, machte Belle und streckte eine Hand aus, um ihm den Weg zu versperren, aber Ted ging beiseite und ließ ihn durch.

»Was ist passiert?«, fragte er. »Was ist passiert?«

»Es geht ihr gut, Quinn«, beruhigte Ted ihn. »Die Sanitäter sind gerade abgefahren.«

»Ona, hey«, flüsterte Quinn und trat näher an sie heran. Ihre Augen waren geschlossen, ihr Gesicht reglos, aber seltsam rosig, so wie Leute manchmal in ihren Särgen aussahen.

»Sie werden mich entschuldigen, dass ich die Augen geschlossen halte«, murmelte sie. »Ich werde jetzt schlafen.«

»Aber nicht doch«, flehte er sie an. »Sie müssen doch Ihren Führerscheinrekord machen.« Er betrachtete ihr rätselhaftes Gesicht. »Ganz zu schweigen von dem für langes Leben. Denken Sie bloß an Madame Wie-hieß-sie-nochmal. Madame French Lady.«

Sie schlug die Augen auf, die hellwach waren. »Doch nicht der *große* Schlaf, Sie Dummkopf. Ich muss ein Nickerchen machen.«

»Oh«, sagte er, von Freude überrascht. »Aber ja doch. Okay, Ona. Machen Sie ein Nickerchen.«

»Ich *war* dabei, ein Nickerchen zu machen«, sagte sie. »Aber Sie haben mich mit Ihrem Katzengeschrei geweckt.«

»Verzeihen Sie, dass ich über Ihren Tod betrübt war.«

»Ich war nicht tot.«

»Nun, das weiß ich jetzt.«

»Jeanne Louise Calment.«

»Wie bitte?«

»Sie heißt Jeanne Louise Calment«, sagte Ona. »Die französische Lady, die ich im Spiel des Lebens zu übertrumpfen gedenke.«

»Ihre Lady und der Pfadfinderleiter waren stundenlang hier«, berichtete Ona. »Ich habe außer ihr nur einen einzigen Bibliothekar gut gekannt, und deshalb hat mich dieses Ausmaß an Großzügigkeit irgendwie flachgelegt.«

Erst da fiel ihm der Tee auf, der auf ihrem Nachttisch auskühlte, das fleißig aufgeschüttelte Kissen, das saubere Nachthemd. Diese Anzeichen von Fürsorge ließen ihn vorsichtig werden. Er wollte großzügig sein – nicht großzügig erscheinen, sondern es sein. Er kniete nieder und nahm ihre Hände, die warm und knotig waren. »Es gibt da etwas ...« Er wandte sich an Ted, nahm Blickkontakt zu ihm auf. »Darf ich einen Moment mit ihr allein sein?«

Ted scheuchte Belle nach unten, während Quinn seinen Griff um Onas Hände verstärkte. »Es gibt da etwas, was Sie wissen müssen. Über Howard.«

»Welchen Howard?«

»Ihr Ehemann Howard. Howard Stanhope. Songschreiber Howard.«

»Howard schrieb fürchterliche Songs.«

»Nein, das hat er nicht getan, Ona. Das stimmt nicht.«

Ihre grünen Augen wurden schmal. »Wovon um Himmels willen reden Sie überhaupt?«

»Ich habe gerade einen seiner Songs gehört, den, den Sie mir gegeben haben. Die Gottesschwadron hat ein erstklassiges Arrangement dazu gemacht, warten Sie's ab, Ona, bis Sie es hören.«

»Die religiösen Jungs? Denen hat es gefallen?«

»Sie sind begeistert«, sagte er. »Aber jetzt kommt das Eigentliche, Ona. Howard hat diesen Song für Sie geschrieben.« Noch nie war Quinn sich einer Sache so sicher gewesen. »Ich gehe davon aus, dass er all seine Songs für Sie geschrieben hat, Ona, für die junge, reizende Ona.«

»Jetzt reden Sie aber völligen Blödsinn.«

»Er schrieb sie für Sie, aber Sie lehnten sie ab, weil er nicht wusste, wie er sie Ihnen geben soll.« Wie konnte er, der selbst nur den Schatten eines Lebens führte, im Matsch von Kummer und Versagen ins Schwimmen geraten?

»Haben Sie getrunken?«

»Hören Sie«, sagte er. »Sie sind das glitzernde Mädchen mit dem kirschholzfarbenen Haar. Sie sind der Engelsatem und das Sonnenlicht.«

»Ach, Himmel noch mal!« Sie setzte sich wütend auf, ihr in Büscheln abstehendes Haar schien zu zittern. »Quinn Porter, ich habe Sie nie als Romantiker gesehen.«

»Howard Stanhope liebte Sie«, erklärte er. »Ich dachte, das sollten Sie wissen.«

»Na gut.«

»Ich dachte, Sie sollten das wissen, Ona.«

»Danke.«

»So etwas sollte man wissen.«

»Ja, in der Tat. Danke.« Sie tätschelte seine Hand, und sein Kopf beruhigte sich. »Sie sind ein guter Junge, Quinn.« Sie schüttelte das wenige an Schultern, das sie hatte, und das Bettzeug seufzte. »Ich hatte vielleicht einen Tag heute«, erzählte sie ihm. »Meine Muttersprache stattete mir einen Besuch ab.«

»Tatsächlich? Und was hat sie gesagt?«

»Sie sagte erst mal den Namen des Dorfes, aus dem ich stamme.«

»Sie meinen in Litauen?«

»Gut möglich, dass davon außer Namen auf einem Kirchhof nichts mehr übrig ist.« Sie setzte sich aufrechter hin, was sie ein wenig Mühe zu kosten schien. »Mein ganzes Leben hat mein Heimatland mich nicht im Geringsten interessiert, und jetzt bedauere ich, es nie mehr wiederzusehen, diesen Ort, mit dem ich nur winzigste Erinnerungen verbinde.«

»Wenn Sie dorthin zurückkehren, wette ich, dass Sie sich den Rekord als ältester Flugzeugpassagier ergattern können.«

»Dazu würde ich das Flugzeug wohl selbst fliegen müssen. Nichts Neues unter der Sonne.« Sie schüttelte den Kopf. »Nein, aber ich werde noch mal zurückfahren, um Laurentas zu besuchen. Ich war zu meinem eigenen Fleisch und Blut unverzeihlich unhöflich und würde mich gerne entschuldigen.« Nach einer kurzen Pause fügte sie hinzu: »Der älteste Flugzeugpassagier war übrigens Charlotte Hughes. Im Alter von hundertfünfzehn. Das können Sie nachlesen.«

Er lachte. »Es reicht mir, wenn Sie mir das sagen.«

Sie tätschelte ihn wieder. »Ich vermisse es. Ich habe plötzlich Heimweh nach einem Ort, an den ich keine Erinnerungen habe. Würde ein Fremder jetzt hereinkommen und mir *Krieg und Frieden* auf Litauisch vorlesen, verstünde ich wahrscheinlich, worum es geht.«

Er saß schweigend neben ihr.

»Da ist noch mehr«, sagte sie. »Aber jetzt würde ich doch

ganz gerne die Augen schließen.« Sie scheuchte ihn weg, und zögernd ging er.

Die Krise – wenn es denn eine gewesen war – war vorüber. Ein Quartett von Sanitätern hatte sie für fit und im Kopf klar erklärt, die Vitalparameter waren normal.

»Was war es dann?«, fragte Quinn Ted, der aus Onas guter Kanne Tee ausschenkte.

»Eine verzögerte Reaktion auf den Einbruch ist meine Vermutung. So etwas kann vorkommen, hat man uns gesagt.«

»Es war Magie«, meinte Belle. »Das war es.« Dabei sah sie Quinn so ernst an, wie er sie immer gekannt hatte, und teilte ihm mit, dass ihr Sohn, dieser merkwürdige verstorbene Junge, Ona Vitkus ihre Sprache, ihre Erinnerung und ihren verlorenen Bruder zurückgegeben hatte.

»Ich vermute, sie hatte einen kleinen Kuddelmuddel in ihrem Kopf«, sagte Ted.

Einen kurzen Moment lang dachte Quinn, Ted beziehe dies auf Belle, die in der Tat einen kleinen Kuddelmuddel in ihrem Kopf zu haben schien. Glaubte sie etwa, ihr Sohn wäre aus dem süßen Jenseits herbeigeschwebt und habe Onas verlorenen Bruder mitgebracht? Glaubte sie etwa, er *sei* Onas verlorener Bruder?

»Ein kleiner Aussetzer, vermute ich«, fuhr Ted fort. »Im Gehirn. Das ist wohl die Erklärung dafür.« Er drückte Belles Schulter. »Vermutlich ist es das, mein Schatz.«

»Ich glaube das alles«, sagte Belle. »Ich werde diesen Tag für immer in Erinnerung behalten.« Sie sah so glücklich aus, dass Quinn ihr unbedingt glauben wollte.

»Ich wünschte, du hättest mich angerufen«, erwiderte Quinn. »Jemand hätte mich anrufen sollen.«

»Quinn«, murmelte Belle, »wann hast du je gewollt, dass man dich anruft?«

»Jetzt«, antwortete er. »Ich möchte jetzt angerufen werden.«

Sie sah ihn an. Taxierte ihn. Sie standen in der Küche, dem Ort, an dem verschwundene Dinge wiederaufgetaucht waren, einschließlich seines Pflichtgefühls und seiner Bereitwilligkeit. Er betrachtete Onas ordentlich gestapelte Karten. Ihre Münzhaufen. Ihr zusammengefaltetes Taschentuch. Auch der Junge hatte diese Dinge betrachtet. Belle bemerkte, dass er es bemerkte, und er fragte sich, ob sie die Präsenz des Jungen spürte. Wie er das jetzt tat. Als er ihr das zum ersten Mal erzählt hatte, hatte er sich weit aus dem Fenster gelehnt – übertrieben weit –, und dennoch war es ihm im Lauf der Zeit gelungen, das zu fassen zu bekommen, was er weit von sich gewiesen hatte.

»Sie wird sich wieder gut erholen«, war Ted sicher. »Der Sanitäter meinte, sie habe den Puls eines Rennpferds. Sie sei sehr viel jünger als ihre Jahre.«

Quinn sah ihm in die Augen. Der anständige Mann, der ihn im Spiel der Liebe übertrumpft hatte. »Danke, Ted«, sagte er. »Danke für diese Information.«

»Keine Ursache.« Er wandte sich an seine Ehefrau. »Ich muss los. Die Kids.«

Quinn sah zu, wie Belle Ted zur Tür begleitete. Sie gab ihm einen ehelichen Kuss, den Quinn als Brennen auf seinen eigenen Lippen spürte. Ted erwiderte den Kuss, aber nicht prahlerisch, wie Quinn das an seiner Stelle getan hätte. Sie hielt ihn fest, ihre Arme umschlangen seine Taille, und sie drückte ihr Gesicht an seine Brust. Dann ließ sie los. Ted nickte Quinn zu und lief dann zu seinem Bus, der sehr wahrscheinlich voller Hundehaare war und in dem angeschimmelte Baseballkarten und Jungenschuhe lagen, sowie ein Karton voll neuer Abzeichen, die darauf warteten, dass jemand sie sich verdiente.

Es war jetzt Spätnachmittag, die Blumen in Onas Beet mit den winterharten Stauden verströmten einen berauschenden Duft. »Die habe ich gemulcht«, sagte er zu Belle. »Damals im Mai.«

Belle nahm auf Onas Verandabank Platz und betrachtete von dort aus die Blumen. »Ich ziehe heute Abend zu Ted. Er hat lange genug Geduld gehabt.«

Quinn schwieg.

Sie lud ihn ein, auch Platz zu nehmen. Sie beobachteten Onas Vögel, die zwischen den frisch aufgefüllten Futterbehältern hin und her flitzten. »Ich nehme einen Job an«, teilte er ihr mit. Er erzählte ihr von Sylvie.

»Das tut mir leid«, sagte sie leise. »Ich weiß, du wolltest nie ...« Sie hielt inne. »Ich weiß.«

»Da bist du die Einzige, Belle.«

Sie zeigte mit dem Kopf auf die Futterbehälter. »Füllst du die noch immer für sie auf?«

»Sie könnte sie selbst auffüllen, wenn sie wollte.«

Sie lachten beide. Belle ließ ihren Blick über den gepflegten Hof, den wieder auf Vordermann gebrachten Rasen, die aufgerichteten Zaunpfosten wandern. »Du hast so viel mehr getan, mehr als das, worum ich dich gebeten hatte.«

»Endlich mal.«

»Mehr als er selbst getan hätte, meine ich. Und das sagt viel. Er wäre zufrieden.«

Sie sah ihn unentwegt an. Abwartend. Worauf sie wartete, wusste er nicht. Sie schien weit weg zu sein, und der Junge füllte den zerbrechlichen Raum zwischen ihnen.

»Du hast es nie sehen können, Quinn. Er war dir so ähnlich. So zielstrebig. Hatte sein Auge immer auf den falschen Ball gerichtet.«

Aus der Ferne klang der Verkehr von der Brighton Avenue wie ein langes, stetiges Ausatmen. »Ich weiß, dass du dich gewundert hast«, murmelte sie, »aber du hast dich dennoch dafür entschieden, sein Vater zu sein.« Sie wartete darauf, dass er sie ansah. »Er war deiner, Quinn. Du weißt, dass es keinen anderen gab.«

Er erinnerte sich an das Baby: bleich, durchsichtig, ein Netzwerk aus blauen Adern, die durch seine Haut schimmerten. Sein durchsichtiger Junge, zu ungeformt für die Welt, die ihn erwartete. »Es tut mir leid, dass du mir das sagen musstest.«

»Deine Zweifel waren durchaus berechtigt. Wir waren damals mal zusammen, dann wieder nicht, aber ich war ein treues Mädchen. Nicht das wilde Kind, das du in mir sahst.«

»Ich auch. Treu wie ein Hund.«

»Das wusste ich. Das wusste ich immer.« Sie ließ ihre Hand unter seine gleiten, und er hielt sie fest. »Ich habe immer gehofft, du würdest mögen, was ich dir gebe. Ich wartete darauf, dass du dich in ihn verliebst.«

»Ich habe mich in ihn verliebt. Das habe ich. Aber erst nachdem er nicht mehr da war.« Sein Sohn, sein unleugbarer Sohn.

Als Antwort darauf legte sie den Kopf auf seine Schulter. Plötzlich erkannte er, was für ein merkwürdiges Gebilde die Zeit war, die es möglich machte, dass sich die drei Monate, die er Ona nun kannte, so unbefristet und langsam in ihrer Entfaltung anfühlten, wohingegen dieselbe Zeitspanne, angefangen mit dem Tod des Jungen als Ausgangspunkt, derart zusammenschrumpfte, dass die Tragödie wie ein Ereignis erschien, das noch zu geschehen hatte.

Sie saßen noch eine Weile Seite an Seite, schweigend wie ein altes Ehepaar in der traulichen Dämmerstunde. »Ted ist ein ganz großartiger Kerl«, sagte Quinn. »Du hast dir einen guten Mann ausgesucht.«

»Seine Söhne zerreißen mich, sie treffen mich ins Mark. Aber ich weiß, irgendwann werden es meine sein.«

»Wenn du mich jemals brauchen solltest, Belle.«

Leise und ohne einen Hauch von Gehässigkeit erwiderte sie: »Dafür ist es zu spät.«

»Das ist es nicht. Du wirst sehen.«

Die Geräusche des herannahenden Abends hüllten sie ein: Neben dem letzten Flattern an den Futterröhren konnte man entlang der Straße menschliche Geräusche hören, geöffnete Türen, das Klappern von Geschirr aus den Innenhöfen und Gärten, eingeschaltete Fernseher, Autos, die in Garagen gefahren wurden. Und für den Moment fühlte sich dieser Ort – das Haus, von dem Ona noch immer als dem von Randall sprach – wie seiner an. Der Garten fühlte sich an wie seiner.

»Wir sollten nach ihr sehen«, schlug Belle vor und erhob sich.

»Das mach ich schon. Du fährst nach Hause.«

Sie sammelte ihre Sachen zusammen. »Ich habe immer geglaubt, dass er unbedingt geboren werden wollte.« Sie beugte sich über Quinn und küsste ihn auf die Wange, ging dann über die Stufen hinunter und auf das Leben zu, das sie ohne ihn leben würde.

Oben lag Quinns Erbe, vom Sohn auf den Vater übertragen, und wurde mit jedem Atemzug kräftiger: eine alte Frau, die plötzlich ihre Heimat vermisste. Das Vermächtnis fühlte sich gleichermaßen schwer und leicht an, willkommen und nicht willkommen. Es war mit zehn Bedingungen verknüpft und danach mit zehn weiteren.

Belle drehte sich um. »Du wirst sie nicht enttäuschen, Quinn.«

»Das werde ich auch nicht. Sie ist meine Freundin.« Fast hätte er gesagt: *Ich liebe sie.* Was meinte er damit?

Er meinte damit, dass er sie liebte. Das war alles. Viel einfacher als erwartet.

* * *

Dies ist Miss Ona Vitkus. Dies sind ihre Lebenserinnerungen und Bruchstücke auf Band. Dies ist ebenfalls Teil zehn.

Hallo, hier spricht Ona Vitkus. Ich bin hundertvier Jahre
alt. Und hunderteinen Tag.

...

Hier ist meine ... meine Liste? ... meine Liste für ... die
Nachwelt? ... für die Nachwelt. Für die ganze Nachwelt.

...

Erstens. *Būk sveikas.*

...

Ich überlege. Ich vermute, es ist nur das eine.

...

Sehr gut! Du hast ein Händchen für Akzente.

...

Ich denke, es bedeutet: »Seid vorsichtig!«.

...

Danke. Dir auch, mein Lieber. Sei du auch vorsichtig.

ALTERSREKORDE

1. Älteste Maus im Käfig. 7 Jahre und 7 Monate. Fritzy. Besitzerin Bridget Beard. Goßbritannien.
2. Ältester Schuh. 10000 Jahre. Italien.
3. Ältester Baum. Borstenkiefer. 5200 Jahre. GEFÄLLT!!! USA.
4. Ältester Hund. Der Beagle Butch. 27. Besitzer Mr Gregory Duncan. USA.
5. Ältestes Erbrochenes. 160 Millionen Jahre. Großbritannien.
6. Ältestes Bowlingfeld. 3400 Jahre. Ägypten.
7. Ältester Schimpanse. 73 Jahre. Cheeta. USA.
8. Ältestes Musikinstrument. Knochenflöte. 40000 Jahre. Deutschland.
9. Älteste Verdienstabzeichen. Aus dem Jahr 1910. Bienenzucht, Tierpräparation, Erste Hilfe für Tiere, Musik und 53 andere.
10. Ältestes fossiles Kind. 3,3 Millionen Jahre. Wiege der Menschheit.

KAPITEL 25

Nachdem er im Dunkeln aufgestanden (eins), auf die Toilette gegangen war (zwei), sich sein Gesicht gewaschen (drei) und seine Zähne geputzt hatte (vier), zieht er seine Hose, seine Socken und Schuhe, Hemd und Jacke und Kappe an (fünf, sechs, sieben, acht, neun, zehn). Er schleicht sich aus dem Haus (eins) und in die Garage (zwei), wo er sich sein Fahrrad schnappt (drei) und auf den Gehweg hinausschiebt (vier). Im frühen Dämmerlicht beginnt er seine Tour durchs Viertel, das Aufnahmegerät hat er in der tiefen, warmen Seidentasche seiner Lederjacke verstaut.

Er liebt diese Jacke. Das knarrende Leder hat für ihn einen ermutigenden Klang. Es zählt seine Bewegungen. Die Dunkelheit macht ihn nervös, aber das Gewicht der Jacke fühlt sich an wie ein um seine Schultern geschlungener Arm, der an den Rändern seiner Angst reibt, während er die Straße entlangradelt.

Weil er noch nie dem morgendlichen Vogelkonzert gelauscht hat und sich nicht ganz sicher ist, was das ist, weiß er auch nicht genau, wo er es findet. Alle paar Meter hält er an (eins), steigt vom Fahrrad (zwei) und legt das Fahrrad ab (drei). Er lauscht angestrengt (vier), holt den Recorder aus seinem Versteck (fünf) und hebt ihn den Bäumen entgegen (sechs).

Er wünscht sich mehr Bäume. Er wünscht sich mehr

Licht. Er wünscht sich Bewegung in den reglosesten dunklen Winkeln und dass die sich bewegenden Schatten zur Ruhe kommen.

Gestern bekam Troy Packard (aufgeblasener kleiner Schreihals, Scheißkerl, Glubschaugentyrann) von Mr Linkman eine höchst offizielle Note A für seine dreiseitige Lebensgeschichte über seinen langweiligen siebzigjährigen Großvater und dafür, dass er sie vorzeitig abgegeben hat. Wahrscheinlich hat Troy Packards Mutter diese ausgezeichneten Seiten geschrieben, in mancher Hinsicht ist Mr Linkman nicht der Hellste. Aber das ist nicht wichtig. Nicht jetzt. Die anderen Geschichten werden zum festgelegten Termin kommen, und keiner sonst – dessen ist er sich ganz sicher –, keiner sonst wird sich einen möglichen Guinness-Weltrekordhalter ausgesucht haben.

Teil zehn haben sie am letzten Samstag aufgenommen, aber dieser Teil – Musik! – ist allein seine Idee. Die ganze Woche über hat er beim Zubettgehen einstudiert, wie er Miss Vitkus ihr fertiges Band überreichen wird, aus dem er für Mr Linkman die erforderlichen drei Seiten mit den Dingen herausschreiben wird, die nicht geheim sind, und zwar in makelloser Handschrift und perfekter Orthographie, womit er sich leicht ein A+ verdienen konnte, sofern er nicht versehentlich etwas im B oder C+ Bereich abgab.

Das Band selbst ist ein Geheimnis. Normalerweise mag er keine Geheimnisse. Aber das ist ein gutes. Miss Vitkus ist ein gutes Geheimnis.

Er radelt weiter, hält wieder an, hebt erneut den Recorder hoch. Merkwürdige, gedämpfte Geräusche schweben heran: ein Auto, das in der nächsten Straße im Leerlauf wartet (eins), ein Rascheln in einem Wacholderbusch (zwei), womöglich von Hornissen, ein hornissenartiges Summen des

Verkehrs (drei) von der Washington Avenue, auf der zu fahren ihm nicht erlaubt ist.

Keine Vögel.

Die Qualität der Dunkelheit verändert sich direkt vor seinen Augen, ein dünner Schleier nach dem anderen hebt sich und lässt eine weniger beängstigende Dunkelheit sowie am östlichen Himmel ein geheimnisvolles Leuchten zurück, das aber noch nicht ganz Licht genannt werden kann. Es ist eher das Versprechen von Licht.

Da. Ein einzelner Ton.

Er holt den Recorder heraus und hält ihn wieder hoch. Ein anderer Ton, zwei Vögel jetzt, einer antwortet dem anderen.

Tirili, sagt der eine Vogel. *Tirili*, sagt der zweite. Dem Jungen bleibt der Mund offen stehen. *Tirili*, flüstert er. *Eins, zwei.*

Ein Rotkehlchen? Ein Blauhäher? Seine Liste ist bei fünfzehn steckengeblieben – fünfzehn Wintervögel, während die Frühlingsbesucher noch auf Rhode Island oder in Florida oder Costa Rica oder noch weiter weg überwintern –, aber selbst fünfzehn sind zu viele: Er kann sich ihre Stimmen nicht merken. Die musikalischen Übereinstimmungen erschließen sich ihm nicht, trotz der CD, die seine Mutter mit nach Hause gebracht hat: ein Mann, der mit geduldiger Stimme einen Vogel nach dem anderen benennt, die sich dafür dann mit einem Lied bedanken. Er hat sich diese erstaunliche Aufnahme zehnmal angehört – und sich dabei einen Mann in einem Tonstudio vorgestellt, umringt von allen Vögeln Amerikas, die auf einer Wäscheleine aufgereiht sitzen, während sein Vater im Kontrollraum die Knöpfe drückt –, kann jetzt aber dennoch die unsichtbaren Vögel, die dort singen, nicht voneinander unterscheiden. Die Enttäuschung ist ein metallischer Geschmack im Hals.

Er hält den Recorder weiterhin hoch, sein Arm beginnt bereits weh zu tun. Von einem unsichtbaren Ast im Dunkel eines Baums zwischen zwei Häusern trällert ein dritter Vogel.

Dann ein vierter.

Dann zehn und wieder zehn, trällern von verborgenen Orten über und zwischen und um die Häuser und Garagen und geparkten Autos und Telefonmasten herum, und das Licht drängt mit Macht in diese erstaunliche Stunde, jedes Trällern pickt ein Nadelloch in die Schleier der Dunkelheit, bis auch der letzte zerreißt und das Licht hereinströmt.

Die Hauchwölkchen seines immer schneller gehenden Atems flitzen in die sich erhellende Luft wie Vögel. Sechzig Vögel, siebzig Vögel, neunzig Vögel, sie sind jetzt viel zu schnell, unzählbar. Ihre Stimmen vereinen sich und schwellen an, und er schwillt mit ihnen. Das ist das Morgenkonzert, das ist das Morgenkonzert, und eine übermütige Freude erfasst seinen Körper.

Er hört ein Knarren in den Bäumen und erinnert sich: *ein Geräusch wie ein rostiges Tor.* Dann sieht er sie, wie sie aus einem einzelnen Baum angerauscht kommen, ein sich gegenseitig übertönender Grackelschwarm, der aus der Dämmerung das helle Licht lockt. Dann entdeckt er Rotkehlchen, sechs davon, die auf getrennten exponierten Ästen sitzen und ihren Part singen, wobei mit dem sich verbreitenden Licht auch die Farbe ihrer Brüste auseinanderläuft.

Er jault sein jaulendes Lachen, und das Gefühl in seiner eigenen Brust dehnt sich aus, es ist ein rätselhafter, sich verstärkender Druck, als würde auch in ihm eine Farbe anschwellen, als wäre auch er ein Vogel, fähig, Musik zu machen. Das Gefühl ergreift Besitz von ihm, bis es an eine Art Schmerz erinnert, als würde er vor Glück gleich explodieren.

Hörst du das?, sagte sein Vater einst über Eric Chapmans Geistertöne. *Es ist, als würde sich etwas aus dem Meer erheben. Es sollte dir den Atem rauben.*

Es raubt ihm den Atem, sein Arm wird schwach, aber er hält den Recorder hoch, entschlossen, bis zur letzten stotternden Umdrehung des Bands durchzuhalten. Dies ist das große Finale, das Morgenkonzert, das er seinem Vater bringen wird, der eine Zaubermaschine mit Knöpfen und Lichtern besitzt. Gott kann den Vogelgesang nicht tiefer stimmen, aber sein Vater kann es.

Er wird seinen Vater darum bitten, der insgeheim denken wird: *Du kriegst keinen einfachen D-Akkord hin, was weißt du schon über eine Änderung des Notenschlüssels?*

Ich habe zugehört, wird er antworten, und sein Vater wird erkennen, wie aufmerksam er die ganze Zeit aufgepasst, wie genau er beobachtet, wie sehr er sich bemüht hatte. Er wird seinem Vater erzählen, dass das Morgenkonzert sich anhörte, als würde es dem Atem entsteigen, den es raubt.

Worauf sein Vater antworten wird: *Also gut, mein Freund, dann lass uns mal Musik machen.*

Die zehn Teile von Miss Vitkus' Geschichte werden mit Vogelmusik in einer Tonlage enden, die sie hören kann, eine große Überraschung, die er ihr am nächsten Samstag präsentieren wird, genau neun Monate und sechsundzwanzig Tage vor ihrem eigentlichen Geburtstag. Miss Vitkus wird seinen Vater kennenlernen wollen, der die Tonlage der Vögel verändert hat, und sie werden Freunde werden.

Er kann nicht wissen, dass das Ding, das er für das erstaunliche Leben seiner Freundin hält, neunzig Minuten auf Band, sich jeden Augenblick aus seiner Hand lösen und die Straße entlangschlittern wird, um vom ersten Einsatzwagen am Unfallort bis zur Unkenntlichkeit zerdrückt zu werden. Das sich abwickelnde Band wird sich flatternd schlängeln und das steigende Licht einfangen. Im Lauf der Zeit werden seine Fetzen sich in den Untergrund arbeiten, bis auf ein einziges glitzerndes Band, das eine vorbeikommende Krähe am Ende des Tages aufpicken wird, um ihre eigene Stimme in ein Nest hoch über dem Ort zu tragen, wo der seinem Vater dankbare Junge mit seiner surrenden Maschine in der Gewissheit wartet, dass seine Freundin noch einmal das Erwachen der Welt als Ganzes hören wird.

KAPITEL 26

Aus dem Guinnessbuch der Weltrekorde 2006:
REKORD: Älteste Trauzeugin
REKORDHALTERIN: **Ona Vitkus**, Alter 104. USA (Hochzeit von Belle und Ted Ledbetter, USA)

Aus dem Guinnessbuch der Weltrekorde 2009:
REKORD: Älteste Fahrerin mit gültiger Fahrerlaubnis
REKORDHALTERIN: **Ona Vitkus**, Alter 108. Portland, Maine, USA.

Aus dem Guinnessbuch der Weltrekorde 2010:
REKORD: Älteste litauische Emigrantin, die ihr Heimatland besucht hat
REKORDHALTERIN: **Ona Vitkus**, Alter 109. USA (Begleiter: Quinn Porter, USA)

Aus dem Guinnessbuch der Weltrekorde 2011:
REKORD: Älteste Mehrfachrekordhalterin
REKORDHALTERIN: **Ona Vitkus**, Alter 110. USA.

ANMERKUNG DER AUTORIN

Der Roman *Bevor die Welt erwacht* enthält Listen mit Weltrekorden, die überwiegend aus verschiedenen Ausgaben der Guinness-World-Records-Reihe stammen. Bis auf vier offensichtliche Ausnahmen sind die Namen und Leistungen real und geben öffentliche Rekorde wieder, doch zusammen mit der Marke Guinness-Weltrekord dienen sie hier einzig und allein dazu, eine Welt auszuschmücken, die nur in meiner Vorstellung existiert. Einige der Rekorde werden sehr wahrscheinlich zwischen dem Schreiben und der Publikation dieses Buches von aktuelleren Herausforderern gebrochen worden sein. Ich habe außerdem die Webseite der Gerontology Research Group zurate gezogen, eine Organisation, die sich darum kümmert, die ältesten Menschen der Welt aufzuspüren. Es gibt einen kurzen Auftritt des Musikers David Crosby, aber auch er hat nur fiktionale Funktion.

DANKSAGUNGEN

Mein erster Dank gilt meiner Lektorin Deanne Urmy, deren Rat und Freundschaft ich zu schätzen weiß. Dies ist unser zweites gemeinsames Buch, und ich bewundere ihr Einfühlungsvermögen und ihre Klugheit. Es war ein Vergnügen, mit dem Team von Houghton Mifflin Harcourt – darunter vor allem Michelle Bonnano Triant und Nicole Angeloro – zusammenzuarbeiten. Auch im Herstellungsteam von Martha Kennedy, Beth Burleigh Fuller und Barbara Wood fühlte ich mich bestens aufgehoben.

Meine Agentin Gail Hochman und ihre Crew – vor allem Marianne Merola und Jody Kahn – sind die tragenden Säulen meines Berufslebens gewesen. Ich danke Ihnen, meine edlen Damen.

Ein besonderer Dank geht an meine Freundin Mary Berry (in memoriam), deren jugendlicher Geist es mir ermöglichte, über extremes Alter zu schreiben, an Amy MacDonald, die mir so oft Zuflucht sowohl im wörtlichen als auch im übertragenen Sinn gewährte, an Patty Hopkins, die mir ihre Familiengeschichte und Bänder aus Litauen überließ, und an Susan und Bill, und Jess und Bill, die mir Raum und Zeit zum Schreiben gaben. Für musikalische Vorbilder und Inspiration danke ich meinem Bruder Barry, der noch immer von seiner Musik lebt, und Bob Thompson, meinem alten Freund und ehemaligem musikalischen Partner.

Dieses Buch zu schreiben nahm viel mehr Zeit in Anspruch, als ich anfangs dachte, und erforderte deshalb mehr als den üblichen Zuspruch. Polly Bennell, Lebenscoach für verzweifelte Schriftsteller, stand mir mit unschätzbarem Rat zur Seite. Und ich bin Anne Wood, Patrick Clary und Bill Lundgren überaus dankbar für ihre hartnäckige Zuneigung und Weigerung, ein Nein als Antwort zu akzeptieren, dasselbe gilt für Catherine Wood Brooks ganz allgemein und für Dan Abbott, meinen Ehemann und Teamgefährten, der das alles mit mir durchgestanden hat. Euch allen verdanke ich eine Menge.

Schließlich noch einen längst überfälligen öffentlichen Dank an meine Freunde bei Longfellow Books in Portland, Maine, die mir über die Jahre Bücher, Katzen, kostenlosen Krempel, unverdiente Bewunderung, Phyllis' Kekse, unglaubliche Preisnachlässe, gewaltige moralische Unterstützung und wahre Freundschaft angeboten haben. Ich schreibe dies in liebevoller Erinnerung an Stuart Gersen.

Kim Wright

Die Canterbury Schwestern

Roman.
Taschenbuch.
Auch als E-Book erhältlich.
www.ullstein-buchverlage.de

Neun Frauen, fünf Tage, ein gemeinsamer Weg

Che kann es nicht fassen: Sie ist mit acht anderen Frauen auf dem Weg von London nach Canterbury.
Es war der letzte Wunsch ihrer Mutter, dass Che dort ihre Asche verstreut. Aber eigentlich hat sie gar keine Lust auf einen als Pilgerreise getarnten Selbstfindungstrip. Und was interessieren sie die Lebensgeschichten der anderen Frauen, die traditionell auf dem Weg nach Canterbury erzählt werden? Doch zu Ches Überraschung berühren die unterschiedlichen Geschichten ihrer Mitreisenden sie tief. Und obwohl Che unterwegs ist, hat sie das Gefühl, angekommen zu sein.

Ein großer, berührender Frauenroman über die Bedeutung von Freundschaft, späte Trauer und die Frage, was Wanderschuhe und das Leben gemeinsam haben ...

ullstein

Barbara Claypole White

Der wilde Garten

Roman.
Taschenbuch.
Auch als E-Book erhältlich.
www.ullstein-buchverlage.de

Die Liebe ist so unberechenbar wie ein wilder Garten.

Seit die junge Landschaftsgärtnerin Tilly ihren Mann auf tragische Weise verlor, lebt sie sehr zurückgezogen. Bis James vor ihrer Tür steht. Er leidet an einer Zwangsneurose. Mit Gärtnerei will er sie überwinden, und ausgerechnet die bezaubernd-chaotische Tilly soll ihm dabei helfen. Tilly ist wenig begeistert. Sie hat genug eigene Probleme, und ein ordnungsliebender Amerikaner ist das Letzte, was sie in ihrem Garten gebrauchen kann. Doch James bleibt hartnäckig. Und zwischen Rosen und Lavendel, zwischen England und Amerika, zwischen Trauer und neuem Lebensmut werden beide plötzlich von der Liebe überrascht ...

ullstein

Nina Blazon

Liebten wir

Roman.
Taschenbuch.
Auch als E-Book erhältlich.
www.ullstein-buchverlage.de

Manchmal muss man auf eine Reise gehen, um anzukommen.

Verstohlene Blicke, versteckte Gesten, die Abgründe hinter lächelnden Mündern: Fotografin Mo sieht durch ihre Linse alles. Wenn sie der Welt ohne den Filter ihrer Kamera begegnen soll, wird es kompliziert. Mit ihrer Schwester hat sie sich zerstritten, von ihrem Vater entfremdet. Umso mehr freut sich Mo auf das Familienfest ihres Freundes Leon. Doch das endet in einer Katastrophe. Mo reicht es. Gemeinsam mit Aino, Leons eigensinniger Großmutter, flieht sie nach Finnland. Eine Reise mit vielen Umwegen für die beiden grundverschiedenen Frauen. Als Mo in Helsinki Ainos geheime Lebensgeschichte entdeckt, ist sie selbst ein anderer Mensch.

ullstein